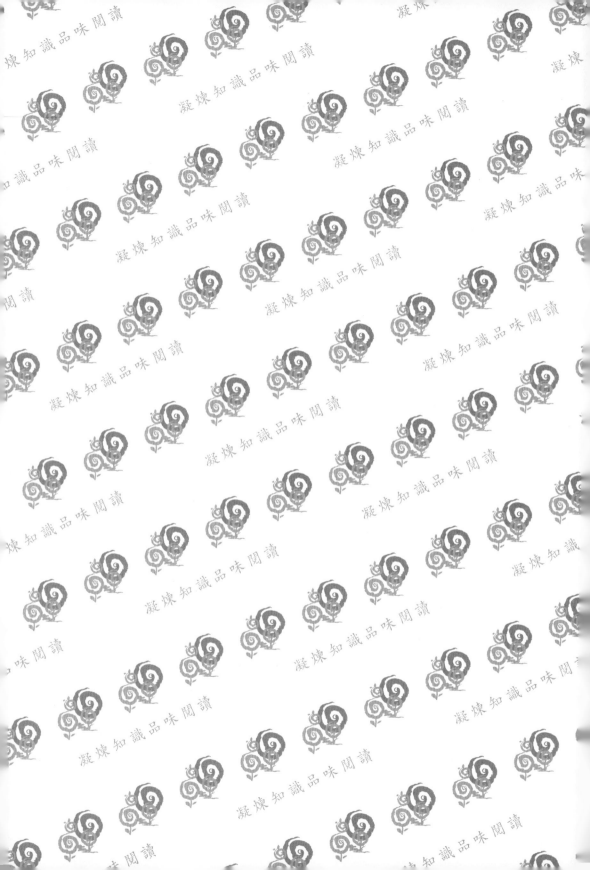

國立政治大學東亞研究所
Graduate Institute of East Asian Studies, NCCU

中國大陸概論

增訂三版

王信賢、寇健文｜主編

王信賢、寇健文、鍾延麟、蔡文軒、王嘉州、張弘遠、
林雅鈴、劉致賢、曾偉峯、王　韻、王占璽、王毓莉、
黃瓊萩、呂冠頤、張登及、沈明室、郭瑞華｜著

五南圖書出版公司 印行

作者簡介

王信賢

國立政治大學東亞研究所博士。現任國立政治大學東亞研究所特聘教授兼
國際關係研究中心副主任。研究領域爲比較政治、政治社會學、中國大陸
國家社會關係與兩岸關係。

寇健文

美國德州大學奧斯汀校區政治學博士。現任國立政治大學政治系暨東亞所
特聘教授、國際關係研究中心主任。研究領域爲中共政治、政治菁英、比
較威權研究。

鍾延麟

國立政治大學東亞研究所博士。現任國立政治大學東亞研究所特聘教授兼
所長。研究領域爲中共黨史、中共政治。

蔡文軒

國立政治大學東亞研究所博士。現任中央研究院政治所研究員。研究領域
爲中共政治體制、中共政治改革與政治轉型、比較政治、比較威權政體。

王嘉州

國立政治大學東亞研究所博士。現任義守大學公共政策與管理學系教授。
研究領域爲中共政治、府際關係、民意調查與兩岸關係。

張弘遠

國立政治大學東亞研究所博士。現任私立致理科技大學國貿系副教授。研究領域為國際貿易理論、經濟社會學與中國大陸經濟發展等。

林雅鈴

國立政治大學東亞研究所博士。現任國防安全研究院國家安全研究所副研究員。研究領域為政治經濟學、中國大陸經濟發展、中國大陸金融市場。

劉致賢

美國奧斯汀德州大學（The University of Texas at Austin）政治學博士。現任國立政治大學東亞研究所教授，研究專長為比較政治、政治經濟學、中國政治。

曾偉峯

美國北德州大學政治學博士。現任國立政治大學國際關係研究中心助理研究員。研究領域為比較政治、威權政治、民主化、中國政治與兩岸關係。

王韻

美國加州大學河濱分校博士。現任國立政治大學東亞研究所副教授、國際關係研究中心助理研究員。研究領域為跨國主義、宗教人權、人類安全與兩岸關係。

王占璽

國立政治大學東亞研究所博士。現任致理科技大學企管系兼任助理教授。
研究領域為政治社會學、中國大陸國家社會關係、衛生治理及社會政策。

王毓莉

國立政治大學東亞研究所博士。現任中國文化大學大眾傳播學系暨新聞研
究所教授。研究領域為中國大陸新聞傳播、中國大陸網絡新媒體、兩岸新
聞傳播交流、新聞理論與實務、傳播企劃與媒體公關。著有《具有中國特
色的新聞自由：一個新聞輿論監督的考察》（2010）《兩岸新聞場域分
析：新聞勞動、績效管理、新聞專業表現》（2018，獲第45屆曾虛白先生
新聞學術著作獎）。

黃瓊萩

美國丹佛大學約瑟夫－克貝爾國際研究院博士。現任國立政治大學東亞研
究所教授。研究領域為國際關係理論、中國與周邊外交，以及越南／蒙古
對外政策。

呂冠頤

美國維吉尼亞大學政治學博士。現任美國瑪麗華盛頓大學政治與國際事務
學系助理教授。研究領域為國際政治經濟學、國際關係理論、中國大陸研
究、美中台關係、比較政治與外交。

張登及

英國雪菲爾大學政治學博士、國立政治大學東亞研究所博士。現任國立臺
灣大學政治學系教授、人文社會高等研究院副院長。研究興趣包括國際關
係理論、中共外交政策、中國國際關係史、古典社會學理論。

沈明室

國防大學政治學博士、政治大學東亞所碩士、陸軍官校正54期。現任國防
安全研究院國家安全研究所研究員兼所長。研究專專長為中共軍事、軍事
政治學、國家全研究、戰略理論、印度國防與安全。

郭瑞華

國立政治大學東亞研究所博士。現任展望與探索雜誌社特約研究員。研究
領域為中國大陸黨政運作與組織人事、兩岸關係與中共對臺工作。

目 錄

第一章

導論：認識中國大陸

王信賢

寇健文

壹、前言

　　中華人民共和國（本書皆簡稱中國大陸），[1] 位於亞洲東部、太平洋西岸，陸地面積約960萬平方公里，海岸線1.8萬多公里，與14個國家接壤，並與8個國家海上相鄰。內轄北京、上海、天津與重慶4個直轄市，廣西壯族、新疆維吾爾、寧夏回族、內蒙古蒙古族與西藏藏族5個自治區，以及河北、山西、遼寧、吉林、黑龍江、江蘇、浙江、安徽、福建、江西、山東、河南、湖北、湖南、廣東、海南、四川、貴州、雲南、陝西、甘肅與青海22個省，另有香港與澳門2個特別行政區，首都設在北京（參見圖1）。中國大陸總人口約14億，目前為世界上人口最多的國家，受到官方承認的民族有56個，其中漢族人口占91.51%（中華人民共國中央人民政府網，2020）。1971年取代中華民國成為聯合國常任理事國，目前國內生產總值（GDP）為僅次於美國的世界第二大經濟體。

　　中國共產黨（以下簡稱：中共）於1921年成立，並於1949年建立政權。回顧過去歷史，中共的發展大致可分為三大階段。第一個時期橫跨建黨到建政這二十八年之間，是與國民黨鬥爭的時期。第二個時期從建政到1978年12月推動改革開放政策，這將近三十年間除短暫的建設期間外，其餘多半處於政治鬥爭與動亂之中。第三個時期是從改革開放迄今的四十餘年，中國大陸從崩潰邊緣、民生凋敝一躍成為世界第二大經濟體。改革開

1　《中華民國憲法增修條文》與《臺灣地區與大陸地區人民關係條例》（俗稱《兩岸人民關係條例》）稱為「大陸地區」。

照片1-1　中國行政區地圖（含周邊接壤國家）

放後的中國大陸或許是人類歷史上發展最快、變化最大，遭遇的挑戰也是最多、最複雜的國家之一。本書對中國大陸的介紹將重點放在這一時期。

　　在中共臨摹的蘇聯體制中，黨國體制與指令性經濟為統治的兩大支柱（Walder, 1995）。其中黨政軍合一確保政權穩定，計畫經濟依附於強制的中央權威與官僚執行方能運行，政治的穩定則是以個人的服從為基礎。故中共在農村與城市分別依賴「人民公社」與「單位」進行社會控制。隨著市場化改革與對外開放，中國大陸正歷經一場劇烈的政經社會變遷。一方面，國家不再獨斷所有生產資料，出現「現代化理論」（modernization theory）所言的工業化、都市化、識字率提升、社會流動加速等特徵（Lipset, 1959: 69-105; Moore, 1966; Huntington, 1968; Rueschemeyer, Stephens, and Stephens, 1992）；但另一方面，我們又看到中共統治結構似

乎未做相應的改變，不僅黨政不分，且黨國體制依然緊密鑲嵌在經濟社會生活當中。2012年習近平上臺後，他的種種措施打造出一個權力更集中在最高領導和各級黨委的政治體。

　　過去二、三十年來，中國大陸不僅未如「中國崩潰」論者所言，走向崩解，反而逐漸崛起，國際影響力日增。故不同於第三波民主化以來對於威權轉型與民主化的學術討論（Huntington, 1991），近十餘年來威權存續（Authoritarian Survival）成為學界關注的議題（Boix and Svolik, 2013: 300-316; Brownlee, 2007; Gandhi, 2008: 3-30; Lazarev, 2005: 346-363; Magaloni, 2008: 715-741）。中共如何透過權力分享、經濟發展、籠絡與控制社會以達到政權穩定，自然成為重要的研究個案。同時，過去四十餘年的快速發展導致這個人口大國出現各種矛盾悖論交錯的現象。例如雖然存在市場競爭，但又有國家介入產業發展；雖然存在北京、上海、廣州、深圳等國際級城市，但又有諸多「低度發展」（underdevelopment）的地區；雖然是世界製造工廠，但同時是世界消費市場；雖然有上億人擁有百萬美元財富，但同時有數千萬人處於「貧困線」以下；雖又有發達的網際網路，但全部在黨國控制下等。中國大陸可說是世界上最巨大的「社會實驗室」，值得我們進一步探索。

　　在對外關係上，中國大陸近年來與各國發展雙邊與多邊關係，在國際組織發揮重要的影響力。習近平上臺後，開始倡議「一帶一路」，逐步向外宣傳、輸出「中國模式」（China Model）的優越性。這也種下2018年春開始的美中貿易與戰略競爭的因子。此外，兩岸關係對我國國家安全、經濟發展、外交與內政皆有關鍵性的影響，甚至會牽動東亞國際局勢的穩定。根據上述的整體脈絡，本書關注以中國大陸為核心的國內與國際兩個大局，扣除導論外共計十七章，可區分為四大部分：「黨史與政治體制」、「經濟改革與企業發展」、「社會轉型、環衛與傳媒」以及「對外關係、軍事與兩岸關係」。

貳、黨史與政治體制

　　第一部分討論是中共黨史與黨國體制。此部分雖屬「中國研究」入門知識，但在習近平提出「兩個百年」（第一個百年指在中共建黨百年完成「全面建成小康社會」，第二個百年指在中共建政百年建成「社會主義現代化強國」），以及過去幾年的機構創設與整併之後，讀者更需要重新認識中共黨史與黨國體制。本部分包括四章，分別為「中國共產黨發展簡史」（鍾延麟撰）、「黨國體制與菁英政治」（寇健文撰）、「中央行政與立法體制：國務院與全國人大」（蔡文軒撰）與「地方政府與基層治理」（王嘉州撰）。

　　中共黨史是貫穿中國大陸政治、經濟、社會與對外關係的知識基礎，因此本書以此作為認識對岸的起始點。第二章「中國共產黨發展簡史」將中共建黨到毛澤東時代劃分為「從創黨到建政（1921-1949）」與「從開國到毛澤東時代的結束（1949-1976）」兩大時期。第一個時期介紹了創黨初期（含國共第一次合作）、「兩萬五千里長征」、江西蘇維埃時期、延安時期，至國共內戰後，國民政府敗退臺灣，中共在中國大陸建立政權，形成兩岸長期分治的局面。第二個時期區分為建政初期、社會主義建設十年、文化大革命等，系統性地說明中共主政後如何從「建設」演變成「動亂」局面，以及黨內的權力鬥爭。1978年12月「中共十一屆三中全會」所開啟的改革開放與鄧小平時代，呈現出迥異於毛時代的意識形態與發展路線，包括政治、經濟、社會、外交與兩岸關係等各面向，此為本書的重點所在，後續各章將依其主題分別介紹。

　　第三章「黨國體制與菁英政治」分別從組織結構與行動者層次討論中共黨國體制的運作，幫助讀者理解中共制度建構與權力分配的輪廓及原理。本章主張「黨的領導」是所有政治運作的最高原則。中共透過制度設計全面控制政府組織、民主黨派與社會團體，而且控制程度在習近平掌權後更加嚴格。此章也從歷史的角度說明中共改革開放以來，歷經鄧小平、江澤民、胡錦濤、習近平（迄今）等四任領導人時期的菁英政治演變，最

後歸納當前中共菁英政治的主要研究途徑，包括派系政治、世代政治、技術專家治國、制度化等，並以習近平時代對研究中共菁英政治的啟示作為結語。

第四章「中央行政與立法體制：國務院與全國人大」探討「五大班子」（黨委、政府、人大、政協與軍隊）中的國務院與全國人大。本章從編制與職權出發探討這兩套班子的組織與運作，進而說明改革開放以來的國務院機構改革。本章將1978年以後的機構改革劃分為「機構精簡」（1978-2003）與「大部制改革」（2008-迄今）兩大時期，分別介紹改革重點，並探究2018年3月中共公布「深化黨和國家機構改革的決定」後國務院職權的變化。在立法機構部分，本章描繪人大代表的選任與人大的職責，最後指出在以黨領政與議行合一等原則下，國務院與全國人大並沒有辦法像西方民主體制般獨立行使行政與立法的職權。

第五章聚焦在「地方政府與基層治理」。本章首先說明省級（省市區）、地級（地市州盟）、縣級（縣市區旗），以及鄉級（鄉和鎮）四個地方行政層級。在農村與城市最基層的「村民委員會」與「居民委員會」屬於「地方自治機構」，不屬於行政層級中的一環，但由於仍肩負上級交付的行政職責，可說是「準行政機構」。其次，本章描述地方與基層政府的構成、職權與特徵，特別是1980年代以來四次財政體制改革牽動中央與地方關係的發展，也體現中國大陸一直以來「一死就放，一放就亂，一亂就收，一收就死」的收放權循環。

參、經濟改革與企業發展

本書第二部分探討中國大陸的經濟改革、區域發展與企業部門。中國大陸的改革開放是以經濟為核心，透過「放權讓利」為主的方式進行，因此過去四十年來變化最大的領域就在經濟領域。第二部分共包括三章，分別為「經濟改革與發展」（張弘遠撰）、「區域經濟與地方發展模式」

（林雅鈴撰），以及「企業部門」（劉致賢撰）。

　　第六章「經濟改革與發展」首先論述1978年12月中共「十一屆三中全會」後，鄧小平推動「四個現代化」，使得中國大陸從原先獨尊社會主義的治理模式向市場社會主義轉向，變革方向包括經濟治理模式改變、鄉鎮企業崛起、對外開放、借助經濟全球化以及擴大內需等，進而參與國際區域經濟整合。其次，在中國大陸經濟發展的因素方面，本章主張全球資本主義生產網絡、計畫經濟制度遺緒、地方經濟治理、市場換技術等，是促進中國大陸經濟快速發展的動因。最後，中國大陸在經濟崛起後，進一步影響全球經濟體系，包括從世界工廠到世界市場、全球經貿與產業鏈的整合，甚至電子商務所帶動新型交易模式，領先全球等。這些變化讓中國大陸從改革開放前的破產邊緣，華麗轉身成為全球第二大經濟體。

　　第七章「區域經濟與地方發展模式」將中共建政以來的區域發展戰略劃分為四個階段，分別為毛澤東時期的「均衡發展」（1953-1978）、鄧小平時期與江澤民前期的「傾斜發展」（1979-1998）、江澤民後期至胡錦濤時期的「區域平衡發展」（1999-2012）以及習近平時期的「區域協調發展」（2013年至今）。其中，1978年以「放權讓利」為核心的改革開放，開啟了當前中國大陸「區域經濟」的輪廓。其次，本章介紹當前中國大陸區域發展中的「東、中、西、東北四大板塊」。由於改革初期的「政策傾斜」再加上後來「市場機制」的涓滴作用，使得區域差距愈加擴大，形成東部地區遙遙領先的狀況，同時使得各地按其資源稟賦發展出不同的地方治理模式。

　　在討論完較為宏觀的經濟改革開放與區域發展後，本書第八章則是探討較為微觀的「企業部門」。本章以歷史演變與所有制類屬兩個主軸，探討改革開放前後的國有企業、民營企業與外商投資企業。計畫經濟時期，國企出現如效率低下、虧損連連、技術落後、資源浪費等的諸多問題，使其在改革開放時期必然成為改革對象。諸如「擴大企業自主權」、「抓大放小」、「資產重組與上市改制」，甚至在2003年成立國務院國有資產監督管理委員會監管國企等，都是屬於1978年以後國企改革中的一環。此

外，本章介紹了經濟體制變革過程中出現的另外兩類所有制企業——民營企業與外資企業。本章說明中國大陸不僅透過廣大市場吸引外資企業到中國大陸投資，也出現大型本土民企，如阿里巴巴、騰訊、百度等高科技公司。

肆、社會轉型、環衛與傳媒

1978年推動改革開放以後，中國大陸在經濟層面雖有出色的表現，但也累積了不少問題，包括社會發展與變遷、維穩與維權、人權、環境與健康以及媒體和網路發展等議題。本書第三部分著力之處即在於社會領域的變遷與挑戰。本部分共分為五章，分別是「社會結構與轉型」（曾偉峯撰）、「社會穩定、黨國回應與科技維穩」（王信賢撰）、「社會治理與人權發展」（王韻撰）、「環境保護與健康治理」（王占璽撰），以及「傳統媒體、網路媒體與政府管制」（王毓莉撰）。

第九章「社會結構與轉型」從社會制度、社會結構、社會轉型與問題、社會政策四方面探討中國大陸的社會發展。本章首先指出，改革開放後，「人民公社」與「單位制」的崩解是社會轉型的重要起點，進入本世紀後，網際網路則是催化社會快速發展的動力。在社會結構方面，階層、人口與收入等三大結構是整體社會運作的基礎。本章指出，中國大陸出現階層分化、人口老齡化、收入分配擴大化的趨勢，「三農問題」（農民、農村、農業）則是難以迴避的挑戰。中共雖然不斷推出戶籍制度改革、社會福利政策等，試圖緩解社會問題，但經常面臨「鞏固共黨統治」與「解決實質社會問題」間的兩難抉擇。

第十章「社會穩定、黨國回應與科技維穩」探討的即是前述共黨統治與解決社會問題之間的矛盾，也就是「維穩vs維權」的問題。本章首先從社會組織興起、網際網路與社會抗爭等三方面，觀察中國大陸國家與社會關係的互動。隨著社會力量的興起，中共早已將「社會穩定」拉到施政的

前沿。從江澤民時期的「穩定壓倒一切」、胡錦濤時期的「和諧社會」與「加強社會管理」，到習近平掌權後同時加強維穩體制和控制技術，足以顯示「社會穩定」的重要性。本章分別從「法規建構與調整體制」、「強化科技維穩」探討習近平時期的維穩政策與策略。國家名為替社會編織更完善的安全網絡，但實質上一個更高等級的「老大哥」無時無刻都在監控著社會。

　　第十一章「社會治理與人權發展」從宗教、民族與社會治理切入，說明人權發展是觀察黨國體制本質的一面鏡子。中共向來主張「吃飽飯就是人權」的「具有中國特色的人權發展觀」之論述。此一論述並未隨著社會多元與開放逐漸鬆綁，反而還因監控科技進步與憂慮「顏色革命」而更為堅持。特別是在習近平時期，中共結合現代化的新技術與舊的統戰政策，展現出一個「歸正主義」的社會治理模式。在此基礎上，本章以中共建政初期對宗教組織的統戰政策為出發點，描述此種「以愛國隊伍為核心的社會治理模式」1978年後的回歸與質變，進而到習近平時期發展出更強大的「愛國隊伍」。這些變化對中國大陸在宗教和少數民族等方面的人權發展造成衝擊。

　　第十二章「環境保護與健康治理」強調環境保護與健康保障是中國大陸經濟高速成長付出的代價中，最具「社會風險」性質的議題。本章分別介紹這兩個議題的性質，並劃分為「社會主義時期」（1949-1978）、「市場轉型時期」（1978-2012）以及2012年「十八大」習近平上臺後等三個階段，說明變遷歷程與趨勢。最後，本章從國家層級的政策思維、官僚部門的行動邏輯，及外部影響三個面向，探討環保與健康領域中的議題設定，政策執行過程中的利益競爭與衝突、國際與社會力量的影響等。這將有助於讀者理解中國大陸在環保與健康的治理圖像、變遷軌跡與動力。

　　第十三章「傳統媒體、網路媒體與政府管制」把焦點放在媒體（含網路）與政府的關係。本章從中國大陸不同於西方民主體制的「傳播理論」與「治理機制」出發，觀察新聞傳播、影視節目、網路與社群媒體的演變，呈現出其中隱含的國家社會關係。在此些輿論場域發展的過程中，儘

管出現時鬆時緊的狀況，但中共不曾放棄管制。習近平上任後，在中共中央宣傳部與中央網絡安全和信息化委員會主導下，進一步緊收對各類言論的管制程度。本章也強調，中共不只著重在對內宣傳，亦投入大量資源在全球推廣「大外宣計畫」，藉此與西方「爭奪國際話語權」。

伍、對外關係、軍事與兩岸關係

　　本書前面三個部分都涉及中國大陸內部事務，最後一個部分則處探討對外關係（包含政治與經濟）、軍事與兩岸關係等相關主題。本部分共分為五章，包括「國際環境與外交戰略」（黃瓊萩撰）、「對外經貿關係」（呂冠頤撰）、「美中台三邊關係」（張登及撰）、「軍事制度與改革」（沈明室撰），以及「兩岸關係發展與政策互動」（郭瑞華撰）。

　　第十四章「國際環境與外交戰略」討論中國大陸外交政策與國際格局的整體變遷。本章從中共建政初期毛澤東所提出的三大外交方針——「一邊倒」、「打掃乾淨屋子再請客」及「另起爐灶」為起始點，將中國大陸對外關係與外交政策劃分為六個階段，分別為「1950年至1966年：戰爭的年代與中蘇交惡」、「1966年至1976年：文革期間的對外政策與中美關係的轉變」、「1978年至1989年：改革開放與天安門事件」、「1989年至2000年：韜光養晦與新安全觀」、「2000年至2013年：強國崛起與和諧世界」，以及「2013年至2020年：中國夢、帶路倡議與中美貿易戰」等。本章特別強調，國際結構、國內政治環境變化、領導人因素是影響中國大陸對外關係變化的重要因素。

　　第十五章「自由貿易協定的發展模式與限制」探討中國大陸對外多邊貿易協定簽訂的發展。本章首先簡述中國大陸自貿協定的發展，其中1997年亞洲金融危機是中共積極參與多邊經貿的重要時點，而隨著中國大陸在區域與全球經濟影響力的增加，其對倡議各項經濟協議與合作更顯企圖心，特別是近年推動建立區域全面經濟夥伴關係（Regional

Comprehensive Economic Partnership, RCEP）以及「一帶一路」的提出。在此基礎上，本章論述了中國大陸簽署談判的特色以及影響其政策發展與執行的內外因素，由於內部政經體制與保護國內產業等制約，限制其採取更具領導性、面向全球的自貿協定談判政策。本章最後則評估中國大陸自由貿易政策對東亞區域主義走向的可能影響。

　　相較於前兩章分別整體性的討論中國大陸對外政治與經貿關係，第十六章將討論範圍縮至「美中臺三邊關係」。本章首先從「戰略三角」理論出發，介紹其中的四種類型與六個角色，其次探討國際政治中的不對稱關係，以及隨之而來的權力平衡與關係平衡，再說明冷戰與後冷戰時期「大三角」（美俄中）與「小三角」（美中臺）間的連動與發展。在冷戰時期，從1950年「韓戰」爆發與美國宣布第七艦隊進入臺海後，「美中臺三角」開始成形。此後，中蘇兩國從盟友到決裂的轉變使得「美蘇中」大三角浮現，緊接而來美國推出「聯中抗蘇」的策略使得臺灣陷外交孤雛。進入後冷戰時期，大、小三角則在「中國崛起」、反恐戰爭、美中貿易戰與戰略競爭、臺灣數次的政黨輪替等過程中位移與轉型。本章最後提及，臺灣能否在小三角中恢復彈性的作為，是當前最迫切、最重大的議題。

　　第十七章「軍事制度與改革」強調解放軍服從的對象是中共，故有「黨指揮槍」的特色。本章從軍事思想、國防戰略（政策）與軍事戰略等三個概念出發，解析不同領導人時期中國大陸軍事體系與內涵。接著再從軍事領導、軍兵種、裝備管理、軍事教育訓練、後勤、國防動員、紀檢與政法等七個面向說明解放軍軍事體制發展。本章同時按領導人統治時期，依序說明不同時期的軍事現代化，包括毛澤東時期、鄧小平時期、江澤民時期、胡錦濤時期與習近平時期。本章最後說明具中國特色的軍事現代化可能獨樹一格，但可能是力有未逮的妥協。

　　第十八章「兩岸關係發展與政策互動」指出，兩岸關係不僅是兩岸互動的結果，同時受到各自內部因素和國際情勢（尤其是美國角色）演變的影響。因此，兩岸關係具有獨特性、複雜性、敏感性與脆弱性。本章將過去七十年的兩岸關係劃分為三大階段，分別是「從戰爭對峙走向和平對

立（1949-1987）」、「從單向交流走向雙向交流（1987-2000）」，以及「從關係冷淡走向熱絡再到嚴峻（2000-迄今）」。本章最後提出當前兩岸關係發展的三大癥結，分別是中共對臺的敵意作為、兩岸主權定位的爭議以及臺灣民眾認同的轉變。

陸、結論

2001年底中國大陸正式加入世界貿易組織（WTO）。許多學者針對中國崛起究竟是「威脅」或是「機會」展開了熱烈的討論，其中最具代表性的莫過於華裔美籍律師章家敦（Gordon Chang）出版的《中國即將崩潰》（Chang, 2002）以及日本趨勢學家大前研一（Kenichi Ohmae）的《中華聯邦》（大前研一，2003）兩本書，分別對中國大陸發展前景分別抱持樂觀與悲觀的辯論。隨後2004年5月雷默（Joshua Cooper Ramo）發表了一篇題為「北京共識」（The Beijing Consensus）的研究報告（Ramo, 2004），正式揭開是否出現相對於「華盛頓共識」（Washington Consensus）的「北京共識」之關注，其核心便是討論「中國模式」的存在與意涵。如今，我們也看到美中間，除了經濟、外交與軍事競爭外，意識形態與制度之爭也是重要的議題。

華盛頓共識

「華盛頓共識」是指，1989年在美國主導下，為1980年代遭遇金融危機的拉丁美洲國家提供經濟改革對策的會議。會中對拉美國家的經改提出以新自由主義為基礎的十條政策措施，包括金融紀律、重新定位公共開支、稅制改革、金融自由化、匯率政策、貿易自由化、開放外人直接投資、私有化、去除管制與保護財產權等。這些措施是由美國所主導，世界銀行（World Bank）與國際貨幣基金（IMF）推動的一套自由化、市場化與私有化原則。由於開會地點和這些國際機構的總部和美國財政部都在華盛頓，因此後來被稱為「華盛頓共識」。

　　誠言之，自1978年中共推動改革開放以來，我們可以看到發展鐘擺從毛澤東時期「以階級鬥爭為綱」的一端擺向鄧小平時期「經濟建設為中心」的另一端。在此過程中，確實出現自由主義者觀察到的經濟市場化、自由化、私有化，以及民間出現「公民社會」（civil society）的契機，特別是在胡錦濤執政的第二任期最具有朝向自由主義的趨勢。然而，2012年底習近平掌權後，我們又看到發展的鐘擺往回盪，政府的權力向黨集中、國家向市場與社會收權。此外，2018年春季開始的美中貿易與戰略競爭，以及2019年12月新型冠狀病毒（COVID-19）疫情不僅導致中國大陸未來發展的不確定性，也對世界格局產生長遠的影響。

　　2021年7月1日習近平在天安門城門慶祝中共建黨百年，高呼毛澤東的名言「中國人民站起來了」，也宣示實現了「全面建成小康社會」的「第一個百年」目標，且要繼續邁向2049年「第二個百年」的「建成社會主義現代化強國」目標，進而完成中華民族偉大復興。而在美中競爭持續、國內經濟下行、強硬防疫政策所造成的民眾政治信任下降中，習近平於2022年10月的「二十大」後展開第三任期，權力更定於一尊。然而，中國大陸未來發展仍存在著諸多變數，內部有各式各樣的經濟社會挑戰，外部也面臨美中博弈及所衍生的區域安全風險，而此亦是習近平所稱的「百年未有之大變局」。

　　從北京的角度來看，臺灣問題已經不是單純的兩岸關係議題，而是鑲嵌進中國大陸國內與國際的兩個大局，涉及總體國家安全觀。第一個大局是國家發展戰略，即「中華民族偉大復興」；第二個大局是美中戰略競爭，不論就地緣政治或科技戰來看，臺灣議題都是兩大強權競爭的核心，故從北京而言，涉臺問題就是美中關係的議題（王信賢，2022）。這也是近年來臺灣成為國際關注焦點的主要原因。

　　值此時期，對中國大陸的認識更加重要。本書作為中國大陸研究的入門書，能介紹與描繪的圖像也僅是其中的一部分，中國大陸未來發展與挑戰仍值得國內學界與政策界深入探索。

參考文獻

一、中文

大前研一著、趙佳誼等譯，2003，《中華聯邦》，臺北：商周出版社。

王信賢，2022，〈鑲嵌在中國兩個大局的兩岸關係：習近平時期中共對台政策解析〉，吳玉山、寇健文、王信賢主編，《一個人或一個時代：習近平執政十週年的檢視》：333-360，臺北：五南。

二、英文

Boix, Carles, and Milan W. Svolik. 2013. "The Foundations of Limited Authoritarian Government: Institutions, Commitment, and Power-sharing in Dictatorships." *The Journal of Politics* 75(2): 300-316.

Brownlee, Jason. 2007. *Authoritarianism in an Age of Democratization*. New York: Cambridge University Press.

Chang, Gordon. 2002. *The Coming Collapse of China*. London: Arrow.

Gandhi, Jennifer. 2008. "Dictatorial Institutions and their Impact on Economic Growth." *European Journal of Sociology* 49(1): 3-30.

Huntington, Samuel. 1968. *Political Order in Changing Societies*. New Haven: Yale University Press.

Huntington, Samuel. 1991. *The Third Wave: Democratization in the Late Twentieth Century*. Norman: University of Oklahoma Press.

Lazarev, Valery. 2005. "Economics of One-Party State: Promotion Incentives and Support for the Soviet Regime." *Comparative Economic Studies* 47: 346-363.

Lipset, Seymour. 1959. "Some Social Requisites of Democracy: Economic Development and Political Legitimacy," *American Political Science Review* 53: 69-105.

Magaloni, Beatriz. 2008. "Credible Power-Sharing and the Longevity of Authoritarian Rule." *Comparative Political Studies* 41(4-5): 715-741.

Moore, Barrington. 1966. *Social Origins of Dictatorship and Democracy*. Boston: Beason.

Ramo, Joshua Cooper. 2004. "The Beijing Consensus." *The Foreign Policy Centre*, http://fpc.org.uk/publications/123.

Rueschemeyer, Dietrich, Evelyne Huber Stephens, and John D. Stephens. 1992. *Capitalist Development and Democracy*. Chicago: University of Chicago Press.

Walder, Andrew. 1995. *The Waning of the Communist State: Economic Origins of Political Decline in China and Hungary*. Berkeley: University of California Press.

第二章

中國共產黨發展簡史：從建黨到毛澤東時代結束[*]

鍾延麟

　　中國共產黨在1921年創黨，迄今歷時一個世紀的發展，直接牽動中國大陸的發展走向，也對周邊和其他地區造成重要的影響和作用。針對中共發展歷程的簡要回顧，有助認識其發跡立業、內部權力更替，以及重大施政表現和得失。以下將扼要檢視中共如何從蕞爾小黨到成功建政，以及毛澤東主政下的中共又如何自我發展與執政治國。

壹、從創黨到建政（1921-1949）

一、早期階段

　　1911年孫中山領導的辛亥革命，導致大清帝國的覆滅。然而，中華民國建立之後，內部長期處於軍閥亂政和經濟衰敝的境況；在外交上也未受到應有之尊重。中國作為第一次世界大戰的戰勝國之一，其國家權益的主張未獲西方強國的理睬，甚至在祕密外交之下遭到犧牲而為日本所得利。1919年中國在戰後巴黎和會的受挫，引發了以救國為主要訴求的「五四運動」。

　　中國的部分知識分子對西方感到失望之餘，將目光轉向蘇俄。俄國1917年發生「十月革命」、成立蘇維埃政權；其領袖列寧以推行「世界革

[*]　作者感謝關向光教授對本文初稿所曾提出的重要建議與意見。本文如有任何問題，概由作者自負。

命」爲職志，成立「共產國際」職司此事。爲了阻撓西方帝國主義國家自海外殖民地進行各種資源榨取以維持其統治，向來被列強欺凌的中國，成爲「共產國際」對外扶植革命的重點對象之一。在內有以陳獨秀爲首的知識分子響應、外有「共產國際」奧援的兩方契合下，1921年中國共產黨在上海祕密成立，十餘名的與會者中包括來自湖南的毛澤東。中共仰賴「共產國際」的革命指導和金援資助，在1922年決定成爲其支部。「共產國際」及其背後的蘇聯，對中共後來的發展產生巨大的影響。

奉「共產國際」的指示，中共與中國國民黨實行第一次合作。在國共「統一戰線」期間，中共在宣傳、組織和動員工人、農民及學生等長項，已有所流露與展現。隨著1926年「北伐」軍興，國共兩黨之間的理念之分、政策之別和利益之爭，日益擴大。1927年以蔣中正爲代表的國民黨力量發動清共，國共第一次合作以流血收場。中共受制於「共產國際」對情勢的誤判，以及自身缺乏武裝，導致反應不及、一敗塗地的慘況。中共在血淋淋的教訓之下，認識到軍事力量的重要性；毛澤東更提出「槍桿子出政權」的論斷並爲此而努力。

國共關係決裂後，中共在南昌、廣州發動軍事暴動，也在湖南、湖北、廣東、江西農村推行秋收暴動，均以失敗告終。其後，毛澤東率領一支殘部遊走農村、山區，進而在湖南、江西之交創建所謂的「井岡山革命根據地」。「共產國際」和中共中央繼續堅持以城市爲中心的發展戰略，冀望經由大城市的武裝暴動以取得全局性的勝利，只是其險象環生、收效甚微。中共中央終而不得不自上海遷往江西、福建交界的共黨活動區域。

二、江西蘇維埃時期

「中央革命根據地」乃是毛澤東、朱德率部離開井岡山後與贛南、閩西當地黨人所合力創建；中共其他黨人也陸續開創鄂豫皖、湘贛、湘鄂西、陝甘等根據地，反映了在跨省的邊緣地帶、窮鄉僻壤深入發展的策略初步有成，也是中共「農村包圍城市」戰略的初具雛形。

　　中共在江西「中央革命根據地」進行土地革命在內的政策摸索和蘇維埃政權的各項制度建設，更在定都南京的中華民國之外，另建一個國家——「中華蘇維埃共和國」，定都江西瑞金，毛澤東爲其臨時政府主席。中共中央（由蘇聯培育的「職業革命家」擔任領導要職）陸續派員進駐，進而本身入主江西蘇區以後，毛澤東失去在當地的黨軍實權，位處邊緣。

　　中共在各地發展蔓延並欲與國民政府爭正朔，引起後者關注並動用重兵圍剿。「中央革命根據地」的發展居於中共各蘇區之冠，又是「中華蘇維埃共和國」所在地，自成爲首攻之地。國共雙方兩軍在客觀條件上已有差距，中共中央在主觀對策上又有失妥當，在國軍第五次圍剿下，1934年10月，中共棄守「紅都」瑞金、移地逃亡，展開所謂的「兩萬五千里長征」。

　　1935年1月，中共中央在貴州遵義召開中央政治局擴大會議，時任中央領導的博古因爲此前指揮不力而引起眾怒；中共自行部分改組中央，由張聞天出任中央總書記。毛澤東則重回決策圈，參與指揮軍事。其後，中共中央歷經國軍追剿和地方武力騷擾、各種自然艱險和高層內鬨（主要表現在與張國燾在行軍方向問題的爭論和風波），1935年底，最後選擇在陝北高原落腳，進而進駐延安。中共蝸居陝北延安直至1947年。

三、延安時期

　　「共產國際」出於蘇聯國家利益的需要，希望中國能在東方發揮箝制日本、防其西進的作用，指示中共利用日本侵略中國所激發的愛國浪潮，對內倡建「抗日民族統一戰線」以一致對外禦敵。負責在陝甘剿共的東北軍領袖張學良，成爲中共接觸、統戰的重點對象。1936年底張學良發動「西安事變」，兵諫蔣中正，要之停止內戰、共同抗日。中共派員參加相關的談判，「共產國際」飭令中共促進事件的和平解決和蔣氏的平安獲釋，以免中國內鬥而爲日本漁翁得利。

　　國共兩黨經由「西安事變」的處理，基本獲致雙方進行第二次合作的

共識，但最終協議內容至中日戰爭全面爆發後才達致。中共提出實行孫中山的三民主義、取消一切推翻國府的暴動政策、取消蘇維埃政府、紅軍改編為國軍行列。國府承認中共的合法地位，中共得以藉機休養生息和合法參政（張玉法，2001：309-311）。

1937年7月爆發「盧溝橋事變」，中、日兩國軍事衝突升級成全面戰爭。中日戰爭對於中共既是挑戰，也是一個機遇。毛澤東的戰略思考與政策主張更加側重於將之當作是一個發展機遇。相對於國軍正面迎敵、英勇抵抗，中共則以其擅長的游擊戰活躍於敵後，在跨省交界地帶開闢根據地。中共一方面以打漢奸為名，懲治不與之合作的地方仕紳，另一方面，採行合理負擔、減租減息政策，取得農民支持，建立其在農村活動的基礎。

中共居於延安的時期，完成中央領導層的重新改組，確立毛澤東至高無上的領袖地位。抗日戰爭初期，「共產國際」培養的王明及其政策主張，在中共黨內曾一度占有主導地位。隨著戰局的變化，1938年在「共產國際」的指示下，毛澤東作為黨內領袖的地位受到確認。然而，毛澤東並未滿足於此，他勤於革命理論寫作，構建「新民主主義理論」，宣稱結合了馬克思主義原理與中國具體實際，成為黨內首要的意識形態理論家與詮釋者。

另外，毛澤東發動了整風運動，經由回顧歷史、閱讀文件、總結經驗，讓各級幹部和黨員瞭解不顧中國實際的「教條主義」者和缺乏理論思考的「經驗主義」者，對革命事業造成的嚴重危害，同時突顯、強調毛澤東及其政治路線的一貫英明和正確，並將功績統歸於其名下。與此同時，中共內部形成黨員必須拋棄私我意志、徹底馴服於黨、以之利益與要求為依歸的組織生活規範和模式。中共在延安也建立一套黨的一元化領導，將政府、軍隊和其他組織更緊密地置於其麾下。

1945年中共召開第七屆全國代表大會（「七大」）及最後的選舉結果與高層組成，體現毛澤東為首、劉少奇（長於工人運動、「白區」工作和理論著述）為副的權力狀態。「共產國際」已於1943年宣告解散，蘇聯不

能再像過去一樣直接干預中共的高層人事安排。

照片2-1　毛澤東與周恩來在中共「七大」會場

　　中共在延安時期形成黨內公認的領導中心，集中聽令、行動一致的組織，以及蓄積戰後與國府一爭高下的政軍實力。然而，這個階段的政治發展也留下長期籠罩的負面陰影。犖犖大者有對毛澤東的個人崇拜、權力高度壟斷的體制、群眾運動式的幹部審查（延安整風、審幹中出現的「搶救」運動，誇大敵情估計、結合群眾壓力和強制手段）、思想檢查和改造、新聞管制和輿論一律、文藝臣服並服務於政治。

四、國共內戰時期

　　1945年8月，日本宣告投降。面對國內外強烈要求和平的呼聲，國、共兩黨最高領導人蔣中正與毛澤東在四川重慶會晤，舉行和平談判。事實上，雙方皆各有算盤而無刀槍入庫、馬放南山，不久即兵戎相見，全面開戰。

照片2-2 蔣中正和毛澤東在重慶會談

　　中共宣稱用以制敵取勝的「**三大法寶**」，大發其威。經過延安整風運動，中共的「黨的建設」較爲完備，其內部形成以毛澤東爲首的領導集體，在推翻國府統治的共同目標下，其黨人即便分處各地，也較有齊一的政治意志與行動而能分進合擊。中共的「統一戰線」經營，在此一階段也趨於成熟並多有收效。中共盡可能地對外呈現爲公能容的形象，爭取和網羅對之友好的力量，在政治上和宣傳上力將國府領導層陷於孤立。國府的治理不彰、腐敗叢生和背離民意，亦便於中共對包括知識分子在內的各個社會群體施加統戰並效果倍增。

三大法寶

毛澤東宣稱中共在革命中得以戰勝敵人的主要憑藉，包括：統一戰線、武裝鬥爭和黨的建設。

　　中共土地革命和「武裝鬥爭」的奏效，也加速了國家政權的轉手。中共在農村發動激進的土地革命，誘以土地分配、教以階級鬥爭，激化兩極

對立情勢，驅使農民與雇主決裂，進而獻身革命保產，由此吸收積極分子、重建基層政權，還可解決戰爭急需的兵源問題並促進生產。中共軍隊成功抵禦國軍在東北、山東和陝西的重點攻勢後，反守為攻。1948年底至1949年初，共軍在東北（遼瀋戰役）、華北（平津戰役）、華東（淮海戰役，或名徐蚌會戰）的三場主力決戰，連戰告捷。共軍之後攻破長江防線、大舉南下，也分兵西南，斷絕國府後路，更進占西藏；另有勁旅進兵西北，直取新疆。

國共第二次內戰期間，毛澤東在政治決斷、軍事指揮上的突出表現，讓其在中共黨內的威信更是大增，愈加成為享有崇高威望的魅力型領袖，進而在中共全國執政以後扮演舉足輕重、一言九鼎的主導人物。中共建黨以來養成的一批歷經考驗的黨軍菁英，也累積了在黨內論資排輩的政治資本，他們在中共治國下的職務角色，也基本按照革命勳績安排。

中共短時席捲中國大陸，迫使國府倉皇辭廟、敗退臺灣，由此形成臺灣海峽兩岸長期分治的局面。中共自此全面主導中國大陸的發展走向，並自視為中國人民歷史的選擇，更宣稱具有永久執政的地位和政治合法性。中國大陸改由中共主政，也使得以蘇聯為首的社會主義陣營和國際共產主義運動如虎添翼。

貳、從開國到毛澤東時代的結束（1949-1976）

一、建政初期

1949年10月1日，毛澤東在北京宣布成立中華人民共和國。為了新生政權的生存和發展所計，中共對外宣布向蘇聯為首的社會主義陣營「一邊倒」，毛澤東還親訪蘇聯，促成建立中蘇兩國軍事同盟。但是中共真正成功取信於莫斯科，則是在毛澤東主導決策下、中共決定出兵（彭德懷領軍）援助金日成為首的北韓政權，使之不致被聯合國部隊（美國軍隊為主

力）剿滅。經過三年幾回塵戰，中共保住北韓政權，更把美軍為首的聯軍「逼和」。中共在國際上的能見度和地位分量大為提升。

　　中共建政初年的對內治理政策，包括：穩定物價、統一財經、恢復生產和發展經濟（陳雲主其事），有助於政權站穩腳跟。中共也推行旨在廢除「地主階級封建剝削的土地所有制」的土地改革、劍指敵對分子的「鎮壓反革命」運動，以及針對不法的黨政機關人員與私營工商業者的「三反」（反對貪污、浪費、官僚主義）運動和「五反」（反對行賄、偷稅漏稅、偷工減料、盜騙國家財產、盜竊國家經濟情報）運動。

　　群眾運動（黨領導下設定議題、鎖定標靶、樹立標兵，鼓動積極分子帶頭、動員群眾參與並從中辨別是非，進而集思廣益找出改進方案），成為毛澤東時期中共黨國治理的重要方法與特色。

　　中共參加韓戰取得史達林更多的信任後，蘇聯開始挹注大量援助，協助中共在中國大陸建立中央計畫經濟體制、制定並執行第一個經濟發展的五年計畫（「一五」）（1953-1957），成功奠定其工業化基礎。中共也將向社會主義的過渡和改造置諸政治議程並付諸行動。推行「一化三改」（實現社會主義工業化、農業、手工業和資本主義工商業的社會主義改造），形塑「重工輕農」、「重重（工業）輕輕（工業）」的發展戰略，

統購統銷、工農「剪刀差」和城鄉二元體制也相應建立或形成。

工農「剪刀差」

國家低價向農村徵購糧食、原物料以滿足城市工業發展所需，後者的工業產品再以高價向農村出售獲利，如此乃以犧牲農業的方式為工業發展提供重要的積累和援助。

中共中央高層在建政初年出現若干政治波動，皆涉及毛澤東的政治意向和操作。在社會主義過渡的問題上，毛澤東認為劉少奇、周恩來戀棧「新民主主義」、對邁向社會主義有所遲疑，便重用高崗（國家計畫委員會主席）以對之敲打，不料高崗失於躁進，引發高層不安，也徒留政治把柄。1953年底，陳雲和鄧小平面告高崗的不是，毛澤東決定離棄高崗、陪綁饒漱石（中央組織部部長），最後定之為「反黨集團」，此即通稱的「高饒事件」（鍾延麟，2010）。

在農業合作社的發展速度問題上，中央農村工作部部長鄧子恢主張穩步前進，1955年毛澤東批之為「小腳女人」，並將政策殊異上綱為「兩條路線」分歧。毛澤東在黨內的政治操弄和壓制，在之後愈形頻仍和加劇，實為中共政治長期不穩的關鍵因素。

毛澤東和各級幹部和黨員對農業合作化運動的大舉催促，也連帶促進完成私營工商業的公私合營和手工業的合作化。中共在1956年宣稱進入了社會主義時期。農業合作社的短時建成和對私營工商業者的「和平贖買」，乃是中共繼武裝暴力革命的成功經驗以後，引以為豪的社會主義過渡經驗。

二、社會主義建設十年

在社會主義經濟制度確立、進入社會主義社會的背景下，1956年9

月，中共召開第八次全國代表大會（以下簡稱：「八大」）。中共在此會中提出國家建設的新主軸：致力發展生產力，解決人民希冀改善生活的願望與經濟文化生產落後之間的重大矛盾；另外也要逐步完備法制建設，做到「有法可依」、「有法必依」。

中共在「八大」前後的摸索，乃是有意識地借鑑蘇聯史達林執政時期的負面經驗，特別是1956年蘇共領導人赫魯雪夫批判史達林時所揭露其治下的政治鎮壓肅殺和經濟集權僵化（毛澤東說如此是「揭了蓋子」，但對史達林全盤否定而引發混亂，則是「捅了婁子」）。毛澤東為首的中共中央希望找到一條既適合中國國情、對國際共產主義運動亦有參考意義的社會主義發展道路。只是事與願違，反倒將中國大陸帶上一段顛簸不斷、代價慘重的發展歷程。

在政治上，毛澤東提出「百花齊放、百家爭鳴」的「雙百方針」，期以讓黨外和民眾適加抒發不滿，以免積怨成仇；1957年4月，毛澤東更發起整風運動，邀請黨外力量協助澄清吏治並指正其執政以來的作為。自信滿滿的毛澤東聽聞黨外涉及共黨專政體制和重大國策的批評意見後，起疑生恨外，更心生「引蛇出洞」詭計，誘人上鉤、登報發表後，6月初再吹起「反右派」號角，進行絕地大反攻。

由毛澤東一手領導、中共中央書記處（鄧小平、彭真為正副領導人）戮力貫徹的整風、「反右派」運動（Chung, 2011），直接影響是將約55萬人打入政治另冊（受到影響、波及者遠多於此數），閉塞黨外言路、助長反智傾向；中共也改變「八大」的判斷，又將階級鬥爭作為長時期內的主要矛盾。另外，「反右派」鬥爭對任何欲自主於黨的領導以外的政治傾向的窮追猛打，實際上也使得認為法律應有更大的獨立角色和運行空間的主張觀點和相關黨內外人士大受打擊，重挫中共建政以來對法律制度建設的初步經營和累積，讓黨領導下的群眾運動式治理，蔚為主流、大行其道。

在經濟上，毛澤東受到蘇聯科技突破、國內此前農業合作化熱潮、「反右」激發的工人幹勁和大興水利氣勢的鼓舞，1958年提出「多、快、好、省」的「社會主義建設總路線」，以鋼鐵增產和糧食高產為中心的工

農「大躍進」，以及在農村普遍建立結合集體所有、生產和生活的「人民公社化」運動。「總路線」、「大躍進」和「人民公社化」運動又被合稱為「三面紅旗」運動。毛澤東雖以「超英趕美」為目標，但其實質希望利用中國豐沛的人力，以群眾運動、由下而上的方式，在蘇聯的社會主義發展模式之外另闢新徑、引領全球。

毛澤東在中央高層形成對「總路線」、「大躍進」的共識，乃經由對「反冒進」（主張穩步前進、均衡發展）政策及其主導人士周恩來、陳雲的嚴厲整風批判。在這一政治過程中，基於對毛澤東的崇信和恐懼，高層充斥諂媚之風，為投其所好，虛報造假、謊話連篇，更不惜犧牲民生福祉。在推行「大躍進」運動上，毛澤東強調黨的一元化領導，在中央由中央書記處（鄧小平、彭真）負責「具體部署」並督促落實（Chung, 2013; 2015），在地方則是放權激勵省級黨委，要之各顯神通、互相攀比。

「總路線」對追速、求量的執著、「大躍進」對大煉鋼鐵的執迷，以及「人民公社化」對「一大二公」集體經濟生產潛能的盲信，都嚴重違背經濟發展的客觀規律。中共強而有力的黨國機器和講求集中、不准講價的組織紀律，唯上不求實的政治風氣和「寧左勿右」的政治風尚，皆讓情勢更形惡化。

毛澤東不是不曉得「三面紅旗」運動存有問題，也有意要糾偏改進，但是他個人宰制政局，又對「三面紅旗」堅信不移，大大侷限黨內糾錯的餘地；1959年夏，他在廬山會議上惡狠批鬥對運動持有看法的彭德懷、張聞天，更讓本有限度的「糾左」頓時中斷、反向逆轉為「反右傾」，掀起更大一波的「大躍進」，直到運動本身難以為繼為止（李銳，1999）。

毛澤東領導中共高揚並力行「三面紅旗」，直接結果是使中國大陸陷入經濟危局，更釀就古今中外未曾見的最大規模的人為饑荒，數以幾千萬人因饑餓、過勞、管理不當而致死（絕大多數是當初支持中共取得天下的農民）。中共成功地透過尋找替罪羔羊來轉移過失責任（怪罪於自然災害、蘇聯逼債和基層幹部遭到滲透而有意為害破壞），並經由封鎖消息、宣傳操作而得以一時欺內瞞外。但如劉少奇對毛澤東所言：「人相食，你

我要上史書。」

　　「大躍進」偃旗息鼓後，1961年至1962年，中共著手各方面政策調整以挽回局面。然而，1962年夏，毛澤東認為中央「一線」領導人劉少奇、陳雲、鄧小平，對於情勢估判過於悲觀，對於他們坐視，甚至支持包產到戶，更是無法接受，以為是對集體經濟的倒退、對社會主義信念的動搖。毛澤東分別斥之為「黑暗風」和「單幹風」，並且強調階級鬥爭長期存在，必須隨時警惕、奮擊不懈。劉少奇、鄧小平在毛澤東表態批評後，即放棄原先主張、急忙緊跟，陳雲更淡出中央政治。但毛澤東牢記在心，他後來直指劉少奇這段工作表現犯有「右傾」錯誤。

　　鑒於經濟困難時期中國大陸出現種種背離社會主義的跡象，毛澤東提出要施行「社會主義教育運動」（以下簡稱：「四清」）。劉少奇在1964年接手負責此事之後，揮舞階級鬥爭大旗，以其妻王光美蹲點製造的「桃園經驗」（認定基層幹部腐敗叢生，必須在其背後祕密串連取證後，再予批鬥和揭發）為範例，要各地仿照辦理，運動因此迅速激化，大量農村幹部成為批鬥對象，哀號四起。毛澤東認為劉少奇的運動目標偏重掃除基層貪腐而且打擊面過寬，卻縱放危害更大的上層貪官污吏。另外，劉少奇領導經濟調整有成效、聲望增，號令全黨「四清」有威勢、自信足，也都讓毛澤東感到忌憚，終而上演毛澤東在中央高層當眾責罵劉少奇的事件。劉少奇在他人勸說下向毛澤東認錯，毛澤東在震怒後也為劉少奇稍事緩頰；但毛澤東後來批評劉少奇在相關問題上犯下「形『左』實右」的錯誤，也說在1965年初就決定撤換劉少奇作為接班人的地位。

　　時至1960年代中期，毛澤東以高度敵視和擔憂的認知看待內部情勢和外在環境，兩者交互加乘下，致使他醞釀發動一場政治大洗牌——即後來演變成的「文化大革命」。中蘇關係從赫魯雪夫猛然批判史達林、中共在社會主義建設上意圖與蘇互別苗頭而急轉直下，其中又夾雜意識形態論爭和國家利益衝突。毛澤東指控蘇聯內部蛻變為「修正主義」，對外也與美國帝國主義合謀意圖聯手主宰世界。毛澤東疑慮中國內部也可能因政治旗幟不鮮明而出現變質、變「修」的危險。自他看來，劉少奇與之政治幾度

不合拍，中央書記處也不順手。鄧小平在1962年支持包產到戶、在1964年對於毛澤東基於戰爭迫在眉睫的認識提出的「三線」建設倡議略顯遲慢，毛澤東批評劉少奇時，也批之「獨立王國」。但是毛澤東欲作的變革並非僅是局部的組織調整而是著眼整個黨國部門，各級官僚黨幹也都必須加以審視、整治一番，免得誤入資本主義歧途、積重難返。

三、文化大革命

毛澤東發起「文化大革命」的事由和突破口，是1965年底刊出的《評新編歷史劇〈海瑞罷官〉》，其由毛澤東妻子江青與上海宣傳官員張春橋、姚文元祕密完成。此文的轉載頻頻受阻，中央「一線」、特別是彭真積極制定《文化革命五人小組關於當前學術討論的匯報提綱》（「二月提綱」），試圖對相關文藝批判加以框限，都讓毛澤東大為不悅。在此期間，毛澤東與繼彭德懷之後主軍的林彪，一起清洗中央書記處書記、解放軍總參謀長羅瑞卿，以牢牢掌控軍隊的主控權，從而為其政治大重組提供武力保證。

毛澤東選擇拿彭真、羅瑞卿開刀，並非其對毛澤東有什麼重大的違抗言行。實際上，彭真、羅瑞卿跟毛澤東最緊、最力，他們各自確有得寵不謹慎、張揚不節制之處，但遭到離棄的主因還是毛澤東深藏難測的「文革」戰略思考和用人考量。毛澤東為了替「文革」祭旗，對之長年忠心耿耿、甚至為此傷人無數者如彭真、羅瑞卿，都可以被犧牲。

1966年5月的中共中央政治局擴大會議，拋出「彭、羅、陸、楊反黨集團」（彭真、羅瑞卿、中央書記處書記、中央宣傳部部長陸定一和中央書記處候補書記、原中央辦公廳主任楊尚昆）。毛澤東主導通過的〈五一六通知〉，號召徹底揭露、批判各領域的「資產階級代表人物」，「文革」全面開打。中、高級學校旋即出現對校領導的造反活動，劉少奇、鄧小平習慣性地派出工作組以領導運動、穩定校園，卻被毛澤東斥責為「鎮壓學生運動」的「路線錯誤」。毛澤東8月主持召開中共八屆十一

中全會，會議期間，他寫貼的〈炮打司令部——我的一張大字報〉，將派遣工作組說成是「實行資產階級專政」，並連結1962年的「右傾」和1964年的「形『左』實右」，實同向劉少奇總攤牌。全會最後改組中央領導，毛澤東讓林彪取代劉少奇的第二號席位。

　　劉少奇在政治上一蹶不振，任由毛澤東、江青擺布，遭控為叛徒、工賊和內奸；1968年中共八屆十二中全會開除其黨籍。次年，劉少奇在遭受不人道的待遇下慘死河南。延安以來長期在中共黨內位居毛澤東一人之下、1959年起獲任國家主席職位的劉少奇，人身安全與自由全無保障，眾多的高、中級幹部就算免得一死也活罪難逃，甚至罪及妻孥。這實是他們長年獻身革命、緊隨領袖所不曾設想的遭遇。

　　紅衛兵的「造反有理」、血腥鬥人與橫行抄家、一連串黨軍高級要員的慘遭清洗、地方黨委遭到瓦解奪權、群眾組織之間的文攻武鬥、動刀動槍，不是毛澤東為之開綠燈，就是其知情而任其自流。暴力、恐怖、無序、混亂、內戰成為毛澤東精心發起的「文革」的同義詞和給世人的普遍印象。

照片2-4　毛澤東在「文革」初期檢閱紅衛兵

　　按照毛澤東由亂而治的運動構想，既然「走資本主義道路的當權派」已被掃除，軍隊執行「三支兩軍」（支左、支農、支工、軍管、軍訓），各地也根據中央指示實行「大聯合」、「三結合」，組成**革命委員會**，當初出於運動需要而刻意煽起的「紅小將」和知識青年也被安排上山下鄉後，1969年中共舉行第九次全國代表大會（「九大」）。

革命委員會

由進駐單位的軍隊代表、未被打倒的資深幹部和群眾組織代表所聯合組成，作為各級的政權組織。

　　中共「九大」沒有如毛澤東所期望的帶來勝利和團結，針對運動接續走向、權力職位分配，以及政治經歷和崛起方式等問題，中央高層內部呈現軍方將領與「文革」政治新貴之間的緊張和對立。1970年夏在江西廬山召開的九屆二中全會，圍繞在是否設立國家主席問題上，兩派勢力爆發衝突。林彪作為中共「九大」新修黨章總綱明載的「毛主席的親密戰友和接班人」，他在廬山批判張春橋等人一呼百諾的浩大聲勢，以及軍方從中央到地方對政治的深度介入，讓多疑的毛澤東感到威脅。毛澤東對林彪親信揪住不放和無意轉圜，林彪似也不情願俯首稱降，最後發生1971年9月林彪乘機出走事件。

　　毛澤東為首的中共中央指控林彪及其妻兒、股肱密謀政變不成，最後落得驚慌出逃、飛機失事、葬身大漠的結局。無論「林彪事件」的真相到底為何，其之猛然爆發重擊「文革」的正當性，動搖許多幹部、民眾對運動的信念；毛澤東身心也大受影響，健康如江河日下，覓尋接班人成為其生命剩餘時日的棘手問題。

　　毛澤東在中共「十大」一度扶植上海造反派出身的王洪文，但未盡理想。毛澤東在政治上離不開周恩來，對之又不全然放心，也未予善待，

1973年以中美關係問題爲由，讓周恩來飽受政治圍攻。周恩來確有運籌全局之能，但囿於顧全大局之識（將鞏固、服從毛澤東的絕對領導，等同於黨的最高利益），唯能耗於收拾殘局之事，抑鬱而終（高文謙，2003）。毛澤東欣賞張春橋，認爲在政策理念上得之眞傳，他對妻子江青時有抱怨，但認爲在政治上對之有用而每有眷顧之情。毛澤東也明瞭張春橋、江青無法獨任治國理政重責，除了培養多有實際工作經驗的華國鋒，更重新啟用鄧小平。

鄧小平在中共江西蘇維埃時期被當作「毛派分子」而遭狠鬥，因此被毛澤東當作學生弟子；鄧小平在中日戰爭和國共內戰期間屢建戰功，中共建政初年自西南上調中央後平步青雲，中共「八大」進入最高決策圈中央常委會，也擔任中央總書記，負責領導中央書記處執行中央重大決策和大政方針。毛澤東對內的社會主義建設實驗如整風、「反右派」和「三面紅旗」運動；對外的與蘇意識形態論戰和革命輸出，鄧小平無役不與、擔任先鋒（鍾延麟，2013）。毛澤東之後雖然對鄧小平不滿意，讓之淪爲「文革」要打倒的「黨內第二號走資本主義道路的當權派」，但仍將之與劉少奇區別對待，保護他的人身安全和一絲政治生路——保留黨籍。

林彪敗亡之後，經毛澤東示意、周恩來張羅，鄧小平重返政壇，並逐步取代病入膏肓的周恩來主持國務院工作。鄧小平以快刀斬亂麻的方式開展各方面的「整頓」，見效頗著，累積了民間聲望和日後問鼎江山的政治資本。鄧小平在此一過程中正面迎戰江青、張春橋、王洪文和姚文元對之的批評和質疑。毛澤東雖然批評江青等人爲「四人幫」，但最終認同了懷疑鄧小平意圖顛覆「文革」的指控，鄧小平因此再次失權，毛澤東之後還大張旗鼓地發起「批鄧、反擊右傾翻案風」。即便如此，在毛澤東的照應下鄧小平沒被開除出黨。

因病重言行皆已不便的毛澤東，選擇華國鋒繼任周恩來（1976年初病逝）的總理職位並負責主持黨中央的日常工作。其顯示在接大位的問題上，毛澤東決定讓華國鋒而非「四人幫」占得優先的有利位置。在毛澤東去「見馬克思」之前，面臨一個尷尬的局面：中國大陸民眾藉由清明時

節紀念周恩來之機，群聚北京天安門，表達對時政的不滿，這是毛澤東執政以來從未發生之事。毛澤東認可將此一民眾抗議事件定性為「反革命事件」加以鎮壓。

1976年9月9日，毛澤東撒手人寰。他留下的是一個內部一統、表面剛強、頗具威勢的大國，與此同時亦是創傷累累、滿目瘡痍的窮國。

參、結論

在毛澤東屍骨未寒之際，他身前最後屬意的接班人華國鋒，聯合葉劍英、李先念、汪東興以迅雷不及掩耳之速「粉碎四人幫」，將其妻姪、親信、文膽一網打盡，後來更送上特別法庭。

華國鋒獲得毛澤東的庇蔭而得以面南而坐，並自我標榜是毛澤東的正宗繼承人，當毛澤東生前的錯誤決策和爭議人事被重新審視時，經常使之陷入被動，進而損及其威信。然而，華國鋒也非僅是一個無思考、作為的過渡性政治人物，他為中共的「改革開放」做了不少重要的鋪墊和準備工作，只是隨著權力轉移而長期遭到埋沒。

在中共「打天下、坐天下」論資排輩、講究能耐的政治文化和氛圍下，華國鋒縱使身兼黨、政、軍的最高正式職位，面對較其革命資歷深、歷史立功多的鄧小平、陳雲，就顯得權威不足、聲勢脆弱。在鄧小平、陳雲積極問鼎和政治運作下，華國鋒不久即被迫交出執政大權、黯然離職。

鄧小平、葉劍英、陳雲、李先念、彭真等直接追隨毛澤東參與中共奪權和開國的資深高幹，親身經歷毛澤東的「英明領導」和「晚年錯誤」，他們強調在政治上繼續高舉毛澤東這面旗幟，但希望在制度上防止出現另一個「偉大領袖」，亦即不要再有個人崇拜，不要再實行「家長制」，不要再有「一言堂」，不要再有領袖終身制。總之，不允許個人獨裁，權力繼承必須要有制度性的安排。

關鍵詞：毛澤東、中國共產黨、黨的領導、群眾運動、社會主義

延伸閱讀

1. 高華，2000，《紅太陽是怎樣升起的─延安整風運動的來龍去脈》，香港：香港中文大學出版社。
2. 陳永發，2001，《中國共產革命七十年》，修訂版，臺北：聯經。
3. 楊繼繩，2012，《墓碑─1958-1962年中國大饑荒紀實》，第十版，香港：天地圖書有限公司。
4. 鍾延麟，2013，《文革前的鄧小平：毛澤東的「副帥」（1956-1966）》，香港：香港中文大學出版社。
5. Roderick MacFarquhar, and Michael Schoenhals. 2006. *Mao's Last Revolution*. Cambridge: The Belknap Press of Harvard University Press.

思考問題

1. 中共何以從一個蕞爾小黨發展、壯大到全國執政？中共的「三大法寶」各自在中共奪權的過程中發揮什麼作用和影響？
2. 毛澤東主政下形成什麼樣的政治和經濟體制？其存在什麼樣的優勢和弊端？鄧小平主政推行「改革開放」，主要針對哪些問題進行變革？為何中共不再以群眾運動治國？
3. 毛澤東時期的中共權力繼承安排為何？何以動盪不斷？「改革開放」時期如何記取相關教訓、提出哪些因應對策？
4. 毛澤東發動和領導「大躍進」和「文革」，造成嚴重的錯誤。中共如何對之評價？其官方何以至今仍然對毛澤東保持尊崇？

參考文獻

一、中文

李銳，1999，《廬山會議實錄》，增訂第三版，鄭州：河南人民出版社。

高文謙，2003，《晚年周恩來》，紐約：明鏡出版社。

張玉法，2001，《中華民國史稿》，修訂版，臺北：聯經。

鍾延麟，2010，〈鄧小平在「高饒事件」中之角色與作爲〉，《人文及社會科學集刊》，22（4）：521-562。

鍾延麟，2013，《文革前的鄧小平：毛澤東的「副帥」（1956-1966）》，香港：香港中文大學出版社。

二、英文

Chung, Yen-Lin. 2011. "The Witch-Hunting Vanguard: The Central Secretariat's Roles and Activities in the Anti-Rightist Campaign." *The China Quarterly* 206: 391-411.

Chung, Yen-Lin. 2013. "The CEO of the Utopian Project: Deng Xiaoping's Roles and Activities in the Great Leap Forward." *The China Journal* 69: 154-173.

Chung, Yen-Lin. 2015. "The Unknown Standard-Bearer of the Three Red Banners: Peng Zhen's Roles in the Great Leap Forward." *The China Journal* 74: 129-143.

第三章

中國黨國體制與菁英政治

寇健文

壹、黨國體制的運作：「黨的領導」與全面控制政治事務

一、黨的領導

　　中共政權是典型的黨國體制，黨是整個政治體系運行的核心。黨和政府交織在一起，同時黨的地位高於政府。無論是國家施政方針或重要官員任免，都先經過黨做出決定。1978年改革開放前，國家透過計畫經濟體制，強力穿透社會，國家與社會的界線消失。1978年以後，市場經濟改革降低國家對經濟事務與社會活動的全面控制，但黨國體制並未發生根本性鬆動，國家干預市場與社會的程度仍高於一般威權政權。因此，中共政權可以被歸類成「後極權主義」（post-totalitarianism）。

後極權主義

後極權主義是界於極權主義和威權主義的一種特殊政權形態。這種政權通常是由極權主義退化而成，一般威權政權不容易直接轉化成後極權主義。Juan J. Linz和Alfred Stepan在《*Problems of Democratic Transition and Consolidation: Southern Europe, South America, and Post-Communist Europe*》一書中，從多元化（pluralism）、意識形態（ideology）、動員（mobilization）、領導（leadership）等四個面向比較極權主義、後極權主義和威權主義的異同。他們認為後極權主義控制政治過程與社會的程度高於威權主義，如維持一黨制、控制軍警、媒體與社會組織。另一方面來說，後極權主義在社會經濟面向的多元化程度高於極權主義，如從計畫經濟轉向市場經濟、社會利益分殊化。

　　在黨國體制的運作中，中共強調「黨的領導」的重要性。在中共的「四項基本原則」——堅持社會主義道路、堅持人民民主專政、堅持中國共產黨的領導、堅持馬列主義毛澤東思想——當中，最核心的就是「堅持中國共產黨的領導」。依據中共黨章的界定，「黨的領導」包括政治領導、思想領導與組織領導。

　　政治領導，就是政治方向、政治原則、重大決策的領導，是指黨決定國家的路線、方針、政策。……黨的政治路線調整後，政府施政方向也就會跟著調整。

　　思想領導則是理論觀點、思想方法、精神狀態的領導……。有了正確的思想領導，才能制定和執行正確的政治路線和組織路線。……中共通過政治教育與宣傳，使黨員和人民接受官方意識形態，認識和解決革命、建設和改革的各種問題。

　　組織領導是指幹部的選拔和任用的領導，表現爲黨的幹部執掌國家各級政權機關的重要領導崗位。沒有強而有力的組織領導，黨的政治領導、思想領導就會落空。……（謝慶奎主編，1991：103-106）。

　　在政治領導方面，中共決定全國全黨的路線、方針與政策。舉例來說，1978年十一屆三中全會確立黨的路線，從「無產階級專政下的繼續革命」（華國鋒的主張）轉移到「經濟建設」（鄧小平的主張），就是典型的政治路線的調整。

　　思想領導強調黨對於意識形態的控制權。以華國鋒所提出的「無產階級專政下的繼續革命」來說，其思想領導就是「兩個凡是」——即「凡是毛主席做出的決策，我們都堅決維護；凡是毛主席的指示，我們都始終不渝地遵循。」——的主張。鄧小平提出的「經濟建設」，其配套的思想領導就是「實踐是檢驗眞理的唯一標準」。再如江澤民提出的「三個代表」、胡錦濤提出的「科學發展觀」，以及習近平上任後逐漸形成的「習近平新時代中國特色社會主義思想」（以下簡稱：習思想），都是黨在

「思想領導」上的體現。

在組織領導方面，中共制定幹部選拔標準與決定重要人事任命，即「黨管幹部」。例如1964年毛澤東爲了防止中共內部出現赫魯雪夫（Nikita Khrushchev）的修正路線，提出要培養革命接班人的五大條件。華國鋒提出的組織領導，則依循這五項原則。1980年代初期，爲了有效推動改革開放，鄧小平提出革命化、年輕化、知識化與專業化的「幹部四化」原則，並寫入1982年十二大黨章。「黨管幹部」維持高度集中的領導體制與領導人的政治權威，是中共實現一元化領導的重要支柱。黨的領導機構和組織部門擁有人事任免與考察權，透過黨中央管理的「幹部職務名稱表」（Nomenklatura），分級管理和任用黨政幹部。習近平上任後，特別突顯「黨的領導」原則的重要性。

照片3-1　宣傳標語「黨在我心中　永遠跟黨走」

圖3-1 中共中央黨政軍結構圖

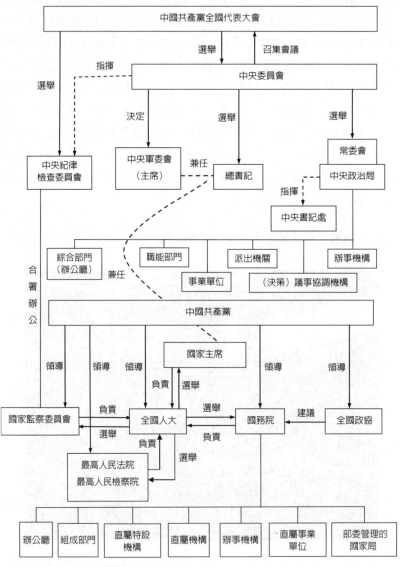

註：已新增2018年3月設立的國家監察委員會。
資料來源：寇健文、蔡文軒（2012：25）。

二、中共的組織結構

　　在黨國體制下，中央政治局和政治局常委會是整個黨機器的核心，中央書記處則輔助前兩個機構的運作，總書記則是最高領導人。依據中共黨章，黨內最高權力機關就是全國代表大會（以下簡稱：全國黨代會）。全國黨代會每五年舉行一次，選出中央委員會（以下簡稱：中委會）和中央紀律檢查委員會（以下簡稱：中紀委）。因開會頻率不高，全國黨代會並無實質決策權。下級黨代會選出全國黨代會代表，全國黨代會選出中委會，中委會選出中央政治局、政治局常委會和總書記。此外，中委會根據政治局常委會的提名，通過中央書記處成員，並決定中央軍事委員會（以下簡稱：軍委會）組成人員。

　　全國黨代會閉會期間，中委會負責執行全國黨代會的決議，對內領導黨的全部工作，對外代表中國共產黨。中委會全會每年至少舉行一次，在中委會閉會期間，中央政治局和政治局常委會行使中委會的職權。黨內真正的最高決策中心是中央政治局和政治局常委會，由總書記主持這兩個機構的會議。其他黨務、國務院、全國人民代表大會（以下簡稱：全國人大）、中國人民政治協商會議全國委員會（以下簡稱：全國政協）和其他重要機構的領導人都是它們的成員。

　　中央政治局和政治局常委會下設中央書記處，作為日常的辦事機構，承命推動工作。總書記召集政治局會議和政治局常委會會議，並且主持中央書記處的工作。中紀委專司黨員風紀與廉能工作，與2018年3月設立的國家監察委員會（以下簡稱：國監委）合署辦公，為「一個機構，兩塊牌子」。黨內另設有中央政法委員會（以下簡稱：中央政法委），指導協調法院、檢察院、公安、國安、司法行政部門工作。黨的軍委會是最高軍事決策機構，因此中國大陸並沒有軍隊國家化的制度設計。除黨的軍委會之外，另有根據《憲法》設置的中華人民共和國中央軍事委員會，兩個軍委會「一個機構，兩塊牌子」，一般用法上不刻意區分這兩個軍委會。中共中央設有辦公廳、職能部門（如組織部、宣傳部、統戰部等）、辦事

機構（如政策研究室、臺灣事務辦公室等）、派出機構（中央和國家機關工作委員會）與直屬事業單位（如中共中央黨校、《人民日報》社等）。此外，中共中央設置許多領導小組、委員會和協調小組，專司特定領域事務。各小組由政治局常委或政治局委員擔任組長和副組長，多個業務相關的黨政軍部門首長擔任小組成員，以集中政治資源，統一協調和領導跨部門、跨系統或跨區域的行動。這些議事協調機構，負責政策匯集與監督執行，是重要決策機制。在習近平時代，部分議事協調機構的決策功能被強化。中央財經委員會、中央國家安全委員會、中央外事委員會等以「委員會」形式出現的機構已成為決策議事協調機構。

　　中共地方組織大體上是複製中央組織。各級地方組織以黨代表大會為（形式上的）權力機關，負責選舉同級委員會和紀律檢查委員會。各級黨委會在同級黨代會閉會期間負責領導黨的工作。基層黨組織則視工作需要和黨員人數，經上級黨委批准後設立基層黨委員會、總支部委員會和支部委員會，同樣經由選舉產生書記和副書記。各級黨委工作部門接受同級地方黨委領導之外，還接受上級工作部門的領導，形成「雙重領導」。

　　黨組是中共領導各類組織部門的主要機制。中共在國務院、全國人大、全國政協、最高人民法院、最高人民檢察院和各部委辦局，以及各類人民團體、經濟組織、文化組織、社會組織和其他組織領導機關設置黨組，唯國監委內不設置黨組。各級地方政權機構與組織團體也一樣設有黨組。黨組受同級黨委領導，對黨委負責。部門工作中的重大問題，由黨組負責向同級黨委報告，並負責將黨的路線、方針、政策及黨委的決定貫徹到本部門的工作（王林生，2005：78-79）。黨組是實際權力機構，有權討論和決定本部門中的重大事務；黨組的成員，由批准成立黨組的上級黨委指定，黨組設書記和副書記；黨組的領導，則由該部門的黨籍負責人兼任（俞可平，2001：19-20）。2015年6月中共發布《中國共產黨黨組工作條例（試行）》，設置黨組的覆蓋面更廣泛。

三、中共對民主黨派與社會團體的控制

　　中國大陸的政黨制度是「中國共產黨領導下的多黨合作制」，一方面中共的領導和執政地位不變，另一方面八個「民主黨派」以參政黨身分參與政府運作、提供政策意見。中共是執政黨，依法執政；民主黨派是參政黨，依法參政，沒有政黨輪替、政黨競爭的情況。因此，在西方政治學的歸類中，中國大陸的政黨制度屬於一黨制。中共對其他民主黨派實行政治領導、思想領導、組織領導。中共的基本理論、路線、綱領、經驗得到各民主黨派認同，建設中國特色社會主義成為各政黨的共同目標。

　　在改革開放以前，所有社會組織都被中共控制。無論是在人事任免、經費預算上，均受到國家控制，比較類似官方政策的傳送帶。改革開放以後，市場經濟使得國家喪失部分控制社會的手段與資源，如工作分配、糧食物品配給等，導致當今的社會要比過去多元化、分殊化，但國家仍將所有重要、大型的社會組織收編到黨國的權力脈絡中。對國家而言，社會組織可能成為集體行動的載體，也可能提供公共財。康曉光、韓恆（2005：73-89）以「分類控制」來概括中共管理社會組織的特徵。如工會組織具有較強的潛在挑戰能力，一直由黨國自上而下組建，將其視為「準政府組織」。宗教組織可能在價值領域建立不同體系，因此以「三自教會」系統限制其自主性。協會、商會和官辦NGO的潛在挑戰能力較弱，但能提供重要公共物品，國家自然是鼓勵和支持。政治反對組織則是嚴厲禁止和取締。

貳、習近平集權與重塑後的黨國體制

一、最高領導人個人集權

　　習近平時代中共政治的最大特徵是權力集中，權力既集中於最高領導人身上，也集中在黨委機構（即「黨政合一」），改變鄧小平時代以來走向集體領導與黨政分權的趨勢。1980年代鄧小平等革命元老反省毛澤東時

代的權力過分集中現象，造成個人專斷的弊端、黨政不分和以黨代政的問題，同時基於與華國鋒鬥爭的政治需要，倡導集體領導、黨政分開、個人兼職、副職不宜過多，以改善黨內領導體制與政治生活的弊端。1980年2月十一屆五中全會通過《關於黨內政治生活的若干準則》，強調「集體領導是黨的領導的最高原則之一」，涉及黨的路線、方針、政策的大事、重大工作任務的部署、幹部的重要任免調動等重要議題都需要集體討論決定，不得個人專斷。開會時書記是「委員會中平等的一員。書記或第一書記要善於集中大家的意見，不允許搞『一言堂』、家長制」（共產黨員網，2015）。1980年8月鄧小平在政治局擴大會議上，批評中共政治體制中存在著官僚主義、權力過分集中、家長制、幹部領導職務終身制、特權現象等問題。這次談話後來被定名為《黨和國家領導制度的改革》，是剖析中共領導體制弊端的重要文件，也是領導制度改革的指導綱領。鄧小平等元老不希望再度出現權力過分集中的現象，成為「權力分享」機制發展的源頭。

在江澤民和胡錦濤時期，「權力分享」機制陸續形成，如劃線離退、刑不上政治局常委、隔代指定、梯隊接班、逐級晉升、集體領導等。同時，由於總書記與主要政治局常委（特別是總理）之間的地位相對較為平等，各自仕途發展相對獨立，因此形成多頭馬車的權力格局。在這種權力格局下，集體領導的決策體制逐漸制度化。然而，在胡錦濤時代，總書記和政治局常委間過於平等的權力關係導致「九龍治水」、「令不出中南海」的弊端（Asianews.it, 2007；阿波羅新聞網，2014；多維新聞網，2019）。換言之，制度化有助於重大政策的穩定性，但也制約重大改革的推行，造成決策中樞無法即時回應環境需要。

2012年習近平上臺以後，中共黨國體制一反過去趨勢，走向個人集權。集權包含兩部分：第一個部分是最高領導人權力擴大。習近平在體制上改變總書記與其他政治局常委之間只是「同僚之首」（first among equals）的關係，而是長官與部屬的關係。中共中央新設多個領導小組，諸如中央全面深化改革領導小組、中央國家安全委員會、中央網絡安全和信息化領導小組與中央軍民融合發展委員會等，被外界形容成「小組（委

員會）治國」。這些新設的小組與原有的中央財經領導小組、中央外事工作領導小組、中央對臺工作領導小組等皆由習近平親任組長（主席、主任），弱化政治局常委會的集體決策模式。2015年起進行的軍事改革中，解放軍四大總部被重組為15個軍委直屬部門，強化軍委主席負責制的制度基礎。2016年10月，中共召開十八屆六中全會，正式確認習近平的「領導核心」地位，使其成為毛澤東、鄧小平、江澤民之後，中共第四位核心領導人。2017年10月中共十九大時，「習近平新時代中國特色社會主義思想」（習思想）寫入黨章，習近平的理念成為全黨貫徹執行的目標。習近平掌握了意識形態的最高詮釋權，他的話語就是政策執行的標準、行動的綱要。習近平人馬也掌控黨國體制中的許多關鍵職務，在政治局和政治局常委會中握有多數席次。2017年10月，中央政治局通過《中共中央政治局關於加強和維護黨中央集中統一領導的若干規定》，要求全體政治局委員每年都要向黨中央和總書記習近平書面述職。2018年3月，全國人大通過《憲法修正案》，刪除「國家主席、副主席連續任職不得超過兩屆」的規定。習近平於2022年10月中共二十大再度連任總書記，並在2023年3月續任國家主席。

二、黨委擴權

照片3-2　街頭販售的毛澤東及習近平像

資料來源：美國之音（2018）。

　　基於文革時代出現黨政不分、以黨代政的弊端，鄧小平強調黨政分開、政企分離。1980年8月鄧小平（1994：321、339-340）表示，「中央一部分主要領導同志不兼任政府職務，可以集中精力管黨，管路線、方針、政策。這樣做，有利於加強和改善中央的統一領導，有利於建立各級政府自上而下的強有力的工作系統，管好政府職權範圍的工作」。「今後凡屬於政府職權範圍內的工作，都由國務院和地方各級政府討論、決定和發布文件，不再由黨中央和地方各級黨委發指示、作決定。……」1981年6月中共十一屆六中全會決議指出，「黨在對國家事務和各項經濟、文化、社會工作的領導中，必須正確處理黨同其他組織的關係，從各方面保證國家權力機關、行政機關、司法機關和各種經濟文化組織有效地行使自己的職權……。」（張文正、馮秋婷主編，1990：141）由此可見，鄧小平提出「黨政分開」的目的是區分黨和政府的職能，用以解決毛澤東時代黨委權力過分集中，導致黨政不分、以黨代政的弊端。這種做法是機構之間的職能分開，具有「權力分享」的意涵。1982年十二大黨章修改、1982年憲法、1987年十三大政治報告都持續強調「黨政分開」與「行政首長負責制」。

　　1989年六四天安門事件之後，中共不再強調「黨政分開」。原本配合「黨政分開」理念而不在國務院各部門設置黨組的做法也被取消（紐約時報中文網，2014）。1992年十四大政治報告中，政治體制改革偏向「行政改革」，不再提到十三大政治報告中的增加中委會開會次數、工作報告制度、黨政分開等政改議題。「黨政分開」甚至認為是受到「資產階級自由化思潮的干擾與破壞」，削弱黨的執政地位和領導作用（張天榮主編，1991：92）。儘管如此，黨委和政府的職能仍有所不同。1980年代以後，朱鎔基、溫家寶都是在經濟社會事務上有實權的總理，也代表國務院在相關領域的決策重要性。

　　習近平執政期間，中共黨國體制朝著黨委擴權的方向發展，國務院的政策主導權則受到壓縮。黨委擴權的第一個跡象就是前面提到過的「小組（委員會）治國」。2018年3月，全國人大進一步通過《深化黨和國家機

構改革方案》，加強中共中央對重大工作的集中統一領導。除了新設中央全面依法治國委員會、中央審計委員會、中央教育工作領導小組之外，原先的深改、網信、財經、外事等多個領導小組提升為「委員會」。新組建的委員會更加強調黨中央的決策作用，建立黨中央全面領導體制。2023年3月，中共中央和國務院公布《黨和國家機構改革方案》，繼續擴大黨委權限，諸如組建中央金融委員會、中央金融工作委員會、中央科技委員會、中央社會工作部等機構。

　　第二個跡象是重點反覆強調黨的領導地位。2017年10月，中共十九大報告指出「中國特色社會主義最本質的特徵是中國共產黨領導，中國特色社會主義制度的最大優勢是中國共產黨領導」。「黨政軍民學，東西南北中，黨是領導一切的」（共產黨員網，2017）。中共十九大通過關於《中國共產黨章程（修正案）》的決議時，該政治原則被寫入黨章。2018年3月兩會之際，中共將前述黨章的論述寫入《憲法》，中共的執政地位融合到憲法秩序中，並宣示政治路線將持續以「習近平思想」作為方針，服膺於黨的領導。原先中共僅在《憲法》序言中載明「中國共產黨領導的多黨合作和政治協商制度將長期存在和發展」，但並沒有黨的領導的相關論述，顯見在習近平時代，更加強調黨的領導的重要性。

　　第三個跡象是在2018年3月的機構改革方案中，因要「落實黨的全面領導的制度」，黨委的職權明顯增加，甚至出現以黨代政或黨政合一的情況（BBC News中文網，2018）。為了確保黨對新成立之國監委的控制，國監委和中紀委合署辦公，履行紀檢、監察兩項職責，實行「一個機構，兩塊牌子」。由於黨國體制中缺乏有效的外部監督，習近平以強化內部監督來強化監督幹部的目標。中紀委職能強化後，再和國監委合署辦公，使得黨的監督機構得以運用國家機關的名義，監督非中共黨籍的幹部。國務院部分涉及人事、意識形態和統戰領域的機構也被整併至黨中央職能部門。如中共中央組織部統一管理公務員工作，對外保留國家公務員局牌子，國務院不再保留單設的國家公務員局。

　　2019年10月中共十九屆四中全會上通過《中共中央關於堅持和完善中

國特色社會主義制度、推進國家治理體系和治理能力現代化若干重大問題的決定》，揭示著習近平時期中共的制度和治理體系改造藍圖。該《決定》開頭寫道，中國大陸當前面對的國內外風險挑戰，明顯增多且複雜。習近平面對國內外風險挑戰的策略，是提高國家治理體系和治理能力的現代化，而達成現代化的做法則是權力集中。權力集中的趨勢已經或未來將展現在黨政關係、國家社會關係與國家市場關係之上。

參、改革開放後中共菁英政治的演變

一、鄧小平時期（1970年代末期至1990年代初期）

1978年5月，《光明日報》發表《實踐是檢驗眞理的唯一標準》特約評論員文章，挑戰華國鋒的「兩個凡是」，鄧小平最後獲得勝利。1978年12月，中共召開十一屆三中全會，將全黨的工作重點轉移到社會主義現代化建設。

1982年2月，中共通過《關於建立老幹部退休制度的決定》，中央與省級黨政司法機關主要負責幹部「正職一般不超過65歲，副職一般不超過60歲」（中共中央文獻研究室主編，1987：414）。但該《決定》替鄧小平、陳雲、葉劍英等元老開了一個後門，不受限制。由於未將黨和國家領導人納入限齡退休的範圍，導致1980年代後期出現老人政治。

1982年9月，中共十二大修改黨章，明定「幹部四化」政策。同時，成立中央與省級的顧問委員會，作爲安置離休老幹部的單位。新黨章突顯「黨政分開」，規定「黨的領導」內涵，黨必須在憲法和法律的範圍內活動，杜絕黨委以黨的名義發布法律性文件，並強調各級黨委實行「集體領導和個人分工負責相結合」的制度。十二大選出胡耀邦爲總書記，華國鋒被迫退出政壇，掃除文革派殘存力量復辟的希望。

幹部四化

革命化、年輕化、知識化、專業化。即在幹部任用標準上，強調支持鄧小平改革路線（或跟中央保持一致）、年齡較輕、具大專以上學歷（以後提高至大學本科以上）、具有專業知識。

1987年1月，胡耀邦因反資產階級自由化不力而被迫下臺，由趙紫陽接任總書記。1987年10月，趙紫陽在十三大報告中詳述**社會主義初級階段理論**，還提出政治體制改革構想。改革重點包括建立國家公務員制度，將國家公務員分為政務和業務兩類，強調「黨政分開」與「行政首長負責制」，並引入「**差額選舉**」。十三大調整中央領導班子，趙紫陽當選總書記，鄧小平、陳雲退出政治局常委會，但分別擔任軍委主席和中顧委主任。此外，十三屆一中全會做出祕密決定，鄧小平可以召集政治局常委開會，常委遇到重大問題仍要向他請示。

社會主義初級階段理論（社會主義初階論）

1987年十三大報告指出：「社會主義初級階段不是泛指任何國家進入社會主義都會經歷的起始階段，而是特指我國生產力落後、商品經濟不發達條件下建設社會主義必然要經歷的特定階段。即從1956年社會主義改造基本完成到21世紀中葉社會主義現代化基本實現的整個歷史階段。」中共以此作為全黨工作轉向經濟建設的理論基礎。

差額選舉

在中華人民共和國選舉制度中，差額選舉與同額選舉並存。差額選舉是指候選人數多於應選人數的選舉，差額比例不一，視職務性質

> 而定。如中共省委書記是同額選舉，省委常委實施差額選舉，但差額只有一人，省委委員差額約爲當選名額的5%。差額選舉有兩種方式進行：一爲正式選舉中候選人數多於應選人數；二爲在正式選舉前辦理預選，預選時採用差額選舉，產生候選人名單，然後進行同額的正式選舉。

　　1989年4月胡耀邦病逝，引發六四事件。在同年6月十三屆四中全會上，趙紫陽遭到罷黜，江澤民當選爲總書記。至此，鄧小平先後失去胡耀邦、趙紫陽兩大助手，接班安排徹底失敗。同年11月十三屆五中全會上，鄧小平辭去軍委主席，由江澤民接任。楊尚昆、楊白冰分別出任軍委第一副主席、軍委秘書長，代表鄧小平控制軍隊。

　　1989年六四事件之後，陳雲等保守派掌握經濟與宣傳大權，鄧小平的改革政策受阻。1992年1月，鄧小平南巡，抨擊保守派觀點，成功解決黨內姓社姓資的爭辯，並掌握十四大籌備工作的主動權，預先部署他身後的路線與人事。首先，鄧小平確立社會主義市場經濟的地位，將建設具有「中國特色社會主義」的理論和黨的路線等字眼，寫進十四大黨章。不過，在十四大報告中，政治體制改革偏向行政改革，並沒有觸及領導人退休制度與國家領導體制。黨政軍各系統的領導人都進入政治局常委會，胡錦濤、朱鎔基和劉華清則是鄧小平在常委會中安排的三顆棋子，分別扮演江澤民接班人、市場經濟建設舵手與輔佐江澤民鞏固軍權的角色。

　　除了確立改革開放路線不變之外，十四大還發生「楊家將」失勢的重大事件。六四事件之後，楊白冰升任軍委秘書長，逐漸形成以楊尚昆、楊白冰爲中心的軍中派系。在1992年鄧小平與陳雲進行經濟路線鬥爭時，楊白冰喊出解放軍爲改革開放「保駕護航」口號，是鄧小平獲勝的重要原因，但也引發鄧小平死後軍人干政的隱憂。十四大結束後，楊尚昆、楊白冰失勢。1993年3月第八屆全國人大以後，江澤民身兼總書記、軍委主席、國家主席三項職務，確立全面接班的地位。

照片3-3　1992年春天鄧小平南巡

二、江澤民時期（1990年代初期至2000年代初期）

在1992年至1997年之間，江澤民逐漸擺脫革命元老的牽制，革命元老則因逐漸凋零，退出決策權力中心。1994年9月中共召開十四屆四中全會，將「完成了第二代中央領導集體和第三代中央領導集體的交接」列為1978年以來「黨的建設」的重大成績，同時江澤民安插親信黃菊、吳邦國、姜春雲進入中央政治局或中央書記處，正式宣告江澤民時代來臨。1995年4月，政治局委員、北京市委書記陳希同遭到整肅，震攝地方諸侯，至此江澤民的權力已經完全鞏固。

1997年9月，中共十五大通過《中國共產黨章程修正案》，確立鄧小平理論為中共指導思想，與馬列主義、毛澤東思想並列。1997年中共十五大出現「70歲劃線離退」先例，除江澤民以外，其餘超過70歲的政治局委員、軍委委員全部退休。這個先例突破年齡限制僅適用在省部級以下幹部的侷限，具有歷史意義。

2002年11月中共召開十六大，確立「三個代表」的地位，並進行人事改組。「三個代表」——中共始終代表中國先進生產力的發展要求、代表中國先進文化的前進方向、代表中國最廣大人民的根本利益——是2000年2月下旬江澤民赴廣東考察時提出。其後，江澤民加緊建構這個思想體

系，以便確立他在官方意識形態的指導地位。「三個代表」修正過去中共只代表工農等被剝削階級利益的情況，改以「生產力」爲標準，將當時代表最先進生產力的社會階層——民營科技企業的創業人員和技術人員、受僱於外資企業的管理技術人員、個體戶、私營企業主、中介組織的從業人員、自由職業人員等——納入中共代表的範圍。「三個代表」可說是官方意識形態的重大變動，不過它也弱化正統馬克思主義的階級觀。

新一屆政治局常委、政治局委員、軍委副主席和委員全部低於68歲，僅續任軍委主席的江澤民一人例外。由此可見，十五大的劃線離退已成爲慣例，並將離退年齡從70歲降爲68歲。儘管年齡限制進一步發展，但也看到向權力妥協的痕跡。例如軍委主席仍無年齡或任期限制。在十六大上，江澤民交出總書記職務，並於2003年3月第十屆全國人大一次會議上，將國家主席職務交給胡錦濤。然而，他仿效鄧小平模式，以一介普通黨員身分，續擔軍委主席。卸任總書記仍擔任具有實權的軍委主席，造成新舊任總書記之間存在矛盾猜忌、權力較量的潛在風險。這是十六大權力交替的一大敗筆。

三、胡錦濤時期（2000年代初期至2010年代初期）

十六大中共領導班子選出後，外界揣測江澤民將利用「上海幫」在政治局常委會的多數優勢，使得胡錦濤被外界描繪成「兒皇帝」。胡錦濤上臺後，開始構思本屆領導班子的思想路線和政治路線，提出「科學發展觀」和「構建社會主義和諧社會」（以下簡稱：「和諧社會」），將著力點轉向「均衡發展」。2003年10月十六屆三中全會，胡錦濤闡述「科學發展觀」的內涵——「堅持以人爲本，樹立全面、協調、可持續的發展觀，促進經濟社會協調發展和人的全面發展」。2004年9月，胡錦濤在十六屆四中全會上首次完整說明「和諧社會」。2006年10月，十六屆六中全會通過《中共中央關於構建社會主義和諧社會若干重大問題的決定》，提出2020年構建「和諧社會」的目標。同時，胡錦濤加快腳步，建立自己的班

底，大量「團派」（共青團系統出身的幹部）出任副省部級以上黨政領導職務，特別是省委書記和省長（Kou, 2011: 166-185）。

2004年起，中國大陸經濟出現過熱現象，中共高層在宏觀經濟調控議題上爆發分歧。胡錦濤、溫家寶從同年3月起多次重申宏觀調控的重要性。然而，地方政府和利益集團並未配合，政治局委員、上海市委書記陳良宇甚至在政治局會議中批評國務院的政策。7月以後，雙方分歧移到意識形態與江澤民地位等議題。江澤民以解放軍活動爲主軸，加強他在軍中的個人地位，並企圖奪回落入胡錦濤手中的「三個代表」詮釋權。胡錦濤則以鄧小平百歲誕辰紀念爲名，將鄧小平的歷史地位推上前所未有的高度。2004年7月28日中央電視臺專訪鄧小平家人，重播鄧小平1989年辭去軍委主席的信件和講話，稱頌他爲推動幹部年輕化做出表率。2004年9月中共召開十六屆四中全會，江澤民辭去軍委主席，由胡錦濤接任。2006年陳良宇遭到調查，成爲1995年陳希同之後第二位落馬的政治局委員。

2007年10月，中共召開十七大。胡錦濤續任總書記，政治局常委會仍維持9人。年滿68歲的政治局委員全數退出崗位，強化領導人屆齡退休的慣例。同時，中共首次在沒有革命元老指定的情況下，在黨員領導幹部會議上透過「民主推薦」的方式挑選習近平、李克強爲接班人選。儘管在制度發展上有前述成果，但派系關係仍是幹部晉升的重要關鍵。「團派」人數持續成長，又創新高。高幹子弟（俗稱太子黨）人數眾多，特別是在中央政治局、政治局常委會的比例更高。總體來看，十七大人事安排顯示集體領導仍會持續。

四、習近平時期（2010年代初期至今）

2012年11月中共召開十八大，這一年也是極爲不平靜的一年。習近平、李克強等第五代領導人面對的中國大陸是由兩種圖像構成的場景。一方面是經濟實力強大、國際影響力日增，連美國也不得不顧忌三分；另一方面則是貧富差距懸殊、城鄉發展失衡、經濟成長逐漸下滑、幹部腐敗、

環境污染嚴重、新疆西藏等地區屢傳族裔抗爭。中國大陸知識界也因為對上述問題的成因與解決方向看法不同，產生左右之爭。中共第五代領導人必須接受嚴苛的挑戰，處理這些複雜的問題。

2012年中共內部發生一連串驚人的政治鬥爭。2月重慶市副市長、市公安局局長王立軍逃往成都美國總領事館，揭起不平靜的序幕。3月政治局委員、重慶市委書記薄熙來因妻子古開來涉嫌殺人，被停職徹查。同月中央書記處書記、中央辦公廳主任令計劃的獨子令谷車禍身亡，多家國際媒體做出了政治謀殺、車上性行為等臆測。

在國際上，2012年對中共高層也是多事之秋。中共面對美國日益增強的壓力，如2012年1月美國正式宣布「亞太再平衡」的新策略。4月東京都知事石原慎太郎宣布要集資購買釣魚臺島嶼，引發日中釣魚臺衝突急遽升高。同月菲中黃岩島事件爆發，雙方軍警船隻對峙，之後中共實際控制黃岩島。6月越南國會通過《越南海洋法》，宣示其在西沙群島與南沙群島的主權，中共則成立三沙市作為反擊。

在這種多重挑戰的壓力下，習近平上臺後隨即開始集中權力。集中權力的措施除了前面提到的變革黨國體制（最高領導人個人集權、黨委擴權）以外，還包括大規模且持續的反貪整肅與人事調動。習近平藉由反腐運動一方面清除政敵與特權貪腐集團，另一方面則藉機拔擢舊部親信。2012年12月5日前四川省委副書記李春城因涉嫌違紀被中紀委調查，成為十八大後首位被調查的省部級官員。2013年3月前政治局常委、前中央政法委書記周永康遭到調查、2014年6月前軍委副主席徐才厚遭到調查、2014年12月已從中央辦公廳主任改任中央統戰部部長的令計劃遭到調查、2015年4月另一位前軍委副主席郭伯雄遭到調查。從2012年12月至2021年5月，392位現任或退休副部級以上幹部與副軍級以上軍官，因貪腐或違紀而受到處分（Zheng, 2023）。[1] 落馬高官包含周永康、蘇榮、令計劃、徐

---

[1] 關於十八大以後因貪腐或違紀落馬的副部級以上幹部與副軍級以上軍官名單，見維基百科（2021）。

才厚、郭伯雄、孫政才、張陽、房鋒輝等副國級領導人，以及田修思、王建平、王喜斌、劉亞洲等正大軍區級將領。54位中央委員和候補委員落馬，人數比中共1949年建政至2012年的總數還要多（35位）。2017年10月中共十九大前的三個月，政治局委員、重慶市委書記孫政才落馬。孫政才原本被外界看好有可能和胡春華成為中共第六代領導班子的核心成員，他的落馬引起外界議論梯隊接班可能不再存在。

周永康、薄熙來、令計劃、徐才厚、孫政才等人形成的政治野心集團牽扯出複雜官商勾結與政治圖謀，直接威脅習近平的統治地位。習近平和中共官方文件也曾多次嚴屬指責周永康等人分裂黨的政治野心與陰謀。基於此，習近平自然採取整肅黨內政敵的對策，同時負面評價集體領導。

不僅如此，2022年10月中共二十大之後，李克強（原政治局常委、國務院總理）、汪洋（原政治局常委、全國政協主席）、胡春華（原政治局委員、國務院副總理）、周強（原最高人民法院院長）等共青團出身、非習近平派系的4位高官均在未滿68歲的情況下，提早全退或轉任為無實權的全國政協副主席。相對於部分高官超齡繼續擔任第一線重要職務，他們的提早退場更顯得習近平在人事布局上的主導性。

十八大以來重大省部級人事調動具有打破年齡優勢、問責範圍擴大、內舉不避親、調動速度快等特徵。多數均在兩年內快速從副部級晉升至正部級，不合格者也快速離任，因此習近平能迅速在黨政機關中安插自己的人馬。習近平特別偏好跟他具有共同經驗的幹部，如曾經和習近平在同省工作（河北、福建、浙江、上海）或家鄉地緣（陝西），曾經在清華大學任教或就學，具有下鄉知青背景，或是曾經擔任縣委書記工作經歷等（Wu, 2019）。在十九大後，中央辦公廳、中央組織部、中央宣傳部等分由丁薛祥、陳希、黃坤明等習近平嫡系主掌。重要省市中，除了蔡奇、陳敏爾留任北京、重慶一把手外，新任廣東省委書記李希、上海市委書記李強，皆與習有深厚淵源。習近平也對軍方實施同樣的打貪與人事調整做法。[2]

---

[2]　關於軍方將領的密集調動，參見Kou（2017: 866-885）。

　　二十大選出的政治局常委中，李強（國務院總理）、蔡奇（中央辦公廳主任）、丁薛祥（國務院常務副總理）、李希（中紀委書記）4名新任者皆為習近平舊部親信。非常委之政治局委員中，張又俠（72歲，軍委副主席）、王毅（69歲，中央外事辦主任）兩人年滿68歲而未退休，也彰顯年齡限制拘束力的崩解。

肆、中共菁英政治的主要研究途徑

一、派系政治

　　1980年代以後，中共菁英政治的研究途徑主要有四種。首先，是派系政治途徑。這些文獻指出，中共高層缺乏權力競爭的遊戲規則，政治繼承往往成為派系間的零和遊戲，不但造成欽定接班人接掌權力的困難，也導致政局不穩定。學者對於派系的定義、派系的形成，以及派系鬥爭結果等三大議題上出現許多辯論，充實了相關文獻。

　　在派系定義上，黎安友（Andrew Nathan）認為派系以「扈從關係」（clientelist ties）為基礎。它是一種以領導人為核心輻射出去的人際網路，成員間具有位階高低的垂直特性（Nathan, 1973: 42-44）。不過，華裔留美學者鄒讜（Tang Tsou）認為「非正式團體」（informal groups）或「政治行動團體」（political action groups）較為恰當。構成派系的關係網絡不僅有高低位階的扈從關係，也有同儕間的關係（Tsou, 1976: 100; 1995: 97, 131）。羅德明（Lowell Dittmer）更以「非正式政治」（informal politics）取代「派系政治」。他認為若將派系侷限在垂直特性的關係網絡上，會排除同鄉、同事、校友、家族等關係（Dittmer, 1995: 12）。這些非正式關係並不真的有垂直特性，而是彼此平等的關係。

　　學者對於派系政治的成因也有不同看法。學者大致從權力鬥爭、政策歧見、官僚組織利益三個角度解釋派系政治的出現。權力鬥爭模式認為，

派系源自領導人之間的權力鬥爭。因此，權力分配是派系鬥爭的關鍵，政策分歧僅為政爭的工具。政策歧見模式認為，派系的出現與領導人的路線衝突有關。有些學者認為派系政治是以政策路線鬥爭為主，權力爭奪為輔，或者兩者同等重要（Tsou, 1976: 110-111; 1995: 114, 119）。官僚組織利益模式根據西方官僚政治的觀點，認為派系衝突固然與權力鬥爭、政策分歧有關，但官僚系統的利益衝突也扮演重要角色。在這種情形下，仕途路徑成為派系結盟的一個重要因素。

最後，學者對於派系鬥爭結果的看法也不一致。黎安友認為中共菁英政治存在著某種禮節（code of civility），派系鬥爭是非零和遊戲（Nathan, 1973: 46）。鄒讜則認為派系政治是「勝者全拿」的零和遊戲，鬥爭結果始終是一個派系（或派系聯盟）徹底打敗或消滅另一派系（或派系聯盟）（Tsou, 1995: 97）。傅士卓（Joseph Fewsmith）也認同「勝者全拿」的鬥爭本質。他認為派系政治雖然不乏議價妥協的現象，但爭奪「領導核心」的鬥爭必定是一派壓倒另一派的完全勝利，同時造成政策的劇烈變動（Fewsmith, 1994: 8-10）。

二、世代政治

部分學者從世代政治的角度分析中共菁英政治，提供另一種視野。世代政治途徑和派系政治途徑都是沿襲菁英衝突的脈絡，但觀察的角度不同。派系政治的基礎是扈從關係，討論不同關係網絡群體間的衝突。世代政治的基礎則是共同經驗，同一政治世代（political generations）具有相近價值觀與政治傾向，進而探討不同世代間的政治衝突。

由於每一個世代政治菁英經歷的重大事件都不同，形成獨特的共同記憶，導致世代間的集體差異。研究世代政治的學者認為，革命建國世代與下一個世代間的權力轉移最容易發生衝突。共黨國家領袖可以分成英雄型領導者（heroic leadership）和官僚管理型領導者（bureaucratic leadership）（Meyer, 1983: 165-169）。前者是政權締造者，具有革命建

國或推動現代化的貢獻；後者是政權的維護者，以解決問題、專業管理能力取勝。官僚管理型領袖多半缺乏豐功偉業，同時受到工業化與經濟發展的影響，注重專業、科技等現實發展的需求。這些特性與英雄型領袖重視社會主義教條理論、革命建國功績的特性不同。

　　隨著革命元老在1990年代中期以後陸續過世，老人政治的影響已經減弱，世代政治途徑的解釋力降低。不過，隨著習近平大量利用毛澤東時代的治理手段，達成現代化目標的現象愈來愈明顯，文革世代集體記憶的重要性再度增加，世代政治的視野仍有其時代意義。

三、技術專家治國

　　從1980年代中期起，開始有人運用「技術專家治國」的觀點分析中共菁英政治。這個研究途徑與改革開放的大環境息息相關。1978年中共決定改革開放後，急需大量專業幹部推動發展。在這個政策下，中共中委會的結構從1982年十二大起出現以技術專家取代革命老幹部的趨勢（Lee, 1983: 674）。此途徑認為新一代菁英多半為技術官僚與管理者出身，具有工業技術教育、專業經驗與重要職位等三個特性（Li and White, 1998: 231; Li, 2000: 19-21）。相較於老幹部，技術官僚出身的政治菁英具有科技民族主義的思想（techno-nationalism），更重視科學技術，也更支持改革開放的路線。

　　學者間曾辯論中共菁英政治是否純粹為「技術專家治國」。有人認為技術官僚出身的政治菁英已經掌握中共決策中心（Li and White, 1998; Li, 2000）。有人則認為中共菁英政治的本質應該是「政治一技術專家治國」（political-technocracy），並非單純的專家治國，而是由黨務與政府行政官僚（如組織、宣傳、統戰等部門出身的幹部）、技術官僚共同治理（Zang, 2004: 165-170）。寇健文（2007：1-28）研究副部級以上歐美海歸高官、財經高官政治流動後，間接支持後者觀點。他發現，中共提拔不

少留學歐美的人才，但他們大量集中在財經、科技、管理、教育等技術部門，幾乎都沒有在組織、宣傳、統戰、紀檢等傳統黨務部門工作的經歷。

四、制度化

隨著革命元老逐漸凋零，自本世紀初起，強調結構制約行爲者的制度因素成爲研究中共菁英政治的新議題，與原有強調行爲者的研究途徑（派系政治、世代政治與技術專家治國）並存於文獻。許多鄧小平時代開始的制度改革，如幹部任期制與退休制，都在江澤民時代確立了發展方向（Dittmer, 2001: 58）。中共高層運作的制度化展現在兩方面：第一，決策過程必須經過諮詢機構和不同決策者的共同研議。第二，1990年代後期退休制度已經落實在高層幹部身上，已經沒有老人政治與永遠的領袖。高層政治不再是零和遊戲，權力也不再屬於個人，而是屬於整個制度（Shambaugh, 2001: 104-107）。過度強調權力鬥爭的分析方式忽略繼承政治制度化的趨勢，包括年滿70歲（後來降爲68歲）的領導人必須退出黨政領導職務，以及國家主席、總理兩任十年的任期限制。雖然制度化尚未完成，但制度化確實是發展中的趨勢（Teiwes, 2000: 71-95）。相關文獻討論政治繼承和決策模式的制度化時，聚焦在領導人年齡限制、任期限制、梯隊接班、逐級晉升、集體領導等，降低了「人治」色彩（寇健文，2010）。在2002年十六大結束之後，學界普遍認爲制度因素的重要性已經提升，應該將派系鬥爭放在制度化的框架下討論。不過，在習近平上臺以後，年齡限制、梯隊接班、逐級晉升、集體領導等多個彰顯「權力分享」的機制已經受到嚴重破壞，形成強人政治的新格局。

五、習近平時代對研究中共菁英政治的啟示

如同第二節所述，習近平上臺前後中共黨國體制的兩大主要差異是：從集體領導到個人領導、從黨政分開到黨委擴權。鄧小平時代開啟的政治

體制改革，包括集體領導、黨政分開、機構精簡可說是反省文革時代的體
制弊端，並配合他與華國鋒鬥爭時的政治需要，因而產生的改革方向。若
是如此，什麼因素造成原有改革方向在習近平時代出現轉變？這個問題涉
及制度化是否會逆轉，以及在何種條件下會出現逆轉。簡單來說，制度化
是一個可逆轉的過程。若職務權力型領導人在位期間建立等同革命功勳的
重大功績，獲得堅實的個人權威，而他又有野心突破現有領導人新老交替
和集體領導的規範，制度化就會出現逆轉（寇健文，2010：90-91）。因
此，要解釋當今的集權現象，就需要瞭解習近平的政治企圖和他所處的外
在環境。因此，研究中共菁英政治必須同時考量中共面對的國內外環境挑
戰、黨內政治生態變化與領導人政治性格，缺少任何一類因素就不能完整
解釋習近平時代出現的變遷。換言之，既要考慮結構對人的影響，也要考
慮特定時空下，人的特殊價值觀與選擇偏好。

　　2012年習近平上臺前後，中共面臨的國內外環境與2002年胡錦濤剛上
臺時面臨的環境已有很大的差異，形成需要強勢領導人克服挑戰的社會期
待氛圍（Kou, 2019）。國內外環境壓力至少包括：（一）是否能找出經
濟發展的新動能，繼續維持中速以上經濟成長；（二）是否能緩和社會不
平等造成的貧富矛盾，抑制「仇官」、「仇富」的激進情緒與知識分子的
左右之爭，維持政權合法性；（三）是否能抑制西藏、新疆等地的族裔騷
動，緩和族裔問題激進化帶來的國家安全威脅；（四）在中國崛起之後，
是否能找出美中兩大國和平相處之道，以及維持東亞周邊外交環境穩定，
防止出現美國與日本、菲律賓、越南等國家聯手圍堵中國的局勢。這些國
內外環境挑戰在胡錦濤就任時都沒有那麼嚴重，但到了習近平上臺前已經
成為中國大陸無法迴避的重要挑戰，形塑出需要強勢領導人解決問題的期
待氛圍。

　　此外，習近平上臺前後，經歷周永康、令計劃等黨內政治野心集團的
奪權陰謀，江澤民、胡錦濤等老人干政程度相對弱化，黨內權力格局也出
現空檔。原來支撐集體領導的多頭馬車格局遭到破壞，黨內制約習近平擴
權的力量減弱。

　　最後，習近平的政治性格與認知，諸如衝突是政治本質的認知、二元對立的世界觀、「對友和，對敵狠」的人際觀、堅持原則不吃硬的處事性格、民族偉大復興與完成革命事業的歷史使命等，讓習近平借用這種國內外氛圍與黨內權力空虛，重塑黨國體制。

關鍵詞：後極權主義（post-totalitarianism）、黨國體制、集體領導、派系政治、習近平集權

延伸閱讀

1. Lampton, David M.著，林添貴譯，2015，《從鄧小平到習近平》，臺北：遠流。譯自*Following the Leader: Ruling China, from Deng Xiaoping to Xi Jinping*. 2014.
2. Pei, Min-xin著，梁文傑譯，2017，《出賣中國：權貴資本主義的起源與共產黨政權的潰敗》，臺北：八旗文化。譯自*China's Crony Capitalism: The Dynamics of Regime Decay*. 2016.
3. 峰村健司著，蘆荻譯，2016，《站上十三億人的頂端：習近平掌權之路》，臺北：聯經。譯自《十三億分の一の男 中国皇帝を巡る人類最大の権力闘争》，2015。
4. 寇健文，2010，《中共菁英政治的演變：制度化與權力轉移1978-2010》，修訂三版，臺北：五南。
5. 景躍進、陳明明、肖濱主編，蔡文軒審閱，2018，《當代中國政府與政治》，臺北：五南。

思考問題

1. 1978年至2012年之間，中共在政治繼承和決策模式上逐漸走向制度化，但蘇聯或東歐共黨政權沒有出現類似的發展趨勢。請比較中國大陸與蘇東之間，出現發展差異的可能原因？

2. 2012年習近平上臺後，中共黨國體制走向最高領導人集權和黨委擴權，一反過去走向集體領導與新老交替制度化的趨勢。造成習近平集權的原因爲何？集權體制可以持續嗎？有何正面或負面的影響？

3. 從上述提到的幾個研究途徑來看，其多爲西方移植而來的政治視野。是否帶有「西方中心主義」的侷限？這些途徑是否能適切的解釋中共菁英政治的發展？

4. 習近平爲何要設置國家監察委員會？能有效處理幹部腐敗違紀的問題嗎？外部監督與內部監督在本質上有何差異？對於反貪的效果有何影響或侷限？

5. 習近平上臺後持續整肅政敵，打擊貪官，拔擢親信，其程度遠高於江澤民和胡錦濤在位時。他爲何需要這樣做？被拔擢的親信有哪些背景特徵？會對中共菁英政治造成什麼影響？

參考文獻

一、中文

BBC News中文網，2018，〈學者稱中國機構改革回歸「黨政合一」、國務院權力被削〉，https://www.bbc.com/zhongwen/trad/chinese-news-43484361，查閱時間：2019/12/19。

中共中央文獻研究室主編，1987，《十一屆三中全會以來重要文獻選讀》（上冊），北京：人民出版社。

王林生，2005，《中國地方政府決策研究》，廣州：華南理工大學。

共產黨員網，2015，〈關於黨內政治生活的若干準則（1980年2月29日中國共產黨第十一屆中央委員會第五次全體會議通過）〉，http://news.12371.cn/2015/03/11/ARTI1426059362559711.shtml，查閱時間：2019/12/19。

共產黨員網，2017，〈中國共產黨第十九次全國代表大會關於《中國

共產黨章程（修正案）》的決議〉，http://www.12371.cn/2017/10/24/
ARTI1508832982612968.shtml，查閱時間：2019/12/19。

多維新聞網，2019，〈中共開打意識形態保衛戰　習近平力補國家權
力四大短板〉，http://news.dwnews.com/china/big5/news/2019-03-
22/60124988_all.html，查閱時間：2019/12/19。

阿波羅新聞網，2014，〈國安會上涉江澤民架空胡錦濤信息被公開〉，
https://www.aboluowang.com/2014/0503/393492.html，查閱時間：
2019/12/19。

俞可平，2001，《中國政治體制》，臺北：風雲論壇。

紐約時報中文網，2014，〈十三大後的黨政分開改革〉，https://
cn.nytimes.com/china/20140930/cc30wuwei31/zh-hant/，查閱時間：
2019/12/19。

寇健文，2007，〈既重用又防範的菁英甄補：中共海歸派高官的仕途發展
與侷限〉，《中國大陸研究》，50（3）：1-28。

寇健文，2010，《中共菁英政治的演變：制度化與權力轉移1978-
2010》，修訂三版，臺北：五南。

寇健文、蔡文軒，2012，《瞄準十八大》，臺北：五南。

康曉光、韓恆，2005，〈分類控制：當前中國大陸國家與社會關係研
究〉，《社會學研究》，（6）：73-89。

張天榮主編，1991，《黨的建設：十一屆三中全會以來的理論與實踐》，
湖南：湖南出版社。

張文正、馮秋婷主編，1990，《黨的領導概論》，第二版，北京：中共中
央黨校。

維基百科，2019，〈中共十八大以來的反腐敗工作〉，https://
zh.wikipedia.org/wiki/中共十八大以來的反腐敗工作，查閱時間：
2019/12/19。

鄧小平，1994，〈黨和國家領導制度的改革（1980年8月18日）〉，《鄧
小平文選》（第二卷），第二版，北京：人民出版社。

謝慶奎主編，1991，《當代中國政府》，瀋陽：遼寧人民出版社。

美國之音，2018，〈中共塞「習思想」入憲，更顯兩會橡皮圖章本色〉，https://www.voachinese.com/a/xi-thoughts-enshrines-constitution-20180119/4216362.html，查閱時間：2019/12/19。

二、英文

Asianews.it. 2007. "A Real Battle between the National Government and Local Authorities." http://www.asianews.it/news-en/A-real-battle-between-the-National-Government-and-local-authorities-9835.html. (Accessed on December 19, 2019).

Dittmer, Lowell. 1995. "Chinese Informal Politics." *The China Journal* 34: 1-34.

Dittmer, Lowell. 2001. "The Changing Shape of Elite Power Politics." *The China Journal* 45: 53-67.

Fewsmith, Joseph. 1994. *Dilemmas of Reform in China: Political Conflict and Economic Debate*. Armonk, NY: M.E. Sharpe.

Kou, Chien-wen. 2011. "Elite Recruitment and the Duality of the Chinese Party-state: The Mobility of Western-educated Returnee Elites in China, 1978-2008." In S. Philip Hsu, Yu-Shan Wu, and Suisheng Zhao eds., *In Search of China's Development Model: Beyond the Beijing Consensus*. New York, NY: Routledge, pp. 166-185.

Kou, Chien-wen. 2017. "Xi Jinping in Command: Solving the principal-agent problem in CCP-PLA relations?" *The China Quarterly* 232: 866-885.

Kou, Chien-wen. 2019. "The Evolution of the Chinese Party-state in the Xi Jinping Era: Trends, Causes and Impacts." Paper presented at the International Conference on Changes in the Chinese Party-State in the Xi Jinping Era. Taipei: Institute of International Relations and Center for China Studies, National Chengchi University.

Lee, Hong-yung. 1983. "China's 12th Central Committee: Rehabilitated Cadres and Technocrats." *Asian Survey* 23 (6): 673-691.

Li, Cheng, and Lynn White. 1998. "The Fifteenth Central Committee of the Chinese Communist Party: Full-Fledged Technocratic Leadership with Partial Control by Jiang Zemin." *Asian Survey* 38 (3): 231-264.

Li, Cheng. 2000. "Jiang Zemin's Successors: The Rise of the Fourth Generation of Leaders in the PRC." *The China Quarterly* 161: 1-40.

Meyer, Alfred G. 1983. "Communism and Leadership." *Studies in Comparative Communism* 16 (3): 161-169.

Nathan, Andrew. 1973. "A Factionalism Model for CCP Politics." *The China Quarterly* 53: 33-66.

Shambaugh, David. 2001. "The Dynamics of Elite Politics during the Jiang Era." *The China Journal* 45: 101-111.

Teiwes, Frederick C. 2000. "The Problematic Quest for Stability: Reflections on Succession, Institutionalization, Governability, and Legitimacy in Post-Deng China." In Hung-Mao Tien and Yun-Han Chu eds., *China Under Jiang Zemin*. Boulder, CO: Lynne Rienner, pp. 71-95.

Tsou, Tang. 1976. "Prolegomenon to the Study of Informal Groups in CCP Politics." *The China Quarterly* 65: 98-117.

Tsou, Tang. 1995. "Chinese Politics at the Top: Factionalism or Informal Politics? Balance-of-Power Politics or a Game to Win All?" *The China Journal* 34: 95-156.

Wu, Guo-guang. 2019. "The King's Men and Others: Emerging Political Elites under Xi Jinping." https://www.prcleader.org/wusummer. (Accessed on December 19, 2019).

Zang, Xiao-wei. 2004. *Elite Dualism and Leadership Selection in China*. New York, NY: Routledge.

Zheng, William. 2023. "New Work Rules for China's State Council Put the Party Firmly in Charge." https://www.scmp.com/news/china/politics/article/3215029/new-work-rules-chinas-state-council-put-party-firmly-charge?module=perpetual_scroll_0&pgtype=article&campaign=3215029. (Accessed on April 29, 2023).

第四章

中央行政體制：國務院與全國人大

蔡文軒

壹、前言

在中華人民共和國的政治體系中，國務院與各級人民代表大會（人大）是非常重要的職能機關。在中國的政治體系中，有所謂「五大班子」的概念，指的是：黨委、政府、人大、政協與軍隊，這五大機構的領導班子。這五大班子，從中央、省、地級市，以及縣（市、區），都有相對應的機構與組織。例如，中央有國務院，省、地級市以及縣則有所謂的「人民政府」；中央有全國人大，而其他地方單位則有地方人大；中央有軍委，省有省軍區，地級市有軍分區，而縣則有人民武裝部。這種從中央到縣級的四級政府，都具備類似的對應機構與職能，中共稱之「職責同構」（朱光磊、張志紅，2005：101-112）。

職責同構

「職責同構」係指在政府間關係之中，不同層級的政府在縱向間職能、職責和機構設置上的高度的統一與一致性。縣級政府是職責同構的最低層級單位，顯見縣級政府在貫徹上級決策上，有其特殊地位。而鄉鎮政府欠缺完整的職責同構，因此多被視為是縣級政府的派出或執行單位。

在這五大班子當中，國務院與全國人大分別代表政府與立法的相關職能。國務院是中華人民共和國的最高行政機關，國務院的前身，是1949年成立的中央人民政府政務院。在1954年，始改名為國務院，沿用迄今（浦

興祖，2002：344-345）。至於全國人大，則在1954年成立，根據該年頒布的憲法規定，「全國人民代表大會是行使國家立法權的唯一機關」。人大與政府（國務院）行使所謂的「**議行合一**」制度，也就是立法權與行政權的合一。根據曾經擔任中華人民共和國副主席的董必武的說法，「我們的制度是議行合一的，是一切權力集中於人民代表大會的政府」（劉靖北，2010）。議會（立法）的部分，由各級人大來負責，而政府行政的部分，由國務院會各級人民政府負責。人大有權力監督政府，這主要表現在對重大政策與人事案的表決。

議行合一

「議行合一」意旨立法權與行政權合一，即民意機關同時也是行政機關，負責制定法律並執行法律。在中國的政府體制中，人民代表大會制度即是一種「議行合一」制度，既是議事機關，也是行政機關。

　　本章主要從中央政府與人大的層次，分成幾個部分來做討論：第貳部分，我們將概述現今國務院與全國人大的編制與職權；第參部分，則針對國務院過去的幾次改革，做出討論；第肆部分，我們則討論全國人大的改革；第伍部分，為本文的結論。

貳、國務院與全國人大的編制與職權

一、國務院

　　在2019年的國務院，由政治局常委李克強擔任總理。總理屬於「正國家級職務」，是為中國政府機構的最高首長，國務院總理有權召集和主持國務院常務會議和國務院全體會議。國務院工作中的重大問題，必須經國

務院常務委員會議或全體會議討論之。國務院發布的決定、命令和行政法規，向全國人大或全國人大常委會提出的議案，任免人員，由總理簽署（俞可平，2001：81）。

國務院另外設有副總理與國務委員各數名，屬於「副國家級職務」。副總理包括韓正、孫春蘭（女）、胡春華與劉鶴。副總理襄助總理，分管部分政務。一般來說，分管業務不僅一項，且會同時擔任相關領導小組的組長來進行相關部門的整合與協調工作。例如，韓正的其中一項業務是分管發展改革等工作，並兼任「推動長江經濟帶發展領導小組」和「推進『一帶一路』建設工作領導小組」組長，以及「京津冀協同發展領導小組」組長（中央通訊社，2018）。

除了副總理外，國務委員也是重要的領導職務。現今的國務委員，包括魏鳳和、王勇、王毅、肖捷，以及趙克志。國務委員的功能和職權，與副總理類似。以王毅爲例，他的其中一項分管業務可能是涉臺事務（中央通訊社，2018）。以上的國務院領導，構成了該組織的重要組成人員。國務院設有常務會議，進行日常事務的協調與相關部門的統合工作，由國務院總理、副總理、國務委員、國務院秘書長組成，由總理召集和主持。有學者將國務院常務委員會議視爲是國務院的內閣與核心執行機構（core executive）（Xu and Weller, 2016: 1-23）。

國務院的組成機構類型，包括：辦公廳、組成部門、直屬特設機構、直屬機構、辦事機構、直屬事務單位，以及部委管理的國家局。比較重要的機構是「組成部門」，現今包括：外交部、國家發展和改革委員會、科學技術部、國家民族事務委員會、國家安全部、司法部、人力資源和社會保障部、生態環境部、交通運輸部、農業農村部、文化和旅遊部、退役軍人事務部、中國人民銀行、國防部、教育部、工業和信息化部、公安部、民政部、財政部、自然資源部、住房和城鄉建設部、水利部、商務部、國家衛生健康委員會、應急管理部，以及審計署（中華人民共和國中央人民政府，2018）。以上26個部門，都屬於正部級的編制。

至於其他的機構類型，有興趣的讀者可以參考國務院的網站，在此不

贅述（中華人民共和國中央人民政府，2019）。但讀者可以留意的是，有些直屬機構、辦事機構、直屬事務單位，及部委管理的國家局，和黨的相關機構屬於「一套人馬，兩塊招牌」，也就是在一些部門的設置，黨務與政務的機構人員是相同的。舉例來說，國務院直屬機構的部分，國家新聞出版署（國家版權局）和黨的中央宣傳部是「一套人馬，兩塊招牌」；國家宗教事務局和中央統戰部也是相似結構。國務院辦事機構部分，國務院臺灣事務辦公室與中共中央臺灣工作辦公室亦是如此，所以它可以簡稱「國臺辦」或「中臺辦」。國家行政學院與中央黨校；國家公務員局和中央組織部，都是「一套人馬，兩塊招牌」的例子。這種設置方式，反映黨政合一的運作邏輯，進一步強化了中共對於政府部門的全面領導（Chen, 2017: 30-51）。

二、全國人大

現今的全國人大常委會委員長為政治局常委栗戰書，屬於正國家級幹部。而全國人大另設有幾位副委員長，分別是王晨、曹建明、張春賢、沈躍躍、吉炳軒、艾力更·依明巴海、萬鄂湘、陳竺、王東明、白瑪赤林、丁仲禮、郝明金、蔡達峰，及武維華。這些全國人大副委員長，也屬於副國家級的編制。但相對於國務院副總理或國務委員來說，這些副委員長似乎並沒有明確的分工或實權，而比較像是一個政治酬庸的職務。也因為如此，全國人大副委員長不像國務院總理一樣，有較大的機會晉升到國家級領導人。

此外，國務院副總理或國務委員都由中共黨籍的幹部出任，但人大副委員長必須安排一些少數民族、群團組織和所謂「**民主黨派**」的領導來擔

民主黨派

中共建政後，存在八個民主黨派，包括：中國國民黨革命委員會、中國民主同盟、中國民主建國會、中國民主促進會、中國農工民主黨、

中國致公黨、九三學社、臺灣民主自治同盟，共八大民主黨派。中共以所謂「長期共存、互相監督、肝膽相照、榮辱與共」爲基本方針，領導多黨合作形成「政治協商制度」。但外界對於所謂民主黨派是否扮演具體的政策諮詢或建議等功能，多持懷疑態度。

任。例如，艾力更·依明巴海（維吾爾族）、白瑪赤林（藏族）、王東明（中華全國總工會主席）、郝明金（中國民主建國會主席）、蔡達峰（中國民主促進會主席）、丁仲禮（中國民主同盟主席）、萬鄂湘（中國國民黨革命委員會主席）、陳竺（中國農工民主黨主席），以及武維華（九三學社主席）（中國人大網，2019a）。這些安排顧及到社會菁英與少數民族的席次。從布局上來說，似乎更爲「周全」的反映不同群體的利益。但由於這些副委員長，並沒有實權可以與中共進行抗衡或否決黨中央的議案，因此外界仍多將其視爲政治花瓶。

在全國人大的內設機構上，設有全國人大常委會。全國人大會議（包括各級人大）與全國政協（包括各級政協）的全體會議，通常在每年的3月召開，又被稱爲「兩會」。在人大全體會議休會期間，人大常委會成爲日常決策機構。在全國人大的內部，還設置有各種專門委員會，這包括：民族委員會、憲法和法律委員會、監察和司法委員會、財政經濟委員會、教育科學文化衛生委員會、外事委員會、華僑委員會、環境與資源保護委員會、農業與農村委員會，以及社會建設委員會（中國人大網，2019b）。

在職權上，全國人民代表大會的職權包括五大類。其一，是最高立法權，即修改憲法或各種國家法律的權力。其二，是最高決定權，也就是批准和審查重大國民經濟或社會發展的報告與預算，以及特別行政區的制度，和對外宣布戰爭的權力。其三，是最高任免權，即選舉和任免最高國家機關領導人和有關組成人員的權力。其四，最高監督權，即監督憲法的實施，以及監督最高國家機關的工作。最後，是應由最高國家權力機關行

使的其他職權（浦興祖，2002：99-100）。至於全國人大常委會的職權，是在人大全體會議休會期間，執行國家立法權、憲法與法律解釋權、任免權、決定權、監督權、參與全國人大的組織工作（例如召開全國人大會議、審核代表資格，以及領導人大專門委員會的工作），以及全國人大授與的其他職權（浦興祖，2002：117-120）。

參、國務院的機構改革與發展

一、機構精簡：1978年至2003年

國務院為中國中央政府最高機關，下轄多個職能部門。從行政學的帕金森定律（Parkinson's Law）來看，官僚機構基於自利的考量，往往會擴充人員編制與資源。中國政府在過去以計畫經濟與行政指令為治理機制，機構臃腫的情形較之他國可能更為嚴重。中共建政後，國務院進行多次的機構精簡改革。在毛時期的國務院，就曾歷經1952、1954、1956、1958、1964與1978年的數度機構精簡。改革開放之後為例，中共在1979、1982、1988、1993、1998和2003年等進行六次的機構精簡，但始終無法擺脫膨脹—精簡—再膨脹的惡性循環（陳德昇，1999：121-123）。

在改革開放之後的這幾次機構精簡與整併，其目的大抵上是為了讓政府部門的設置更符合市場經濟的需要，來進行職能轉變，排除市場化改革的障礙。但在實際運作上，由於部門之間本位主義（selfish departmentalism）的問題，加上人員分流與下崗問題難以解決，因此許多機構精簡的工作並未徹底，很多情況是機構之間的人員相調動，人員編制數與冗職的數目並未有效下降。這種改革模式，在溫家寶擔任總理後，做了一些改變。他在2008年的國務院改革方案中，推動了所謂「大部門體制」（大部制）的改革。

二、大部制改革：2008年迄今

2008年3月11日，在中國第十一屆全國人大第一次會議，時任國務委員兼國務院秘書長的華健敏，首次提及了2008年《國務院機構改革方案》要朝大部制改革的方向進行（中國人大網，2008）。所謂的「大部制」改革，不完全相同於過去的機構精簡，而是在機構精簡的基礎上，另外整併相關部委的職能，組建大型部門。在部分案例，「大部制」改革甚至涉及到地方黨政體制的順理與調整（蔡文軒，2011：73-102）。整個「大部制」改革受到不小的阻力，機構改革進程歷經溫家寶與李克強兩任總理方才完成。但其真正的效果如何，卻廣受質疑（多維新聞，2013）。

這種大部門的設置，在1970年代的西方國家也頗為盛行，但卻爭議不斷。例如，在整併職能相似的部委過程中，對於什麼部委必須整併進大部門，並不容易清楚界定。又例如，原先整併進入大部門的單位，基於該組織原本的利益、文化、傳統，使得部門之內的衝突不斷，難以有效整合（Christensen, Dong, and Painter, 2010: 170-188）。持平而論，「大部制」改革強調的機構精簡、公共行政體制的「扁平化管理」（flat management），對於中國政治來說，可能有其必要性。大部制改革透過建立大型部門的方式，來吸納相關職能部門的功能，使得大部門更具統合、協調與運作的能力。例如在2008年的大部門改革方案，國務院設立了以下的大部門：工業和資訊化部、組建交通運輸部、人力資源和社會保障部、環境保護部、住房和城鄉建設部。又例如在2013年的改革中，國務院新組建了國家衛生和計畫生育委員會、國家食品藥品監督管理總局、國家新聞出版廣電總局，並重新組建國家海洋局、國家能源局。

三、2018年大部制改革的新發展：黨政合一體制的強化

「大部制」的改革在習近平時期，出現了進一步的發展。最大的特色，就是透過機構的整併與統合，來實踐黨政合一的構想（Chen, 2017:

30-51）。習近平在主政後，破壞黨內高層長期以來的「集體領導與個人分工結合」制度（寇健文、蔡文軒，2012：13-17）。中共的最高領導人從江澤民、胡錦濤時期「同儕第一人」（the first among equals）的格局，朝單一領導的決策體制傾斜，甚至破壞了一些政治繼承規範，使得習時期的中國政治制度朝向集權化、個人化的方向前進（Shirk, 2018: 22-36）。

中共在2018年3月公布了《中共中央關於深化黨和國家機構改革的決定》和《深化黨和國家機構改革方案》。對於國務院機構改革來說，此次改革強化了中共黨的集中、統一和全面領導，使其朝向黨政合一之趨勢邁進（BBC中文網，2018a）。

此次中共黨政機構改組中，最受外界注目的便是國家監察委員會（國監委）的設置。這個設計讓紀律檢查委員會（紀委會）與國家監察委、反腐敗局等政府單位，合署辦公，以進一步強化紀檢監察體制的決策集中。在國家監察委設置後，包括原根據「中華人民共和國行政監察法」（已撤銷）授予行政監察權力的國務院直屬機構監察部、最高人民檢察院反貪污賄賂總局、瀆職侵權檢察廳、職務犯罪預防廳等單位，皆不再保留。

紀律檢查委員會

紀律檢查委員會為中共的中央紀律檢察機關，不屬於政府部門。該機關負責維護黨的章程和其他黨內法規，檢查黨的路線方針政策和決議執行情況，對黨員、領導幹部行使權力進行監督，維護憲法法律。

其次，國監委所被賦予之職能的特點主要有二值得討論。第一，它讓紀委會的「雙規」（2018年之後稱為「留置」），合法的擴至非黨員與非

雙規

「雙規」為中共紀律檢查機關於2018年以前曾採用的一種強制措施。

此措施要求有關人員在規定的時間、地點就案件所涉及的問題做出說明。主要目的是防止被調查人拖延時間、逃避調查，甚至串供、外逃。在2018年之後，中共改稱爲「留置」。

國家工作人員（雙非）的範疇，讓紀委會能合法的辦案。對此，國監委首屆主任楊曉渡便曾表示，其將對黨員幹部和公務員外的「空白地帶」，運用國家監察法的授權，進行監督調查和處置，用國家監察的方式把這個地段監管起來。第二，儘管國家監察法具有部分人權保障之舉措，但是官方並無認同在「雙規」（留置）的程序中，讓嫌疑人在偵訊或留置的過程中得請律師陪同。易言之，未來中共在「雙規」（留置）的執行上，嫌疑人仍必須在無律師陪同的情況下，單獨應付幹部之偵訊。

但值得注意的是，國監委首屆主任由現任政治局委員、中紀委副書記，具副國級身分的楊曉渡擔任，並非如外界普遍期待由中紀檢書記趙樂際出任。2017年中共十九大後，與習近平在上海有共事關係的楊曉渡當選政治局委員（BBC中文網，2018b）。楊曉渡以中紀委副書記身分升任中國國家監察委主任，意味監察委仍屬中紀委的一個附屬，符合「黨管一切」的原則（聯合新聞網，2018）。這意味習近平透過派系人馬來掌握黨政重要職位，強化其權力集中的運作。

在此次改革方案中，素有「小國務院」之稱的發改委出現多個調整，共有七項職能被劃入其他部門當中。例如組織編製主體功能區規劃職責整合劃入自然資源部；應對氣候變化和減排職責整合劃入組建生態環境部；農業投資項目職責整合劃入農業農村部；重大項目稽查職責劃入審計署；價格監督檢查與執法職責整合劃入國家市場監督管理總局；藥品和醫療價格服務管理職責整合劃入國家醫療保障局；組織實施國家戰略物資收儲、輪換和管理，管理國家糧食、棉花和食糖儲備等職責劃入國家糧食和物資儲備局。這顯示，以宏觀調控與經濟調控爲職能之發改委的權力將受到一定程度的削弱。

　　另一方面，仔細探究發改委職能，發改委主要針對經濟和社會發展政策進行綜合研究擬訂，兼顧總量平衡並指導總體經濟體制改革。儘管發改委是國務院屬機構，但過去其職責範圍常年較廣，在國家部委中舉足輕重，甚至被認為一度扮演「經濟內閣」角色。此外，發改委更為介於國務院與黨中央的樞紐，涉及到黨中央及國務院的權力分配。因此，發改委的縮編所顯示之意涵是：黨中央的權力持續增強，國務院的權力正在下降。對此，有分析認為在此次改革方案中，發改委多項職能被劃入其他部門當中，因此發改委的特殊地位可能會消退（多維新聞，2018）。

四、習時期的國務院：最弱勢的總理李克強與李強的出線

　　2018年的國務院人事也經過重大改組。無可諱言的，團派勢力仍在國務院占據一定的比例。例如總理李克強，以及國務院的四位副總理，其中兩位——孫春蘭與胡春華——都具「團派」經歷。另外還有一些職能部門的首長也有團系統的工作經歷。但是，有部分觀察認為，「團派」在國務院僅是「抱團」取暖（多維新聞，2018a）。理由在於，經過此次國務院機構改組與黨政合一的整併，其職能被黨務機構大幅稀釋，因此「團派」其實算是被外放到「冷衙門」，無法像胡錦濤時期一樣進入黨務系統來繼續高升。

　　習近平的親信，國務院副總理劉鶴，幾乎全面接管財經與金融事務，這亦使他被輿論視為中共財經事務的最高決策者。劉鶴甚至現已架空李克強權力，順利掌管中國的經濟大權。在2018年的中美貿易戰開打前夕，劉鶴於3月24日應約與美國財政部長梅努欽（Steven Mnuchin）通話，並表示：「中方已做好準備，有實力捍衛國家利益。」（中時電子報，2018）這顯示，劉鶴確實已在習近平的安排下，在國務院最重要的財經與金融事務，擔任實際主導的角色。這也讓總理李克強的權力，不及過去的溫家寶、朱鎔基與李鵬，成為近年來，中國最為弱勢的國務院總理。

　　二十大之後，習近平的另一位心腹李強擔任國務院總理職務。李強曾在浙江與習共事，被外界視為是「之江新軍」的重要人物之一。李強在上海市委書記任內，堅決貫徹習近平的清零政策，顯示其對於習的政治表態。但李強並無李克強的經濟專才，且沒有國務院副總理的資歷。由李強擔任國務院總理，顯見習近平唯親信是用的風格。未來的國務院，其地位可能成為類似像是習近平治下的辦事機構，而真正的財經或其他國政大權，則被習牢牢掌控。

五、2021年關於人大組織法的修正

　　中國大陸在2021年3月6日，發布了關於《中華人民共和國全國人民代表大會組織法（修正草案）》。《中華人民共和國全國人民代表大會組織法》是規範全國人大組織結構與運作的法律，其在1954年制定。中共在1982年，重新制定這套法律。在頒布後的近四十年，中共於2021年首度修改這個法律。「修正草案」的主要內容一共分為六個部分，包括「增設『總則』一章」、「完善全國人民代表大會主席團和全國人大常委會委員長會議職權相關規定」、「完善全國人大專門委員會相關規定」、「適應監察體制改革需要增加相關內容」、「健全全國人大常委會人事任免權」、以及「加強代表工作、密切與代表的聯繫」（王晨，2021）。

　　整體來說，「修正草案」呈現出幾個特色。首先，是強化習近平相關思想的指導，並推動習近平關注的政策，例如所謂「依法治國」、「習近平新時代中國特色社會主義思想」等政治宣示。其次，對於專門委員會的職權做了比較詳細的規範，這可能是為了能迅速回應社會發展的需要。再者，對於國家監察委員會與人大的關係，做了比較清楚的規範。國家監察委是習近平在2018年政改方案當中的重要布局之一，這次釐清它與人大的關係，可謂是對於這個新機構的一次新的政治定調，有助於監察事務的推展。最後，是擴大全國人大任免國務院領導人的範疇。在過去，全國人大以往只能夠任免國務院部委首長等官員，但修改組織法後，人大對於副總

理、國務委員、軍委副主席、軍委委員都可以進行任免。

六、2023年的國務院機構改革

在2023年，中共二十屆二中全會通過《黨和國家機構改革方案》，其中涉及多項國家機構改革的措施（新華社，2023）。此次機構改革被許多學者認為是2018年大部制改革的延續，根據官方所公布的改革內容，主要涉及金融、科技和社會維穩等領域，希望透過「集中統一領導」，來維護國家安全並提升競爭力。本次針對國務院機構的改革，主要包含：（一）重組科技部；（二）組建國家金融監督管理總局和數據局；（三）在農業農村部加掛國家鄉村振興局牌子；（四）證監會、國家知識產權局與信訪局調整為國務院直屬機構。

重組科技部是最受關注的部分。在官方釋出的文稿中，科技領域的改革也被放在最前面的段落來說明。這是因為近年國際科技競爭的態勢加劇，尤其中國自認屢遭打壓，高層不斷強調「科技自主自強」，包含在造蕊、人工智能、新能源汽車，甚至是軍事技術上的科技工作，預計都將由新組建的中央科技委員會統籌（黨的機構），並由科技部來協助推動「新型舉國體制」，解決「卡脖子」問題。

為了因應數位經濟發展，此次機構改革還將建立國家數據局，以統管數據資料。在近年強監管的背景下，建立數據局很可能是為了擴大現有網路審查制度鋪路，並推動社會信用體系以填補健康碼失效的缺口。而國家信訪局改為國務院直屬機構，更是為人詬病的一點，此舉應是由於近來爆發多起抗議活動，因而將信訪局升格為國務院直屬機構，意味著黨和政府已將其視為一項專門業務。無論是國家數據局的建立或國家信訪局直屬機構的調整，都代表著中共對於維穩的重視，加強基層控管和科技維穩是可以預見的情勢。

金融機構的改組有三個大面向，一是組建國家金融監督管理總局，承擔除了證券業以外的所有金融監管，包含央行；二是將中國證券監督管理

委員會調整爲國務院直屬機構；三是撤銷了央行的大區分行和縣級支行，設立省級分行。這些變革是爲了防範金融風險，旨在解決「金融領域長期存在的突出矛盾和問題」，可見未來幾年中共仍不會放鬆對金融貪腐的打擊，也將持續打著所謂「反壟斷」的旗幟來強化共同富裕的實施。

肆、仍是政治花瓶嗎？全國人大的職能強化與瓶頸

作爲中國政治的立法機構，西方學者對於人大在立法功能上的模式與演進，特別是黨對於人大的控制，始終是人大研究的關鍵議題（Tanner, 1998）。學者多數認爲，在以黨領政的架構下，全國人大只能對於經濟性事務或黨中央願意授權的相關領域，進行自主性的表態。在多數情況下，全國人大與各級人大的職能，只是將相關黨委的意見轉換爲國家法律予以實施。

三峽大壩興建案在1992年的表決，是全國人大代表，行使眾多否決權或棄權的一個特殊案例。在三峽大壩興建的辯論從中共建國之初就開始。在1986年，隨著工程計畫案的需求日增，中國相關部門就是否要興建大壩，啟動了專家學者的相關研究與討論工作，但正反兩面的意見相距頗大（蘇向榮，2007）。事實上，黨內也有許多高層幹部對於該案件抱持審愼與質疑的態度。在1992年4月7日，該議案進入表決程序，共有2,633名人大代表參與表決，結果是贊成1,767票，反對177票，棄權664票，未按表決器的有25人（多維新聞，2018b）。換言之，僅有三分之二的代表投下贊成票，這是非常少見的一個個案。但這個表決案可能不能解釋爲全國人大的實質權力有所提升，而僅是在黨中央意見不一的情況下，人大代表獲得的一定程度的表意權。關於此次的投票狀況，可見照片4-1。

照片4-1　1992年全國人大投票表決興建三峽大壩

資料來源：新華網（2018）。

　　學界對於全國人大的研究，認為其在後毛時期，出現了某種程度的制度化現象。在1980年代以後，人大代表的任期屆滿率提高，且集會的時間，再加上人大立法的數量保持一定的額度，因此確實朝向某種程度的制度化方向演進（趙建民，2002）。但實際上，在以黨領政的架構下，這些議案的制定與人大代表的選任，都是透過相關黨組織事先安排的結果。人大並未像是西方的立法機構一樣，可以有獨立行使立法權，以及透過公開公正的選舉來決定代議士，用來反映民意。

　　而全國人大的專門委員會功能，近幾年確實有所進步。前文提到，為了強化立法的專業性，全國人大設有各種專委會。現今中共雖然維持威權統治，但卻訴諸科學與專業性的諮詢，來強化立法的專業性，以完善對社會的控制。學者趙建民與張鈞智等人指出，專委會成員明顯增加、委員年輕化、知識化和專業化的程度上升，這都有利於立法工作的推動。此外，專委會的功能和作用獲得更明確的法規支撐，在議案和法案審議的職能也有所強化。但趙建民等人也發現，專委會的重要成員當中，中共黨員比例占有絕對優勢，這顯示專委會的運作必須依附在黨組織的領導，以彰顯中

共黨組織對於立法工作的全面控制（趙建民、張鈞智，2014）。

最後一個值得關注的議題，是人大代表的選任。根據人大選舉法，中國在中央、省與地級市層級的人大代表，是透過間接選舉產生；而縣與鄉鎮層級，則採用直接選舉的方式（中國人大網，2015）。但實際上，即便是直接選舉，也多是由黨組織提名，而非個人自由參選。民眾雖可以透過一定人數的連署來報名參選，這些非透過黨組織提名的成員，被外界稱為「獨立候選人」。在競選過程中，這些獨立候選人常受到政府的恐嚇、欺壓、拘留，或是沒收競選材料。「獨立候選人」只有少數的案例成功當選，例如1998年，姚立法當選當屆湖北省潛江市的人大代表，但之後卻遭當局的監控。在習近平執政後，為強化對社會的全面控制，對於獨立候選人的打壓較之過去更為激烈（紐約時報中文網，2016）。

照片4-2　姚立法在1998年以「獨立候選人」的身分當選地方人大代表

　　換言之，中共各級人大代表的選舉，多是由官方指定候選人，其民意的代表程度有待質疑。更甚者，中國出現了一些久任人大代表的人士，最著名的例子之一就是被戲稱爲「萬年人大代表」的申紀蘭（見照片4-3）。她在1954年（25歲）當選全國人大代表，申紀蘭在2018年以89歲的高齡再度當選，連任13屆。她曾在2010年說過「當代表就是要聽黨的話，我從來沒有投過反對票」，引起外界的側目（風傳媒，2018）。從該案例可知，人大代表在中國並無法有效地反映民意。

照片4-3　被稱為「萬年人大代表」的申紀蘭

資料來源：美國之音（2013）。

伍、結論

　　關於中央的行政部門——國務院與全國人大——若放置在西方政治學的視野下來檢視，其分別代表政府部門與立法機構。但在實際運作中，它

們無法視爲是獨立運作的單位，欠缺西方的權力分立與制衡（checks and balances）的效能。國務院總理與全國人大常委會委員長，都屬於政治局常委會的成員之一。在主要的決策與議事，都在常委會進行，而國務院總理與人大常委會委員長只是將常委會決定的議案，來分別執行之。換言之，在以黨領政與議行合一等列寧式體制的架構下，國務院與全國人大並沒有獨立行使行政或立法的職權。

在習近平執政後，更進一步強化黨對於政府與社會事務的全面壟斷與監控。因此，國務院和全國人大的權限也大幅限縮。隨著習近平宣示要實踐所謂「**兩個一百年**」、「中華民族偉大復興」的宏大政治目標，他進一步強化權力集中於「習核心」與各級黨委，因此國務院與人大的職能較之胡錦濤或江澤民時期，更爲弱化。特別是在2022年，習近平開展他的第三屆任期後，最高領導任期制受到徹底的破壞，而相關重要部門，例如全國人大與國務院總理，則分別由他的親信趙樂際與李強擔任。顯見其用人邏輯緊密的朝向拔擢與他有深厚關係的幹部，這似乎與中共過去強調的「五湖四海」原則有所違背。此外，習的高度集權與對法治的破壞，對於中國政治是否能走向制度化，無疑增加了不確定的因素。

兩個一百年

「兩個一百年」最早是胡錦濤在中共十八大提出的遠程規劃。它指的是，中共成立一百年之際（2021年），全面建成「小康社會」，及中華人民共和國成立一百年時（2049年），全面建成「社會主義現代化強國」。

關鍵詞：全國人民代表大會、國務院、議行合一、機構精簡、獨立候選人

延伸閱讀

1. 孫哲，2004，《全國人大制度研究1979-2000》，北京：法律出版社。

2. 何俊志，2011，《從蘇維埃到人民代表大會制：中國共產黨關於現代代議制的構想與實踐》，上海：復旦出版社。

3. 沈榮華，2014，《大部制》，南京：江蘇人民出版社。

4. Chang, Chun-chih, and Chien-min Chao. 2019. "Specialization without Autonomy: An Informational Approach to the Development of Permanent Committees in China's National People's Congress." *Journal of Contemporary China* 28 (115): 64-80.

5. Xu, Yi-chong, and Patrick Weller. 2016. "The Challenges of Governing: The State Council in China." *The China Journal* 76: 1-23.

思考問題

1. 請比較中國大陸國務院的組織與運作，與西方內閣制、總統制的政府部門，有何異同？

2. 請比較中國大陸的全國人大，其組織與運作，與西方內閣制、總統制的立法部門，有何異同？

3. 國務院機構改革，出現了膨脹—精簡—再膨脹的循環，請問這種現象的主因為何？西方政府體制是否也有類似的現象？如果有，那中國與西方的差異在哪裡？

4. 中共在近年來試圖強化全國人大的專門委員會的職能，這種改革對列寧式體制的制度侷限來說，是否能有顯著的改善？該做法是否可能在維持一黨專政的前提下，制定更專業且符合人民期待的法案？

5. 在習近平於2022年開展第三屆任期後，國務院與全國人大的運作與職權，是否將進一步萎縮？原因為何？

參考文獻

一、中文

BBC中文網，2018a，〈學者稱中國機構改革回歸「黨政合一」、國務院權力被削〉，http://www.bbc.com/zhongwen/trad/chinese-news-43484361，查閱時間：2019/12/3。

BBC中文網，2018b，〈中國監察委主任楊曉渡：習近平「舊部」反腐促仕途「竄升」〉，http://www.bbc.com/zhongwen/trad/chinese-news-43446569，查閱時間：2019/12/3。

中央通訊社，2018，〈分管發展改革，韓正新兼職公布〉，https://www.cna.com.tw/news/acn/201806030026.aspx，查閱時間：2019/11/17。

中央通訊社，2018，〈王毅或升國務委員兼外長，分管涉臺〉，https://www.cna.com.tw/news/acn/201802270272.aspx，查閱時間：2019/11/17。

中時電子報，2018，〈通話美財長 劉鶴：中方已做好準備 捍衛國家利益〉，http://www.chinatimes.com/realtimenews/20180324002327-260408，查閱時間：2019/12/3。

中國人大網，2008，〈關於國務院機構改革方案的說明〉，http://www.npc.gov.cn/zgrdw/npc/xinwen/syxw/2008-03/12/content_1413911.htm，查閱時間：2019/12/3。

中國人大網，2015，〈人大代表的選舉方式〉，http://www.npc.gov.cn/zgrdw/npc/dbdhhy/12_3/2015-02/28/content_1906419.htm，查閱時間：2019/12/5。

中國人大網，2019a，〈全國人民代表大會〉，http://www.npc.gov.cn/，查閱時間：2019/11/17。

中國人大網，2019b，〈人大機構〉，http://www.npc.gov.cn/npc/c507/rdjg.shtml，查閱時間：2019/11/18。

中華人民共和國中央人民政府，2018，〈國務院組成部門〉，http://big5.www.gov.cn/gate/big5/www.gov.cn/guowuyuan/zuzhi.htm，查閱時間：2019/11/17。

中華人民共和國中央人民政府，2019，〈國務院組成機構〉，http://big5.
　　www.gov.cn/gate/big5/www.gov.cn/guowuyuan/index.htm，查閱時間：
　　2019/11/17。

王晨，2021，〈關於「中華人民共和國全國人民代表大會組織法（修正草
　　案）」的說明〉，人民網，http://lianghui.people.com.cn/2021npc/BIG5/
　　n1/2021/0306/c435267-32044091.html，查閱時間：2021/7/2。

多維新聞，2013，〈大部制改革將亮相　李克強破局膽智俱備〉，http://
　　news.dwnews.com/china/big5/news/2013-02-24/59142030-2.html，查閱時
　　間：2019/12/3。

多維新聞，2018，〈「小國務院」遭大幅削權，改革矛頭指向發改
　　委？〉，http://news.dwnews.com/china/news/2018-03-14/60045840.
　　html，查閱時間：2019/12/3。

多維新聞，2018a，〈港媒：李克強胡春華陸昊抱團取暖〉，http://news.
　　dwnews.com/china/big5/news/2018-03-22/60047598.html，查閱時間：
　　2019/12/3。

多維新聞，2018b，〈江澤民與李鵬為何要把三峽工程辦成鐵案〉，http://
　　culture.dwnews.com/history/big5/news/2018-04-25/60054225.html，查閱
　　時間：2019/12/5。

朱光磊、張志紅，2005，〈「職責同構」批判〉，《北京大學學報（哲學
　　社會科學版）》，42（1）：101-112。

俞可平，2001，《中國政治體制》，臺北：風雲論壇。

美國之音，2011〈潛江實驗小學維穩人員非法拘禁姚立法〉，https://
　　www.voachinese.com/a/article-20110204-hubei-activist-yao-lifa-
　　abducted-115270934/777379.html，查閱時間：2019/12/5。

風傳媒，2018，〈連任13屆、64年的人大代表申紀蘭：當代表就是要聽黨
　　的話，我從來沒投過反對票〉，https://www.storm.mg/article/405835，
　　查閱時間：2019/12/5。

浦興祖主編，2002，《中華人民共和國政治制度》，上海：上海人民出版社。

紐約時報中文網，2016，〈中國「偽選舉」：沒有攪局者，只有莊嚴的投票〉，https://cn.nytimes.com/china/20161116/beijing-china-local-elections/zh-hant/，查閱時間：2019/12/5。

寇健文、蔡文軒，2012，《瞄準十八大》，臺北：五南。

陳德昇，1999，《中共國務院機構改革之研究（1978-1998）：政府再造觀點》，臺北：永業。

新華社，2023，〈中共中央 國務院印發「黨和國家機構改革方案」〉，http://cpc.people.com.cn/BIG5/n1/2023/0316/c64387-32645744.html，查閱時間：2023/5/17。

新華網，2018，〈經典中國，輝煌60年，盛世千秋看三峽〉，http://www.hb.xinhuanet.com/zhuanti/sxtptk/bnsx.html，查閱時間：2019/12/5。

趙建民，2002，〈中共黨國體制下立法機關的制度化〉，《中國大陸研究》，45（5）：87-112。

趙建民、張鈞智，2014，〈中國大陸全國人大專門委員會的制度化歷程及評估〉，《政治學報》，57：77-100。

劉靖北，2010，〈政黨與國家：黨政關系的比較分析〉，http://theory.people.com.cn/BIG5/41038/10956778.html，查閱時間：2019/11/17。

蔡文軒，2011，〈重塑黨國體制？中國大陸地方「大部制」改革的探討〉，《公共行政學報》，41：73-102。

聯合新聞網，2018，〈楊曉渡掌國監委 章立凡：仍是中紀委附屬〉，https://udn.com/news/story/7331/3039637，查閱時間：2019/12/3。

蘇向榮，2007，《三峽決策論辯：政策論辯的價值探尋》，北京：中央編譯出版社。

美國之音，2013，〈去年兩會看「熙來」，今年兩會瞧「紀蘭」〉，https://www.voachinese.com/a/on-shen-jilan-phenomenon-20130304/1614959.html，查閱時間：2019/12/5。

二、英文

Chen, Gang. 2017. "Reinforcing Leninist Means of Corruption Control in China: Centralization, Regulatory Changes and Party-State Integration." *The Copenhagen Journal of Asian Studies* 35 (2): 30-51.

Christensen, Tom, Lisheng Dong, and Martin Painter. 2010. "A case study of China's administrative reform: The importation of the super-department." *The American Review of Public Administration* 40 (2): 170-188.

Shirk, Susan L. 2018. "China in Xi's 'New Era': The Return to Personalistic Rule." *Journal of Democracy* 29 (2): 22-36.

Tanner, Murray Scot. 1998. *The politics of Lawmaking in Post-Mao China: Institutions, Processes, and Democratic Prospects*. New York: Oxford University Press.

Xu, Yi-chong, and Patrick Weller. 2016. "The Challenges of Governing: The State Council in China." *The China Journal* 76: 1-23.

第五章

地方政府與基層治理

王嘉州

壹、前言

　　中華人民共和國屬單一制國家，其地方政府之行政區劃，乃中央基於統治需要，或行政管理方便，進行分級區域劃分之結果。中共建政之初，第一層級地方政府乃現已消失的大行政區（以下簡稱：大區）。全國共設華北、西北、東北、華東、中南、西南等六個大區，大區下轄若干個省（直轄市、自治區）。1949年底，其地方行政區共設有6個大區、29個省（不包括臺灣省）、1個自治區、12個直轄市、5個行署區、293個地級單位、2,607個縣級單位（吳愛明、朱國斌、林震，2004：256）。大區於1954年撤銷，並將省級行政區減為31個。1955年起先後設立四個自治區，包括1955年新疆維吾爾自治區、1958年廣西僮族自治區與寧夏回族自治區，以及1965年西藏自治區。1967年天津市恢復為直轄市。1988年為加快開發海南島而設立海南省。1997年為加快中西部經濟和社會發展，重慶市升為直轄市。1997年7月1日香港回歸，成立香港特別行政區；1999年12月20日澳門回歸，成立澳門特別行政區。

　　目前中國大陸地方行政區，由上而下分為四個層級：一是省級，包括省、民族自治區、直轄市與特別行政區。二是地級，包括地級市、地區、自治州與盟。三是縣級，包含縣、縣級市、市轄區與旗。四是鄉級，包括鄉和鎮。中國大陸行政區劃層級存在多種情況。雖然根據其《憲法》第30條之規定，地方層級乃為三級制（如省—縣—鄉），不過，其實施現況不僅存在二級制（如直轄市—區），還有四級制（如省—市—縣—鄉）。近年隨著推廣市管縣體制，四級制日趨普遍。中國大陸現有33個省級行政區，包括22個省、5個自治區、4個直轄市與2個特別行政區。扣除2個特別

行政區不論,其餘31個省級行政區下,共設有333個地級行政區,包括293個地級市、7個地區、30個自治州、3個盟。縣級行政區則有2,844個,包括1,312個縣、388個縣級市、973個市轄區、117個自治縣、49個旗、3個自治旗、1個特區、1個林區。鄉級行政區則有38,741個,包括7,693個鄉、21,157個鎮、8,773個街道、962個民族鄉、153個蘇木、1個民族蘇木、2個區公所(中華人民共和國民政部,2023)。

　　本章區分爲五個部分。第壹部分爲前言,說明中國大陸地方政府行政區之演變。第貳部分從法制面論述地方與基層政府的構成與職權,並從實務面指出其不符民主處。第參部分以財政體制爲例,討論地方與基層政府治理的特徵與改革。第肆部分以「五一黃金週」是否恢復的政策爭論爲例,分析中央與地方政府之策略互動。第伍部分爲結論。

貳、地方與基層政府的構成與職權

　　中國大陸省級行政區的規模,無論是人口數或地域面積,都可匹敵中等國家。中國大陸現行的四類省級行政區,其中省的設立乃爲進行地域管理,自治區則爲保障少數民族權益,直轄市則爲管理城市密集人口。特別行政區則實行與其他省級行政區不同的政治與經濟制度。因此,限於篇幅,以下地方政府的論述,將扣除香港與澳門兩個特別行政區。

一、地方與基層政府的構成

　　中國大陸地方政府的構成與職權,主要規定在《中華人民共和國憲法》(以下簡稱:《憲法》)與《中華人民共和國地方各級人民代表大會和地方各級人民政府組織法》(以下簡稱:《地方組織法》)。《憲法》共有四個版本,分別制定於1954、1975、1978與1982年。《地方組織法》於1979年初次制定,之後在1982、1986、1995、2004、2015與2022年經過六次修正。以下相關論述若無特別註明,則其依據爲1982年的《憲法》,與2022年修正後的《地方組織法》。

　　中國大陸地方政府的界定存在兩種不同觀點：廣義的地方政府包括從省級到鄉鎮的黨委、人大與政府等領導班子與國家機關。狹義而言，地方政府僅指省級到鄉鎮的行政機關，亦即各級地方人民政府。鄉鎮是中國最基層的行政單位，故在中國政治話語中存在「基層政權建設」之說法。因此，地方通常指縣級以上的地方各級人民政府，至於鄉級的人民政府則被視為基層。此外，城市的社區與農村的村委會，亦常被併入基層之範疇（景躍進、陳明明、肖濱，2018：289-339）。限於篇幅，本文論述採狹義說，且不討論社區與村委會。

　　地方各級人民政府每屆任期五年，分別實行省長（自治區主席、市長）、市長（州長）、縣長（市長、區長）、鄉長（鎮長）負責制。各級地方政府行政首長分別主持該級人民政府的工作。省人民政府由省長、副省長、秘書長和職能部門首長（廳長、局長、委員會主任）組成。其他層級人民政府之組成，請參閱表5-1。各級地方政府的正副行政首長都由同級人民代表大會（以下簡稱：人大）間接選舉產生。正職行政首長依法選舉產生後，應於兩個月內提請本級人大常委會任命人民政府秘書長和職能部門首長。

　　各級地方政府的正副行政首長之候選人，可由同級人大主席團提名，或由同級人大代表聯合提名。若由代表聯合提名，不同層級對聯名人數有不同要求。省級要求30人以上，地級要求20人以上，縣級與鄉級都要求10人以上。兩種提名方式在法律上平等，但因中國大陸乃以黨領政體制，中共為確保其提名人選能順利當選，故會勸阻代表提名候選人，或動員代表撤回其提名，甚至不把代表聯合提名的候選人交人大討論，導致人大代表難以影響行政首長之提名（王紹光，2016：44-45）。在候選人人數上，正職行政首長的候選人數原則上可多一人，以進行差額選舉，但若獲提名的候選人僅一人，亦可等額選舉。副職行政首長之候選人數，應比應選人數多1人至3人，以進行差額選舉。若人數符合差額數，由主席團提交代表醞釀、討論後進行選舉。若人數超過差額數，則由主席團提交代表醞釀、討論後進行預選，以選出符合差額數的正式候選人名單並進行選舉。上述

提名、醞釀候選人的時間不得少於兩天。

　　上述選舉採無記名投票，代表可投贊成、反對、棄權或另選他人，候選人須獲得全體代表過半同意方為當選。雖然《地方組織法》第27條規定地方政府正職領導人員以差額選舉為原則，等額選舉為例外，但實務中卻普遍出現等額選舉。從省級到鄉級的政府正職幾乎全為等額選舉，且唯一的候選人幾乎都是中共組織部門所安排。至於副職人員選舉，中共則採最低差額數策略，除前述阻礙代表的聯合提名，並會安排「陪選人員」，以確保屬意人選當選。這些手段已玷污選舉意義，也造成人大代表反彈，故曾出現中共提名的候選人落選，甚至是非候選人當選（王紹光，2016：46-48）。此外，臺灣與其他民主國家所認同的民主，其要素至少包括參與權與公開競爭（Dahl, 1971: 3-6）。中國大陸各級地方政府的正副行政首長乃間接選舉產生，已剝奪人民的參與權。再加上同額選舉或「陪選」，更使競爭蕩然無存。故此選舉已涉違反《公民與政治權利國際公約》第25條第1項與第2項之標準，既非直接或經由自由選舉之代表參與

政事，亦非在眞正選舉中投票及被選。

表5-1　各級地方政府之成員與產生方式

級別	政府成員	產生方式
省級人民政府	省長（主席、市長）	省人大主席團或代表聯合提名，省人大代表投票選出。
	副省長（副主席、副市長）	
	秘書長、廳長、局長、委員會主任	省長提名，省人大常委會表決通過後任命，並報國務院備案。
地級人民政府	市長（州長）	市人大主席團或代表聯合提名，市人大代表投票選出。
	副市長（副州長）	
	秘書長、廳長、局長、委員會主任	市長提名，市人大常委會表決通過後任命，並報上一級人民政府備案。
縣級人民政府	縣長（市長、區長）	縣人大主席團或代表聯合提名，縣人大代表投票選出。
	副縣長（副市長、副區長）	
	局長、科長	縣長提名，縣人大常委會表決通過後任命，並報上一級人民政府備案。
鄉級人民政府	鄉長（鎮長）	鄉人大主席團或代表聯合提名，鄉人大代表投票選出。
	副鄉長（副鎮長）	

資料來源：作者整理自《中華人民共和國地方各級人民代表大會和地方各級人民政府組織法》。

二、地方與基層政府的職權

　　省級地方政府的職權有五類，包括執行權、制令權、管理權、保護權與監督權。地級與縣級地方政府的職權較省級少一類，並無制令權。鄉級地方政府則僅有執行權、管理權與保護權（參閱表5-2）。地方各級人民政府是同級人大的執行機關，也是國家行政機關。故除須對同級人大和上一級國家行政機關負責並報告工作外，均須服從國務院的統一領導。因此，各級地方政府均有執行權，必須貫徹本級人大及其常委會的決議，以

及上級國家行政機關的決定、命令和交辦事項。

表5-2　各級地方政府之職權

層級	類別	內容
縣級以上的地方各級人民政府	執行權	1.執行本級人民代表大會及其常務委員會的決議，以及上級國家行政機關的決定和命令，規定行政措施，發布決定和命令。 2.辦理上級國家行政機關交辦的其他事項。
	管理權	1.領導所屬各工作部門和下級人民政府的工作。 2.依照法律的規定任免、培訓、考核和獎懲國家行政機關工作人員。 3.編制和執行國民經濟和社會發展規劃綱要、計畫和預算，管理本行政區域內的經濟、教育、科學、文化、衛生、體育、城鄉建設等事業和生態環境保護、自然資源、財政、民政、社會保障、公安、民族事務、司法行政、人口與計畫生育等行政工作。 4.履行國有資產管理職責。
	保護權	1.保護社會主義的全民所有的財產和勞動群眾集體所有的財產，保護公民私人所有的合法財產，維護社會秩序，保障公民的人身權利、民主權利和其他權利。 2.保護各種經濟組織的合法權益。 3.鑄牢中華民族共同體意識，促進各民族廣泛交往交流交融，保障少數民族的合法權利和利益，保障少數民族保持或者改革自己的風俗習慣的自由，幫助本行政區域內的民族自治地方依照憲法和法律實行區域自治，幫助各少數民族發展政治、經濟和文化的建設事業。 4.保障憲法和法律賦予婦女的男女平等、同工同酬和婚姻自由等各項權利。
	監督權	1.改變或者撤銷所屬各工作部門的不適當的命令、指示和下級人民政府的不適當的決定、命令。
鄉、民族鄉、鎮的人民政府	執行權	1.執行本級人民代表大會的決議和上級國家行政機關的決定和命令，發布決定和命令。 2.辦理上級人民政府交辦的其他事項。
	管理權	執行本行政區域內的經濟和社會發展計畫、預算，管理本行政區域內的經濟、教育、科學、文化、衛生、體育等事業和生態環境保護、財政、民政、社會保障、公安、司法行政、人口與計畫生育等行政工作。

表5-2　各級地方政府之職權（續）

層級	類別	內容
	保護權	1.保護社會主義的全民所有的財產和勞動群眾集體所有的財產，保護公民私人所有的合法財產，維護社會秩序，保障公民的人身權利、民主權利和其他權利。 2.保護各種經濟組織的合法權益。 3.鑄牢中華民族共同體意識，促進各民族廣泛交往交流交融，保障少數民族的合法權利和利益，保障少數民族保持或者改革自己的風俗習慣的自由。 4.保障憲法和法律賦予婦女的男女平等、同工同酬和婚姻自由等各項權利。

資料來源：作者整理自《中華人民共和國地方各級人民代表大會和地方各級人民政府組織法》。

　　制令權原為省級地方政府專有職權，意指制定規章的權力，乃由該級政府常務會議或全體會議討論決定。不過，《地方組織法》在1995年修法時，下放此權力給副省級城市（省會和經國務院批准的較大的市），2015年則擴大放權至地級市（設區的市）的人民政府。不論省級或地級地方政府，在制定規章時不得違反法律、行政法規和該省（自治區、直轄市）的地方性法規。省級規章必須報國務院和同級人大常委會備案。地級規章則要另外再報該省（自治區）人民政府以及同級人大常委會備案。

　　管理權是各級地方政府都有的職權，乃指全面領導管理該行政區域內的各種行政工作，並執行發展計畫與預算。保護權也是各級地方政府均擁有的職權，且其範圍各級地方政府均相同，都包括四個面向：一是財產權、社會秩序與公民權。二是各種經濟組織。三是少數民族。四是婦女權益。監督權乃糾正所屬部門或下級政府的不當決定或命令。

參、地方與基層政府治理的特徵與改革

　　中國大陸地方政府的治理特徵，乃隨著中央的放權與收權而出現治亂循環。可將中央集權與地方分權的優缺點整理如表5-3。從該表可發現：

中央集權與地方分權的優缺點是對立的，亦即中央集權的優點為地方分權的缺點，而地方分權的優點為中央集權的缺點。例如，中央集權有利於均衡地方發展，而地方分權則會造成地區差距擴大；又如，地方分權有利於發揮地方官員的信息優勢，中央集權則會導致難以適應地方需要。故究竟要集權或分權，將因發展階段不同導致目標差異而有所變化。例如，剛開始強調發展，故要分權，但待經濟發展有成，地區差距嚴重，便會轉而要集權。以下將以中國大陸1980年代以來四次財政體制改革為例（王嘉州，2008：73-89），說明地方與基層政府治理的特徵。

表5-3　地方分權與中央集權的優缺點

	優點	缺點
中央集權	1.加強國家統一 2.均衡地方發展 3.提供全國性共享物品和服務 4.將跨地區外部效應內部化 5.獲得規模經濟效應 6.實現宏觀經濟穩定 7.進行收入再分配 8.利於社會化大生產 9.社會穩定與發展	1.導致經濟的衰退 2.導致中央與地方的對抗 3.導致中央專橫或個人獨裁 4.難以適應地方需要 5.對各方信息掌握太粗疏 6.阻礙人民參政慾望與地方自治之發展 7.難以調動各級官員積極性 8.可能使地方人民對中央產生離心力 9.社會的政治化、政治的集中化、政治的放大化
地方分權	1.調動各級官員積極性 2.促進居民參與地方事務 3.促使地方政府對其居民負責 4.發揮地方官員的信息優勢 5.利於制度創新 6.給人們更多選擇 7.縮小政府總體規模 8.防止中央之專橫 9.符合民主自治精神 10.提高行政效率 11.防止專制獨裁 12.弱化國內政治緊張	1.形成地方割據狀態 2.地區差距擴大 3.投資急遽膨脹 4.消費急遽膨脹 5.財政赤字增加 6.不能提供全國性共享物品和服務 7.難以克服跨地區外部效應問題 8.難以得到規模經濟效應 9.宏觀經濟不穩定 10.不利解決收入再分配 11.影響國家施政完整，導致地方畸形發展 12.加深地域觀念，流於封建思想

資料來源：王嘉州，2004：164-165。

一、「分灶吃飯」財政體制（1980-1984）

1980年2月中共國務院下達《實行「劃分收支，分級包乾」財政管理體制的暫行規定》，正式展開亦稱「分灶吃飯」的財政體制改革。此次改革除三個直轄市（北京、天津、上海）仍繼續實行「收支掛鉤，總額分成，一年一定」的體制外，其他26個省級行政區新採行的財政體制可區分為五種：第一種是「劃分收支、分級包乾」，共有15個省市。第二種是「民族自治地方財政體制」，共有8個省市。第三種是廣東施行的「劃分收支，定額上繳」。第四種是福建實施的「劃分收支，定額補助」。第五種是江蘇實施的「比例包乾，四年不變」。以上五種財政體制之特點則可歸納為四點：第一，由「一灶吃飯」改為「分灶吃飯」。第二，由**條條分配**」為主改為「**塊塊**分配」。第三，由「一年一定」改為「一定五年不變」。第四，由「總額分成」改為「分類分成」。

條條塊塊

「條條」意指從中央到縣政府的垂直分口管理。一般可區分為八大口，包括綜合口、計畫口、工交口、財貿口、農林口、文教衛口、科技口和政法口。「塊塊」則為以地方區域為界的管理。

中共此次財政改革之目的有二：一是促進地方經濟發展，二是明確中央與地方的財政關係。此改革使中央財政逐漸減少對地方之依賴，除此體制開始之前兩年，中央分別增加對地方9.8%與12.9%之依賴度外，1982年起即逐年減少，至1984年中央對地方的依賴度已從68.64%減少為21.01%。此改革的缺點乃國家財政收入占GDP之比重逐年下降，從1980年的25.7%降至1984年的23%。與此同時，預算外資金相對於財政收入之規模則逐年上升，從1980年的48.05%升至1984年的72.34%。以上缺點顯示，此財政制度降低地方徵稅之積極性，轉而「藏富於民」以及「藏富於預算外」。

二、「劃分稅種，核定收支，分級包乾」體制（1985-1987）

　　1985年3月中共國務院決定實行「劃分稅種，核定收支，分級包乾」的財政體制。其原因除原定五年的「劃分收支，分級包乾」體制已到期外，主要是配合兩步「利改稅」完成後，國家與企業、中央與地方間的財政分配形式的改變。此次改革除廣東與福建不變外，其他省級政府均改行「劃分稅種，核定收支，分級包乾」的體制。其內容可分成四部分：第一，劃分三種收入，共享收入大於中央與地方的固定收入。第二，劃分支出，少數不宜包乾的專項支出由中央專案撥款。第三，核定基數，以1983的決算核算分成基數。第四，分成辦法區分爲三種，且一定五年不變。此次改革的特點，在於打破以行政隸屬劃分收入之舊規，改以稅種劃分中央與地方的收入，冀望有利國企改革，打破條塊分割，實現政企分開。

　　此次改革可謂弊多於利。唯一的優點乃中央對地方的財政依賴度從21%大幅縮小成爲2.17%，在1986年甚至成爲地方財政有1.82%是依賴中央。此外，其他指標均爲負面發展。首先是全國財政收入增長幅度遞減，先由1984年的20.2%小幅增長到1985年的22%，但到1986年則大幅減少到僅有5.8%，1987年再降爲3.6%。其主因是財政收入較高的地區，鑒於地方留成較少，而降低增加財政收入的積極度。在國家財政收入占GDP之比重上，則以每年約2%的速度逐漸減少。至於預算外資金相對於財政收入之規模，則爲逐年上揚，從72.34%成長至92.25%。

三、「多種形式包乾」體制（1988-1993）

　　1988年7月中共國務院發布《關於地方實行財政包乾辦法的決定》，對39個省、自治區、直轄市和計畫單列市，實行不同形式的包乾辦法。此次改革共有六種包乾辦法：第一種是「收入遞增包乾」辦法，實施於6個省級行政區及4個計畫單列市。第二種是「總額分成」辦法，實施於3個省

市。第三種是「總額分成加增長分成」辦法，僅實施於3個單列計畫市。第四種是「上解遞增包乾」辦法，實施於2個省及1個計畫單列市。第五種是「定額上解」辦法，實施於3個省市。第六種是「定額補助」辦法，實施於14個省級行政區，及1個計畫單列市。上述六種辦法具有三項特點：第一，承包制被正式納入預算管理體制中。第二，增加透明度，使地方能從增長的財政收入中獲益更多，進而更加關心財政收入增長。第三，使地方自負財政盈虧風險，增加地方平衡預算的壓力。

　　此次改革確實扭轉全國財政收入逐年下降的趨勢，使全國財政增長速度在改革當年立即增加一倍。從改革前的3.6%增長至7.2%，且之後的成長速度都未再低於7.2%。至於1991年的增長速度會跌至1988年的水準，可能原因為三年承包期已於1990年屆滿，但新一輪的承包卻還未完成談判，因而影響地方積極性。至於財政依賴度則維持接近平盤，除1993年中央依賴地方1.84%，其他年都屬地方依賴中央2%～6%。不過，全國財政收入占GDP的比重則逐年下滑，從1988年15.8%逐年下滑至1993年的12.6%。此情形會削弱中央政府對經濟的控制能力，進而導致經濟週期波動、投資急遽膨脹、消費急遽膨脹、連年財政赤字、中央宏觀調控經濟能力下降、形成各自為政的「諸侯經濟」等嚴重後果（王紹光、胡鞍鋼，1994：73-92）。

四、分稅制（1994-2018）

　　1994年1月1日開始實施的分稅制改革，其主要內容包括以事權劃分中央與地方之支出、以稅種劃分中央與地方之收入，以及建立中央向地方財政移轉之制度等三項。若與之前的財政體制相較，此次改革突出處在於設立中央與地方各自獨立的徵稅機構。中央的固定收入和共享收入由國家稅務局負責徵收，地方固定收入則由地方稅務局負責。此一特點具有三項重大意義：第一，免除地方政府的干預，強化中央政府的權力。第二，地方政府的自治性和地方獨立利益獲得中央之承認。第三，強化中央的主動

權，使地方轉而較依賴中央，改變了中央與地方的互動模式。

分稅制實施後國家財政收入增長速度維持在高檔，並展開地方財政依賴中央之時期。不過，在提高全國財政收入占GDP的比重上，分稅制實施的前兩年仍持續下滑，1995年跌至歷年谷底爲10.7%。造成全國財政收入占GDP比重下滑的原因可歸納爲五：第一，地方政府執法不嚴造成的逃漏稅。第二，地方政府非法的減免稅。第三，企業及個人的拖欠稅款。第四，預算內資金被轉爲預算外資金。第五，財政收入增長速度下滑。前三項均屬違法，只要中央政府有決心處理即能改善，第四項則透過修改法規解決，故在1996年能止跌回升。

分稅制致使地方政府的財權與事權高度失衡，亦即其財政收入僅占全國總收入的50%左右，但要負擔全國85%的財政支出。雖然中央會通過轉移支付以補貼地方政府的財政缺口，但實際執行成效不彰，主因是多數採專項性轉移支付，不符合地方需要。中央爲補償地方，也爲了讓地方政府得以維持，故給予地方土地財政，允許地方透過土地開發獲取財政收入。地方政府財政收入中土地出讓收入占比不斷上升，其代價除暴力拆遷事件一再上演外，還導致房價持續攀升。分稅制的另一負面影響是地方政府債臺高築。隨著近幾年中國大陸房地產泡沫化，地方政府土地開發收入隨之減少，更使其債務不斷增加。2022年地方政府土地出讓總收入年減23%，僅約6.7兆人民幣（吳柏緯，2023）。路透社2023年3月10日的報導指出，中國大陸地方債已超過66兆人民幣，不但影響地方經濟發展，且可能產生金融風險。因此，國務院總理李克強在2023年的工作報告，將化解房企風險與地方政府債務風險，以防止產生金融風險，列爲未來一年的主要任務。

2018年3月全國人大通過《國務院機構改革方案》，將省、市、縣、鄉等四級國稅地稅機構合併，由國家稅務總局統一負責各項稅收、非稅收入的徵管，分稅制被認爲走入歷史。此舉使地方的稅收收入來源改由中央管轄，代表稅收體制再度往中央集權方向變遷。中國大陸的中央與地方關係，存在收放權循環現象，亦即「一死就放，一放就亂，一亂就收，一收

就死」。此項改革猶如「一亂就收」，是否會造成「一收就死」？此可能性不低。因爲，地方政府過去常用稅收優惠進行招商引資，此後已無這項政策工具可用，或使地方經濟發展趨緩，進而無力舉新債還舊債，終致地方債務危機。2023年，貴州省政府向中央求助，表示其無力還債，已讓外界擔心貴州成爲首個破產的省分，甚至會出現骨牌效應。

肆、中央與地方關係

　　前一節關於財政體制的變革，已彰顯中央政府對地方政府進行放權的制度安排。此種國家權力的遞移，屬於多層次公共治理中的地方化，亦即權力向下流轉的公共治理。爲達成良好的治理目標，根據**委託代理理論**，委託人可以透過選舉、立法監督、合理化的官僚體制、司法審查、資訊公開及透明化等方式，對代理人課責。不過，共黨體系欠缺選舉課責，阻斷民意的反饋機制。因此上述委託人對於代理人的課責，便成爲上級領導對下級幹部的考核，形成幹部的上級課責制（Chien, 2008: 509-510）。

委託代理理論（Principal-agent Theory）

此理論將中央視爲委託人，而地方則爲代理人。中央擁有政治控制的權力，可對地方官員進行任免與賞罰，加上基於國家機關的等級制度，使地方必須服從中央，猶如代理人必須服從委託人在契約中所交付的權利義務。地方政府卻因此身具雙重身分：既是國家政治的代理人，又是地方經濟的委託人。因資訊不對稱，故代理人會出現投機自利行爲，扭曲甚至違反契約之規定。委託人若要解決上述問題，便須增加監督成本。

　　中國大陸中央政府具集中人事權，各地方政府績效容易比較，地方官員對當地經濟發展具巨大影響力，跨區域地方官員間不會出現合謀，因此

形成「晉升錦標賽」的行政治理模式。在此錦標賽中，競賽標準由上級政府決定，優勝者將獲得晉升。中國大陸改革開放以來，經濟績效已取代政治掛帥成為官員晉升主要標準（周黎安，2007：39-41）。地方官員致力追求GDP增長，不僅可增加稅收、降低失業率，還可維持該地區的競爭優勢，進而有利職位升遷，更已成為地方政府合法性的基礎，也可帶來尋租收益。不過，強調GDP增長會導致地方官員熱衷營造勞民傷財卻無實用的政績工程，甚至造假經濟成長數字。此外，中央推行的政策未必都有利當地經濟發展，此時中央與地方將展開**策略互動**。

照片5-2　政績工程──天津自貿試驗區

資料來源：Amazingloong。

策略互動

中央與地方的策略互動乃一種博弈關係，並具有四項特點：第一，兩者為可重複的多步對策，因而既有競爭又有合作，既有欺騙也有懲罰。第二，合作則兩利，欺騙則均受損。第三，兩者非平等關係，而是主從關係。第四，中央可通過修改遊戲規則，誘導地方合作。在互動過程中，地方政府的行為並非一意孤行，而是受地方自

主程度與依賴中央程度的交互影響。由於中央與地方彼此互賴且不可或缺，不論中央或地方都無法獲得全贏，故必須彼此讓步與合作。

　　中央與地方的策略互動過程可區分爲三個步驟：第一步是中央提出政策，要求地方實行。第二步是地方判斷此政策對其利弊，並配合實力決定對策。第三步則爲中央根據地方對策而做出回應（王嘉州，2003：81-85）。地方對策作爲可區分成三類：一是先鋒，指領先其他地方政府完成中央的政策。二是扈從，指謹慎地以不領先也不落後的速度完成中央的政策。三是抗拒，指地方政府延緩執行中央政策，或加以變更以符合地方利益（Chung, 2000: 6-8）。因利益不一致，地方抗拒中央政策並不罕見。當中央面臨地方抗拒時，其對應方式可區分爲三類：對地方最有利的方式，乃中央改變政策，以換取地方的支持。其次，乃中央頒發命令釐清政策內容，以糾正地方依自身利益解釋政策的亂象。當地方抗拒中央的情勢升高時，中央就會使用專屬的人事權撤換地方官員。2009年五一黃金週（5月1日至7日的假期）是否恢復的政策爭論，可當成中央與地方策略互動的典型。

　　中國大陸中央政府在2008年取消施行七年的五一黃金週，將假期分散到清明、端午與中秋等三個傳統節日。不過，在2009年時，廣東因金融海嘯衝擊經濟發展，爲保持經濟增長，率先提出調整工作日及帶薪年假的方式，使5月1日至7日成爲連續假期，變相恢復五一黃金週。重慶、河南、湖南及新疆也都提出希望恢復五一黃金週。上述五省的作爲，可視爲抗拒中央政策。江蘇、浙江、遼寧、陝西與吉林，可視爲扈從中央政策。因爲，這五省雖未公開主張恢復五一黃金週，但都放任下級政府跟隨廣東省的作爲。其他21個省，可視爲執行中央政策的先鋒。因爲，北京、上海、天津、山東、四川、黑龍江、安徽、福建、湖北、海南、雲南、廣西與內蒙古，均公開表示並無恢復五一黃金週的規劃。河北、山西、貴州、甘

肅、青海及寧夏則默默執行中央的規定。不過,上述抗拒或屈從中央政策的作為,在2009年3月26日國務院發出〈嚴格執行國家法定節假日有關規定的通知〉後,均已變為遵守中央政策。此結果代表中央能順利推動符合其偏好,但有損地方利益的政策(Wang, 2013: 36-37)。

伍、結論

習近平打破任期制,三任總書記、國家主席與軍委主席,代表中國政治將日益走向中央集權,甚至個人獨裁。2023年3月16日,新華社公布《黨和國家機構改革方案》。此方案共計19項改革措施,其宗旨乃強化黨的監管,主要改革目標則涵蓋強化金融安全、提升科技競爭力與強化社會控制。其中涉及地方政府金融管理的方案有三:一是成立國務院直屬機構國家金融監督管理總局,以統一金融監管框架。二是深化地方金融監管體制改革,以加強中央對地方金融監管。三是推動人民銀行分支機構改革,並將結匯售匯權收回中央。這些改革能否化解前述地方政府債務問題,避免衍生金融風險,仍有待後續觀察。

中國大陸地方政府雖因晉升錦標賽,在發展經濟上成果豐碩,但因其行政首長並非民主方式產生,故存在脫離群眾的官僚作風。所以,中國大陸民眾對中央政府的信任度雖舉世第一,但對地方政府的信任則遠不及對中央政府。此外,臺灣民眾視之為理所當然的地方政府表現,卻是來臺陸客或陸生稱讚不已的表現。例如,參觀臺灣地方政府機關時訝異於「門口沒有保安盤問,人們可以自由出入」,獲得「簡樸」、「親善」與「克制」等非預期印象,並認定臺灣的政府機關是個「以民眾需求為核心,以民眾的便利為宗旨的地方」(李志題,2012:129-133;蔡博藝,2012:174-185)。因此,若能讓中國大陸民眾比較兩岸的地方政府治理模式,或將使其嚮往臺灣生活方式,進而希望維持兩岸現狀,而非中共統一臺灣。

　　中國大陸各級政府並非鐵板一塊，故不僅有地方抗拒中央政策之情形，中共中央也承認曾發生「政令不出中南海」的事實。地方政府在利益驅動下，不僅能影響中央之財經政策，也試圖影響中央之外交政策，且不乏成功範例。在對臺政策上，中國大陸地方政府也曾發揮煞車功能，提醒中共中央對臺用武前必須保持最高的審慎。因此，從中國大陸地方政府著手，以增進兩岸和平之保障，將是可思考及努力之面向。

照片5-3　中南海新華門

資料來源：Premise。

關鍵詞：制令權、土地財政、委託代理、策略互動、諸侯經濟

延伸閱讀

1. 王嘉州，2005，〈中共「對臺用武」政策過程中地方理性抉擇之反應〉，《中國大陸研究》，48（4）：53-78。
2. 朱光磊，2016，《中國政府與政治》，臺北：揚智文化（第十四至十七章）。

3. 周黎安，2008，《轉型中的地方政府：官員激勵與治理》，上海：上海人民出版社。

4. 景躍進、陳明明、肖濱主編，蔡文軒審閱，2018，《當代中國政府與政治》，臺北：五南（第九至十二章）。

5. 楊光斌，2014，《中國政府與政治新論；政治發展、政治制度及政治過程》，臺北：五南（第六與第十章）。

思考問題

1. 中國大陸地方政府的職權可區分為哪五類？各級地方政府擁有的職權有何差異？

2. 中國大陸各級地方政府的正副行政首長雖由選舉產生，但為何被批評不符合民主標準？

3. 中國大陸實施分稅制期間設立中央與地方各自獨立的徵稅機構，此舉具有哪些重大意義？分稅制對地方政府導致哪些負面影響？

4. 中國大陸中央與地方政府的策略互動過程可區分為哪三步驟？中央政府對應地方政府抗拒行為的方式可區分為三類？

參考文獻

一、中文

中華人民共和國民政部，2023，〈中華人民共和國行政區劃統計表（截至2020年12月31日）〉，http://xzqh.mca.gov.cn/statistics/，查閱時間：2023/4/29。

王紹光，2016，《中國治道》，香港：中華書局。

王紹光、胡鞍鋼，1994，《中國國家能力報告》，香港：牛津大學出版社。

王嘉州，2003，〈財政制度變遷時中央與地方策略互動之分析——以分稅制與廣東省為例〉，《中國大陸研究》，46（5）：81-103。

王嘉州，2004，〈中共「十六大」後的中央與地方關係——政治利益分配模式之分析〉，《東吳政治學報》，18：157-185。

王嘉州，2008，〈中央與地方政經權力關係之轉化〉，高長、陳德昇主編，《中國大陸改革開放30年：評價與反思》：73-89，臺北：遠景基金會。

吳柏緯，2023，〈中國2022土地出讓收入衰退23%地方財政雪上加霜〉，中央通訊社，https://www.cna.com.tw/news/acn/202302230135.aspx，查閱時間：2023/5/1。

吳愛明、朱國斌、林震，2004，《當代中國政府與政治》，北京：中國人民大學出版社。

李志題，2012，〈請親自來聽一聽看一看〉，戎撫天總編輯，《臺灣人看大陸大陸人看臺灣：兩岸徵文選粹3》：129-133，臺北：商訊文化。

周黎安，2007，〈中國地方官員的晉升錦標賽模式研究〉，《經濟研究》，7：36-50。

景躍進、陳明明、肖濱主編，蔡文軒審閱，2018，《當代中國政府與政治》，臺北：五南。

蔡博藝，2012，《我在臺灣。我正青春》，臺北：聯經。

二、英文

Chien, Shiun-shen. 2008. "Local Responses to Globalization in China: A Territorial Restructuring Process Perspective." *Pacific Economic Review* 13(3): 492-517.

Chung, Jae Ho. 2000. *Central Control and Local Discretion in China: Leadership and Implementation during Post-Mao Decollectivization.* Oxford: Oxford University Press.

Dahl, Robert A. 1971. *Polyarchy: Participation and Opposition.* New Haven: Yale University Press.

Wang, Chia-chou. 2013. "Political Interest Distribution and Provincial Response Strategies: Central-Local Relations in China after the Seventeenth National Congress of the CCP." *China: An International Journal* 11(1): 21-39.

第六章

從後進追趕到超前部署：中國經濟改革與發展

張弘遠

壹、前言

自1978年中共推動改革開放至今，快速的經濟成長已使中國成為全球經濟體系的重要角色（見圖6-1），回顧整個經濟改革的歷程，中國經濟從最初採用蘇聯式計畫經濟體制，其後因鄧小平改革而轉向為管制型市場經濟（regulated market economy）的混合體制，透過漸進發展策略而成功推動經濟快速成長。也因此，探討中國經濟改革的意義有助於瞭解後進

圖6-1　中國經濟成長率（1992-2020）

資料來源：https://stock-ai.com/eom-1-CNCGR#_=_。

國家選擇經濟成長策略時所受的影響及產生的結果，同時也能借鏡中國經濟發展的經驗來推動自身進步，也因此，對於中國經濟改革過程中的策略選擇與制度轉型的深入理解，這是後共國家經濟轉型研究中最有價值的課題。

1949年10月1日，中華人民共和國成立之時，長年戰爭讓國家經濟處於危機階段，產銷失衡、通貨膨脹、失業嚴重等問題考驗新中國的經濟治理能力。為了恢復生活秩序，國家需要快速恢復經濟運行，從1949年至1952年就是「國民經濟恢復期」。中共當局設法在城市恢復市場物價與民生物品供給，在農村運用國家力量來推動「土地改革運動」。藉助激進的運動手段沒收地主土地，改變農業生產關係，推動土地集體所有制，這種統制型經濟透過政策介入而能快速的恢復產銷秩序，再鎮壓反對力量並打擊投機作為，使得整體經濟迅速脫離危機的階段。

不過，中國經濟雖然逐漸穩定，但外部因素卻衝擊發展規劃，特別是1950年6月25日的韓戰爆發。初期北韓獲得勝利，但隨著9月15日聯軍登陸仁川展開反攻後，情勢改變，在莫斯科授意之下，10月19日，北京派出抗美援朝志願軍越過鴨綠江參戰，戰爭持續到1953年7月，方才達成停戰協議。在戰爭期間，中共必須擠壓出為數不多的經濟資源來支應作戰，這也使得本可以投入民間需要的生產要素被轉移作為戰爭物資，再加上國際封鎖讓中國經濟面臨再次短缺，對此困境，中共當局除了透過榨取內部資源之外，也積極向蘇聯尋求援助。

自1951年開始，中共引入蘇聯技術與資源來建立指令計畫經濟模式，並效法蘇聯規劃來推動自身工業化發展，早在1950年，東北等地區便已經邀請蘇聯專家來協助經濟建設。藉助蘇聯的資本與技術的轉移，中共於1953年開始執行第一個五年計畫，執行由資本主義向社會主義過渡的建設路線，而根據「過渡時期總路線」的精神，北京當局以「一化三改」作為計畫目標。首先，「一化」是指重工業化，以蘇聯援助的156個工業項目為核心，同時配合694個大中型項目，試圖運用大規模產業建設打下工業基礎，進而推動社會主義工業化，例如鞍山鋼鐵廠、長春第一汽車製造廠、瀋陽第一機床廠、武漢長江大橋等都是在「一五計畫」時期完成的重大建設項目。

　　其次，所謂「三改」，是指中共開始針對農業、手工業和資本主義工商業進行「社會主義改造」，建構出符合共產主義願景的經濟形態，運用國家力量介入來對農業的社會主義改造是採取合作化運動，而手工業的社會主義改造則是要求業者加入合作社，至於資本主義工商業的改造，則是透過贖買、捐贈或沒收等方式將企業主體由私有制改造成為社會主義公有制，業主轉換為勞動者，總的來說，這是一種將生產力與生產資料的全盤國有化過程。

　　「三大改造運動」從1951年12月開始，到1956年底宣布改造完成，這個運動將原先資本主義經濟體制快速的轉換為公有制，將民間經濟資源收歸國有，統一由行政體系取代市場機制來進行資源分配和生產規劃。「一化三改」這種整體經濟模式的轉換近乎於經濟革命，這必會遭遇到抵制或反抗，然而為了確保「過渡時期總路線」的落實，同時避免勝利之後，革命隊伍出現紀律腐敗，為此中共發動了「三反」、「五反」的運動來加以進行清洗，特別針對城市部門與事業機關進行一連串的群眾教育和整肅的運動。

　　經濟革命與政治群眾運動摧毀了資本主義在中國的營運基礎，也清洗了中國共產黨的組織文化，種種作為自然也對總體生產與分配形態帶來衝擊。然而，以共產主義作為建國治國的指導思想，這是中國共產黨的政治信念與社會承諾，再加上蘇聯工業化經驗、國共內戰時期根據地治理經驗的影響，因此雖然代價昂貴，但中共當局仍然堅持「一化三改」的策略。也的確在「一五計畫」結束時，中國工業化有了好的基礎，城鄉經濟體制也都改造成為公有制，整體經濟也快速成長，鑑於成效豐碩，中共當局在1956年宣布社會主義改造基本完成。

　　然而，1953年史達林的過世，中蘇兩國在共產革命的角色出現變化，1956年4月，毛澤東重要的理論著作《論十大關係》出臺，在此一文件中，毛對史達林的功過評價是三七開，但這個觀點與赫魯雪夫在1956年2月的蘇共二十大論述不同，赫魯雪夫是全面批判個人崇拜與史達林路線的問題，更修正共產革命理論，認為資本主義有和平過渡社會主義的可能

性。毛與赫魯雪夫對於革命理論與共產革命現實的判斷出現嚴重分歧，再加上毛澤東不同意蘇聯提出與中國共建長波電台、共組聯合艦隊的提議，造成兩國關係日益惡化，於是在1960年9月1日，中蘇合作終止，蘇聯召回全部在中國工作的技術專家。

就在中蘇矛盾逐漸惡化之際，當時中共卻因爲國內政治、經濟的穩定發展而充滿樂觀，志得意滿之際，毛澤東甚至向社會提出「雙百方針」（百花齊放、百家爭鳴）尋求各界對於中共執政的批評與建議，在這樣的政治氣氛下，中國大陸第二個五年計畫（「二五計畫」）的規劃開始脫離現實。

1958年5月，中共八大二次會議針對二五計畫正式制定「建設社會主義」的總路線，希望加快建設社會主義新世界，因此試圖運用中國龐大的剩餘勞動力與鼓動「革命情緒」來加大生產，相關論述後續被歸納成爲「三面紅旗」，也就是「社會主義建設總路線」、「農工業生產大躍進」運動和「人民公社」等。毛澤東對於中國革命的浪漫期待，希望「二五計畫」能夠「多、快、好、省」的加速執行，讓中國經濟建設可以「超英趕美」，這些政治狂熱的想法對於經濟運行造成扭曲，官僚體系在揣摩上意之後開始調整生產指標，特別是在糧食與鋼鐵項目的產出。

如何在技術水平與生產資本不足的情況下達到領導人的期待？對此，中共將「人」的作用加以放大。在農村透過加速農村合作化運動，以成立人民公社的方式整合所有剩餘勞動，並藉助公社幹部鼓吹意識形態來激勵生產，以此達到農業生產的「超前部署」，而在工業生產方面，發動民眾蒐集生產原料並鼓勵民間以土法煉鋼，以此提高鋼鐵產量。

大躍進運動的生產規劃違反了經濟規律，首先，人民公社破壞了民眾從事農業生產的個人動機，再加上公社的分配方式，多勞未必能多得，從而引起「搭便車」的行爲，社員參與勞動的意願降低；其次，土法煉鋼的做法，讓鋼鐵品質低劣，工業產出與需求無法配套，導致管理失控。

經濟失序、農工失調，再加上蘇聯停止援助並要求賠償，於是出現了中共建政以來的最大災難，這就是1959年到1961年的「大飢荒」，也是中

共所謂的「三年自然災害」或「三年困難時期」，根據大陸學者楊繼繩的調查指出，中共官方統計數據約有1,600萬人因為飢餓而死亡，但楊繼繩認為死亡數目約有3,600萬人。

　　「三面紅旗」所導致的嚴重人禍，讓劉少奇、朱德等中共高層開始有所擔憂，其中，彭德懷認為黨在指導工作時出現了左傾錯誤，為此在1959年7月的廬山會議期間，彭德懷綜合相關意見並改以私人信函方式交給毛澤東，未料信件內容卻引發毛強力反彈，使得廬山會議從原本討論大躍進工作糾正「左傾」現象變成為「反右傾」運動，毛澤東更否定彭德懷等人對大躍進的批判觀點，將之定性為右傾機會主義的反黨集團，再將之前「雙百方針」發表意見的「不滿分子」納入肅清對象，再一次地展開全社會的政治鬥爭運動。

　　雖然政治上積極進行反右運動，但在經濟現實上，「大飢荒」所帶來的影響仍必須儘速處理，為此，中共當局在1960年7月在北戴河會議中提出需要對國民經濟進行調整，周恩來與李富春總結教訓提出：「調整、鞏固、充實、提高」的工作方針，依此來收拾「大躍進」的殘局。為了統一思想、推動工作，1962年1月，在毛澤東的同意下，中共中央在北京召開擴大的中央工作會議，參與人數超過了7,000人，故本次會議又稱為「七千人大會」。會議討論大躍進和大飢荒的後續處理問題，會中毛澤東也進行自我批判並決定退居二線，中央日常工作由劉少奇、鄧小平主持。

　　之後，1962年2月，中共中央於中南海之「西樓」舉行政治局擴大會議，國務院副總理陳雲在會議中提出報告，針對國家經濟困難形勢建議持續政策調整：主張減少城市人口、保證人民最低生活需要、穩定物價、強化農民生產積極性來帶動生產等對策，這個調整的階段一直進行到1965年底。五年的調整讓經濟漸漸恢復穩定，中共定於1966年進行「三五計畫」，然而面對1965年3月美國總統詹森依據東京灣決議而決定出兵越南，亞太局勢出現新的變化，再加上中蘇關係仍處於僵局，為了預防戰爭，中共開始推動「三線建設」，將沿海地區重要產業項目往中西部搬遷，另外一方面，毛澤東感受到劉少奇對於自身權力地位的威脅，同時對

於中國革命的未來產生悲觀判斷的雙重因素影響下，決定重新奪權，爲此於1966年5月發動「文化大革命」。

十年文革讓中國陷入無政府狀態，各種文攻武鬥、上山下海的運動讓整體經濟陷入癱瘓。其後，1976年9月9日，毛澤東病逝北京，1976年10月6日，華國鋒、李先念、葉劍英、汪東興發動「粉碎四人幫」的行動，1977年7月的中共十屆三中全會，鄧小平復出，之後在1978年12月的中共十一屆三中全會，鄧小平確立了領導中共的地位並開啟了「改革開放」的歷史進程，至此，中國經濟發展才擁有了新的契機。

貳、經濟發展過程與產業結構變遷

爲了挽救已經陷入財政破產的國家經濟，鄧小平開始推動「四個現代化」，中國大陸從原先獨尊社會主義的路線向市場社會主義轉向，這個決定讓大陸從破產邊緣華麗轉身爲全球第二大經濟體。而改革的胎動則是發生在城鄉交界之處，因爲土地承包責任制的推動，讓農村經濟出現變化，進而在此出現中國經濟改革的第一幕（陳桂棣、春桃，2009）。

一、經濟治理模式改變與鄉鎮企業發展

中國經濟改革是從「放權讓利」開始，由於指令計畫經濟的治理失敗，爲此鄧小平調整政府管理經濟的方式，首先在1987年10月的十三大上，中共確認了中國目前處在「社會主義的初級階段」，因此必須要推動生產力的提升，故而中國必須要以「經濟建設爲中心」，但要確保兩個基本點（四項基本堅持、堅持改革開放），因此「一個中心、兩個基本點」就成爲中共推動改革開放的綱領。

在這個綱領指導下，大陸開始縮減計畫經濟的管制範疇，同時推動國有企業、城市供銷體制的改革，此外，中共以「價格雙軌制」的方式來推動市場化來分配商品，引入價格機制來決定供需行爲，同時針對國有企業

體制進行「股份改革」。但由於計畫經濟的遺緒仍在，再加上中共意識形態仍然反對資本主義，遂使得計畫經濟體制、價格機制與股份制等改革進展並不如預期，而計畫、市場的雙軌制更讓許多幹部得以進行套利尋租，大量的權錢交易與「官倒」現象讓民眾普遍不滿，甚至在1988年出現嚴重的擠兌與搶購的現象，嚴重打擊當時改革路線。

　　正當原訂的改革領域面臨「闖價格關」失敗的打擊時，中國改革的希望卻在意想不到的地方出現。過往國家治理重點是「重城鎮、輕農村」，整體資源配置是「抽農補工」，當人民公社體制運行失當導致農業產出減少後，農民自力救濟地進行制度創新而進行「包產到戶」的制度創新。這個改變提高了農業經濟產出，也推動了鄉鎮企業的發展，更重要的是，這個做法喚醒了原先被壓抑的企業家精神（劉雅靈，2017）。

　　在主要城市與農村相連接的地帶，計畫部門的管制作為相對薄弱，因而率先出現了農村企業發展的機會，這些後來被稱為鄉鎮企業（或社隊企業）的發展主要是藉助農村剩餘勞動力、城市民生需求與國有企業技術外溢等因素。鄉鎮企業投入食品加工、民生用品、零組件等產業，並設法切入城市民生需求的供應體系（林青松，1994）。鄉鎮企業發展帶動中國經濟成長，但在當時仍受到共產主義意識形態束縛，相關作為必須低調為之，否則極其容易被扣上反革命或走資派的帽子，要直到1984年中共中央的四號文件「關於開創社隊企業新局面的報告」，才讓鄉鎮企業發展獲得政治擔保。

　　鄉鎮企業的發展讓各界驚訝，鄧小平在1987年6月會見南斯拉夫官員時論及：中國鄉鎮企業的發展是農村改革的意外，並給了「異軍突起」四個字的評語。

　　另外一個制度創新則是1979年成立的四個經濟特區，中共想要複製亞洲四小龍的發展模式，運用經濟特區來吸引外商投資，藉助出口擴張策略來發展本土製造業部門。但為了避免外資壓制內資發展，因而採取「兩頭在外」、「三來一補」的方式，這個制度創新最後讓深圳經濟特區發展成功，也快速帶動珠江三角洲的工業化發展，而深圳也成為中國經濟奇蹟最

亮麗的櫥窗。一方面是民營企業的異軍突起，另一方面則是經濟特區的彎道超車。這兩個制度創新的成果堅定中共領導人擴大改革的決心，也因此，鄧小平在1992年訪視深圳之後，透過公開的「南巡講話」再次向各界表明中國經濟繼續改革的決心。

　　製造業發展帶動總供給成長，但零售部門卻仍無法解決「短缺經濟」的問題，再加上供銷部門因為轉型而導致民生用品的供給能力減少，城市經濟遂因為供銷失調而出現民怨，下崗職工失去原有的單位保障而面臨生活困難，社會失衡讓價格機制改革無法順利進行。市場失靈、計畫失能、供需失調的結果讓城市居民不滿，這也促使天安門學運的發生（史景遷，2016）。

　　為了治理混亂的經濟體系，中共開始強化經濟政策體制的改革，首先是改革財政體制，其在1994年開始執行分稅制改革以調整中央和地方的稅種與稅率，此舉讓地方能夠獲得更多財政資源而增加稅收，也直接強化地方政府推動經濟成長的動機；其次是完善貨幣政策管理制度，在1995年3月以法令確立人民銀行為中國的中央銀行。至此，中國開始擁有調控貨幣供給與管理物價的獨立機構，也才有能力在傳統管理信貸總額的方式之外，另外建構貨幣中介指標，並學習使用以利率政策、銀行借貸來控管金融信用。

　　總結而言，這個階段的中國經濟改革是以修正過去錯誤治理模式為主，同時嘗試開放商品經濟來強化資源分配能力，再透過國企體制改革、強化經濟管理效能來推動經濟成長。

二、對外開放與招商引資

　　在1990年代，中國經濟成長逐漸穩定，加上對外開放幅度擴大，外資由觀望轉變為進入市場，特別是港澳臺廠商積極與各地政府議價，設法爭取優渥的投資補貼與政府支持，因為外商投資增加，故而中共在1994年實施匯率制度改革與外貿體制改革，1997年亞洲金融風暴與香港回歸，

改變了東亞製造業的結構布局。當時因爲中國經濟相對穩定，故而吸引許多外商前往投資，爲了掌握外商，各地方政府也開始強化對外商的服務，運用如「五免三減」、「兩免三減」等租稅優惠作爲進行招商，中共當局更運用各種政策鼓勵地方官員追求經濟成長，凡是具有經營長才或管理知識的「能人」型官員都會得到升遷重用，這個人事徵拔的做法也讓各地方官員擁有私人動機來執行招商引資的工作（亨利鮑爾森著、王宇光等譯，2017）。

　　一來是外資廠商受到地方招商優惠所致，另外則是受到基礎建設與地理區位便利性因素所影響，大陸內地慢慢出現許多以外資爲主體的產業聚集區，例如珠江流域或環太湖地區，又如東莞、昆山等地的臺商製造業聚集區，這些以出口爲主的製造業部門帶動珠三角、長三角的快速成長。

　　然而擴張製造業部門需要有更多勞動參與，而爲了交貨效率便需要改善物流設施與進出口貿易流程，類似需求刺激中國進一步的改革經濟治理方式。改革刺激成長，而中共當局對基礎設施的持續投資與貿易順差的累積，再加上外商加碼投資等因素讓地區經濟快速成長，也提高了出口部門與製造業從業人員的薪資水準，於是乎，中產階級人口數量快速增加，也開啓了消費世代來臨的序幕。

　　在這個階段，中國大陸經歷過天安門事件、蘇東解體、九七金融風暴與加入世界貿易組織等重大轉折，每次重大事件的發生都衝擊了中國政治與經濟之間的平衡，所幸中共尚能堅持改革開放路線，這讓國際投資者願意持續加碼，且加入世界貿易組織更帶動中國總體經濟升級，種種發展皆讓全球對於中國經濟持續成長充滿了期待。

　　加入WTO讓中國貿易部門快速發展，而沿海各省因爲得益於經濟模式、產業基礎而快速發展，也拉開與內陸地區間之經濟差距。爲了平衡區域發展並顧及農村治理，中共開始推動區域平衡的發展模式，希望能夠透過國家級的開發計畫，如2001年的西部大開發、2006年振興東北老工業基地等項目，都是由國家主導整合來推動落後地區的成長，但由於相關規劃違反經濟上的比較利益，再加上區域經濟失衡情況積重難返，最終是效果不彰而未能達成目的。

三、全球經濟借力與內需經濟依托

　　中國改革開放政策是希望能先以出口擴張建立組裝製造部門的基礎，再輔以進口替代來提升製造能量，並藉機爲國有企業改革提供契機。這種策略一方面是依託國際資本由外而內來提供成長動能；另外一方面是藉助民營企業的發展，由下而上的以民間經濟成長來支撐市場化改革的持續。市場化改革的重點是落在國有企業的活化與改制，國有企業作爲社會主義經濟的重要組成，若能藉助出口經濟發展成果帶動自身原物料產業與重工業的復甦，則能穩住國有經濟部門並推動國營企業的體制調整與組織改革。

　　在1995年，中共十四屆五中全會的文件指出，中國要對國企實施戰略性改組，「以市場和產業政策爲導向，搞好大的，放活小的」，這就是「抓大放小」策略，也就是將若干具有競爭力的企業改組成企業集團並置之於國家控制下，例如寶鋼、江南造船、上汽、海爾、伊利等公司，國營中小企業則採改組、兼併、股份合作等方式予以改制。此後，各個地方政府也採用類似的方式改革地方國有企業的產權結構，這種借「利」於改革收益再設法處理國營企業爛攤子的做法，有效減緩國有企業營運不佳對整體經濟的負面影響。

　　2000年時，中國經過了亞洲金融風暴的危機，經濟重新快速成長，當時外貿進出口總額突破4,700億美元，創造了年成長率31.5%的紀錄，而隨著出口金額的持續增加，國際市場對於中國經濟成長的重要性愈來愈大，爲了創造更有利的出口條件，經過多年談判，2001年中國正式加入世界貿易組織。加入WTO後，中國製造部門和全球商品價值鏈產生連結，這讓中國開始走上世界工廠之途。中國輕工業擁有勞動數量優勢與原物料稟賦，因此容易獲得成本競爭優勢，再加上借鏡外資企業管理經驗，使生產管理日益完善，紅色供應鏈成爲全球商品價值鏈的重要成員（高長，2019：1-54）。爲了推動經濟持續發展，中共當局開始進行產業升級，鎖定石化、鋼鋁、機械等相關產業發展，並透過「市場換技術」的做法（羅

素羅伯茲著、江麗美等譯，2019），讓外商將高階商品轉移至中國生產，這一時期如廣體客機、商用汽車或中高階資通訊產品等都開始打上中國製造的標誌。

此外，透過反向工程的做法，中國廠商從組裝起步並採取向後關聯發展，進入中間財製造或關鍵零組件研發的階段，而此時中共也將相關項目列為重點戰略產業扶持，希望能夠建立起以陸資為主的產業體系，因此在這個階段，有許多企業開始採取中外合資或海外併購等方式成立，大陸企業開始與全球管理規範接軌，許多全球五百大企業陸續進駐中國。

另一方面，隨著中產階級的出現，對於房地產開發的需求浮現，在1994年中共國務院發布「關於深化城鎮住房制度改革的決定」之後，住房商品化成為新興市場趨勢，其後因為1997年金融風暴的影響，中共決定運用房地產商品化作為刺激民間消費的政策工具，以此推動經濟成長。

住房商品化帶動廠商對於土地的需求，中國大陸雖早在1990年5月便由國務院發布《城鎮國有土地使用權出讓和轉讓暫行條例》，就土地使用權之出讓、轉讓、出租、抵押、終止以及劃撥使用土地權等問題加以規範，但卻要在1998年後，各級政府才開始「靈活」運用此一政策。這是因為日漸火熱的房地產開發帶動了土地需求，地方政府發現拍售土地可以增加財政收益，土地供需對大陸地方財政收支產生了直接影響。

房地產業作為內需經濟的火車頭，隨著住房商品化而帶動的相關家具、家電、五金等產業的成長，也為大陸內需產業的發展創造出強勁的需求，中國經濟開始與社會消費需求產生了直接連帶，由於民間消費因素加入，這讓中國除了企業投資與貿易順差之外，此時再擁有第三條支柱──民間消費，這個階段逐成中國經濟快速發展的時期。經濟快速發展，加上中產階級生活進入消費時代，至此，中國市場成為全球消費品的重要銷售對象，而中國製造業也取得了世界工廠的美稱。

四、地緣政治對抗與區域經濟整合

2008年因為美國次級房貸風暴所引發的金融危機，這是中國大陸發展的一個重要轉折，因為全球莫不將穩定危機的任務寄望於中國，而中國也掌握這個契機，一方面運用4兆人民幣投入來維持民間經濟活力；另外一方面則透過參與國際組織如二十國集團（Group of Twenty, G20）等來推動國際經貿建制的變革。面對危機，中共當局以拉抬內需來因應，而全球資本也將中國市場當作避險的選擇，內外資挹助，中國成為全球經濟第二大體系。

為了分食中國經濟擴張的市場需求，外資將許多一線產品引入中國市場，中國「市場換技術」的策略持續發揮作用，中國一方面藉助市場內需增溫來為下一階段成長奠下基礎，另外則欲推動自身產業升級，獲取產業優勢，北京當局選擇先進製造業、新能源、航太科技、半導體、人工智慧等，希望能夠掌握先進產業的自主權。中國的經濟實力開始展現在其他領域，例如中共官方開始推動「小康社會」的發展，也推動高鐵、通訊與航天等相關產業的進程，更在海軍建設上啟動航母自建工程。中國的經濟現代化帶動了國防、科技與社會的大幅變遷，然而這些變化卻讓外界擔憂。

面對中國崛起，地緣政治與經濟的張力開始浮現，特別是美中矛盾。為此，美方進行亞太再平衡的戰略，軍事上重新調整太平洋的戰略部署，在經濟上則提出跨太平洋夥伴協定（Trans-Pacific Partnership, TPP）的構想，嘗試「約束」中國在地緣政治上的影響力。而中國此時為了化解2008年以降的生產過剩，同時建立起解決新疆、南海問題的經濟基礎，中共領導人提出了「一帶一路」倡議，希望借助此種結合經濟援助與對外投資的做法，讓中國過剩的資材與商品尋找到新的出路，另外也讓中國企業以此為契機打入海外市場，最後則是藉由經濟外交來與更多邦交國強化關係。除了一帶一路之外，中國也更加積極參與推動區域經濟整合，例如在區域全面經濟夥伴協定（Regional Comprehensive Economic Partnership, RCEP）與東北亞自由貿易區協議等，北京也運用多邊談判的方式來強化區域經濟整合。

中國大陸此一時期的經濟成長出現結構轉型的特色，出口部門因爲全球需求下滑而不再是帶動經濟成長的火車頭，北京政府改以擴大基礎建設與鼓勵民間消費作爲成長支柱。大幅度的基礎建設如高鐵、網路、電力、航空等，希望能幫助大陸物流產業的發展，此外也推動資通訊產業與電子商務的快速發展，例如2009年淘寶運用流行文化的「光棍節」所推出的雙十一購物節，短短幾年成交金額由2009年的5,200萬人民幣，到2019年的2,684億人民幣，這顯示大陸商業環境的電子交易、金融服務與物流傳遞等領域都已然有了顯著的進步，也讓外界對於中國民間消費有著更多的想像。然而，大量的投資也造成了地方債務快速的增加，從2008年的1兆人民幣債務，到2018時上升到近4.16兆人民幣（中時電子報，2019），2022年末，中國地方政府債務餘額約35兆人民幣；一般債務餘額約14.4兆人民幣；專項債務餘額約20.6兆人民幣。在製造與銷售部門亮麗表現的背後，地方債務引起金融失衡的危機已成爲中國經濟持續成長的主要風險。

參、中國經濟發展的制度性因素

中國經濟發展有其特殊機遇，也複製了前人發展經驗，特別是借重威權發展模式與東亞經濟發展策略，不過中國崛起後，也逐漸衝擊其所鑲嵌的全球經濟結構，例如2018年中美因爲貿易逆差所出現的貿易對抗，便是因爲中國經濟的發展與科技領域的超趕，威脅到美國領導霸權的後果。中國從財政瀕臨崩潰而不得不啓動改革，何以四十年的發展結果卻能獲得挑戰霸權的能力？這段大國崛起的歷程對於世界其他發展中國家的啓示爲何？對此則在本節進一步展開討論。

基本上，中國的經濟發展有著以下特徵：首先，國家以逐步放寬市場選擇空間來支持經濟改革；其次，在充滿尋租行爲的環境下，仍能創造有利經濟成長的制度變革；再者，運用比較優勢與外資投入而建構出自身的成長機制；最後，以社會主義的意識形態成功地將國家與社會捲入資本主

義的發展脈絡。這些看似矛盾卻又互相辯證影響的制度特色，吾人以為主要是下列因素所導致：

一、全球資本主義生產網絡的制度轉型

吾人若從全球經貿運行的角度來檢視中國經濟快速崛起，則不難發現在1978年中國改革開放推動之初，彼時全球經濟正因為舊有生產模式效率下滑而衰退，美國經濟正因為受到德日等國的競爭而失去優勢，內外失衡，讓美國的財政赤字與貿易赤字迅速惡化，造成國內景氣下行且物價上揚的情況。

當全球經濟因為美國市場需求衰退而失去主要帶動力量時，以出口導向為主的國家受到衝擊，為此紛紛轉型成為內需型經濟，企圖透過民眾消費、政府投資與擴大服務業等方式來推動經濟的持續成長，這促使製造業部門另覓生機，需要減少生產成本、降低產品售價來維持獲利，也導致工業化國家開始尋找新的生產基地。

其次，為了降低生產成本，廠商開始分割製程，以比較利益的方式來尋找最適當的生產地點，而要素供給豐富、工業基礎良好的地區就擁有良好的誘因，這種全球供應鏈的生產規劃方式主導跨國企業轉移製造部門，更加速推動了全球生產網絡的發展。

國際經濟板塊的挪移為中國提供切入全球市場的機會，由於全球成熟製造業願意分割製程，遂讓中國得以有機會承接下游組裝的環節。當全球價值鏈、全球商品鏈的概念演變成為全球商品網絡時，國與國之間的生產邊界就失去了意義，而按照大陸學者林毅夫的看法，當全球廠商按照比較利益與在地制度優勢進行製程分工後，中國大陸由於擁有充足的勞動與基礎設施，得以承接製造組裝的程序（林毅夫，2018）。

由此開始，借助引入原料與技術以進行在地生產與組裝，透過全球品牌廠商的渠道面向全球市場進行銷售，因而讓中國大陸製造部門與銷售渠道和全球經濟連結。而中國運用比較利益的方式來建構發展策略，採取東亞經

濟發展模式以出口帶動國內製造業部門，更進一步的參與WTO開放本身市場，並以此交換中國產品出口的契機，跨域經濟整合與市場分工的制度延伸，再加上對外開放的做法，正是初期中國經濟能夠快速成長的主要因素。

二、計畫經濟制度遺緒

　　從全球生產網絡的角度來看，中國大陸的改革開放提供了外商所需要的誘因動機，但何以中國會成為全球產業青睞的對象，根據臺灣學者劉雅靈的研究指出，主要原因是受到過往計畫經濟制度遺緒的影響，在指令計畫經濟時期，中共經濟體系留下了三個對後來有影響的制度，首先是中共過往為了準備冷戰，因此將整體製造業按照地理條件與經濟安全的設想進行梯次布局，在不同地區布置出其所謂的「三線建設」，雖然此舉有違經濟地理的產業安排邏輯，但由於產業布局與鄉村、內地相連結，這反而提供了後來鄉鎮企業發展對於技術需求的解決方案，因為深處腹地的國營企業擁有技術人才，而農村地區則擁有勞動等要素資源，此時只要擁有「農民企業家」出面整合，便能夠啟動生產並發展出初級產業結構。

三線建設

主要是指大陸自1964年起為因應備戰需求而開始進行沿海重工業往內陸遷移的產業重置計畫，中共中央將中國劃分為一、二、三線，沿海和邊疆的省、自治區為一線，全國戰略大後方的省、自治區為三線，介於一、三線之間的地區為二線，而一、二線省、自治區的腹地又是本地區的三線，即小三線；作為全國戰略大後方的三線即為大三線。在1964年至1980年，中國在西北、西南地區共興建1,100多個大中型工礦企業、基礎設施、科研單位和大專院校等大規模經濟建設，這個產業轉移因為違反比較利益配置，故而生產效率並不理想，也改變了大陸內陸的經濟與社會形態。

　　另外，由於在大躍進時期為了控制城市穩定，因此限制了農村人口流動，這個城鄉二元化的歧視性制度設計，讓傳統農工二元經濟擁有一個「擠壓」農業人口來累積資本的機會，多數農民為了獲得更多所得，在經濟改革初期階段，願意離鄉背井前往城鄉交界處尋找打工機會，這些「打工仔」成為中國勞動密集型製造業的比較利益優勢的來源，中共官方更透過制度歧視來壓低農村民工的薪資與福利條件，讓廠商得以創造價格競爭優勢，根據臺灣學者吳介民的觀點，這是一種雙重歧視：首先是大陸自身的戶口制度，這種身分歧視讓農村人口想要離鄉去城市尋找新的未來；其次則是薪資歧視制度，由於外來勞動較願意加班以獲得更多薪酬貼補，這讓廠商可以合法剝削勞動（吳介民，2019）。此外，由於地方當局對於農村環境治理的忽視，更讓許多廠商省略環保投資，如同獲得變相的補貼。

三、經濟治理的制度同形

　　中國大陸經濟改革既是從困乏起步，自然也會面臨後進國家常遇到的貪腐問題，這種事情在中國發展屢見不鮮，但何以一個充斥尋租行為的環境，卻仍能有快速的經濟成長？根據大陸學者周黎安、臺灣學者耿曙的看法（耿曙、陳瑋，2015：141-163），這是因為有兩個因素發揮了作用：

　　首先，中共官方為了貫徹中央改革開放政策，將此政治目標轉換成為行政任務，並運用人事體制來進行考核，也就是地區政府官員升遷的關鍵與此地經濟成長有著直接相關，為此地方官員改變掠奪利益的思維，轉以獲得經濟成長所帶來的政治紅利為目標，鑒於此種權力運作的制度內涵，因而導致各地方官員願意對廠商提供協助，以利自身仕途發展。

　　其次，由於各地方爭相採取招商引資、興利除弊的做法，並積極的參考借鏡外地發展模式，成功者則成為樣板並廣受注意，因而各個地方開始「發展競賽」（張軍、周黎安編，2007），不同地區處於相近的經濟發展階段，再加上積極效法外地之發展模式，結果造成「制度同形」的結果，各地使用相似方法來爭取外部資本或廠商，但這個做法卻能讓投資廠商可

以比較選擇之後再決定投資地點，並且與地方政府之間取得某種程度的默契，故而降低廠商投資成本並能獲得更多補貼。

四、以市場准入換取技術與資本

中國經濟開放在1990年代後，當時全球經濟成長週期進入成熟，各種投資銀行與創投基金都在尋找新興投資熱點，全球資本過剩，爲了尋求更多的投資機會因而願意進入後發展國家，外資除了提供啟動生產所需要的經費之外，更願意協助建構現代的金融市場與經濟制度體系，中國經濟也得利於這個投資熱潮，讓信貸管道與直接金融能夠發展。

其次，市場准入的相關設定讓大陸廠商得以「捕捉」外商製造資本，特別是港澳臺等輕工業部門，過往這些勞力密集產業十分依賴廉價勞動供給，如今大陸開放所釋放的勞動數量足以應付該類廠商的需求，這些廠商選擇珠三角、長三角等地區立足，一方面依賴香港的運籌能力與資本調度；另外一方面則需要因爲遠離政治中心所獲得的政策解釋空間。

最後，當中國產業內需形成之後，發展自身資本密集產業的時機來臨，大陸再透過政策補貼與工業區進駐的政策來帶動產業升級，例如在京津冀地區便是採取此類方式，運用政策補貼讓韓、日、臺等外資之鋼鐵、機械、化工產業進入中國，並使用在地天然資源來加工，協助在地重工業的發展與升級。

五、社會主義體制對於經濟治理所產生的影響

大陸工業部門也開始擺脫依賴剝削的角色，慢慢的有自身能力進行產業轉型與創新，進而在供應鏈的角色從簡單組裝與低階製造升級進入創新製造與精密製造的階段，而在商品鏈的角色也從過去簡單民生用品的生產，進而切入重型機械、航太、造船與汽車等技術密集型工業。何以中國製造業部門能夠擺脫外資控制，出現生產進階與超越發展的特色？根據臺

灣學者高長的研究，中國產業經濟中的「紅色供應鏈」發展之所以能夠脫離外資控制，主要原因在於：（一）政府政策扶持本地廠商、抑制外資；（二）中國企業經營者企圖心旺盛；（三）中國市場規模足以支持本地廠商發展。

紅色供應鏈

主要是指大陸在工業化過程中，從過往作為外商供應鏈的二線代工或組裝工廠，逐步提升產品供應能力而建起「自我供應」的生產體系，此一體系逐步開始取代自外部的原料或產品進口。

　　但中共當局為何想要培育自主產業體系？其原因仍是對於確保執政的需要，面對全球資本主義的滲入，大陸當局雖然是借力於資本主義，但仍然注意外部勢力對於自身政權的威脅，故而會期望能夠早日擺脫經濟依賴並建構出自主經濟體系，以利維持自身社會主義體系的特色。

　　中共透過對東亞經濟模式的研究，掌握到產業聚集與範疇經濟的運用訣竅，因而其地方政府經常運用工業區、高新技術區等方式來吸引廠商進駐，加速推動專業聚集；另外也透過政府官員進駐工業區的做法，直接提供廠商必要之行政協助，讓廠商得以藉由政府服務而快速投入生產營運。此外，當經濟成長之後，社會需求偏好出現改變，面對區域差距、貧富差距等問題，社會主義體制更強調社會公平的價值，這也讓中共當局必須傾斜政策來支持農村發展、解決貧窮問題，或要求企業改進員工福利，即便相關政策有可能會導致廠商營運成本增加或外商投資時障礙，但中共中央的態度仍然堅持，例如近年來其所提出的「小康社會」或「共同富裕」等政策主張便是最好的例證。

肆、中國經濟變遷對全球體系的影響

一、世界工廠的崛起

中國經濟初期發展策略是透過漸進式取消計畫經濟來提供個體參與的誘因，到了中期則是藉由財政投入、要素市場整合來提升生產效率，並配合企業體制改革、出口部門成長等做法來持續工業化腳步，近期則是結合外資、陸資來投入關鍵產業，如汽車產業、建築產業的發展，並改革金融產業部門來優化經營環境，更重要的是，中共當局持續投入基礎建設如高鐵項目，帶動了物流與旅遊的發展，中國經濟結構日趨完整，而其製造業的實力也逐步提升讓中國成為全球工廠。

2008年全球經濟受到美國次級房貸事件的影響，各國金融市場出現信心崩潰的危機。這造成全球資本急於尋找避險地方，中國成為最重要的投資目標，也受惠於這一波的全球資本移轉，中國加速推動基礎建設的布局，並扶持物流產業、網路零售等產業的發展，另外為了經濟安全，因此希望能在通訊產業、半導體產業等建構自身的產業集團，這些發展強化了中國經濟與全球市場與供應商的連結。

持續的經濟發展讓中國產業面臨快速變遷，而中國原先經濟發展的策略逐漸效用遞減，更面臨國內財富分配矛盾增加及全球經濟成長趨緩等影響，決定針對本國產業結構與發展道路進行重建，希望能夠運用高新科技產業作為支撐，帶動經濟持續成長並維持本國廠商對於中國市場的優勢地位。這個計畫就是「中國製造2025」計畫，是由中國國務院於2015年5月提出，主要是以十年時間推動製造業再次發展，希望2025年中國可以成為製造強國，並能在2035年製造業水平超越德國、日本，2049年綜合實力能夠達到製造業強國的行列，中國以信息化、工業化、城鎮化、綠色化、農業現代化等五化為核心基礎，選擇十大戰略重點項目：如新一代資訊技術、高檔數控機床和機器人、航太航空裝備、海洋工程裝備及高技術船舶、先進軌道交通裝備、節能與新能源汽車、電力裝備、新材料、生物醫

藥及高性能醫療器械、農業機械裝備，進行產業支持。中共政府透過資金引導、資源整合、政策扶持與關鍵技術攻堅等政策運用來協助相關產業發展。

中國製造2025

這個計畫以提高大陸製造業創新能力、推進信息化與工業化深度融合、強化工業基礎能力、加強質量品牌建設、全面推行綠色製造、推動重點領域突破發展、深入新近製造業結構調整、積極發展服務型製造和生產性服務業、提高製造業國際化發展水平作為任務和重點。

　　然而這個計畫推出之後，直接衝擊到現有製造業優勢國家的地位，如美、德、日、法等國，紛紛表示對於此一計畫的關切，且這十大產業項目一旦發展成功，必然導致全球製造業市場將會出現重大變化，撼動原先區域供應鏈的布局與配套，這使得美國決定以貿易制裁的方式來阻擋中國產業的技術進步。

二、全球經貿的連結與區域產業的整合

　　中國經濟發展推動了製造業成長，日、韓、臺等國廠商紛紛將自身供應體系轉移至大陸內地，為此也引發對於原物料的需求，這提供了後發展國家輸出原物料賺取外匯的契機，例如煤鐵鋼鋁等物品，又如大豆、小麥、玉米等進口數量也快速增加，中國進出口需求推動了貿易自由化的需要，為此其積極推動多邊貿易談判，在2001年加入世界貿易組織之後，中方在國際間嘗試推動如東北亞自由貿易區、RCEP與「中東歐16+1」等區域經貿整合的議程。

　　中國製造部門的需求，使其與金屬、稀土與能源等出口國、關鍵零組件出口國等發展出全球生產網絡的連結，而民生需求則又讓大陸和全球糧

食、農牧產品出口國產生連結。這個發展讓中國成為工業產品與農業產品的雙重需求國家，而全球商品價值鏈也因此而得以出現新的連結，中國在工業產品市場中以世界工廠的角色而存在，在農產品的需求上則成為全球食堂，中國經濟體系的供給部門帶動了製造業的生產分工，而需求部門則提高了農業的生產效率。

鑒於中國對於世界市場的雙重連結，中共當局嘗試建構更有利的對外經貿關係，2008年之後，中國開始成為推動區域經貿整合的主要角色，在亞洲，其設法透過RCEP讓自己擁有東南亞原物料的充分供給，同時也替自己裝備製造與交通工具等製造業尋找的海外市場，又如在東北亞自由貿易區推動中、韓、日三國貿易整合，類似推動整合的做法，讓中國擁有更強的資源汲取、產業整合的能力，2014年之後，中國更推動「一帶一路」的倡議來結合周邊國家資源，建立新的全球區域發展模式。

三、電子商務帶動新型交易模式

中國經濟在2005年進入到新的階段，消費者物價指數（Consumer Price Index, CPI）快速增加，整體經濟成長依賴要素投入，生產加上國內交易受到進出口風險增加，因而導致廠商交易成本增加，此一情況誘發技術創新，以阿里巴巴為首的新型電商企業透過企業對企業（Business to Business, B2B）的方式建構出新的交易平臺，這種交易模式快速成長，大陸中小型製造業開始獲得低成本的交易模式，中共官方開始挹注資源投入此一交易模式。此外，中共當局開放通訊市場，引入民間資本與技術加入基礎設備建構與營運，快速帶動大陸通訊產業的進步，電子商務發展加上通訊產業的發展，使得中國成為新興數位市場國家。

中共深知此一產業發展將有助於國家能力對於社會的滲透，故而運用新型管理方式，首先開放部分營運市場引入民間企業；其後選擇具有技術優勢與市場營運績效之業者提供國家資源，協助其快速擴張與成長；最後，選擇特定業者使之擁有壟斷地位並成為國家相關政策的主要執行者。

這個做法迅速培養出一批擁有市場營運能力與技術條件的電子商務公司，如阿里巴巴、騰訊與京東。這種依賴資訊能力所架構的商業形態除了中國製造業的連結效能提升外，同時也啟動了民間消費的新形態，中國消費市場的運行獲得了升級，這個商業模式的出現也改變了過往零售批發的銷售方式，外商在中國市場的優勢開始流失，大陸企業運用在地市場知識結合電商銷售使得自身競爭優勢快速疊代成長。

四、新型「舉國體制」與高科技產業競賽

面對美國對於中國高科技產業的圍堵，中方傾舉國之力來加以對抗，在2022年9月的中共中央全面深化改革委員會上，習近平指示「要圍繞國家戰略需求，強化國家戰略科技力量」，為此要發揮「集中力量辦大事」的優勢，面對中國科技產業受到歐美國家「卡脖子」的壓力，中國必須要能自主創新、自力更生。

為此，中共當局採取了「新型舉國體制」的方式來執行高新科技的產業追趕政策，特別是在積體電路、人工智慧、量子科技、航空航天等領域，中共當局已經透過國家力量來招募人才，協助企業與強化基礎建設，這種由政府引導之操作型產業政策依賴強而有力的國家力量，過去曾經協助中國在「兩彈一星」或體育競技等領域獲得耀眼的成果，如今則再次成為高新技術產業參與全球競爭的制度力量。

然而中國運用新型舉國體制來進行高科技產業競賽，是否就能夠真的達到彎道超車的目的？對此，大陸學者林毅夫認為，鑑於中國大陸擁有後發優勢、換道超車優勢與新型舉國體制等制度優勢，可以再次發揮技術追趕與進口替代的表現，再加上當前中國擁有完整的供應鏈體系，只要能徹底運用「新型舉國體制」來突破「關卡」，便將能讓中國高新技術產業取回優勢並推動全球經濟的持續成長。

伍、結論

　　1978年，中國的國內生產毛額（Gross Domestic Product, GDP）總量是3,645億人民幣，人均GDP為381美元，外匯儲備為1.67億美元，經過四十年之後，2020年的GDP總量是1015,986億元人民幣，人均GDP超過1萬美元，外匯儲備為3.2兆美元。對照這兩組數字可以發現中國經濟的成績。檢視中國經濟奇蹟讓我們能更加理解後進國家執行經濟追趕策略時，相關要素配置、政治體制與政商互動等因素的影響，研究過程中也發現：一國經濟成長必須要恰當掌握全球經濟成長週期與產業分工的轉移，運用國家政策偏好加速經濟成長時，將會對原有的資源整合、區域發展與產業分工產生新的衝擊，另外，當中產階級興起與消費形態升級之後，帶動經濟成長的制度因素將由製造業轉向至服務業，如何依託市場消費來推動經濟成長與製造優化，這對政府在經濟、社會的治理能力帶來新的考驗。

一、控制與發展

　　中國的黨國體制強調控制的重要性，過往透過行政指令來安排交易，透過計畫體制來設定產出，正反映出這種體制的特色，然而中國幅員廣大、區域差異明顯，管理技術與協調機制因而受到限制，計畫經濟體制的結果必然是失敗收場。為此，鄧小平推動體制改革，以放權讓利的做法放寬對經濟的管制，藉此激發經濟誘因來帶動成長，這是中國經濟得以發展的關鍵因素。然而國家自市場經濟退位的結果，卻使得官僚體系面臨政商勾結而腐蝕經濟效率，中共當局也明白情勢惡化的結果，但由於機會主義與尋租行為深化在結構之中，故而無法有效阻止情況惡化。

　　不過，2012年後，這個情形出現變化。習近平開始強力反腐，反貪的力道與對象隨著時間持續擴大，反腐變成了整黨，這個做法打擊了政商尋租行為，但也削弱地方政府追尋經濟成長的動機。過往地方官員招商引資、為民興利的做法既可滿足上級工作要求，還能改善地方經濟情況，更可趁機累積個人財富。如今這個誘因結構被反貪行動剝離，再加上反腐

指示也讓行政官員不敢過於積極或主動與廠商互動，以免遭致誤會。如此一來，鄧小平改革所發展出來的成長聯盟（地方官員—投資企業—本地員工），在地方政府與投資廠商的利益連結處出現斷鏈，此舉改變了原先中國經濟成長的制度安排。

二、挑戰與回應

　　中國經濟改革的初期目標是創造國家財富避免財政破產，因此效法東亞發展經驗，以發展出口加工的方式來帶動經濟成長，此外也著手處理計畫經濟體制與國有企業部門，透過開放東南沿海城市並積極招商引資，讓中國能夠吸納國際資本並順利打入全球供應鏈。

　　2001年加入世界貿易組織之後，中國經濟與全球市場的鑲嵌更高，此時外商製造業資本由東南沿海開始北上、西向進行擴張，從沿海城市開始往中部地區滲透。為了強化空間聯繫、連結不同城市市場，中共積極投資鐵公路基礎建設，強化二、三線城市的交通連結，這有助於生產分工領域的擴大，也提高了國內消費市場的整合，中國大陸的生產與消費能力都開始快速升級。

　　2008年全球經濟的變化，使得中國經濟角色的重要性快速提升，政府產業政策開始鼓勵產業創新與製造升級，另外也進一步推動國有企業部門的改革，中共透過**抓大放小**的策略，讓國有企業占據關鍵原物料供應與市場壟斷的地位，並引入外商投資來強化營運體質，搭配國有企業改革，同時也展開金融部門的改革，大力整併原先分散的地方金融部門，也有限度的開放外資協助中國金融轉型。然而各項補貼政策導致財政負擔增加，而地方政府為了爭取績效而使得債務累積，這讓中共當局管理總體經濟問題的難度增加，中國內部已然出現經濟成長的極限，此時又因為地緣政治對抗而與美國展開貿易與科技的全面競爭，當中國失去了參與美國市場與獲得資本、技術的紅利之後，再加上必須支付自主研發的成本，可以想見未來中國大陸恐難再重現經濟的高速成長，且當前低盪的全球經濟景氣也無

法提供中國經濟轉型的支持，如此一來，中國經濟必須改變過往的發展策略，推動中國經濟奇蹟的制度性因素則需要根本性的重建。展望未來，政府與市場間的關係如何調適，這個答案將成為影響成敗最為關鍵的因素。

抓大放小

1994年中共通過《公司法》，並選擇100戶不同類的國有大中型企業，進行現代企業制度的試點，1995年，中共當局近一步對國企實施策略性改組，「以市場和產業政策為導向，搞好大的，放活小的」，也就是「抓大放小」，抓大是指：集中處理重點企業，將最大型的企業改組成企業集團，並由政府直接控制，中小型國營企業則是採改組、兼併、股份合作等多種形式，將之導入競爭市場。

　　展望未來，中國已經改變發展策略，北京採取產業創新、擴大開放等措施作為回應策略，一方面其想要從傳統製造大國轉向製造強國，另外一方面也設法讓中國市場成為全球主要消費市場，透過經濟紅利的外溢分紅來吸引外資參與中國的經濟改革。然而，因為經濟高速成長所導致的區域發展失衡與貧富差距仍在惡化，且新興中產階級在所得提升之後，對於工作要求和生活品質的想法也出現變化，快速工業化已不再是社會渴望的生活目標，民眾更期待的是能夠發展出一個更人性、更多元的經濟空間，來幫助自己實現自我，而這樣的社會期待將會衝擊中國管理經濟的現有模式，而未來將以城市化、環保化、小康化的策略作為成長的新典範，能否藉助治理創新來解決發展上的問題，這將關係到中國經濟未來能否永續成長。

關鍵詞：四個現代化、包產到戶、短缺經濟、紅色供應鏈、小康社會

延伸閱讀

1. 吳介民，2019，《尋租中國：臺商、廣東模式與全球資本主義》，臺北：國立臺灣大學。

2. 林毅夫，2018，《解讀中國經濟》，北京：北京大學。

3. 劉雅靈，2017，《自下而上的改革：中國地方經濟發展的路徑分歧》，臺北：巨流圖書。

4. Naughton, Barry. 2018. *The Chinese Economy (MIT Press): Adaptation and Growth*. Cambridge: MIT Press.

5. Yasheng, Huang. 2008. *Capitalism with Chinese Characteristics: Entrepreneurship and State*. New York: Cambridge University Press.

思考問題

1. 中國資本主義的特色爲何？如何理解中國經濟發展與全球資本主義間的關係？

2. 中共對於整體社會的強力控制對於個體經濟與民營企業的發展會造成何種影響？中國經濟如何妥善處理私有部門與國營部門間的發展關係？

3. 中國經濟快速發展如何改變全球消費樣態與生產關聯？國際社會如何回應中國經濟所產生的挑戰？

4. 中國經濟持續發展對於中國政治社會體制所帶來的機遇與挑戰？

參考文獻

Stock-ai，2020，〈中國外匯儲備總額〉，https://stock-ai.com/eom-1-cnfERC，查閱時間：2020/4/13。

Stock-ai，2020，〈中國經濟成長率〉，https://stock-ai.com/eom-1-CNCGR#_=_，查閱時間：2020/4/13。

中時電子報，2019，〈超越去年陸前11月地方債務破4.3兆人民幣〉，
　　https://www.chinatimes.com/newspapers/20191207000262-260203?chdtv，
　　查閱時間：2020/4/13。

亨利鮑爾森著，王宇光等譯，2017，《與中國打交道：美國前財長鮑爾孫
　　的二十年內幕觀察》，臺北：時報文化。

吳介民，2019，《尋租中國：臺商、廣東模式與全球資本主義》，臺北：
　　國立臺灣大學。

林青松著，伯德譯，1994，《中國鄉鎮企業的歷史性崛起》，香港：牛津
　　大學。

林毅夫，2018，《解讀中國經濟》，北京：北京大學。

耿曙、陳瑋，2015，〈政企關係、雙向尋租與中國的外資奇蹟〉，《社會
　　學研究》，（5）：141-163。

高長，2019，〈中國大陸紅色供應鏈崛起的國際效應〉，《遠景基金會季
　　刊》，22（3）：1-54，https://www.pf.org.tw/files/6536/620F1E63-898D-
　　4B9C-A777-BE0E0A3C7FA2，查閱時間：2020/4/13。

張軍、周黎安編，2007，《為增長而競爭》，上海：人民出版社。

陳桂棣、春桃，2009，《中國農民調查之小崗村的故事》，臺北：發言
　　權。

劉雅靈，2017，《自下而上的改革：中國地方經濟發展的路徑分歧》，臺
　　北：巨流圖書。

羅素羅伯茲著，江麗美等譯，2019，《貿易戰爭：誰獲利？誰受害？解開
　　自由貿易與保護主義的難解之謎》，臺北：經濟新潮社。

第七章

區域經濟與地方發展模式

林雅鈴

改革開放後，中國政府推動分權改革，中共中央對部門和地方「放權讓利」的結果，開啟中國大陸「區域經濟」的輪廓。爾後，隨著中國大陸國內市場愈趨開放、地方競爭激烈，以及中央—地方關係改變，區域經濟格局亦隨之變化，區域發展差距問題、地方經濟發展模式也開始引起重視。以下將先論述中國大陸區域經濟如何出現，其次闡述區域經濟相關重要政策及區域經濟格局，接著介紹目前各區域經濟發展概況及區域發展問題，最後說明不同的地方發展模式。

壹、區域經濟的崛起

1978年以來，面對中國大陸中央集權實施計畫經濟所造成的生產者意願低落、資源配置效率低之經濟危機，中國政府開始推行一連串的改革措施，原本由中央計畫與統籌分配的各項經濟活動開始趨向分權，企圖透過激勵機制調動微觀層次生產意願和效率。中國國務院於1980年2月頒發「關於實行『劃分收支，分級包乾』財政管理體制的暫行規定」後，下放財政權給地方，中國大陸的財政體制轉為「分灶吃飯」，增強了地方政府發展經濟的壓力與誘因，地方政府成為相對獨立的利益主體，「財政包乾」體制的施行，使地方政府獲得了包括財政預算、物資分配、投資以及銀行貸款四方面的實質性權力，地方政府作為獨立利益主體的地位，得到更進一步的加強。

換言之，分權化的結果，地方官員在財政誘因下扮演企業家角色積極介入地方企業運作。地方幹部一方面由於「利潤分成」的推行存在牟利誘

因，另一方面在資源有限下爲了增加預算外收入，這兩方面原因促使地方幹部提供信貸基金、原材料、分銷管道等資源給其認爲具有發展潛力的企業，並且積極介入企業決策引導企業發展，更有幹部甚至直接經營企業，地方政府不僅是一級行政體，也是經濟體，促成所謂「地方發展型國家」（local developmental state）（Jean Oi, 1992; 1995; 1999; Andrew Walder, 1995；吳國光、鄭永年，1995）。然而，地方政府承擔追求發展的角色，也增強各地方政府發展經濟的壓力，使得地方領導人利用各地不同的資源稟賦，極力追求自身利益最大化，致使各地紛起競爭，中國經濟結構演化出所謂的「維護市場聯邦主義」（market-preserving federalism）（Barry Weingast, 1995; Gabriella Montinola, Yingyi Qian, and Barry Weingast, 1995; Yingyi Qian and Barry Weingast, 1997）。

　　傳統對於共黨國家的研究，多將黨國機器視爲同質的單一整體，國家內部高度整合且利益一體化。但事實上，國家是由許多職能不同的部門所組成，各個部門各自擁有不同程度的自主性、政策空間與決策裁量權，並會試圖運用資源達成自身目標與利益。在中國傳統管理體制之下，「條塊」之間的關係構成中國行政體系的基本結構。於此行政體系下，通過中央部門「條條」切割地方「塊塊」，形成資源、資訊上下流動，缺乏水平聯繫；而各個層級區域自給自足、產業結構完整，彼此之間缺乏分工互賴，出現條塊分割的情形。計畫經濟時期，資源與權力集中於中共中央及各部委，形成「條條專政」的局面。改革開放之後，中央向下分權的結果導致「塊塊分割」、「條塊分割」的**分裂式威權主義**（fragmented authoritarianism）（Kenneth Lieberthal, 1988），各個部門會根據自身的利益制定部門政策或者影響政府政策制定過程。

分裂式威權主義

爲李侃如（Kenneth Lieberthal）所提出，指出在中國大陸黨國體制下，儘管受到最高統治者的控制，黨國內部並非「鐵板一塊」，官僚機構與地方政府仍然可以在政策制定與執行的過程中發揮影響力。

故在「分裂式威權主義」下,當地方政府高舉經濟發展大旗時,基於自利動機在地方政府競逐利益的過程中,為了保護各自的市場,各地方政府採取保護主義政策,利用行政力量設置貿易壁壘,如在地區邊界設立各種檢查站、實行地區封鎖,對外地商品課徵各種稅費以限制外地商品進入本地市場,導致市場分割,並在1980年代各地出現各式各樣的原物料爭奪大戰,如羊毛大戰、茶葉大戰、蠶繭大戰等。此種類似國與國之間的「貿易保護主義」在各區域盛行,因各層級區域政府的保護主義行為造成的市場分割現象,有學者稱之為「諸侯經濟」。

在「諸侯經濟」成風的環境下,中國經濟發展出現一片混亂的情形,儘管中國國務院於1990年11月發出「關於打破地區市場封鎖,進一步搞活流通的通知」,要求各地區之間拆除市場封鎖,之後力推「分稅制」與多次厲行「宏觀調控」,嘗試調整原有的中央—地方權力關係,但在中央集權之縱向聯繫被打破導入市場機制後,作為利益競逐者的地方政府獲得其領域內資源的控制、分配權,當中共中央嘗試收回權力、緊縮經濟後,卻造成經濟發展停滯的後果,致使中國政府不得不再次下放權力,最終讓中國經濟形成「一亂就收、一收就死、一死就放、一放就亂」的惡性循環。因此,分權化改革改變中國大陸中央—地方關係,最後演變成各層級區域據地為王的行政區經濟,形成今日中國區域經濟的基本格局。

貳、區域發展策略

1949年至今,隨著國家政策目標的不同,中國大陸的區域發展戰略可大致劃分為四個階段,茲分述如下:

一、區域均衡發展時期(1953-1978)

中共建政後,「向內地傾斜、均衡布局、平衡發展」成為中國大陸重要的區域發展原則,從「一五計畫」開始,中國政府便有計畫的將工業資

源往內陸地區推移，1956年毛澤東提出「論十大關係」，強調平衡沿海與內地工業發展布局的重要性，中共中央於內陸地區興建軍工、紡織、石油、化工、煤炭、電力等新工業基地，並在華北、西北地區以及河南、湖北等省建立一批新的工業企業，藉此逐步改變工業集中在東部沿海一帶的情況。「三五計畫」時期，聯繫「三線」建設的提出，中共中央基於加強戰備與長期建設雙重考量，在西部地區投入大量資金、人力，「三線」建設幾乎涵蓋了所有的工業部門和行業，包括鋼鐵工業、機械工業、電子工業、交通運輸、航天航空工業等。在經過這段時期的開發建設後，中國大陸內陸地區形成一個生產類別齊全、軍用和民用品皆能生產研製的工業體系，「三線」建設時期的大量投資增強了西部地區現代工業的實力，尤其是當時所偏重的能源、原材料工業、機械、電子工業等方面的發展，為內陸工業打下基礎，「三線」地區作為一個工農業逐步協調發展的戰略大後方之雛形儼然形成，但也造成沿海工業的衰退。

二、傾斜發展時期（1979-1998）

改革開放之初，鄧小平提出「允許一部分人、一部分地區先富起來，進而達到共同富裕」的「兩個大局」區域發展戰略，第一個大局是沿海地區要對外開放，先較快發展起來，內陸地區支持沿海地區的發展；第二個大局是沿海地區發展起來之後，要拿出更多力量幫助內陸地區發展。在向沿海傾斜的區域發展戰略政策支持下，優惠政策、資金開始向東部地區傾斜，隨著經濟特區和開放城市的設立，外商直接投資、人口、技術大舉流入東部沿海城市，加速東部地區的工業化與城鎮化進程，東部沿海地區充分利用生產要素成本優勢，推動經濟快速發展，並在沿海地區形成製造業發展基地，中國大陸亦因此在短期間迅速崛起，晉升為世界大國與發展中國家的行列，從中國國內生產毛額（GDP）來看，1978年中國大陸GDP僅為3,624億元人民幣，2000年已經達到89,468億元人民幣，排名世界第六。然而，此種傾斜政策也拉大中國大陸東部地區與內陸地區的經濟發展差

距，為了改善區域差距日益擴大的**趨勢**，中國大陸政府將區域協調發展列入「九五計畫」，以平衡各區域間的經濟發展及產業分工的合作。

圖7-1　深圳經濟特區

資料來源：Kandukuru Nagrjun。

三、區域平衡發展時期（1999-2012）

「九五計畫」提出後，其中一個目標即是要緩解區域發展差距擴大，達到中西部地區平衡發展，對此，中國大陸在1999年提出西部大開發戰略，並在「十五計畫」中正式提出實施西部大開發的具體部署，2004年中國國務院提出「進一步推進西部大開發的意見」，主要政策包括西氣東輸、西電東送、南水北調、青藏鐵路等，希冀透過完善基礎設施建設、改善投資環境、培育當地企業與產業等方式，提高西部人民的生產及生活水平，全面縮小與沿海地區的差距。

繼制定西部大開發戰略後，2003年10月中共中央發布「關於實施東北地區等老工業基地振興戰略的若干意見」，將東北開發與西部大開發相提並論，中國國務院並在2006年成立「振興東北地區等老工業基地領導小組

辦公室」，由中央直接撥款援助，期在東北地區實施一系列優惠政策與提
供財政支持以促進當地經濟發展；此外，中共中央在2004年提出中部崛起
戰略後，亦於2006年提出「關於促進中部地區崛起的若干意見」，旨在促
進中部地區河南、湖北、湖南、江西、安徽和山西六省共同崛起，解決中
部省分經濟發展嚴重滯後問題。2006年中國大陸政府公布的「十一五規
劃」，目標之一是要促進區域協調發展，西部大開發、振興東北老工業基
地、中部崛起、東部率先發展成爲四大重要戰略。至此，中國大陸主要被
劃分爲東部、中部、西部、東北四大板塊，各大板塊各有不同的發展策略
與區域政策支持。

四、區域協調發展戰略時期（2013年至今）

　　由於東部、中部、西部、東北四大板塊彼此分割，中共「十八大」
後，習近平強調在區域協調發展的總體戰略下，需要制定更針對性地具體
區域規劃以促進區域一體化。故中共中央在四大板塊基礎上提出「一帶一
路」、京津冀協同發展、長江經濟帶三個支撐軸帶，並將「四大板塊＋三
個支撐帶」列爲「十三五規劃」的區域經濟發展戰略布局，希冀透過實施
板塊與軸帶結合的區域發展戰略，強調區域之間的互聯互通、打破地區藩
籬，降低區域發展的不平衡。

　　「十九大報告」延續了「四大板塊＋三個支撐帶」的區域發展戰略，
但更進一步提出以城市群爲主體構建大中小城市和小城鎮協調發展的城鎮
格局。自2014年中國大陸首次制定城鎮化發展的專項規劃《國家新型城鎮
化規劃（2014-2020年）》後，城市群、都市圈爲核心的城市發展政策開
始成爲區域發展的具體執行策略。自2015年開始，中共中央共公布例如
《京津冀協同發展規劃綱要》、《長江中游城市群發展規劃綱要》、《哈
長城市群發展規劃綱要》、《成渝城市群發展規劃綱要》、《長江三角洲
城市群發展規劃綱要》、《北部灣城市群發展規劃綱要》、《粵港澳大灣
區發展規劃綱要》等5個國家戰略、4個國家中心城市以及10個以上的城市

群規劃相關政策，顯見中心城市和城市群已然成爲中國大陸區域經濟發展的基調。

　　2021年是中國大陸「十四五規劃」的開局之年，中國政府在「十四五規劃」中延續以中心城市和城市群帶動區域經濟發展的基調，明確提出19個城市群推動城鎮化，並強調中心城市在城市群發展中的帶頭作用。這19個城市群覆蓋東部沿海地帶及中西部內陸地區，並根據發展階段分爲成熟型、壯大型、培育型三類，將依照不同經濟程度設立不同的發展方向與建設重點。此外，「十四五規劃」亦更強調協調聯動發展、互聯互通，以建立常態化聯席對接機制爲重點，加強城市群內各級政府之間的規劃協調和治理協調，以跨越行政區域界限、消除市場壁壘，優化資源配置。2022年10月中共二十大召開後，二十大政治報告再次強調要促進區域協調發展；2023年「兩會」召開後，中國政府又再次提出，要全面推進城鄉協調和區域協調發展，以城市群、都市圈打造區域經濟增長極來帶動大中小城市發展，統籌發展和安全以優化重大生產力布局。

　　至此可以看出，中國大陸建政以來，其區域經濟發展政策歷經數次變化。建政之初，在國際情勢以及領導人思想影響下，中國政府有意識的將資源投注至內陸地區以平衡區域發展；改革開放之後，爲了發展國家經濟，在「讓一部分人先富起來」的思想指導下，中國大陸實施傾斜政策先行推動沿海地區發展，此舉帶動中國大陸高速經濟成長，但也造成沿海內陸的發展差距不斷擴大；是以在1999年以後，中國政府致力於協調區域發展以縮小區域差距，近年則是透過跨區域整合推動一體化，以城市圈或城市群作爲新經濟成長動能，帶動相鄰地區經濟共同發展，並且更加強調解決發展不平衡問題，以及優化區域重大生產力布局以統籌發展和保障安全。

參、當前各區域發展概況

　　經濟區域的劃分涉及一國各項資源的優化配置與區域經濟結構的戰略布局，並對不同地區的經濟規劃、產業布局會產生直接影響，進而影響地區市場結構、消費結構、商業鏈結等內部經濟活動。因此，如何劃分經濟區域將會影響國家政策的制定，而隨著國家重視的原則與發展綱領有所不同，劃分的結果亦將會不一樣。中國大陸在區域劃分上，過去主要有「東中西三大地帶」、「六大綜合經濟區」、「七大經濟區」、「九大經濟區」等多種劃分方式，目前多數採用的劃分方式為「東中西東北四大板塊」（表7-1），四大板塊之下各有跨越行政疆界的城市群或經濟帶。

表7-1　中國大陸東中西東北四大板塊區域劃分

地區	涵蓋省市自治區
東部	北京市、天津市、河北省、山東省、上海市、江蘇省、浙江省、廣東省、福建省、海南省等10個省市
中部	山西省、安徽省、江西省、河南省、湖北省、湖南省等6個省
西部	內蒙古自治區、廣西壯族自治區、重慶市、四川省、貴州省、雲南省、西藏自治區、陝西省、甘肅省、青海省、寧夏回族自治區、新疆維吾爾自治區等12個省市自治區
東北	遼寧省、吉林省、黑龍江省等3個省

資料來源：中國國家統計局，「東西中部和東北地區劃分方法」，2011年6月13日，http://www.stats.gov.cn/ztjc/zthd/sjtjr/dejtjkfr/tjkp/201106/t20110613_71947.htm。

一、東部地區

　　東部地區為中國大陸經濟最發達的區域，截至2021年底，其總人口占全中國40.1%，國內生產總額占比為52.1%，其中，製造業和服務業的產值分別占全中國比重的51.8%、55%。以經濟帶來區分，東部地區目前共有環渤海經濟區、長三角經濟區、珠三角經濟區三大經濟圈，歷經多年發

展後，各經濟帶的發展情況各不相同，茲分述如下：

（一）環渤海經濟區

　　環渤海地區包括京津冀、遼東半島和山東半島三個相對獨立的經濟區，共橫跨三省兩市五個省級行政區，1986年開始中共中央即有推動環渤海地區經濟整合的發展框架，但在整個1990年代環渤海地區可以說是「失去的十年」。由於環渤海地區並不像長三角、珠三角中存在一個具有強大吸引力和能夠輻射覆蓋全區的經濟中心城市，而是各個城市分別各據一方，因此經濟一體化的行政阻力較大。再者，環渤海經濟區內產業結構相似，內在產業鏈聯繫並不緊密，並未形成適當的產業分工關係。加上環渤海經濟區的國有企業多，地方政府對於資源控制能力強，使得整個區域經濟帶有濃厚的政治經濟色彩。此皆導致環渤海地區整合並不容易，進而影響地區一體化發展與經濟成長。

　　直到2004年由中國國家發改委主導建立「廊坊共識」後，環渤海區域經濟合作發展機制才又再度運作，同時也確定了京津冀經濟一體化的發展戰略。「十一五規劃」中並明確指出要讓環渤海經濟圈成為繼珠三角與長三角之後，拉抬中國經濟成長的第三個動力來源。2006年，中國國務院批准天津濱海新區為「國家綜合級改革試驗區」，定位為帶動環渤海經濟圈的發展引擎，要依托京津冀、服務環渤海、面向東北亞，成為中國北方對外開放的門戶。2017年，中國政府推動設立河北雄安新區，一方面紓解北京非首都功能，推動北京高端服務業延伸轉移至雄安新區；另一方面達到京津冀協同發展戰略的核心目標，未來隨著環渤海高鐵逐步完工，京津冀、山東半島、遼東半島城市群將有望更緊密互動，應會有助於推動環渤海地區合作發展。

（二）長三角經濟區

　　長三角經濟區包括上海、江蘇、浙江、安徽三省一市，面積35.8萬平方公里，人口2.25億，2021年地區生產總值占全中國16.7%，是中國大陸

發展程度最好的區域，被中國政府定位爲亞太地區重要國際門戶、全球重要的現代服務業和先進製造業中心。長三角經濟圈以上海爲龍頭引領地區發展，汽車、電子、金融爲其主要支柱產業；以南京、杭州、合肥、蘇錫常、寧波五個都市圈同城化發展，共同帶動周邊片區經濟成長。目前長三角地區以資訊技術、裝備製造、生物製藥、汽車、新材料等高端製造業作爲未來關鍵創新發展領域，在中央政府給政策，以及地方政府大力配合推動下，長三角地區已經成爲外商直接投資的首選之地，許多跨國企業和臺商都在長三角地區設有企業總部。

　　儘管長三角地區是中國大陸跨省域一體化起步較早的地區，1992年即成立長江三角洲城市經濟協調會，但仍舊存在地方行政壁壘問題，且城市之間的發展差距較大。2019年12月，中國國務院發布「長江三角洲區域一體化發展規劃綱要」，這是首個中國大陸國家級區域經濟一體化發展戰略綱要文件，將長三角一體化上升爲國家戰略，明訂在「十四五」期間，長三角地區要建立科創產業融合發展體系，高技術產業產值占規模以上工業（大中型企業）總產值比重達到18%，城鄉居民收入差距縮小至2.2：1之內，發展成爲世界第六大城市群。

（三）珠三角經濟區

　　珠三角經濟區包含廣東省9個城市，是中國大陸改革開放的先行地區，其快速發展得益於改革開放初期大量港資、臺資投入，創造珠三角「三來一補」[1]、「兩頭在外」[2]的加工貿易形態，大量吸引境外投資，迅速發展成爲南方重要的對外開放門戶。歷經多年發展，珠三角經濟區發展出東中西三大城市群，分別以深圳、廣州、珠海爲主要城市，目前爲中

---

[1] 　來料加工、來料裝配、來樣加工和補償貿易的簡稱，是中國大陸在改革開放初期創立的一種企業貿易形式。

[2] 　指生產所需的原物料是從國外進口，生產的產品也是銷往國外，國內僅從事產品加工的生產貿易形態。

國大陸城鎮化率最高的城市群。只是，珠三角地區產業結構早期承接香港和國際加工製造業轉移，以中低端勞力密集型產業為主，除深圳之外，其餘城市支柱產業仍集中於機械製造、金屬冶煉、紡織、食品等，自主創新能力仍有待提高。

　　2003年中國大陸提出「泛珠三角經濟區」的構想，涵蓋廣東、福建、江西、廣西、海南、湖南、四川、雲南、貴州、香港和澳門，簡稱「9+2」。目的在於希望透過推動泛珠三角區域合作加快產業結構調整升級，另一方面希望加強珠三角各省與香港、澳門的經濟合作，強化港澳的獨特地位。只是，泛珠三角經濟區因為包括港澳，涉及不同關稅體制的區域經濟合作，加上各省之間經濟發展差距大，故地方政府之間協調難度極高，整合並不容易。

二、中部地區

　　中部地區包括山西、安徽、江西、河南、湖北、湖南等6個省，截至2021年底，總人口占全中國25.8%，GDP為250,132.4億元人民幣，占全中國22%，城鎮化率在2021年達到59%。自2004年中部崛起計畫提出後至今，中部地區的發展定位為「一中心、四區」：全國重要先進製造業中心、全國新型城鎮化重點區、全國現代農業發展核心區、全國生態文化建設示範區、全方位開放重要支撐區，並以城市群作為發展戰略，目前已有以武漢為中心的武漢城市圈、以鄭州等市為主的中原城市群、以長沙、株洲、湘潭為主的長株潭經濟一體化、以合肥、蕪湖為核心的皖江城市帶。

　　整體而言，由於中部地區各個省分城市的產業同質性高，內部競爭嚴重，跨區協調發展難以運作，因此，中部崛起政策提出後，自2006年至2016年間，僅是改變以往「中部塌陷」的局面。2015年中國發改委提出新十年中部崛起計畫，力求至2025年能培育中部地區新的增長極，實現中部6省崛起。

三、西部地區

　　2021年西部地區GDP為239,710.1億元人民幣，占全中國21.1%，西部大開發實施二十多年來，西部地區GDP總量占全中國比重由17.5%提高到21.1%，GDP平均增速為11%，高於全中國平均水平。過去二十年間，西部大開發主要聚焦在基礎設施的基本建設和生態環境治理、西氣東輸、完善交通基礎設施等，2019年中國政府提出「西部陸海新通道總體規劃」，透過建設自重慶及成都至北部灣出海口的三條通路，建設交通樞紐中心、商貿物流中心，強化西部地區與「一帶一路」對接的紐帶作用，加強西部地區與「一帶一路」沿線國家的經貿合作，以追求西部地區經濟發展的新動力。

四、東北地區

　　東北地區原為中國大陸重化工業基地，國有企業比重相當高，改革開放以來，隨著國內外市場環境改變，東北老工業地區的經濟結構面臨龐大轉型壓力，加上國有企業包袱沉重、冗員過多、效益低下，致使東北地區經濟發展滯後。振興東北老工業基地政策提出後，中國政府在東北地區培育優勢產業，主要被振興的工業有石油、化工、汽車、進出口貿易等。但隨著中國經濟步入新常態，東北地區的經濟再次面臨下滑趨勢，自2013年以來，東北地區的GDP占比一路下滑，2021年東北地區GDP為55,698.8億元人民幣，占全中國比重為4.9%。由於即使在經過大規模的市場化改制後，東北地區的國有企業比重仍舊很大，國有企業社會負擔沉重、民營經濟不發達，此皆制約了東北地區的經濟結構調整與發展。

肆、區域經濟發展差距

　　改革開放以來，中國大陸經濟快速發展，但也造成區域之間發展不平

衡。從表7-2可以看出，東部地區的GDP占全中國的比重在2005年時達到55.6%，中部地區為18.8%，西部地區為16.9%，東北地區為8.7%，到2021年時，東部地區的GDP占全中國的比重為52.1%，中部地區為22%，西部地區為21.1%，東北地區為4.9%。顯示在中國政府西部大開發、中部崛起等政策推動後，中、西部地區的經濟在這幾年間已有所成長，區域差距問題有些許改善，但東北地區這幾年的經濟發展則相對滯後。

表7-2　中國大陸四大板塊的地區生產總值及占比（2005-2021）

（單位：億元人民幣、%）

	東部地區	占全國比重	中部地區	占全國比重	西部地區	占全國比重	東北地區	占全國比重
2021	592,201.8	52.1	250,132.4	22.0	239,710.1	21.1	55,698.8	4.9
2020	525,752.3	51.9	222,246.1	22.0	213,291.9	21.1	51,124.8	5.0
2019	511,161.2	51.9	218,737.8	22.2	205,185.2	20.8	50,249	5.1
2018	480,995.8	52.6	192,657.9	21.1	184,302.1	20.1	56,751.6	6.2
2017	447,835.5	52.9	176,486.6	20.8	168,561.6	19.9	54,256.5	6.4
2016	410,186.4	52.6	160,645.6	20.6	156,828.2	20.1	52,409.8	6.7
2015	372,983	51.6	146,950	20.3	145,019	20.1	57,816	8.0
2014	350,101	51.2	138,680	20.3	138,100	20.2	57,469	8.4
2013	322,258.9	51.2	127,305.6	20.2	126,002.8	20.0	54,442	8.6
2012	295,892	51.3	116,277.7	20.2	113,904.8	19.8	50,477.3	8.8
2011	271,354.8	52.0	104,473.9	20.0	100,235	19.2	45,377.5	8.7
2010	232,030.7	53.1	86,109.4	19.7	81,408.5	18.6	37,493.5	8.6
2009	196,674.4	53.8	70,577.6	19.3	66,973.5	18.3	31,078.2	8.5
2008	177,579.6	54.3	63,188	19.3	58,256.6	17.8	28,195.6	8.6
2007	152,346.4	55.3	52,040.9	18.9	47,864.1	17.4	23,373.2	8.5
2006	128,593.1	55.7	43,218.0	18.7	39,527.1	17.1	19,715.2	8.5
2005	109,924.6	55.6	37,230.3	18.8	33,493.3	16.9	17,140.8	8.7

資料來源：中國國家統計局。

再從居民可支配收入來看，自2013年至2021年，東部地區的居民可支配收入始終高於全國居民可支配收入，中部地區的居民可支配收入僅占東部的65%左右，西部地區則僅占60%，東北地區的居民可支配收入占比雖在2013年時達到76%，但卻一路下滑，在2021年時只占68%。此顯示出，即使中、西部地區經濟情況有所改善，但東部地區的經濟發展仍是遙遙領先其他地區。

表7-3　中國大陸四大板塊居民人均可支配收入（2013-2021）

（單位：元人民幣）

	全國	東部地區	中部地區	占東部比重	西部地區	占東部比重	東北地區	占東部比重
2021	35,128.1	44,980.3	29,650	0.66	27,798.4	0.62	30,517.7	0.68
2020	32,188.8	41,239.7	27,152.4	0.66	25,416	0.62	28,266.2	0.69
2019	30,732.8	39,438.9	26,025.3	0.66	23,986.1	0.61	27,370.6	0.69
2018	28,228	36,298.2	23,798.3	0.66	21,935.8	0.60	25,543.2	0.70
2017	25,974	33,414	21,833.6	0.65	20,130.3	0.60	23,900.5	0.72
2016	23,821	30,654.7	20,006.2	0.65	18,406.8	0.60	22,351.5	0.73
2015	21,966	28,223.3	18,442.1	0.60	16,868.1	0.60	21,008.4	0.74
2014	20,167	25,954	16,867.7	0.65	15,376.1	0.59	19,604.4	0.76
2013	18,311	23,658.4	15,263.9	0.65	13,919	0.59	17,893.1	0.76

資料來源：中國國家統計局。

由於地區發展差距明顯且快速惡化，引起不少學者關注。有一派說法認為，由於1980年代中國政府受到「滴入論」的影響，認為當一地發展成熟後，其財富、資源將會自然回流至發展落後地區，因此當時中國政府先給予東部沿海地區優惠政策，將投資重點由內陸轉向沿海，並開放對外招商，使得沿海地區吸引大量外資帶動經濟成長，因而其認為是因「政府政策」造成中國大陸東西部發展差距（王紹光、胡鞍鋼，1999）。

然而，改革開放後，東部地區在中國政府逐步引進市場機制的情況

下，創造出高度經濟成長，但在東部繁榮發展的同時，並未出現原先所預期的財富、資源自然回流至發展落後地區，內陸地區仍須透過政府直接進行投資才得以發展。但即使中國政府藉由財政轉移支付、固定資產投資等方式，對內陸地區進行投資，內陸地區仍處於發展落後的情況，與沿海地區的GDP差距不斷擴大。由此可知，「政府政策」可以解釋東部地區的發達，但造成中國大陸沿海與內陸間發展落差的主因並非「政府政策」，應是改革開放後逐步引進的「市場機制」（耿曙，2002）。

　　沿海地區引進大量外資後，在市場機制的作用下，出現規模經濟、產業集聚、技術創新外溢等情況，創造出高度經濟成長，而其與內陸地區之間，則出現沿海剝削內陸的形勢；因此，「市場機制」使得中國大陸沿海與內陸間的發展產生落差，更可能造成差距的進一步擴大。當一國區域發展出現差距時，將會導致經濟、社會、政治等各方面的問題，經濟發展良好的地區，會吸引人口、資金的流入，此雖能促進市場競爭，降低生產成本，達到規模經濟，但也會對該區的土地、城市發展、就業情況造成壓力；再者，經濟發展良好的地區與經濟發展落後的地區之間，可能出現類似「馬太效應」（Matthew effect）的結果，使得前者經濟能夠不斷發展，後者則陷入低度發展的惡性循環中。此外，當區域間差距一直存在甚至出現差距擴大的情形時，發展落後地區的人民極可能歸因於政府，認為政府犧牲當地利益以成就其他地區，如此則可能出現抗爭等行為，造成社會動盪。

馬太效應

1968年美國社會學家羅伯特‧莫頓（Robert Merton）所提出，意指社會中出現一種強者愈強、弱者愈弱，富者愈富、窮者愈窮的現象。當任何個人、群體或地區擁有較多的財富或資源後，就能比其他人獲得更多的機會或競爭優勢，並以此為基礎不斷積累財富、擴大規模，進而有更多的機會取得更大的成功或進步，造成貧富差距日益嚴重。

伍、地方經濟發展模式

一個地區的經濟發展路徑是由不同制度安排共同建構,而在一國之內,不同地區亦可能存在制度差異。比較制度分析論者把社會經濟發展過程視為一個複雜的系統,是由各種制度構成的整體,不同國家和地區的經濟體制即使同屬於某一種形態,例如市場經濟體制或是計畫經濟體制,也會因為國家和地區內部結構及制度配置的不同而呈現差異與多樣性,而這種差異和多樣性又會導致不同國家和地區之社會經濟效率出現差異。再者,一個體系中的各種制度是相互關聯、相互依存的,各種制度具有互補性(institutional complementary),不同制度之間互相配合之後,整體效益會出現加總的效果(Aoki, 2001; 1994)。這也表示制度變遷的演化過程,是各種不同制度之間相互影響、關聯的變遷過程。體系中任何單一制度在制度變遷過程中都不是孤立的,其他制度也會出現相應的變化,否則新制度將會處於失衡情況致使總體效益降低。因此,當不同國家中存在各種不同的制度安排,這些制度安排構成不同的制度結構,將使得不同國家或地區出現不同的產業生產率或生產結構等制度差異,因而出現「比較制度優勢」(comparative institutional advantage)。

換言之,制度是政治、經濟、文化、社會多種因素互相作用的結果,制度演化的方式會根據初始狀態的不同而出現差異,進而就能從一個國家和地區特定的政治、經濟、社會、文化等歷史條件中,解釋為什麼不同國家和地區發展都是沿著不同的歷史軌道前進。這也意味著,在制度慣性與路徑依賴影響下,一旦選定演化發展模式就很難再朝另一個模式轉變,因此,每個國家和地區的歷史和演化路徑都有其獨特性,難以透過模仿和複製其他國家的制度而走向發展,這也說明了制度多樣性的存在而非走向趨同。

在中國經濟轉型發展過程中,地方政府作為地方經濟發展的主體,基於各個地區自身利益考量,以及受到各個地區獨特歷史社會脈絡的影響,不同地區在政策施行與回應都會有所差異,進而衍生出不同的發展路徑。

綜觀改革開放以來至今，中國大陸各地方出現諸多不同發展模式，在各地
方不同歷史社會脈絡、中央政策、地方政府能力、企業等因素影響下，可
大致區隔出五種不同類型地方發展模式，茲分述如下。

一、地方政府領導型

此種模式下的地方政府，通常具有較有強的政府能力，能夠影響地方
資源如銀行信貸流向，或是藉由地方融資平臺，實現地方政府融資目的，
亦能良好協調各部門之間的利益，統籌地方資源配置，因此，地方政府將
能透過把資源投入目標企業，扶持當地企業發展，主導地方經濟發展方
向。

二、地方依賴發展型

此種模式下的地方政府通常政府能力較弱，儘管地方政府能夠影響金
融資源流向，然而，由於地方各部門為了自身利益彼此爭奪資源，在無法
良好協調各部門利益的情況下，將導致地方資源無法有效配置，最終出現
無效率投資的情況。

三、中央主導發展型

當一個地區需要仰賴中央政府挹注資金、資源方能推動地方發展時，
意味著地方政府與企業的主要資金來源為中央政府，此時由於中央對於資
金的使用有極大的話語權，因此，無論地方政府能力是強或是弱，都無法
影響資金配置，地方經濟發展將取決於中央政府，呈現中央主導帶動發展
的經濟形態。

四、混合市場經濟模式

　　此種模式通常出現在中國改革開放初期的沿海地區，當時中國政府大量招商引資，三資企業眾多，企業融資與進出口貨款主要依賴民間金融。此時地方政府為了經濟發展考量，一方面會默許民間金融存在，另一方面亦會扶持當地企業。因此，當地方金融制度是以民間融資為主且地方政府能力屬於強能力時，將會形成私營企業、三資企業、地方國有企業共存的混合市場經濟模式。

五、準自由市場經濟模式

　　此種模式下的地方政府通常政府能力較弱，當地企業主要是依賴自己個人的關係網絡進行私人借貸或是透過錢莊、小額信貸等非正規金融來獲取營運資金，地方政府缺乏足夠資源扶持企業發展。唯有當為了完成上級交付的政策目標時，地方政府可能會干預或要求企業幫忙，故地方經濟發展呈現放任的準自由市場經濟模式。

陸、結論

　　中國從計畫經濟體制往市場經濟體制轉型的過程中，由於改革是漸進式進行，不同層面的制度如市場機制、社會保障、金融制度等並不會在同一時間引入，而是分階段推進。因此，在轉型過程中，國家成為推動改革發展與協調失衡的重要關鍵，地方政府推動改革與發展的角色亦更形重要。

　　中共建政以來，區域經濟發展政策歷經幾次轉變，改革開放以後，隨著中國經濟快速發展，各地區亦湧現不同的地方發展模式，但有鑒於區域差距不斷擴大，中國政府遂於1999年開始啟動西部大開發、振興東北老工業基地等政策，旨在縮小差距、區域協調平衡發展。截至目前為止，中國

大陸東、中、西、東北四大板塊各有其政策布局，並透過建立城市群與經濟帶作為經濟增長極與協調聯動發展模式，據此打破既有的行政邊界、加強地區間合作。

　　未來在區域協調發展的大戰略背景下，城市群與經濟帶將會是中國大陸區域政策的發展主軸，例如京津冀協同發展、長三角一體化、粵港澳大灣區、成渝城市群、黃河生態經濟帶等。只是，這些城市群與經濟帶同樣都面臨地方各自為政、同質化競爭、重複建設、資源錯誤配置、過度聚集等問題，中國政府是否能解決長期存在的行政壁壘問題，打破行政分割、建立有效的區域合作機制，將會是推動區域一體化以達到共同發展、縮小差距目標的關鍵。

關鍵詞：中部崛起、西部大開發、振興東北、區域協調發展、區域差距

延伸閱讀

1. Hall, Peter A., and Daniel W. Gingerich, 2009. "Varieties of Capitalism and Institutional Complementarities in the Political Economy: An Empirical Analysis," *British Journal of Political Science* 39 (3): 449-482.
2. 陸銘，2016，《大國大城》，上海：上海人民出版社。
3. 劉雅靈，2017，《自下而上的改革：中國地方經濟發展的路徑分歧》，臺北：巨流圖書。

思考問題

1. 中國大陸建政以來，區域政策出現哪些轉變？為什麼會有這樣的變化？
2. 近年中國政府積極透過各項政策推動區域協調發展，效果卻不盡如人意，為什麼推動地區整合發展如此困難？

3. 對於中國大陸區域差距的形成有哪兩種不同的解釋？你支持哪種說法？
4. 為什麼中國大陸各地方會出現不同的發展模式？

參考文獻

一、中文

王紹光、胡鞍鋼，1999，《中國：不平衡發展的政治經濟學》，北京：中國計畫出版社。

吳國光、鄭永年，1995，《論中央──地方關係：中國制度轉型中的一個軸心問題》，香港：牛津大學。

耿曙，2002，〈中國大陸東西部發展不平等的起源：國家、市場、區域開發〉，《中國大陸研究》，45：27-57。

二、英文

Aoki, Masahiko. 1994. "The Contingent Governance of Teams: Analysis of Institutional Complementarity." *International Economic Review* 35(3): 657-676.

Aoki, Masahiko. 2001. *Toward a Comparative Institutional Analysis*, Cambridge, Mass: MIT Press.

Lieberthal, Kenneth. 1988. "Introduction: The 'Fragmented Authoritarianism' Model and Its Limitations." In Kenneth Lieberthal and Michel Oksenberg eds., *Policy Making in China: Leaders, Structures, and Processes*. New Jersey: Princeton University Press, pp. 1-30.

Montinola, Gabriella, Yingyi Qian, and Barry Weingast. 1995. "Federalism, Chinese Style: The Political Basis for Economic Success in China." *World Politics* 48(4): 50-81.

Oi, Jean. 1992. "Fiscal Reform and the Economic Foundation of Local State Corporatism in China." *World Politics* 45(1): 99-126.

Oi, Jean. 1995. "The Role of the Local State in China's Transition Economy." *The China Quarterly* 144: 1132-1149.

Oi, Jean. 1999. *Rural China Takes Off: Institutional Foundations of Economic Reforms*, Berkeley & Los Angeles: University of California Press.

Qian, Yingyi, and Barry Weingast. 1997. "Federalism as a Commitment to Market Incentives." *Journal of Economic Perspectives* 11(4): 83-92.

Walder, Andrew G. 1995. "Local Governments as Industrial Firms: An Organizational Analysis of China's Transitional Economy." *American Journal of Sociology* 101(2): 263-301.

Weingast, Barry R. 1995. "The Economic Role of Political Institutions: Market-Preserving Federalism and Economic Growth." *Journal of Law, Economics, and Organization* 11(1): 1-31.

第八章

中國的企業部門[*]

劉致賢

壹、導論

　　企業部門在計畫經濟轉型至市場經濟的改革中歷經了一個從無到有的過程。以社會主義建立政權的國家在其建立之初，[1] 幾乎毫無例外地採行計畫經濟作爲其經濟體制，目的在於透過消除私有經濟實現社會公平與共同富裕的理想生活狀態。爲了達到該一目的，企業作爲一種經濟組織必須由社會主義國家中的政府所掌控，以此避免私有資本家透過掌握企業追求利潤而產生對勞動者的剝削。在這樣的脈絡下，企業的存在不以追求利潤爲目標，同時企業的活動也不以滿足市場上的需求爲運作核心。企業只是政府的一個部門，承擔著經濟生產、政治動員與社會福利的功能。

　　基於前述社會主義國家對於企業角色的設定，計畫經濟體制中企業的所有制只可能存在著公有制，也就是1978年中國改革開放以前的國有企業（以下簡稱：國企）。不過，計畫經濟對於國企的設計並不符合人類經濟行爲的動機結構，同時又受制於高昂的訊息成本，致使該體制中的國企均遭遇到效率低下、虧損連連、技術落後、資源浪費等問題。這些問題在計畫經濟運行沒有多久即開始浮現，讓施行計畫經濟的社會主義國家紛紛出現了政策上的改革（例如中國於1956年採行的經濟管理體制改革）或是政治上的革命（例如匈牙利於1956年發生的革命）。

---

[*]　感謝國立政治大學東亞研究所博士班吳書嫻同學與碩士班蕭士傑同學提供的編輯協助。

[1]　本文採用János Kornai對社會主義國家的定義，亦即由共產黨一黨專政的國家。參見Kornai（1992: 4）。

　　在中國，對於計畫經濟體制的調整與對國企的改革並不是到1978年改革開放之後才開始，在毛澤東時代各種經濟改革措施，例如分權下放就已展開。然而這些為補強與挽救計畫經濟的政策並沒有產生預期的效果，反而讓中國經濟陷入均貧的窘迫，進而導致中國共產黨（以下簡稱：中共）政權出現危機。因此，放棄計畫經濟、朝市場經濟轉型便被視為一項解方，而創造一個真正意義上的企業則是該解方中的良藥。本章從中國國企改革的起點談起，其次介紹中國國企迄今歷經了哪些變革，接著討論變革過程中出現的另外兩類所有制企業——民營企業（以下簡稱：民企）與外資企業（以下簡稱：外企）。

貳、計畫經濟下的國企

　　欲瞭解企業部門在經濟轉型的過程中如何出現與發展，首先必須瞭解轉型前國企的運作及其弊端。實際上，國企並非社會主義計畫經濟所獨有的經濟組織，在資本主義國家也有國企的存在。一個國家成立國企往往出自其身處時空環境的現實考量。除了前述社會主義國家透過國企達到消弭剝削的目的外，許多國家建立國企旨在帶動工業化發展、提供公共財、執行經濟增長再分配等。唯有達到這些目標，發展中國家在國際競爭中才能實現發展追趕。那麼為什麼這些目標的完成不能依賴私有企業（以下簡稱：私企），而非得依靠由國家成立的國企呢？因為達到這些目標的成本極高，同時這些目標有時候是政治性導向，無法在經濟層面獲得回報。當一個國家經濟發展在初始階段，一來私有資本力量薄弱，再者私企本來就是以追求利潤極大化而形成的組織，因此沒有私企有能力或是意願承擔這些發展任務。這也說明了為什麼國企的存在於發展中國家至今仍是一個普遍的現象。[2]

---

[2]　關於發展中國家國企的發展，參見Warterbury（1993）。書中詳細介紹了發展中國家國企非經濟性的、多重的組織任務以及為什麼國企改革困難成為一個跨經濟體系的現象。

雖然公有產權形式與國企並不是計畫經濟所獨有的經濟組織，但在計畫經濟體制中，國企的存在是爲了取代其他產權形式的組織，倚靠著國家的力量排擠其他產權形式的生存空間。這一點與許多國家中公、私有產權並存的情形有著明顯的差異。中共在建政之初，配合當時的時空環境考量，提出了以新民主主義作爲邁向社會主義的過渡。[3] 在新民主主義時期，經濟運行體制以國營經濟爲主導，但仍保有私人資本、合作經濟與個體經濟等不同產權形式組織的運作空間。該一過渡時期至1956年抵達了終點，國家所有制與集體所有制兩種公有產權形式成爲當時中國境內唯一的產權形態，此時的中國全面地進入了社會主義時期，建立起計畫經濟。

然而，計畫經濟有其制度性的缺陷，該一制度劣勢促使各社會主義國家在不同階段紛紛採取各種改革措施予以矯正。究其根本，計畫經濟在生產資源訊息協調以及生產動機結構兩個面向上面臨著難以克服的問題。在生產資源訊息協調方面，計畫經濟的運作原理是由官僚協調來取代市場機制，這可由計畫經濟有時候又被稱作指令型（command economy）經濟看出。計畫經濟要能夠有效地運作，其前提是行政官僚體系對生產相關的訊息要能夠隨時都有完全的掌握。考量到任何訊息都有相對應的成本，要完全掌握一切經濟活動的生產訊息就必須付出極高昂的代價，該一前提在眞實的世界裡幾乎是不可能存在的。再就生產動機來說，官僚協調是計畫經濟的運作機制，該機制運作是將社會利益視爲一個整體。不過，以此爲前提的假設同樣難以在現實世界中成立。面對各種經濟活動中，同一個國家中的每個人都會基於自己在生產關係中的角色而有不同的偏好，進而產生不同的利益。

簡言之，計畫經濟的有效運行是建立在現實生活中難以達到的前提假設。這也就不難理解爲什麼沒有任何一個社會主義國家計畫經濟達到原先預期的公平與均富的社會。甚至，計畫經濟在經濟增長方面每況愈下，生

3　關於中國新民主主義的經濟形態安排、朝向社會主義過渡的過程以及最終社會主義計畫經濟的確立，參見董輔礽（1999）。

活於其中的人民生活水準低下。與同一時期資本主義的經濟增長成果相比較，其劣勢顯而易見。各社會主義國家認識到對計畫經濟的調整與補強已無濟於事，市場機制的引入才有可能使該政權擺脫均貧的困境，重塑共產政權正當性。

照片8-1　傳統國企工廠車間與工人

資料來源：Cory M. Grenier。

參、國企改革

　　社會主義國家對於國企改革的初衷是爲了挽救計畫經濟以鞏固其共產政權。囿於意識形態，這些社會主義國家在經濟改革初始並未打算朝向市場經濟轉型，而是在不放棄計畫經濟前提下，嘗試各種各樣不同的經濟決策分權模式。有的是採行中央政府向地方政府分權，有的則是採取計畫協調向市場機制分權。不過，沒有一項在不放棄計畫經濟前提下的經濟改革措施是成功的，中國也不例外。

　　中國的計畫經濟體制在進入1950年代中期之後弊端一一浮現，促使中國政府[4]透過放權的方式進行國企改革，希望能夠改善國企的生產效率，

4　除另有標示外，本章內文的中國政府一律指涉的是中國中央政府。

而放權的對象則是地方政府。詳言之，1950年代中期至1978年改革開放前夕，中央政府透過企業下放的方式，將管理國企的權力轉交給了省和省以下各級地方政府，由這些地方政府因地制宜地管理國企。然而，各個地方政府為突出其管理國企的政績，地方保護主義促使它們之間形成了對生產資源的脫序競爭，最終導致中國整體經濟的混亂。中央政府只能再度把權力上收，企圖穩定經濟體制的常規運行。但是當權力上收中央之後，國企的生產活力又再度成為問題，催生出下一輪的企業下放。中國國企的管理體制就在「一放就亂、一亂就收、一收就死」的循環中不斷調整，同時也證明了計畫經濟有其根本的制度缺陷，唯有朝市場化的方向轉型方能突破前述惡性循環的現象。

　　因此，改革開放後國企改革中放權的對象就從地方政府轉為國企本身。國企在社會主義國家當中被視為政權合法性的來源之一，透過國企壟斷生產工具，以此消弭私人資本所帶來的勞資剝削關係。這也是社會主義國家成立初始紛紛採取計畫經濟的原因，透過計畫管理，政府控制著國企活動的方方面面，然而，該一管理模式扼殺了國企自主生產的動機。國企除了缺乏企業決策權外，同時國家基於社會主義意識形態提供國企補助。企業本身並不會因為低效、虧損而面臨倒閉，而是可以不斷經由上級官僚商議「軟化」（soften）預算約制，這就是匈牙利經濟學家科爾奈（János Kornai）提出的「軟預算約制」（soft budget constraint）的概念（Kornai, 1992: 140-145）。鑒於計畫經濟底下的國企缺乏企業運作應有的獨立性，改革開放時期的中國首先採取「擴大企業自主權」作為國企改革的手段。

　　在四川國企「擴大企業自主權」試點成功的經驗上，國務院於1979年推出「關於擴大國營工業企業經營管理自主權的若干規定」等多項文件，藉由放鬆計畫控制國企生產的「放權」與增加職工收入的「讓利」，達到促進企業生產活力的目的。「放權讓利」的方針主導了改革開放前期關於國企的改革，國務院在其後接續公布1984年的「關於進一步擴大國營工業企業自主權的暫行規定」與1992年的「全民所有制工業企業轉換經營機制條例」等多項方案。值得一提的是當時對國企「放權讓利」的種種措施

中，仿照農村改革的「承包」制也被引入了國企的管理。藉由國家官僚與國企商量一定的責任生產數量，超過該數量的收益將由企業自行處置，該一產權分配給予了企業積極生產的動機。然而，在基於政治意識形態而生的「軟預算約制」現象未解決前，國企不能作到真正的自負盈虧，同時還因為由承包制而生的尋租問題，搭配當時施行的雙軌制直接導致了市場交易混亂與物價飆漲。

「放權讓利」的改革策略並沒有真正改變政府與國企間的關係，國企仍缺乏商業動機，並未成為真正意義上的市場行為者。1990年代中國國企部門的虧損問題日趨嚴重，成為國家財政上的沉痾。[5] 有鑒於此，中共領導層對於國企改革的方向轉而著重在企業制度的建立，亦即1993年中共十四屆三中全會提出的「中共中央關於建立**社會主義市場經濟**體制若干問題的決定」中有關建立現代化企業制度的改革目標。根據該一文件，中國國企部門的公司化改制於1990年代後期展開，以挽救中國國有經濟的低效進而解決該部門的債務問題。在資源有限的情況之下，中國政府決定調整與縮小國有經濟的範圍（表8-1），在國有經濟「有進有退」的布局原則下從「抓大放小」的策略開始著手。換言之，將戰略意義較低、規模小的小型國企進行私有化或甚至是關閉；[6] 對於戰略意義較高、規模大的中、大型國企進行公司化改制。前者成為民營經濟的主力，後者則持續留在國有部門接受產權重組與上市。

5　根據Holz（2001: 342-367）的計算，當時的國有部門可以算是已破產。

6　在國有部門施行「抓大放小」策略之前，小型國有企業為數眾多、行業分布廣泛，因此中國政府對於這一類型的國有企業採取因地制宜採取多樣化的改革措施，根據董輔礽的整理有以下幾種方式：(1)股份制改造；(2)股份合作制的改造；(3)兼併、合併與出售；(4)承包、租賃與委託經營。關於各個改革措施細節，參見董輔礽（1999：402-411）。

社會主義市場經濟

相對於學術界將當今中國經濟體制歸類爲國家資本主義，中國官方宣稱其政經體制結合了社會主義與市場機制，屬於社會主義市場經濟。1993年中共十四屆三中全會的相關文件針對該一政經體制的安排進行了首次具體的論述，其後歷屆政府在此論述基礎上予以補強及調整。截至習近平第二個任期，該一政經體制的建設含括了兩個核心要素：第一，公有制爲主體、多種所有制共同發展的制度安排，並且強調國有經濟的主導作用。第二，以市場機制分配資源，同時以社會主義的計畫調節彌補市場機制之不足（國家發展改革委宏觀經濟研究院，2018）。

表8-1　2010-2021年按登記註冊類型國營企業法人數量

年分	全國國營企業數量
2010	153,800
2011	156,323
2012	159,644
2013	159,184
2014	130,216
2015	133,631
2016	132,373
2017	133,223
2019	745,47
2020	821,55
2021	783,57

說明1：表8-1數據來自於2011年至2021年各年度《中國統計年鑑》當中「按地區和登記註冊類型分企業法人單位數」資料，惟2019年《中國統計年鑑》的該筆資料呈現的是2017年的版本，而非2018年，因此表8-1缺少2018年的數據。

說明2：根據《中國統計年鑑》定義：「國有企業指企業全部資產歸國家所有，並按《中華人民共和國企業法人登記管理條例》規定登記註冊的非公司制的經濟組織。不包括有限責任公司中的國有獨資公司。」

資料來源：作者繪製，資料整理自《中國統計年鑑》（2022、2021、2020、2019、2018、2017、2016、2015、2014、2013、2012、2011）。

　　大致來說，歷經產權重組與上市改制的國企，首先是將非核心業務資產與員工、企業不良債權等保留在原企業當中，接著將核心業務與優良資產組建成由原企業控股的子公司並在資本市場上交易，促成股權多元化。根據中國政府的改革規劃，這些子公司透過上市的過程接受資本市場紀律的約束，同時多元化的股權結構也將促進公司治理的品質，最終有效改善國企的經濟表現。在國企公司化改制過程中，2003年成立的國務院國有資產監督管理委員會（國資委）扮演著重要角色。國資委的成立象徵著新的國有資產管理體系開始運作，其監管權力及於中央所屬的國企。與之呼應的是各省、直轄市、自治區等地方政府也紛紛成立地方國資委，作為地方國企的監管機關。一改過去對國企部門監管分散的現象，該一管理體系將管人、管事、管資產的權力集中於國資委。例如人員任用方面，透過對企業高層管理人員施行業績考核，國資委確定了國企的經濟責任制。國資委在推進國企部門公司治理方面也發揮著重要的功能，2008年起在國資委與中共中央組織部（以下簡稱：中組部）的推動下，中央國有企業（以下簡稱：央企）董事會試點已陸續開展。

　　然而，國資委身為黨國體制（party-state）中的行政機關，其作為往往超出了公司法的規範，對於健全國企公司治理與完善董事會制度形成挑戰（吳敬璉，2016）。再者黨國體制本身也是公司治理無法發揮作用的根本因素，例如如何兼顧中共「黨管幹部」原則與公司治理機制迄今仍未有一個清楚的解方，甚至在習近平上臺之後前者有凌駕後者的趨勢。2015年中共中央辦公廳印發《關於在深化國有企業改革中堅持黨的領導加強黨的建設的若干意見》中，黨的建設被納入公司章程，重新強調企業內部黨組織的領導角色。也因此許多關於中國國企改革的研究聲稱，在習近平擔任領導人期間出現新的國企治理模式，其中黨的集權控制將導致國企背離漸進式的市場化改革。不過，若從官僚部門設計、幹部管理體系、黨組織、政治運動等四個具體的國企治理機制，比較國企改革分別在習近平前兩個任期與胡錦濤任期內的發展，將會發現前者在這四個面向上都延續後者的

改革路徑。前者與後者的不同僅存在於程度上的深化，而非原則上的背離（Leutert and Eaton, 2021）。

　　總而言之，國企在任何政體形式的國家中皆面臨著執行經濟任務抑或政治任務的兩難（Waterbury, 1993）。國企執行政府所賦予的政治任務往往會損及其企業的經濟表現，但國企成立的初衷卻又多半出於政治考量，因此政府對於國企的干預在現實狀況下難以杜絕。這也解釋了為什麼歷經了公司化改制後的中國國企部門至今仍存在著「黨管幹部」原則。除了國企公司治理成效受限於黨國體制之外，國企「軟預算約制」現象仍持續著，國企基於中共政權的意識形態而無須擔心面臨破產、關廠的問題，經濟效率低落問題並未隨著國企改革的進程而獲得根治（Lardy, 2019；天則經濟研究所，2016）。

肆、民營企業的出現與發展

　　受到政權意識形態的影響，中國民企部門的發展過程相當曲折。即便在改革開放初期即存在著非國有部門的經濟活動，例如個體勞動者所從事的生產活動，然而伴隨經濟轉型過程中關於姓「社」、姓「資」的論戰與權力鬥爭，直到1990年代末期私有制才獲得國家認可與制度保障。然而，近年來**國家資本主義**體制的確立以及習近平上臺後強調「做強、做優、做大」國企，長期困擾中國民企部門的產權歧視問題又更一步的壓縮該部門的生存空間。

國家資本主義

國家資本主義一詞的內涵經過了三個階段的變化。該詞最先出現在列寧（Vladimir I. Lenin）於1921年所提出的新經濟政策（New Economic Policy），指涉的是一種邁向共產主義的階段性體制安排，最終的目的在於消滅私有產權。至1970年代，該詞的內涵已

發生了實質的變化，指涉的是發展中國家透過國有部門等國家干
預手段實行發展追趕，並且該體制的安排不再以消滅私有產權爲
目的。1990年代末期該體制成爲眾多發展中國家所青睞的經濟發
展模式，學術界針對該一現象的研究聚焦在可測量與可操作的概
念界定，例如Aldo Musacchio以及Sergio G. Lazzarini在其合著專
書《*Reinventing State Capitalism: Leviathan in Business, Brazil and
Beyond*》中將國家資本主義定義爲：「國家以在企業中占有多數
或是少數股權地位的方式，或是透過提供私人企業貸款或／與其他
優惠補助的方式，發揮其對市場運作的影響力」（Musacchio and
Sergio, 2014: 2）。

　　1970年代末期的改革開放政策帶動了非國有部門經濟活動的發展，然
而當時私有制仍是中共政權意識形態的禁區，因此將非公有制行動者所從
事的生產活動稱爲民營經濟。雖然在辭彙選用上避開了私有制的疑慮，不
過從所有制角度而言，其實民營經濟相當程度上指的就是私有經濟，[7]這
其中包括個體戶、鄉鎮企業、私企以及外資企業。起初被稱爲個體戶的個
體勞動者，以提供個體的手工勞動補充計畫經濟的不足，同時刺激經濟生
產的活力。不過基於對生產活動中「剝削」現象的疑慮，當時對個體戶的
開放並不允許僱用工人，直到1981年才放寬規定允許個體戶雇工最高達7
人（包括7人）。[8]不過，依照1982年所通過的憲法規定，個體經濟僅被
視爲是「社會主義公有制經濟的補充」，即便是在1988年對現行憲法的修
正案中私營經濟的字詞開始出現，不過仍載明「私營經濟是社會主義公有
制經濟的補充」。

---

[7]　鄉鎮企業例外，該類型企業屬於集體所有制，是公有制的一種。不過，由於鄉鎮
　　企業對於自身的經營自負盈虧，不存在軟預算約制的問題，因此被歸類在民營經
　　濟部門。

[8]　雇工8人以上（包括8人）則爲私營企業。

照片8-2 鄉鎮企業

　　雖然在法律地位與國家制度保障等方面，民營經濟部門不如國有經濟部門，但這並未妨礙民營經濟的發展。除了個體戶之外，1980年代時，屬於集體經濟的鄉鎮企業吸納因家庭聯產承包責任制而剩餘的農村勞動力，並創造了令人注目的生產力。1992年鄧小平南巡之後，朝向市場轉型的經濟改革重新獲得動力。1993年十四大三中全會公布：「在積極促進國有經濟和集體經濟發展的同時，鼓勵個體、私營、外資經濟發展，並依法加強管理。……國家要為各種所有制經濟平等參與市場競爭創造條件，對各類企業一視同仁。」在具備國家文件的背書後，私營經濟快速發展，填補當時因國企部門效率低落而產生的市場空缺。

　　前述國家文件對非公有產權形式的肯定在1997年的十五大報告中更為完整，私營企業在國有經濟「有進有退」的布局下獲得了空前的成長空間。1997年十五大報告中指出「公有制為主體、多種所有制經濟共同發展，是我國社會主義初級階段的一項基本經濟制度」。同時中國政府將此經濟制度納入1999年修訂的《中華人民共和國憲法》以及2002年修訂的《中國共產黨黨章》當中。加之當時因國有經濟布局「有退有進」施行的

「抓大放小」政策，私企數量大增，從業人員數量也快速增長。除提供大量的就業機會外，私企比國企靈活的管理機制，對中國經濟增長也發揮了關鍵性的作用。1990年代初期陸續賦予私企國家政策保障至2001年底，短短幾年間私企部門的產出即占了中國國內生產總值的50.5%（吳敬璉，2016：200）。在許多著重現代化管理、激發創新的產業中，紛紛出現了大型私企，例如阿里巴巴、騰訊、百度等高科技公司。

　　雖然民營經濟在國家政策的引導下有顯著的發展（表8-2），然而其經營環境仍長期處於國家獨厚國有經濟的威脅下，該一情況在近年來有逐漸惡化的趨勢。2005年中國政府發布「關於鼓勵支持和引導個體私營等非公有制經濟發展的若干意見」，該文件針對私營企業放寬其市場准入、增加金融與財稅方面的支持，同時提供相關社會服務與法律權益保障。可惜的是，這個文件政策在施行方面遭遇到體制既得利益者，例如國企部門的阻撓，使得私營企業至今仍面臨市場准入、金融信貸等障礙。特別是近年來中國國家資本主義體制確立，這些障礙對於私營經濟經營上的影響愈趨嚴重，導致中國國內市場開始出現「國進民退」的現象。同時，基於維護資本市場秩序與金融穩定，自2020年底起中國政府對從事平臺經濟的大型私有科技公司強化反壟斷的監管措施，祭出裁罰與整頓改革等要求。此舉更加深了私企對於未來前景的疑慮。在全球新冠疫情大流行過後，中國經濟的復甦之路，相當程度上將取決於如何恢復私營企業主的信心與重燃私營經濟的活力。

表8-2　2002-2015年全國私營企業發展情況

年分	註冊家數（萬戶）
2002	263.83
2003	328.72
2004	402.41
2005	471.95
2006	544.14

表8-2　2002-2015年全國私營企業發展情況（續）

年分	註冊家數（萬戶）
2007	603.05
2008	657.42
2009	743.15
2010	845.51
2011	967.68
2012	1,085.72
2013	1,253.86
2014	1,546.37
2015	1,736.37

資料來源：作者繪製，資料整理自《中國企業發展報告2016》。

伍、外商投資企業的出現與發展

　　中國經濟轉型始於「改革開放」政策的提出，轉型過程中「改革」與「開放」是同時進行且相輔相成的。改革計畫經濟並建立市場機制將可消除資源配置上的扭曲，對外開放則有助於市場的運作與效率的提升。本章前面的小節已說明了中國企業部門所歷經的改革，本節將介紹該部門對外開放的策略與發展，主要集中在外商投資企業的面向。中國經濟在轉型初期缺資金也缺技術，面對這些經濟發展上的限制，其領導人決定採取「市場換技術」的策略，透過國內廣大市場的優勢吸引外商投資並引入先進的技術。該一「外向型經濟發展戰略」有別於其他東亞經濟體所採取的經濟發展模式，對於外商投資採取較爲開放的政策作爲。

　　自1970年代末期起，中國政府接續頒布多項法規與優惠政策，吸引中國本地以外的資本以中外合資、中外合作與外商獨資的形態進入本國市場，這三類企業統稱爲三資企業。首先是1979年7月頒布的《中華人民共

和國中外合資經營企業法》，該法為外商在華投資打開了大門。接著在
1980年代又頒布了《中華人民共和國外商投資企業法》與《中華人民共和
國中外合作企業法》。在法規設立的基礎上，1990年代中國政府進一步公
布相關的施行細則，將對三資企業在華經營的法律保障具體化。此外，在
稅收方面，中國政府對於外商投資企業也給予「超國民待遇」優惠。例如
自1979年至1983年間，合營企業所得稅的稅率為33%，不過外資企業享有
第一年免徵所得稅，且第二年減半的優惠。同時，為了讓各地方能夠因地
制宜地招商引資，中央政府自1980年代起向地方政府下放項目審批權。有
鑒於招商引資的成效與經濟成長是地方官員考核與晉升的主要指標，各地
方政府競相推出優惠政策吸引外資，進而誘發地方官員間的「政治錦標
賽」（周黎安，2007）。

照片8-3　外資企業在中國

資料來源：Cory Doctorow。

　　中國政府吸引外資的策略成效斐然（表8-3），自1992年起中國蟬連
發展中國家吸引外資第一位。伴隨著經濟特區與沿海開放城市的設立，外
資在開放初始階段主要集中在東部沿海地區，帶動了該地區經濟的快速
增長以及先進技術與設備的引進。為了將外資帶動的經濟正面效應從沿海
地區擴散到內陸地區，同時也為了平衡區域間的發展，中國政府自2000年

前後陸續推出政策鼓勵外商深入內陸省分城市進行投資。例如配合「西部大開發」的國家戰略，2000年發布的《中西部地區外商投資優勢產業目錄》，根據中西部各地區的當地條件以多種優惠政策引導外商針對目錄陳列的產業進行投資。雖然中國政府有意識地進行引導與鼓勵，基於基礎建設條件、產業聚集效應、政府行政效率等考量，外資進入內陸省分城市的意願仍然不高。以商務部公布的外資統計公報來看，直至2017年外資區域分布失衡的狀況仍然持續，外商投資的重點區域仍高度集中在東部沿海區域，占外資新設企業數量的九成以上（中華人民共和國商務部，2018）。

表8-3　截至2021年外商直接投資情況（單位：億美元）

年度	企業數	實際使用外資金額
1979-1982	920	17.7
1983	638	9.2
1984	2,166	14.2
1985	3,073	19.6
1986	1,498	22.4
1987	2,233	23.1
1988	5,945	31.9
1989	5,779	33.9
1990	7,273	34.9
1991	12,978	43.7
1992	48,764	110.1
1993	83,437	275.2
1994	47,549	337.7
1995	37,011	375.2
1996	24,556	417.3
1997	21,001	452.6

表8-3　截至2021年外商直接投資情況（單位：億美元）（續）

年度	企業數	實際使用外資金額
1998	19,799	454.6
1999	16,918	403.2
2000	22,347	407.2
2001	26,140	468.8
2002	34,171	527.4
2003	41,081	535.1
2004	43,664	606.3
2005	44,019	724.1
2006	41,496	727.2
2007	37,892	835.2
2008	27,537	1,083.1
2009	23,442	940.7
2010	27,420	1,147.3
2011	27,717	1,239.9
2012	24,934	1,210.7
2013	22,819	1,239.1
2014	23,794	1,285.0
2015	26,584	1,355.8
2016	27,908	1,337.1
2017	35,662	1,363.2
2018	60,560	1,383.1
2019	40,910	1,412.2
2020	38,578	1,493.4
2021	47,647	1,809.6
總計	1,087,860	26,207.7

說明：根據《中國外資統計公報》定義，實際使用外資金額係指合同外資金額實際執行數，包括境
　　　外投資者實際繳付的註冊資本、營運資金，以及受讓境內投資者股權實際支付的交易對價。
資料來源：作者繪製，資料整理自《中國外資統計公報2022》，頁25-26。

對於外資企業施行「超國民待遇」的優惠政策有其時代背景的因素。改革開放初期，身為社會主義國家的中國受困於計畫經濟的低效與市場機制的缺乏，透過優惠措施吸引外資以彌補本國在資金、技術、管理與設備等方面的不足。加之外資大多來自市場條件較為成熟的經濟體，對於營商環境與制度性規範的要求較高，透過它們在中國國內市場的經濟行為促進當地經濟體制的改善。換言之，在中國市場以及其中企業部門從無到有的過程中，外資發揮著積極正面的功能。然而，對外資的「超國民待遇」也無可避免地壓縮了中國本土企業的競爭力與生存空間。因此1995年十四屆五中全會通過的《中共中央關於制定國民經濟和社會發展「九五」計畫和2010年遠景目標的建議》首次提出「對外商投資企業逐步實行國民待遇」的方向。在接下來的十五年間，中國政府分階段取消各種外商投資的優惠政策，陸續統一了外資企業與本國企業的稅賦政策，直至2010年12月1日起對境內外商投資企業、外國企業與外籍個人徵收城市維護建設和教育費附加，正式結束外資在稅務政策上的「超國民待遇」。身為全球經濟體的重要行動者，中國對於外資管理體制也不斷針對國內、外的情勢發展進行調整。自2020年1月起中國政府施行新《外商投資法》，該法對於外資採取「准入前國民待遇加負面清單管理制度」，力求改善中國經商環境的透明度與公平性。

陸、結論

本文一開始即指出自改革開放以來中國的企業部門歷經了一個從無到有的過程。計畫經濟時期的國企以達成政府指令為其營運目的，以此觀之，國企屬於政府部門而非企業部門。進入改革開放時期後，各階段的國企改革方案即在促使國企成為市場經濟中盈利導向的現代化企業。除了對於公有產權主體進行改制，中國政府在經濟轉型的過程中也給予非公有產權主體相當程度的經濟活動空間。本文所介紹的民營企業與外資企業即是

中國國內市場最主要的兩種企業行爲者。然而，基於社會主義與黨國體制的政治制度安排，國企的營運至今仍未完全接受市場機制的支配。中國政府獨厚國企也直接壓縮了其他產權形式企業的經濟空間與權益，產權形式之間的不平等待遇也成爲了現今中國國家資本主義的主要特徵之一。

　　最後值得一提的是，近來在中美競爭日益加劇的地緣政治影響下，中國企業在海外的角色也備受檢驗。除了國企因與中國政府的關係緊密而受到多國嚴審與制裁之外，私企的角色也備受關切。隨著黨國體制對私企部門干預日漸加深，加之私企在新興科技領域的市場領先地位，國際上愈來愈多的擔憂聚焦在這些企業的獨立性及其爲中國政府政策服務的可能性（Pearson, Rithmire, and Tsai, 2022）。企業的角色在未來一段時間內仍將會是中美關係摩擦的重要議題。

關鍵詞：外資企業、民營企業、財產權、國企、漸進式改革

延伸閱讀

1. 林毅夫，2004，《發展戰略與經濟改革》，北京：北京大學出版社。
2. 吳敬璉，2016，《當代中國經濟改革教程》，上海：上海遠東出版社。
3. 張維迎，1999，《企業理論與中國企業改革》，北京：北京大學出版社。
4. János, Kornai. 1992. *The Socialist System: The Political Economy of Communism*. New Jersey, Princeton: Princeton University Press.
5. Naughton, Barry. 2018. *The Chinese Economy: Adaptation and Growth*. Cambridge, MA: MIT Press.

思考問題

1. 中國國企部門歷經了哪些改革？成效爲何？
2. 中國民營企業遭遇哪些產權歧視？其原因爲何？
3. 外資企業與中國經濟發展的關係爲何？
4. 中國國家資本主義的特徵爲何？形成原因爲何？

參考文獻

一、中文

中華人民共和國商務部，2022，《中國外資統計公報2022》，北京：中華人民共和國商務部。

天則經濟研究所，2016，《國有企業的性質、表現與改革報告》，北京：北京天則所。

吳敬璉，2016，《當代中國經濟改革教程》，上海：上海遠東出版社。

周黎安，2007，〈中國地方官員的晉升錦標賽模式研究〉，《經濟研究》，7：36-50。

國務院發展研究中心企業研究所，2016，《中國企業發展報告2016》，北京：中國發展出版社。

國家發展改革委宏觀經濟研究院，2018，《中國特色社會主義政治經濟學理論體系研究》，北京：人民出版社。

董輔礽，1999，《中華人民共和國經濟史》，香港：三聯。

二、英文

Holz, Carsten A. 2001. "Economic Reforms and State Sector Bankruptcy in China." *The China Quarterly* 166: 342-367.

János, Kornai. 1992. *The Socialist System: The Political Economy of Communism.* Oxford, UK: Oxford University Press.

Lardy, Nicholas. 2019. *The State Strikes Back: The End of Economic Reform in China.* Washington, DC: Peterson Institute for International Economics.

Leutert, Wendy, and Sarah Eaton. 2021. "Deepening Not Departure: Xi Jinping's Governance of China's State-owned Economy." *The China Quarterly* 248: 200-221.

Musacchio, Aldo, and Sergio G. Lazzarini. 2014. *Reinventing State Capitalism: Leviathan in Business, Brazil and Beyond.* Cambridge: Harvard University Press.

Pearson, Margaret M., Meg Rithmire, and Kellee S. Tsai. 2022. "China's Party-State Capitalism and International Backlash." *International Security* 47(2): 135-176.

Waterbury, John. 1993. *Exposed to Innumerable Delusions: Public Enterprise and State Power in Egypt, India, Mexico, and Turkey.* New York, NY: Cambridge University Press.

第九章

中國大陸社會結構與轉型

曾偉峯

壹、前言

中國大陸社會自1949年中國共產黨建政後，經歷了巨大的變遷，在毛澤東與中共希望讓中國大陸邁向比英美資本主義社會更為公平且富裕，沒有階級剝削的社會主義社會的目標下，中國大陸的經濟生產、傳統社會與政治制度已天翻地覆。由於如此體系未能如願讓中國進入社會主義社會，毛澤東去世後，1980年代中國採行了經濟改革，中國進入了另一個階段。引入市場經濟，讓中國社會逐漸變得多元，儘管經濟改革成功促進經濟成長，造就中國經濟發展奇蹟，然而社會發展與轉型也造成了許多治理難題，其中包含了城鄉問題、收入不均，以及人口結構問題等。這些問題至今仍是中國共產黨治理社會的挑戰。

貳、中國大陸社會

一、中國大陸社會思想

中國在中國共產黨統治下，採取中國特色的社會主義思想。中國特色的社會主義思想歷經多次演化，根據馬克思的科學社會主義思想的想像，社會主義治下的社會是一個高度發展的社會，是比資本主義還要進步的社會，因為已經消除剝削勞工的資本家階級，人人平等。因此在社會主義下社會沒有階級之分，每個人依照自己的天賦與興趣做事，其經濟體系

爲「各盡其能，按需分配」。中國共產黨在1949年執政後，在毛澤東執政下，採取蘇聯式的社會主義，即透過國家高度集權，統一管理社會以及發展經濟，來追求快速過渡到社會主義的階段。1976年毛澤東去世後，鑒於過去追求快速過渡到社會主義手段之失敗，掌權的鄧小平提出中國特色的社會主義，即允許私營經濟以及市場機制來發展中國經濟，藉以邁向社會主義過渡階段，「先讓一部分人富起來」，再逐步朝向社會主義邁進。有中國特色的社會主義仍是當前中國發展經濟之基礎以及主要社會思想。

二、中共建政後社會制度與發展

　　1949年中共建政後，採取與蘇聯相同的國家社會主義路線。人民財產、經濟活動、社會生活等，由國家集中管理，經濟發展則採取「計畫經濟」模式，依照政府設定的規劃統一進行社會經濟生產。社會管理上，城市居民「工作單位」負責管理居民生活，農村群眾的日常起居以及農業生產則由「人民公社」統一管理，城市與農村的戶籍則無法轉換。因此，人民一切活動是依附在其所屬的組織下，城市採「**單位制**」，農村採「**公社制**」，國家對社會領域進行全面管控。中共採取國家社會主義的目的除了符合其社會主義意識形態本質外，另方面則在於快速集中資源發展經濟，例如控制農村生產的農產品賣到城市的價格，由於國家可以將獲取利潤挹注在工業生產，可藉以加快當時中國落後之工業化速度。不過「計畫經濟」以及單位制、人民公社等「集體制」也衍生了許多問題，例如因爲農村、城市農產品價格剪刀差剝削農村發展停滯不前，以及集體生產制度下獲得的薪資與分配的資源額度同等狀況下，農民與工人缺乏動機去提高生產力或是投入更多的心力生產，最終導致產能不如預期，也讓內戰結束與中共建政後復甦的經濟成長再次停滯。

單位制

單位是工作單位的簡稱，單位管理中國城市居民全部日常生活，是1979年改革開放前中國社會管理的一個重要制度安排，單位掌管的功能包含了資源配置、社會動員、工作管理等。

公社制

公社指的是人民公社，是1949年後中國共產黨在農村建立的集體農場式的管理制度，公社管理中國農村生活的所有機能，將農民集體式管理，包含生產管理、資源調配與動員等，公社由生產大隊組成，生產大隊以下包含了生產隊以及生產小組。公社規模約等同一個鄉或鎮、生產大隊則約為一個村。

三、改革開放後的社會制度與發展

　　1978年中國大陸進行經濟改革，捨棄原先採取的國家統一管理之集體經濟，允許私營經濟以及市場交易，在改革政策下，城市居民被允許交易商品，經營企業，農村居民可以保留部分農業勞動所得，這些措施激勵人民更加努力進行經濟生產。也因此，改革開放後，既有社會管理體制如「單位制」與「人民公社」也無存在之必要，人們的生活與各項活動不再跟其就業的組織「綁」在一起，地理的遷徙受到允許，也因為改革引進市場機制後，社會生產更多元，不同社會階層也逐漸浮現出來，舉例而言，過去「集體經濟」生產沒有資本家（老闆）或是盤商，這些階層都在改革後再次出現。不過，中國仍然嚴格限制城市與農村戶籍，因此儘管引進市場化機制以及允許社會流動，人們的農村或城市戶口仍然無法任意更動。

四、2000年後進入資訊社會的社會發展

　　現在中國大陸社會逐漸走向資訊化的社會，根據中國大陸官方國家互聯網信息中心統計資料，截至2020年12月，中國網路使用者數量達9.85億，網路普及率達到70.4%，網路使用者使用手機上網的比例有99.7%，顯示行動通訊在中國普及程度相當高（圖9-1）。[1] 中國資訊網路的發達，也帶動了線上消費的普及以及線上通訊軟體的發達，然而目前中國網路仍然受到政府嚴密管控，儘管中國國內網路相當普及，然而與國際連線仍然受到政府限制，因此中國的網路世界自成一個體系，許多中國國內普遍使用之通訊軟體以及程式，例如微博、WeChat等中國社會普遍使用的

圖9-1　中國大陸網路使用者數量變化（單位：萬人）

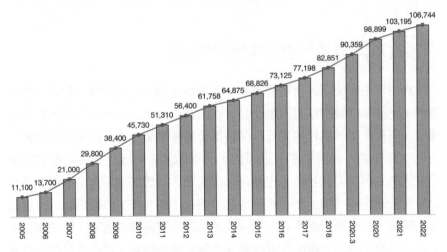

資料來源：第五十一次《中國互聯網路發展狀況統計報告》，中國互聯網絡信息中心，https://cnnic.cn/n4/2023/0302/c199-10755.html。

---

[1]　目前中國官方每年會公布網際網路發展的數據與報告，相關資料可參考中國互聯網絡信息中心，https://www.cnnic.cn/。

社群軟體，在中國以外的地區並不普及，中國政府限制網路連外，一方面可以扶植國內相關資訊產業，另方面也讓政府得以透過控制資訊傳播來管控當前高度資訊化的中國社會。

參、中國大陸社會結構概況

一、階層結構

　　中共建政初期，社會階層結構基本上是依照中國共產黨所稱的之四大階級並存。四大階級包含了：工人階級、農民階級、城市小資產階級和民族資產階級。由於當時還尚未將所有企業收歸國有，社會仍存在個體商人（城市小資產階級）以及與外國資本無聯繫的企業（民族資本階級）。1950年代中共在毛澤東領導下，全面朝社會主義總路線過渡，將所有私營企業透過公私合營或是國有化，資產階級逐漸消失。到1978年改革開放前，中國的階層僅剩工人、農民以及負責執行政策的幹部三大階層（段若鵬、鐘聲、王心富、李拓，2002）。1960年代，毛澤東發動文化大革命，階級變成了個人身分的重要歸屬，工人、貧農、解放軍、革命幹部、革命知識分子等被視為代表共產主義革命的紅五類，而地主、富農、對共產革命持異議的反革命分子、壞分子、右派等，被視為黑五類階級，在當時的政治環境，階級分類之功能著重在政治鬥爭，不同階級彼此鬥爭也造成社會分裂，引起社會動盪與混亂。

幹部

　中國大陸對於黨政官員多稱為幹部，包含了行政管理幹部與專業人員。

　　改革開放初期，中共極力走出文化大革命的動盪不安，階級或階層的分類變成談論的禁忌，避免將社會大眾「劃階級、劃成分」。一直到了2000年左右，中國社會轉型迅速，中國社會學家注意到了社會收入差距加大，資源分配不均的問題逐漸嚴重，因此開始觸碰階層分類之問題。此時的社會分層，大多以「職業」作區別，從各個職業的聲望、實質的經濟收入，以及可能掌握的權力等面向，去將各個職業歸納在階層的上層、中層或是下層。舉例而言，有學者將職業分爲國家機關、黨群組織、企業／事業單位之負責人、辦事人員、商業從業人員、服務業人員、農林漁牧水利生產人員幾類，對社會進行這些職業地位、經濟收入、權力看法的問卷調查，綜合分析得知國家機關、黨群組織、企業／事業單位負責人這一職業類別得到最高分數77分，而農林漁牧類別則得到最低的13分，由此來觀察中國當前的社會分層（李培林、李強、孫立平等，2004）。

二、人口結構

　　中國是全世界人口最多的國家，[2]根據最新2020年人口普查資料，中國的人口總數已經達到了14.11億。若按照2020年臺灣人口爲2,357萬，中國人口數約爲臺灣的60倍。中國人口眾多成爲1978年改革開放重要的一個優勢，在改革開放初期，中國的戶籍制度不再嚴格限制城鄉居民的流動，因此有大批的農村勞動力進入城市，對製造業供應著低廉且大量的勞工，吸引了許多外商企業赴中國投資，是帶動中國經濟奇蹟的重要力量之一，中國改革開放後具有廣大的勞動力階層，以及相對較少的老年與幼齡扶養人口，也被稱爲帶動中國經濟發展的「人口紅利」。儘管人口數眾多，但是人口結構卻是造成社會問題的重要因素之一。首先，若根據2018年的數據計算，中國人口男女比例約爲1.05，依舊是重男輕女的社會。此外，隨著經濟成長，人民生活改善，平均壽命增加以及生育率降低，中國的人

---

[2]　不過根據聯合國統計資料顯示，印度人口將在2023年超越中國成爲世界最多人口國家。

口扶養比例也逐漸增加，如圖9-2所示，中國人口老年人扶養比例逐年上升，而幼兒扶養比例下降，這數字顯示著隨著經濟迅速發展，老年人口增加而幼兒人口減少，換言之，中國人口結構亦逐漸走向高齡化與少子化的社會。

圖9-2　中國大陸人口結構變化趨勢（單位：萬人）

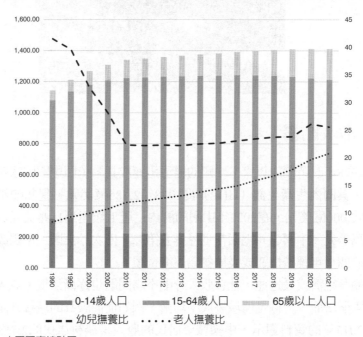

資料來源：中國國家統計局。

照片9-1　農村留守兒童

三、收入結構

　　1978年改革開放以來，中國的經濟迅速成長，依照中國國家統計局的資料，其國內生產毛額（GDP）從1978年2,185億美元，到2000年已經達到1兆2,000億美元，在2022年中國的國內生產毛額達到18兆美元，人均收入破萬美元。中國GDP總額在世界排名第二，僅次於美國。中國改革開放以來的四十年經濟快速成長被譽為經濟奇蹟。

　　隨著經濟成長迅速，社會收入分配不均問題也逐漸浮現。收入不均呈現在兩個層面，一個是區域發展不均衡，例如前面談到的城鄉差距逐漸加大，2017年的資料顯示，中國城市居民的收入是農村居民的2.7倍，2016年的資料也顯示，中國的東部沿海省分GDP是西部地區的1.85倍，區域發展不均問題嚴重；另一個層面在於個人貧富差距拉大。基尼係數（Gini coefficient）是國際上慣用測量一個國家的貧富差距的指數，基尼係數介於0～1，數值愈高代表一個國家的富人與窮人之間的收入差距愈大，如果數值等於1，代表全國的財富都集中在一人身上；其若等於0，表示全國財富平均分配給所有居民。中國官方2003年公布其基尼係數為0.479，呈現了中國經濟發展帶來的不均，到了2008年更達到0.491，儘管之後逐年下

降，但仍然高於0.46。顯然中國經濟發展的背後，貧富差距已經成爲社會嚴重的問題之一。

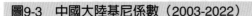

圖9-3　中國大陸基尼係數（2003-2022）

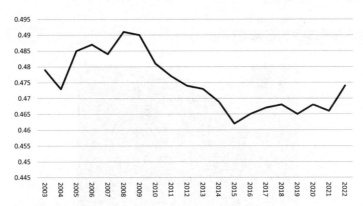

資料來源：中國國家統計局。

肆、中國大陸社會轉型與社會問題

一、農村問題

　　如前所述，中國大陸1978年改革開放後，經濟結構快速改變，隨著引入市場經濟，社會階層愈來愈多元。儘管社會多元化，中國大陸自共產黨建政以來的結構性問題並沒有解決，其中一個最重要的問題，就是城鄉發展不均的問題。前已提及，中國共產黨在1949年建政以後，開始逐步推行「計畫經濟」，由政府透過計畫方式，決定企業生產份額與分配商品，中共目標透過「計畫經濟」快速解決中國工業化嚴重落後西方國家的困境，並認爲此方式可短時間讓中國工業生產力提升，「計畫經濟」下農村生產的剩餘被國家拿去補貼工業生產，簡單說就是城市工業生產可以透過較低

價的農產品成本，獲取更高盈餘，這種以農補工的方式也被稱為價格「剪刀差」。也因此，1950年後的中國城市與農村的生活差距開始拉大，形成「城鄉二元結構」，亦即市民與農民的生活截然不同，市民享受比農民更好的生活。改革開放後，這樣的差距仍然延續下去，也就形成了中國政府一直棘手的「三農問題」。

照片9-2　中國農民工在城市打工

　　改革開放以來，三農問題是中國政府最重視的社會問題之一。「三農」指的是「農民、農村、農業」，1990年代由中國經濟學家溫鐵軍提出後被廣泛引用，而三農問題依據中國大陸的說法，基本上可以用「農民真苦、農村真窮、農業真危險」來概括。三農問題主要因農民收入低，但是稅負與規費負擔重，農村生活水平相當落後，並且缺乏基礎建設，而農業發展滯後以及農地被官員大量賤賣等問題，引發了中國農村社會的動亂不安。「三農問題」引起了中國政府的高度重視，自從1982年開始，中國政府每年發布的第一份文件（又稱「中央一號文件」），基本上都是針對「三農問題」[3]，也因此，「中央一號文件」也成了每年中共對農業問題立場的代名詞。改革開放後的中國社會流動加大，由於經濟發展，沿海城市設立了許多加工廠、企業等，大量人口從農村流向城市，然而農村仍然

---

[3]　除了1987年到2003年之外，所有中央一號文件都是針對農業問題發出指示。

有著龐大的農民進行農業活動，而農村的經濟發展就成為改革開放後一大社會問題。農民問題自古以來就是中國難以解決的問題，改革開放以後，人民公社制逐漸淡出歷史舞臺，農村採取「包產到戶制」，即農民在耕作上上繳完一定額度的生產作物，剩餘部分被允許留下為農民個人所用，此制度讓農民更有動機去進行農業生產。此外，中國大陸在1949年中共建政以後，大力發展重工業，民生輕工業被忽視，改革開放以後民生需求大量增加，農村出現了許多鄉鎮企業，製造技術含量低的低價民生用品，獲得了極大的成功，這些企業由地方政府經營，被視為改革開放早期經濟發展的重要動力。然而因為1990年代後，鄉鎮企業逐漸無法與更有生產優勢的民營企業競爭，導致大量鄉鎮企業倒閉或轉型成民營企業，地方政府的收入銳減，此時中國進行稅制改革，要求地方政府在許多建設自籌財源，極大財政壓力下，農村政府巧立名目向農民收各項稅費，造成農民極大負擔，也讓農民更加窮苦，農村怨聲載道，農民抗爭不斷。為了緩解這個問題，中國中央政府2006年全面取消農業稅。

「三農問題」導致了許多社會問題，例如因為農民收入低難以餬口，因此大量流動到城市去打工，成了農民工，但是缺乏城市戶籍，農民工變成了城市邊緣人。農民工因為嚴格的戶籍制度，無法取得城市戶籍，也無法享有城市戶籍居民的社會福利措施與相關補助。許多農民工群居在城市邊緣，無法取得城市戶籍只能居於底層階層，或是變成流動人口。農民工的流動對中國的社會穩定以及城市治理產生了許多挑戰。根據中國官方統計資料，中國農民工人數約有2億8,800萬人，年增率約1.5%。農民離鄉打工也對中國廣大的農村產生了影響，例如農民工的小孩往往需留在鄉下交由更年老的長輩照顧，成為「留守兒童」，或者是年輕人都外出打工，家鄉只剩老人獨居形成「空巢家庭」，「留守兒童」以及「空巢家庭」是中國大陸用來描述社會現象的詞彙，也代表轉型社會下的農村問題。至今這些問題仍然持續存在，每年中國大陸春節龐大的流動人口以及層出不窮的農村抗爭，都是「三農問題」的一環，也是中共過去政策導致城鄉差距問題至今仍然承擔的後果。

二、少子化與高齡化問題

　　如前所述，中國雖然是世界人口大國，但是因為經濟發展與社會變遷，生育率逐年降低，將來中國社會轉型與許多已發展國家都面臨相同問題：少子化與高齡化。人口政策自中國共產黨建政以來是一個重要的社會政策，中共採取計畫經濟，社會各式各樣的經濟生產與需求都由國家分配，在此狀況下，工作單位負責居民的食衣住行，人民對工作單位則是形成「組織性依賴」（Walder, 1986），加上1950年代開始，中國人口增加幅度大，1949年中國人口約5億左右，到了1970年人口約有8億，到了1980年則達10億，快速增加的人口讓中國政府感到人口壓力，也擔憂人口的增加會造成社會貧窮與不利經濟轉型，因此在1980年代鄧小平主政下，中國對人口結構採取限制措施，制定「一胎化政策」的計畫生育政策，規定一對夫婦僅能生育一個孩子。此舉讓中國成為世界上生育率極低的國家，減少了中國的人口增加壓力。

　　隨著經濟轉型以及生活條件改善，中國社會對結婚與生育的態度也逐漸改變，「一胎化政策」也相應改變。2010年後，中國政府認為其龐大人口帶來的人口紅利正在下降，即中國製造業依賴的廉價勞動力正隨著人口增長減緩以及年輕人口層逐漸萎縮，將不利於中國的經濟發展。因此，2015年中國政府決定全面開放二胎，一胎化政策走入歷史。然而儘管開放二胎，中國的生育率仍然沒有顯著提升，年輕世代對於結婚生育之態度已經改變，故取消計畫生育開放二胎並未顯著提高出生率，少子化問題仍是將來中國政府需要解決的問題。

　　經濟發展與社會轉型的另一個人口結構性問題，是中國的高齡化。隨著生活條件的提升，醫療品質的改善，中國老年人口的壽命逐年增加，1949年，中國人的平均壽命為35歲，到了1980年改革開放初期，人均壽命為68歲，到了2022年人均壽命為77.93歲，高於全球平均。中國人口自從2000年開始迅速老齡化，目前的老年人口規模大，根據中國人口第七次人口普查資料顯示，2020年中國60歲以上的老年人口超過2.6億，65歲以上

人口也超過1.9億，老年人口（60歲以上）占比18.7%，而80歲以上人口預估在2020年將達3,580萬人（人民網，2021）。老齡化問題在農村地區更加嚴重，農村年輕人口外移嚴重，但醫療、衛生等基礎設施仍然遠落後於城市，空巢老人與失能老人缺乏照護，農村老人對於社會福利與長期照護的需求遠高於其他地區。

少子化與老齡化是中國社會轉型趨勢，也是中國政府需面對的問題。若生育率下降，老年人口又持續增加，老年扶養比上升，而老年人口需要的照護如養老機構、社會福利、養老金、老年醫療等，則需要注入更多的政府經費建立相關公共服務，然而若少子化趨勢不變，年輕人口數量減少，可能衝擊產業與消費，導致稅收與政府經費減少，讓政府建立老年人口的公共服務更加困難，這些都是當前中國社會人口結構轉型所要解決的難題。

三、分配不均問題

如前所述，收入不均自中國大陸改革開放以來逐漸嚴重並產生許多社會問題。然而除了收入分配不均外，更重要的問題是收入不平等究竟是取決於社會上個人的努力或才能，還是取決於某些結構性因素。換言之，問題在於社會流動的機會是否公平。1978年中國共產黨十一屆三中全會，確立以經濟改革與對外開放為主的政策，捨棄原先國家統一管理的集體經濟模式，引進市場機制讓人們可以保留工作獲利，激勵生產力。問題在於，市場機制是否真的帶來了公平機會讓窮人可以翻身，提高社會流動？

改革開放後不久，機會公平這個問題受到廣泛的討論，1985年美國學者倪志偉（Victor Nee）提出了「市場轉型論」（Market Transition Theory），他認為，中國原先的集體經濟，由國家分配資源，而國家的運作則取決於官僚與幹部，因此雖然是走集體經濟模式，幹部官僚的收入與享有資源多於群眾。經濟改革後，因導入市場機制，官僚不再壟斷資源，因此造成社會資源的重新分配，窮人可以透過在市場上努力翻身，而官僚

幹部的經濟地位可能因為缺乏經濟技能而沒落，此即「市場轉型論」的主要論點（Nee, 1989）。

　　「市場轉型論」受到各方挑戰，許多專家學者認為，中國經濟改革後雖然引進市場機制，然而官僚幹部仍然大大從引進市場機制中獲益，首先他們是最瞭解政策的人，再者他們仍然掌握龐大的行政資源，而改革初期仍採集體經濟與市場經濟雙軌制，他們可以透過行政資源從集體經濟取得廉價商品拿去市場上賣後獲取暴利，這種倒買倒賣的行為被稱為「官倒」，是改革開放初期嚴重的社會問題，造成了中國社會普遍不滿，1989年天安門學生運動的訴求之一，就是打倒「官倒」。另外，改革開放後，國有企業單位功能不再，許多企業因無法成功在市場上競爭而倒閉，導致許多員工離開國有企業（中國稱之「下崗」），加上許多無法找到工作的人，選擇開設小攤販（中國稱之「下海」），經營不善者也多有人在。因此，中國經濟改革雖然打破過去齊頭式平等，但是市場帶來的經濟機會未必是真正平等，也讓「市場轉型論」受到嚴重挑戰。

　　中國目前收入不平等的問題仍然相當嚴重，一方面是許多人在改革開放初期時經營成功，已經掌握了市場先機，而在之後的經濟發展過程中持續掌握大量金融資源與市場機會，另一方面是政府仍然掌握龐大的經濟資源，新興產業如網路經濟、電子產業、生技產業等，都需要投入大量資源，許多崛起的大型企業，如阿里巴巴、騰訊等都與政府有緊密的連結，因此即使是採市場經濟，但是國家的角色仍然無所不在，已經掌握資源者，以及與政府關係良好者，持續成為市場的贏家，在機會不公平的條件下，收入不平等的現象難以改變。中國貧富差距的加大，也造成社會許多問題，例如中國民間經常性抱怨「看病難」、「上學難」、「就業難」，「住房難」等，被視作影響社會穩定的重要社會問題。如何解決中國民眾，特別是弱勢階層的醫療、教育、就業以及居住問題，不僅需要活化社會政策，也與中國社會貧富差距日漸增加的收入結構有關。

　　不過儘管貧富差距問題嚴重，中國社會仍然逐漸出現一群中產階級，從收入來看，中國中等收入群體的數量不斷增加，中國社會科學院2019年發表的「2020年社會藍皮書」指出目前中國家庭的「中等收入群體」（10

萬至50萬人民幣）已有4億人，顯示中產階層群體已有一定規模。根據歷史經驗，中產階級的興起可能造成社會對於參政以及言論自由的要求，若中國政府要解決貧富不均問題，勢將發展更廣大的中產階層，是否中產階層興起會導致政治發展與自由化，也是值得關注的問題。

伍、中國大陸社會政策

一、戶籍制度改革

1958年1月9日，中國政府頒布了「中華人民共和國戶口登記條例」，確立了在中國採取嚴格的戶籍制度，管理人民遷徙與移動，並且從中央到地方，再到基層單位，都有戶籍機關甚至戶籍警察負責處理戶籍事務。改革開放前，戶籍制度的功能包含了四點：（一）收集人口資訊。戶籍制度將居民登記在冊，協助收集與存儲人口資訊；（二）作為分配資源的依據。例如配合以農補工政策，提供城鎮戶口居民津貼與資源；（三）管制人口流動。特別是避免農民向城市流動；（四）社會控制工具。政府可透過戶籍制度以及戶籍管理機關追蹤並監管政治異議分子（王飛凌，2017：76-77）。

隨著1980年代中國經濟改革開放，統管經濟活動的單位體制走入歷史，市場經濟允許國內人民移動尋求工作機會，因此到了1984年4月6日，中國發布《中華人民共和國居民身分證條例》（1985年9月6日施行，2003年修訂為《中華人民共和國居民身分證法》），規定居住中國境內的公民，除了未滿16歲、現役軍人、武裝警察，以及正在服刑的犯人和被勞動教養的人員外，均應申領居民身分證，作為政府持續戶籍制度的管理又讓人口可以自由移動的措施，確立戶籍制度的管理方式。

戶籍制度造成了**城鄉二元化**與資源分配不均的問題，儘管中國社會一直有改革戶籍制度之聲浪，至今為止戶籍制度仍然存在。1990年代左右中

國城市出現了「藍印戶口」，「藍印戶口」是介於正式戶口與暫住戶口之間的戶籍。戶籍證明上所蓋印章爲藍色，與辦理非農業戶口適用的紅色印章不同，因此被稱爲「藍印戶口」。「藍印戶口」是城市爲了吸引外來人口，特別是富人進城置產，給予他們另一份戶口名冊，既非正式的城市戶口，但是也算是城鎮居民。不過因爲難以管理，2000年後，因爲城市增加人口過多，各城市逐漸停止發放「藍印戶口」。

城鄉二元化

指一個國家內部的城市與農村經濟生產與生活條件截然不同，一般用來說明中國城市主要爲現代化的工業生產經濟，基礎建設如交通、衛生、教育等發達，而農村則主要採小農生產經濟，基礎設施相當落後，農民收入遠不如城市居民。

　　由2013年以來中國政府大力推行城鎮化，逐步放寬農村人口取得城鎮戶口。因爲中國是以黨領政，因此中國的戶籍制度改革，仍由中國共產黨決定政策方向。目前的戶籍制度改革方向，最主要確立於2013年11月中國共產黨第十八屆中央委員會第三次全體會議審議通過的《中共中央關於全面深化改革若干重大問題的決定》，決定放寬農村居民在城鎮與小型城市落戶的限制，並且朝向農民可在中型城市以及大型城市取得戶口的方向進行改革。2014年中國國務院總理李克強更進一步推動戶籍制度改革，2014年7月30日，中國國務院公布《關於進一步推進戶籍制度改革的意見》，提出「建立城鄉統一的戶口登記制度」，此時「藍印戶口」走入歷史，李克強在視察農村時，不斷詢問農民是否願意進城，標誌了從過去嚴格區分城鄉戶籍到鼓勵融合，中國高層官員對於農村與城市戶籍制度有了觀念上的轉變。2019年4月8日，中國全面放寬城鎮落戶限制，開放城區常住人口100萬至300萬的二型大城市的戶籍取得，而城區常住人口300萬至500萬的一型大城市，則全面放開放寬落戶條件，讓居住這些城市的農民更容易取

得城市戶籍，希望加速城鎮化進程。儘管如此，中國政府仍未全面取消戶籍管控，戶籍制度仍然爲中國控制人口移動與蒐集人口資訊的一個重要措施。此外，農民工是否願意落戶城市，仍然取決於他們是否願意放棄農村戶籍的相關權益，特別是對於持有農村土地的權利。

二、社會福利政策

　　爲了因應經濟發展與社會轉型造成的社會不均，中國政府也採取各項社會保障措施，作爲維持社會穩定的工具。在社會保障措施上，中國政府要求勞工須具有「五險一金」，作爲保障勞動者的社會政策。五險包含了養老保險、醫療保險、工傷保險、失業保險以及生育保險，一金則是住房公積金[4]。辦理社會保險的目的，主要是希望藉由維護勞工權益，避免在迅速經濟發展過程中，勞動階層被過度剝削而造成勞工維權與抗爭，導致社會不穩定。

　　「五險一金」的社會政策主要是針對城鎮居民，農村的龐大人口則相對不在上述社會政策的保障之中。基於此，中國政府也在農村辦理養老與醫療保險（新型農村養老保險以及新型農村合作醫療），將廣大農村人口也納入保險制度體系。儘管如此，在辦理農村保險上困難重重，一方面中國農民對政府官員較缺乏信任，導致農村保險費徵收困難，也讓保險債務增加，空帳問題多，加上農村腐敗問題，政策也缺乏即時性，目前中國農村的保險制度的施行仍然有其挑戰。

　　前述的戶籍制度改革對於社會福利政策或是中國社會問題造成了很大的影響，其中農民可以在城市落戶享有城市戶籍，讓原先無法享有城市相

---

[4]　養老保險主要爲工人的退休金，醫療保險則保障醫療支出、工傷保險係保障勞工因工作受傷後生活無虞、失業保險提供勞工失業後一段時間的生活保障，生育保險爲保障勞工因生育而無法工作的生活收入，住房公積金給予勞工提供購房之低利貸款。

關福利措施的農村流動人口同樣可以享有城市社會保障，例如2014年的戶籍制度改革後，允許農民工在特定城市落戶，讓許多農民工可以將留置農村的小孩帶到城市扶養，這些孩童享有城市戶籍，可以進入城市的學校就學；另一個影響是農民工有城市戶籍後，可以接受城市的職業訓練，許多農民工爲教育程度低，僅能從事低技術的勞力，在城市落戶後接受職業訓練提升工作技能（Cui and Cohen, 2015: 331-332）。

　　儘管有社會福利與社會保障措施，仍有許多制度限制讓貧富差距難有改善，其中教育是一個難以解決的問題。雖然隨著經濟發展，收入增加，中國人民普遍生活水準提高，教育需求也增加。雖然教育逐漸普及，教育的優劣則仍然有相當的差異，例如中國的大學數量雖然逐年增加，大學錄取率逐年提高，但是若要進入好的大學，例如「985」、「211」、「**雙一流**」等重點發展學校的錄取率仍然不到10%，而能進入這些排名較好的學校者，多來自家境優渥，經濟無虞的城市家庭，這些學生從小就受到較好的教育，並且在高考（中國大陸大學入學考試）中可以獲得更好的成績；而農村較貧困的家庭，許多僅能進入後段大學，但是卻繳交更高昂的學費，增加家庭更重之負擔。在此狀況下，社會流動的機會更小，貧富差距自然也就難以縮小。

985、211、雙一流

985指的是1998年5月4日開始中國政府開始發展世界一流大學選取的39所大學院校，211則是指1990年代起中國政府在「面向21世紀」推動「重點建設100所左右的高等學校和一批重點學科的建設工程」，雙一流是約2015年開始中國政府推動「世界一流大學和一流學科建設」的政策，其中選取42所大學140所高校的465個一流學科入選。

照片9-3　中國大陸高考（大學入學考試）

資料來源：N509FZ。

陸、結論

　　自中國共產黨建政後至今，中國社會歷經了共產革命與改革開放兩大重要政策變遷，規模龐大且迅速，隨著經濟條件改善，人民生活水準提高，中國社會結構也快速地走向類似西方的結構，少子化與高齡化問題逐漸浮現出來。收入結構中則看到中國社會收入不均的問題，而改革前既有的農村與城市的差距問題仍然未能解決。這些問題都是中國社會不穩定的因子，也是中國政府亟欲解決的難題。戶籍制度改革以及社會保障措施，是其中兩個政府試圖推出的解決辦法，一方面希望能夠減少社會不均，另方面也可以增加農村與城市的交流，促進整體經濟資源與社會階層的流動，來達成經濟發展目標。不過須注意的是，中國仍然處於一黨專政治理下，以上對於社會轉型延伸問題的措施仍是政治性的，最終目的是要保障社會穩定，鞏固當前的政權統治。

　　當前中國社會轉型逐漸走入了新的階段，尤其是2000年後網路使用者大幅增加，中國社會除了受到經濟轉型的影響，也漸漸地被網路科技的發

達所改造，其中包含了資訊流通迅速，人際交往隔閡愈來愈小，社群概念不再受到地理侷限。也因此，中國政府目前對於國內的網路與資訊連結與產業嚴加控管，以防可能出現不受控的訊息傳播導致社會不穩定以及反政府危機。不過隨著網路科技愈來愈發達，可能造成社會不穩定的社會事件例如貧富不均、政府腐敗、社會不公等被散播的機會愈來愈高，或許也會造成政府進行更嚴格的管控。因此，資訊科技的發展象徵著中國社會轉型將走向另一個階段，2019年底全球爆發了新冠肺炎，而中國初期嚴格防疫措施表現得當，即是有效運用了科技管控社會方式，然同樣地，過度嚴格管控最終也在2022年遭到群眾反抗，導致中國大陸政府在2022年11月宣布解禁放鬆防疫限制。當前中國社會仍然處於迅速變動時期，資訊科技對中國社會帶來的影響尚難定論，值得吾人持續觀察與研究。

關鍵詞：中國大陸社會轉型、階層結構、三農問題、戶籍制度、社會保障
　　　　政策

延伸閱讀

1. 李培林、李強、孫立平等，2004，《中國社會分層》，北京：社會科學文獻出版社。
2. 孫立平，2003，《斷裂》，北京：社會科學文獻出版社。
3. Walder, Andrew G. 1986. *Communist Neo-Traditionalism: Work and Authority in Chinese Industry*. Berkeley: University of California Press.
4. Nee, Victor. 1989. "A Theory of Market Transition: From Redistribution to Markets in State Socialism." *American Sociological Review* 54(5): 663-681.
5. 林宗弘、吳曉剛，2010，〈中國的制度變遷、階級結構轉型和收入不平等：1978-2005〉，《社會》，30（6）：1-40。

思考問題

1. 中國大陸的「單位體制」指的是什麼？
2. 中國大陸戶籍制度對於中國政府而言有何功能？
3. 中國大陸為何會有嚴格的農村與城市戶籍流動限制？為何現在要放寬限制？
4. 三農問題是哪三農，為何中國政府亟欲解決三農問題？

參考文獻

一、中文

人民網，2021，〈國家統計局：60歲及以上人口比重達18.7% 老齡化進程明顯加快〉，http://finance.people.com.cn/n1/2021/0511/c1004-32100026.html，查閱時間：2023/5/6。

中國互聯網絡信息中心，2023，〈第五十一次《中國互聯網路發展狀況統計報告》〉，https://www.cnnic.cn/n4/2023/0303/c88-10757.html，查閱時間：2023/5/23。

王飛凌，2017，〈戶籍制度的變遷及其引發的衝突與爭端〉，裴宜理、塞爾登主編，《中國社會：變革、衝突與抗爭》：76-77，香港：香港中文大學出版社。

李培林、李強、孫立平等，2004，《中國社會分層》，北京：社會科學文獻出版社。

段若鵬、鐘聲、王心富、李拓，2002，《中國現代化進程中的階層結構變動研究》，北京：人民出版社。

二、英文

Cui, Rong, and Jeffery H. Cohen. 2015. "Reform and the Hukou System in China." *Migration Letters* 12(3): 327-335.

Nee, Victor. 1989. "A Theory of Market Transition: From Redistribution to Markets in State Socialism." *American Sociological Review* 54(5): 663-681.

Walder, Andrew G. 1986. *Communist Neo-Traditionalism: Work and Authority in Chinese Industry*. Berkeley: University of California Press.

第十章

社會穩定、黨國回應與科技維穩

王信賢

壹、前言

　　對後社會主義國家（post socialist states）轉型與比較威權研究而言，除專注在國家制度建構、菁英互動、國家與市場關係外，國家與社會關係（state-society relationship）一直是引人關注的議題，主要涉及社會力量崛起與國家的回應（Svolik, 2012；王信賢、寇健文，2014）。就此觀察中國，隨著改革開放的推展，社會力量也逐漸興起，包括非政府組織（Non-Governmental Organization, NGO）的發展、網路上的各種言論所形成的輿論力量等，特別是社會抗爭的湧現，甚至在各地開始出現政府「維穩」與民眾「維權」間的張力，這也成為我們觀察中國國家社會關係變化的重要視角。

　　當然，此種不斷湧現的社會力量也成為中共施政的重點，從近年來各種關於「維穩經費」超越國防預算的傳言不斷即可看出端倪。而在習近平掌權後對社會控制愈加嚴格，一方面加強網路言論管控，打壓社會組織、維權律師與家庭教會，教師在課堂上「因言獲罪」等，另一方面，也強化透過資訊與通訊科技（Information and Communication Technologies, ICTs）對社會的管理與控制，甚至在習近平時期提及社會治理的多項文件中，由原本的「完善黨委領導、政府負責、民主協商、社會協同、公眾參與、法治保障」，再加上「科技支撐的社會治理體系」，顯見當前科技在維穩所扮演的重要角色。

　　本章即在「國家社會關係」的架構下，觀察當前中國大陸的社會穩定，共區分為以下幾個部分，首先是崛起中的社會力量與黨國回應，主要

包括社會抗爭、社會組織、網路維權與維權律師等，其次是習近平掌權以來的「維穩」制度與體制的調整，第三則是中共的社會政策以及近年來所著力的「科技維穩」，最後則是評估中共社會穩定的前景。

貳、崛起中的社會力量與黨國回應

改革開放不僅釋放了巨大的經濟成長動能，也使社會活動空間獲得成長的機會，民眾透過各種行動表達並維護自身的權益，而中共當局為了維護政權穩定，亦推出各式政策予以回應。以下將以最能呈現當前中國社會力量興起的社會組織、網際網路以及社會抗爭為例，說明國家與社會的互動。

一、社會組織

根據中國民政部統計，截至2022年9月為止，中國大陸依法登記的社會組織超過90萬個，其中民辦非企業團體共36.9萬個，社會團體51.5萬個，基金會9,206個（中華人民共和國民政部，2022）。然而這些組織多與政府關係密切，又稱為政府組織的非政府組織（Government Organized Non-Governmental Organization, GONGO），並不能滿足社會真正的需求，而且多數組織僅是公部門的另一塊招牌，服務社會的能力遠遠不足。一直以來，學界多認為中國社會組織的數目遠高於官方數據，許多是在政府的控制之外，這些組織包括環保、愛滋、扶貧、婦女、扶助農民工與慈善組織等，但在政府的約束下多只能在特定區域展開活動（王信賢，2006）。

近年來中共對於管理社會組織主要有三個趨勢：放寬「雙重管理體制」、推行「政府購買公共服務」與建構「樞紐型組織」。在放寬「雙重管理體制」方面，依據《社會團體登記管理條例》等相關法規，中國社會組織或民間團體需先經業務主管機構同意，方可赴民政部門登記註冊為社

會團體，此即中國社會組織的「雙重管理體制」，近年來在多數省市的部分組織都僅需向民政部門登記即可，然而，所放寬的對象全是能協助政府經濟與社會治理的組織，包括行業協會商業類、科技類、公益慈善類、城鄉社區服務等四類。在「政府購買公共服務」方面，主要是由政府提供資金與資源，吸引民間社團申請參與社會服務，近年來各地都不斷配合中央政策，加速「政府購買服務」的推動。在「樞紐型組織」的建構方面，即透過原本即已存在的人民團體或新成立GONGO扮演「樞紐組織」，「分管」相關的草根組織，或進行資源分配，達到「以民管民」或「以社管社」。就此看來，其吸納社會組織參加公共服務的意圖極為明顯。

　　總之，面對蓬勃發展的社會組織，中共一方面透過「吸納」的方式，以強化其威權政體運作（Teets, 2014），另一方面則是透過最有把握的「壓制」手段迫其噤聲，2015年發生於廣東的勞工NGO，如廣州的「番禺打工族服務部」、「向陽花女工服務中心」、「海哥勞工服務部」，以及佛山勞工工傷維權組織「南飛雁社工中心」等成員，相繼遭到逮捕與拘留即是一例。而在境外NGO的部分，於2017年元月開始實施的《境外非政府組織（NGO）境內活動管理法》相當程度地限制了境外NGO在中國的活動，以及切斷其與境內本土NGO的聯繫。

二、網際網路

　　隨著近年網際網路興起，新興公共領域於焉產生。根據「中國互聯網絡信息中心」（CNNIC）第五十一次「中國互聯網絡發展狀況統計報告」，截至2022年12月，中國大陸總體網友規模達10.67億，網路普及度達75.6%，且運用手機上網的人愈來愈多，占中國大陸總上網人數的99.8%（中國互聯網絡信息中心，2023）。加上手機與微博帳戶的接通、微信使用量大增、手機網路購物等數字的攀升；顯見手機上網將能因其迅速、便利傳遞訊息、所需成本低等優勢持續成長，進而對中共監控網路之能力造成挑戰。

　　2003年的「孫志剛事件」開啟了「網上議政」的風潮，每年均有規模、聲量不等的「網路熱點事件」，2016年延燒一時的「魏則西事件」和「雷洋事件」，網民不僅透過網路蒐集資訊，還原事實真相，追蹤事件後續發展，更在各個論壇、「網吧」上討論醫療體制的缺失和人身自由的保障。此外，在一些重大公安事件的處理上，如天津爆炸案、「東方之星」船難等，官方為「維穩」而要求媒體一律採用「新華社」或「人民日報」的「通稿」以求報導口徑的統一，其造成的後果即是在網路上「謠言滿天飛」。甚至是此次新型冠狀肺炎（COVID-19）疫情中，「吹哨人」李文亮醫師被武漢市公安局指控「在網際網路上發布不實言論」，因而喪失防疫先機，此事件也引發全國性的討論並出現檢討聲浪。

　　而在國家回應部分，近年來中共除了強化既有的網路審查機制，包括防火長城、金盾工程、綠壩網路過濾軟體外，更開始嚴密監控網路上異議分子的言論、加強網路警察巡查執法、擴大五毛黨的運作與網路輿情分析師的設立等，[1] 特別是針對容易引發「集體行動」的網路言論加強管制（King, Pan, and Roberts, 2013）。一直以來，與網路管理相關的部門包括公安部、國務院新聞辦、工業與信息化部等，形成「九龍治水」的狀況，此外還涉及中央與地方不同步等。為解決此問題，中共於2014年成立中共中央網路安全和信息化領導小組（後改為「委員會」），其下設置辦事機構中共中央網路安全和信息化領導小組辦公室（「網信辦」）。此外，在《十三五規劃建議》也提出要實施「網路強國戰略」，將「互聯網+」行動計畫、國家大數據戰略的部署提升至國家戰略層級。

---

[1]　哈佛大學Gary King教授等的相關研究，「五毛黨」除「外聘」外，主要是來自政府部門各單位的「責任制」，即部門人員得上網「參與討論」網路熱點事件，但其目的不是「引發爭端」，而是「轉移話題」（King, Pan, and Roberts, 2017）。

照片10-1　「國家互聯網辦公室」具體承擔中國網路管理執法

資料來源：Xie Yu (2019)。

三、社會抗爭

　　近二十年來中國社會抗爭不論頻率與規模都急速上升，雖然官方並無公布確切數字，但根據大陸學者的估計，近來每年社會抗爭事件至少都超過10萬起，甚至將近20萬起。[2] 幾乎涵蓋各種議題，如抗議徵地不公、幹部貪腐、勞資糾紛、環境保護、消費者、社區權益、種族議題、民族主義或是突發事件等，甚至包括當前中共最為關注的退伍軍人抗爭事件，如

---

[2]　根據北京清華大學社會系孫立平教授估計，2010年中國共發生18萬起社會抗議事件（多維新聞網，2011）。

2016年10月來自十餘個省分數千名退伍軍人包圍北京「八一大樓」，2018年江蘇鎮江出現退伍軍人抗爭遭當地政府鎮壓，而來自多個省分的退伍軍人相繼進鎮江「馳援」的狀況，這都帶給中共當局極大的維穩壓力。

　　此外，中共在歷經近三年的「動態清零」嚴密疫情防控後，2022年11月遭遇三十多年來罕見的大規模社會抗爭，民眾要求政府解除社區封控與核酸檢測，其中又以超過50個城市、160個大學的學生所參與的「白紙運動」最具代表，由於具有共同議題且多地同時發生，直接牽動中共「維穩」的敏感神經。後雖因官方強力壓制後於三天平息，但也突顯出民眾對政府施政的不滿。其中，青年與中產階級為反封控的兩大主要群體，近年來中國大陸網路上一再出現「躺平」、「內捲」、「潤（run）學」與「人礦」等用語，也多與此兩群體有關，足見在多年經濟下行與疫情封控後，確實對民眾政治信任有所影響。

照片10-2　2016年10月數千名退伍軍人包圍「八一大樓」

　　總體而言，當前中國大陸社會抗爭呈現以下特徵，相較於中國總人口數，抗爭規模不算太大，抗爭議題多以「溫飽」與生存權爲主、抗爭主體也多爲社會中下階層，抗爭對象多針對政府，民眾多採非暴力抗爭，而具備組織性與採用網路動員的抗爭均被官方壓制，抗爭的議題與區域也受限於特定範圍。然值得一提的是，抗爭議題雖以「**物質主義**」（materialism）爲主，但近年逐漸出現愈來愈多價值取向的事件，且主要的抗爭群眾也開始出現中產階層的身影，這代表隨著社會發展的多元化，社會抗爭性質也開始轉變，故過往透過地方財政支出「花錢買穩定」（Lee and Zhang, 2013）的方式，一方面可能因抗爭訴求的改變而漸漸失效，另一方面，近年來中國大陸地方政府債務高築，也讓地方難以支持此種維穩模式。因此，由於上級政府對社會穩定更加重視，對地方幹部而言，在「一票否決」的壓力下，更傾向採取「壓制」的方式解決群眾抗爭（王信賢、邱韋智、王信實，2016：75-99）。

物質主義

強調經濟權益、重視個人利得之獲取等物質目標，故其抗議的議題多與溫飽、生存權有關；相對地，「後物質主義」（post materialism）則是強調民主、自由、和平、環境主義、民權運動等非物質目標，故抗議的議題多與價值、理念、意識等有關。

　　此外，近年來中國公共輿論趨向緊縮，如透過「七不講」、「十六條」劃定輿論紅線、高校授課「綱領」、提出「黨媒姓黨」、「不得妄議中央」，甚至大規模約談、抓捕維權律師與相關人士，2015年7月9日，上百位律師、民間維權人士、上訪民眾及律師和維權人士之親屬，遭到公安部門大規模逮捕，涉及省分多達23個，被稱爲中國「709維權律師大抓捕事件」。2018年「佳士工人維權事件」，雖罕見的出現了年輕工人與全國多個大學馬克思主義社團結合而喧騰一時，但之後幾位學生領袖都被捕

並被迫錄製影片「認罪」，多數馬克思主義社團被迫停止運作。此再配合前述的社會組織被打壓、網路管制愈加嚴格等，我們可觀察出近年來中國「公民社會」的空間愈加受限，而此與習近平掌權後的社會治理政策和維穩機制有關。

參、中共維穩法規與體制調整

如前所述，隨著社會力量的湧現，中共早已將「社會穩定」拉到施政的前沿，從江澤民時期的「穩定壓倒一切」、胡錦濤時期的「和諧社會」與「加強社會管理」，一直到習近平的「創新社會治理」，其目的均是提升維護社會穩定的高度；而「維穩」也成為考核政府官員的重要指標，甚至明確提出「社會治安綜合治理要嚴格執行領導責任查究制度」，也就是「**一票否決**」。而到習近平掌權後，不僅加強社會控制，也更進一步加強維穩的體制與技術，包括兩方面，一為法規建構與調整體制，另一則是強化社會治理與科技維穩（將在後節說明），這也是中共十九屆四中全會所強調的「國家治理體系和治理能力現代化」的一環（共產黨員網，2020）。而在「二十大」政治報告中，甚至將「推進國家安全體系和能力現代化，堅決維護國家安全和社會穩定」單獨成為一節論述。

一票否決

黨管幹部為中國黨國體制中組織人事的基本原則，故上級組織系統自有一套考核下一級政府幹部的指標，「一票否決」指的是在幹部考核指標中，有任何中央強調的特定任務未達成，則評估為整體不合格，其優點為突出政府在特定時期的核心工作，有助於「集中力量辦大事」，但其缺點為可能使得政府施政重心失衡，或為達目標不擇手段。

一、密集出臺維穩相關法規

　　中共的維穩工具不僅有外顯的國家暴力，也強化「法制建設」，落實「依法治國」，換言之，是將社會控制納入「總體安全觀」的架構下，並予以法制化，2015年7月1日所頒布新的《國家安全法》即是一例。在網路安全，為使政府網路管制作為合法化，《國家安全法》第26條即規定「加強網路管理，防範和依法懲治網路攻擊、網路竊密、散布違法有害資訊等網路違法犯罪行為，維護國家網路空間主權、安全和發展利益」。此外，《網路安全法》的通過也標示著網路主權論述的法制化，並且提高到國家戰略層級，除了因應國際網路戰爭威脅外，也包含鞏固政權與社會維穩等內部考量，例如「宣揚恐怖主義、極端主義，煽動顛覆國家政權、推翻社會主義制度」等行為，被認定為網路安全問題的主要類型之一。

　　在社會組織方面，除前述相關管制措施的修改外，在相關的法令上，也規範了社會組織的活動，如在2016年3月通過的《慈善法》中第4條：「開展慈善活動……不得危害國家安全。」第15條和第104條也提及，慈善組織不得從事、資助危害國家安全的活動。此外，前述《境外非政府組織（NGO）境內活動管理法》除切斷境內與境外組織的聯繫外，最大的爭議在於，國際NGO在中國的監管部門由原本的民政部轉移到公安部，如賦予公安機關極大權力監管這些組織，包括約談負責人、停止臨時活動、檢查文件資料、凍結帳戶資金，以及宣布「不受歡迎名單」等，此亦成為近年國際人權組織抨擊的對象。

　　此外，為求有效控制干擾社會秩序的輿論，「全國人大」也在2015年8月底通過《刑法修正案（九）》，增加九種入罪行為，其中第291條之1第2款關於「造謠」的部分，引發箝制言論自由之爭議。依據條文，「造謠」是指「編造虛假的險情、疫情、災情、警情，在資訊網路或者其他媒體上傳播，或者明知是上述虛假資訊，故意在資訊網路或者其他媒體上傳播，嚴重擾亂社會秩序」，最高處七年有期徒刑。此一法律條文有被誤用甚至濫用的可能，因為如何界定「虛假」、「造謠」本身就有主觀意識，可能成為當局打擊異議分子的工具。就此看來，中國的「依法治國」

是「法制」（rule by law）而非「法治」（rule of law），且目的是「合理化」、「合法化」社會控制。

二、調整維穩體制

在習近平正式掌權前後，中共的維穩體制大致可以分為以下三個階段：

（一）政法委獨大之「四合一」階段

在胡錦濤時期，中共中央級與「維穩」相關之機構，主要由中共中央政法委員會（以下簡稱：中央政法委）領銜，其次有中央社會管理綜合治理委員會（以下簡稱：中央綜治委）及其辦公室（以下簡稱：中央綜治辦）、中央維護穩定工作領導小組及其辦公室（以下簡稱：中央維穩辦）、中央防範和處理邪教問題領導小組及其辦公室（中央610辦公室），四個維穩機構合署辦公。其中，中央政法委書記周永康為政治局常委，在各省市自治區中，政法委書記往往也身兼常委，部分省市公安廳（局）長甚至也身兼常委。中央綜治委於2011年時涵蓋機構從40個擴大到51個，換言之，中央政法委在當時權力幾乎觸及所有部門，甚至獲得「第二中央」的稱號，可見當時中共維穩體制主要圍繞著中央政法委運轉。此外，維穩機構也包括從中央對地方的「信訪局」，甚至是由各地方政府派駐在北京的「駐京辦」以及其所委託的「保全公司」，其中最具代表性的是「北京安元鼎公司」。

安元鼎

全名為「北京安元鼎安全防範技術服務有限公司」，名義上為一家保安、保全企業，而實質上經營業務為攔截、關押、遣返上訪者，主因是中央要求地方政府不得「截訪」，故地方政府開始將此「業務」外包給保安公司而使其「大發利市」，後該公司因涉嫌「非法拘禁」和「非法經營」兩項罪名而遭到立案調查。

（二）「國安委」成立之頂層設計階段

　　「十八大」後，中央政法委員會書記退出政治局常委序列，僅爲中央政治局委員級別，2013年11月中共十八屆三中全會提出設立中央國家安全委員會（以下簡稱：國安委），由時任政法委書記孟建柱負責籌建，總書記習近平擔任主席，中央政治局常委栗戰書擔任辦公室主任，此後，國安委成爲國家安全的重大事項與重要工作的「頂層機構」（詳見圖10-3）。此一階段，維穩機構雖仍維持「四合一」，但中央政法委不僅級別降低，權力也大受約束。

圖10-3　習上任初期「國安委頂層機構」與維穩「四合一」

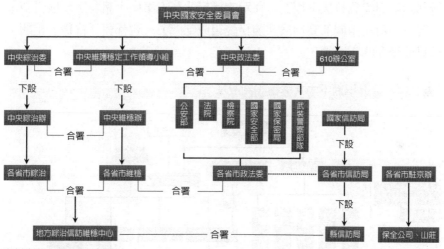

資料來源：作者自行繪製。

（三）「維穩」機構整併與定型階段

　　如圖10-4所示，此一階段包括幾個重要變化，首先根據中共十八屆三中全會所頒布《中共中央關於全面深化改革若干重大問題的決定》中（中華人民共和國中央人民政府，2013），要求「優化武裝警察部隊力量結構

和指揮管理體制」，按照「軍是軍、警是警、民是民」的原則，進行調整。自2018年起，武警部隊由中共中央、中央軍委集中統一領導，歸中央軍委建制，不再受政法委管轄，政法委權力不斷受到削弱。其次，在2018年「兩會」所通過的《深化黨和國家機構改革方案》中（新華網，2018），在國務院下新設了兩個正部級單位，一是「退役軍人事務部」，其涉及「軍隊轉業幹部、復員幹部、退休幹部、退役士兵的移交安置工作和自主擇業退役軍人服務管理、待遇保障工作」等，此機構之成立與前述愈來愈多的退伍軍人抗爭有關；另一則是「應急管理部」，其雖以消防、救災、生產安全管理等為主，然在職責中還包括「統一協調指揮各類應急專業隊伍，建立應急協調聯動機制，推進指揮平合對接，銜接解放軍和武警部隊參與應急救援工作」。在新的機構改革方案中，諸多黨政機構整併情況下，新設兩個部委均為「國務院組成部門」，也都與「維穩」相關，可見此議題的重要性。

圖10-4　習近平治下中共維穩體制改革

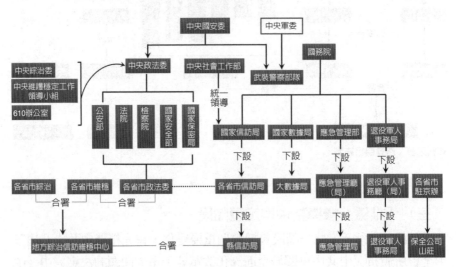

資料來源：作者自行繪製。

再者，《深化黨和國家機構改革方案》中將其「綜治辦」、「維穩辦」與「610辦公室」裁撤併入政法委，結束過去四機構合署辦公的狀態。2019年1月18日中共中央發布《中國共產黨政法工作條例》（中國共產黨新聞網，2019），首度將政法工作法律化、條例化與規範化，強調中共中央對政法工作有絕對領導權，並規定政法單位必須受黨中央監督並直接向總書記請示報告。前述機構整併看似中央政法委權力有所增加，但實則是將政法委的職責「制度化」。

目前看來，習近平治下中共維穩體制的調整，經由機構精簡與人事安排，不斷將權力向上集中。在中央層級上，國安委成為中共維穩體制的頂層機構，統一指揮、確保旨意上傳下達，形成權責清晰的維穩體制，綜治辦、維穩辦以及防範辦職責併入政法委後，由政法委統一向上負責。最後，2023年「兩會」，中共再次推出《黨和國家領導機構的改革》，黨政機構調整的部分多與「國家安全」有關，其中與維穩相關者有二，一是組建「國家數據局」，成為國家發改委直管的副部級機構，主要著眼於「數據安全」，進一步強化「黨管數據」、「國家統籌數據」；二是在黨內成立「中央社會工作部」，並統一領導國家信訪局，主要著眼於社會安全與穩定，相較於政法委屬於「強制力」的維穩，「社工部」則較偏向協調與引導，對非公企業、組織的監管，以及日常民怨疏通與資訊彙集等。

肆、社會治理與科技維穩

相較於前一節著重在制度建構方面，本節主要涉及維穩的政策與行動，一是社會政策與管理，另外則是透過科技強化社會控制。

一、加強社會治理能力：軟硬兩手

中共的社會管理工作一直以來隱含著「棒子與胡蘿蔔」的邏輯，兼具「軟硬兩手」之策略，近幾次政治報告都承此脈絡，而此皆涉及國家能力

（state capacity），根據Michael Mann的觀點，其將國家權力區分爲「專制權力」（despotic power）與「基礎權力」（infrastructural power），前者指的是一種分配力量，國家執政者可不經由社會的同意而遂行其意志，後者指的是國家貫穿、滲透社會的力量，其透過組織的建構與政策制定去協調人民的生活，而現代國家的特徵即是「基礎能力」的增強，在對社會的滲透、影響社會生活的能力增強後，能使人民對民族國家的認同愈強；而除了基礎建設外，國家亦介入經濟發展、社會福利以及人民生活，政策可滲透到領土的角落，擴張對社會的介入（Mann, 1993: 54-63）。

　　一般而言，社會穩定的維護不僅涉及強制力量的使用，也與民生建設、社會福利改革有關。我們也可以明顯發現，「社會政策」包括教育、就業與收入、社會保障、脫貧、健康醫療、解決「三農問題」、生態環保等，即屬於「基礎權力」，是「軟」的一隻手，而「社會穩定」則是屬於「專制權力」，是「硬」的一隻手。值得一提的是，在「專制權力」方面，又可區分爲「人民內部矛盾」與「敵我矛盾」，「打造共建共治共享的社會治理格局」是應對「人民內部矛盾」的手段，是可以教育的，而「有效維護國家安全」，特別是涉及「三股勢力」（暴力恐怖勢力、民族分裂勢力、宗教極端勢力），則屬於「敵我矛盾」，是不容妥協的（見圖10-5）。

圖10-5　中共關於社會議題與政策的論述架構

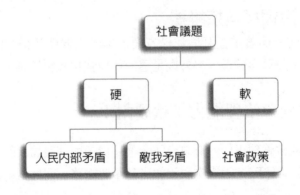

值得一提的是，習近平上臺後所強調的「治理」（governance），一直與西方理論概念上有所差異，按西方社會「治理」就是政府、社會組織、社區以及個人等諸多行為者，通過平等的合作關係，對社會事務、社會生活進行規範與管理，但我們看到當前中國在處理社會議題方面仍是由「黨委領導、政府負責」的「統治」（government）而非「治理」。

二、科技維穩

2015年5月中國國務院公布《中國製造2025》（Made in China 2025）計畫，用以提升製造業的電腦化、數位化和智能化，再加上阿里巴巴、百度與騰訊等網際網路三大巨頭，使得物聯網、大數據分析、人工智慧（AI）等相關產業進入「大爆發」時期，而此不僅是展現在經濟層面，中共政權透過制度設計、對企業的掌控等，使得「數位經濟」成為對民眾的直接控制，更可能實現一種新的超級控制。

著名小說《1984》想像出一個政府監控無處不在的世界，「老大哥正在監視你」（Big brother is watching you），成為描繪極權國家的名句。而英國電視劇《黑鏡》（Black Mirror）有一集描繪一個烏托邦世界：人們由一個統一的系統進行評分，這個評分將影響他們的社交、工作等可獲得的待遇，然而，這樣的情景正在中國大陸發生，此被學者稱為「數位式列寧主義」（digital Leninism）（Mike Norman Economics, 2017）、「完美獨裁」（perfect dictatorship）（Ringen, 2017）或「科技威權主義」（王信賢，2018），其均指出在中國，資訊科技發展不是民主的助力，反而是讓國家強化對資訊的壟斷並加強對人民的控制。因此，監控無所不在的「老大哥」正透過新的治理工作出現「升級版」，其中的關鍵正是中共近年大力推動制度創新與科技發展所打造全新的社會治理模式，包括社會信用體系的建構以及天網工程和DNA資料庫的建立等，特別是黨國對「大數據」的壟斷。

（一）社會信用體系

　　2014年中國國務院發布的《社會信用體系建設規劃綱要（2014-2020年）》（中華人民共和國中央人民政府，2014）為落實此一制度的重要開端，其提及要在2020年建構一套全國性的社會信用體系，以獎懲機制提高社會的誠信意識和信用水平。就實際運作而言，主要有兩種類型，第一類是透過兩大網路巨頭阿里巴巴與騰訊啟動。「芝麻信用」（Sesame Credit）隸屬於阿里巴巴集團旗下的「螞蟻金服」，「信而富」（China Rapid Finance）則為騰訊的合作夥伴。以「芝麻信用」為例，其客戶所獲評分由350至950分不等，他們使用不同的標準來評分，例如個人行為、轉帳支付行為、購物習慣、出行習慣、生活、公益、個人信用履歷、人脈聯繫等，信用等級愈高，在授信額度和利率等方面愈能獲得優惠，輸入各種資訊，並將分數集中於支付寶結算。在此種「信用體系」下，民眾為追求更高的信用等級、享有更優惠的購物折扣，心甘情願地「奉送」並隨時更新個資給企業，而此些企業的後臺實質上是完全與國家機器對接，民眾在其中猶如溫水煮青蛙而不自知。

　　第二種類型則為地方政府所設計，如將民眾劃分不同信用等級，依等級的不同在社會生活中將受到不同待遇和限制，如入學、就業、低收入保障、社會救助或執照、資格審核，政策性扶持、救助項目等。國家公共信用信息中心會定期公布《失信治理月度分析報告》，並公布「失信黑名單」，在名單上者，會限制搭乘飛機、高鐵等交通工具，並在其他高額消費以及子女就讀高收費私立學校等有所限制。違反限制令且情節嚴重者，將被追究刑事責任。

（二）天網工程與雪亮工程

　　這套系統由中共政法委發起，公安部與工信部等相關部委共同推動下，包含城市治安防控體系、人口信息化等，逐步形成。隨著人工智慧與相關科技的發展，其集合了GIS地圖、圖像採集、傳輸、控制、顯示等設備，對固定區域進行實時監控和記錄資訊的影像監控系統，以人臉識別

系統技術組成的「天網」號稱人臉辨識準確率達99.8%以上。「天網」與「雪亮」主要差別有二，一是「天網」針對城市，「雪亮」則針對鄉鎮；二是「天網」主要由公安系統等相關政府部門監看，「雪亮」將監視權力範圍擴大，只要獲得當地官方審核為「網格員」，就可隨時隨地監看，號稱是「群眾性治安防控工程」。中共中央政法委秘書長陳一新則宣稱要在2020年基本實現「全域覆蓋、全網共享、全時可用、全程可控」的目標。此些資訊配合前述的信用分數，形成一社會監控網路，且此一系統監控的對象也逐步向企業轉移，甚至以「智慧城市」名義向其他國家輸出。

照片10-3　天安門廣場上的監視器

資料來源：Andrey Belenko。

（三）DNA採集

近年來中國公安部開始建立「全國公安機關DNA數據庫應用系統」數據庫，各地公安機關已開始使用「公安部物證鑑定中心」提供的DNA數據庫進行檢驗工作，其主要針對：1.重點人員：指異議人士、維權人士、上訪者與曾有犯罪紀錄人員，中共視其潛在「顛覆政權」的威脅；2.工作對象：用來涵蓋地方政府管控的所需目標，如治安清查人員、更生人、預定拆遷戶等；3.流動人口：屬於非本地戶籍者，如農民工等；4.少數民族，特別是在新疆地區的維吾爾族。中國欲藉此打造全球最大的DNA資料庫，一方面可供生物科技研究之用，另一方面可強化社會控制。

（四）黨管數據

科技維穩的關鍵在於「黨管數據」，即所有的數據都是由黨管理，其中包括2015年以來，在北京、貴州貴陽與內蒙烏蘭察布設立三個國家級的大數據中心。此外，2016年設立全國信用資訊共用平臺，確立社會信用體系的核心基礎，目前該平臺主要蒐集並共享來自地方和中央政府的數據，同時還含括44個部委和60多家市場機構之間的數據網絡。在公安方面，尚有「警務雲系統」，此系統由公安部門整合不同形式資訊，可迅速挖掘個人資訊，包括住址、親屬關係、節育方法和宗教信仰，而這些資訊大多可以聯繫到身分證號碼。此外，在此次新冠疫情防控中所推出的「健康碼」，目前出現「永久化」以及「與身分證對接」的趨勢，此些數據也都爲政府所掌握，更有利於國家對社會的控制。

就此而言，中國大陸社會管理從過去單純自上而下的監控轉變爲大數據監管及地方協同治理，在中央與地方都成立與「大數據」相關的機構，藉由新型智慧城市的推展、大陸企業資訊技術的支援，使得大陸政府能獲取源源不絕的監控數據，切實掌控社會大小事，說明國家名爲替社會編織更完善的安全網絡，但實質上卻是對社會布下天羅地網，使得民眾在享受便利的同時，一個等級更高的「老大哥」無所不用其極地監控著。

伍、結論

從近年中國政治社會發展我們可看出，相對於「胡溫時期」，習近平上臺以來，不管是對社會組織的控制、網路管理抑或是壓制社會抗爭、維權律師、管制言論等，都可觀察出國家正在進一步強化對社會的控制。而許多自由派學者往往認爲隨著中國大陸經濟改革開放、社會中產階級興起，將爲政治民主化帶來一絲希望，但從近幾年的發展來看，威權體制並非線性發展，其可能由一種威權體制轉移到另一類屬的威權，而非朝向民主化發展（Hadenius and Teorell, 2007）。

在當前中國大陸國家與社會關係中，黨國仍具絕對優勢，社會部門也缺乏有效的組織，使得社會抗爭一直是僅侷限於小區域的「騷亂」，在2018年雖短暫出現「擴大化」跡象，但很快被壓制，故完全未對政權造成威脅，形成「平穩但不平靜」的狀況。然而，在強化社會控制的同時，我們看到社會抗爭發展趨勢是愈來愈往價值權利發展、中產的抗爭也變多，再加上對網路手機等的運用更加有技巧，目前社會力量的多元化並未消失而是蟄伏，也讓當前中國「維穩vs維權」的張力加大。

中國大陸的社會抗爭未引發更大的政治效應，一方面如前所述是國家權力仍過於強大、社會力量過弱之故；另一方面，也是來自缺乏跨階級與跨區域的單一議題所致。換言之，若有一種全國性的跨階級議題出現，就會對官方的「維穩」造成極大的壓力，其中，傳染病的擴散即有此種特色，如此次新型冠狀病毒（COVID-19）即是一例。然而，我們也看到民間縱使有諸多不滿，不是無法形成組織性力量，就是被國家所吸納。但其面臨的問題是，不像在其他公民社會較發達國家，政府與社會組織能形成「公私協力夥伴」（public-private partnership）關係，不僅能共創更佳的社會治理，也能在大型災難中共同合作救災。防止社會組織壯大當然是出於政權穩定的考量，但無疑也增添整體社會的風險，因爲在共黨之外並無一全國性組織，一旦「國家失靈」而無公民社會作爲支撐，將進一步造成社會失序，而此正是中國社會發展最大的困境與難題。當然從另一角度來

看，「沒有共產黨，中國一定亂」也可理解成是「黨國綁架社會」的結
果。

關鍵詞：維權、維穩、國家與社會關係、社會抗爭、社會信用體系

延伸閱讀

1. 王信賢、寇健文主編，2014，《邁向公民社會？當代中國「國家—社會」關係分析》，臺北：五南。
2. 王信賢、邱韋智、王信實，2016，〈中國社會抗爭中的策略互動與類型：三層模型分析〉，《中國大陸研究》，59（1）：75-99。
3. 王信賢，2018，〈科技威權主義：習近平「新時代」中國國家社會關係〉，《展望與探索》，16（5）：111-127。
4. Ringen, Stein著，薛青詩譯，2017，《完美的獨裁：二十一世紀的中國》，新北：左岸文化。譯自 *The Perfect Dictatorship: China in the 21st Century*. 2016.
5. King, Gary, Jennifer Pan, and Margaret Roberts. 2017. "How the Chinese Government Fabricates Social Media Posts for Strategic Distraction, Not Engaged Argument." *American Political Science Review* 111(3): 484-501.

思考問題

1. 「維穩vs維權」是觀察當前中國黨國權力與社會力量的重要視角，你認為可以從哪些面向觀察其間的互動？
2. 你認為近年來中國大陸維穩體制出現哪些變化？習近平時期的維穩體制與政策有哪些特色？
3. 請論述資訊科技發展與威權體制之間的關係，並說明當前中國透過哪些科技手段進行社會維穩？

4. 法制（rule by law）與法治（rule of law）往往可以由「惡法亦法」與「惡法非法」來解釋，中共如何透過法制建設強化維穩？這與法治社會有什麼相異之處？

參考文獻

一、中文

Ringen, Stein著，薛青詩譯，2017，《完美的獨裁：二十一世紀的中國》，新北：左岸文化。譯自*The Perfect Dictatorship: China in the 21st Century*. 2016.

中國互聯網絡信息中心，2023，〈第五十一次《中國互聯網絡發展狀況統計報告》〉，https://f.sinaimg.cn/finance/3bfedf11/20230324/Di51CiZhongGuoHuLianWangLuoFaZhanZhuangKuangTongJiBaoGao.pdf，查閱時間：2023/5/1。

中國共產黨新聞網，2019，〈中國共產黨政法工作條例〉，1月21日，http://dangjian.people.com.cn/BIG5/n1/2019/0121/c117092-30579948.html，查閱時間：2020/2/3。

中華人民共和國中央人民政府，2013，〈中共中央關於全面深化改革若干重大問題的決定〉，http://www.gov.cn/jrzg/2013-11/15/content_2528179.htm，查閱時間：2020/1/12。

中華人民共和國中央人民政府，2014，〈國務院《社會信用體系建設規劃綱要（2014-2020年）》（國發〔2014〕21號）〉，http://www.gov.cn/zhengce/content/2014-06/27/content_8913.htm，查閱時間：2020/2/13。

中華人民共和國民政部，2022，〈2022年三季度民政統計數據〉，https://www.mca.gov.cn/article/sj/tjjb/2022/202203qgsj.html，查閱時間：2023/4/30。

王信賢，2006，《爭辯中的中國社會組織研究：「國家社會」關係的視角》，臺北：韋伯文化。

王信賢，2018，〈科技威權主義：習近平「新時代」中國國家社會關係〉，《展望與探索》，16（5）：111-127。

王信賢、邱韋智、王信實，2016，〈中國社會抗爭中的策略互動與類型：三層模型分析〉，《中國大陸研究》，59（1）：75-99。

王信賢、寇健文主編，2014，《邁向公民社會？當代中國「國家－社會」關係分析》，臺北：五南。

共產黨員網，2020，〈習近平：堅持和完善中國特色社會主義制度進行國家治理體系和治理能力現代化〉，1月1日，http://www.12371.cn/2020/01/01/ARTI1577865652215275.shtml，查閱時間：2020/1/5。

多維新聞網，2011，〈中國學者：2010年18萬起抗議事件，中國社會動盪加劇〉，9月27日，http://china.dwnews.com/big5/news/2011-09-26/58160315.html，查閱時間：2019/10/12。

新華網，2018，〈深化黨和國家機構改革方案〉，3月21日，http://www.xinhuanet.com/2018-03/21/c_1122570517.htm，查閱時間：2020/1/12。

二、英文

Hadenius, Axel, and Jan Teorell. 2007. "Pathways from Authoritarianism." *Journal of Democracy* 18(1): 143-156.

King, Gary, Jennifer Pan, and Margaret Roberts. 2013. "How Censorship in China Allows Government Criticism but Silences Collective Expression." *American Political Science Review* 107(2): 1-18.

King, Gary, Jennifer Pan, and Margaret Roberts. 2017. "How the Chinese Government Fabricates Social Media Posts for Strategic Distraction, Not Engaged Argument." *American Political Science Review* 111(3): 484-501.

Lee, Ching Kwan, and Yonghong Zhang. 2013. "The Power of Instability: Unraveling the Microfoundations of Bargained Authoritarianism in China." *American Journal of Sociology* 118(6):1475-1508.

Mann, Michael. 1993. *The Sources of Social Power: The Rise of Classes and Nation-States, 1760-1914*. New York: Cambridge University Press.

Mike Norman Economics. 2017. "Sebastian Heilmann—Big Data reshapes China's approach to governance." https://heterodox.economicblogs.org/mike-norman-economics/2017/norman-sebastian-heilmann-mdash-big-data-reshapes-china-governance. (Accessed on February 15, 2020).

Svolik, Milan. 2012. *The Politics of Authoritarian Rule*. New York: Cambridge University Press.

Teets, Jessica. 2014. *Civil Society under Authoritarianism: The China Model*. New York: Cambridge University Press.

Xie Yu. 2019. "China's internet censor shuts financial news aggregator wallstreetcn.com amid worsening US relations over trade and tech." https://www.scmp.com/business/companies/article/3013925/china-shuts-down-popular-finance-news-app-wallstreetcncom. (Accessed on August 11, 2020).

第十一章

中國大陸的社會治理與人權發展

王韻

壹、前言

改革開放以來中國大陸在整體經濟上發展突飛猛進，在貧困人口、嬰兒死亡率、識字程度、家戶收入等發展指標上獲得傲人的成就，產生「吃飽飯就是人權」這種「具有中國特色的人權發展觀」的論述，然而四十多年來中共對言論、集會結社、信仰、傳宗接代等普世人權價值仍保持與毛時代本質無差異的態度，其根本原因就是核心的黨國體制不但沒有隨著社會多元與開放逐漸鬆綁，還隨著監控科技的進步與對「顏色革命」擔憂升高而更上一層樓。

人權發展可以說是黨國體制本質的一面鏡子。尤其自習近平上臺後，過去被大陸媒體稱為社會進步力量的標竿群體，包括維權律師、體制外宗教、公民運動人士、網路意見領袖及弱勢群體等被重新定義為「新黑五類」，各自遭受全面性的打壓；同時國內維穩不再限於維持社會治安的單一目標，而是「防範抵禦顏色革命」的「多層次綜合安全治理」，一種試圖將所有國內外推動社會進步的力量都當作潛在敵人來防範的「底線思維」，其中尤其更對牽涉新疆、西藏、香港、臺灣的跨境互動採取前所未有的高壓態度。

這種「底線思維」體現在社會治理上，包含由2015年7月9日開始的維權律師大抓捕與審訊，加上2018年開始傳出對新疆維吾爾族的集體鎮壓，與對地下教會的持續監控與搜捕，都標誌著中國人權的寒冬已經來臨。這個人權惡化的發展牽涉到政治、經濟、法律、科技、網路等複雜的議題，同時又包含民族、宗教、港澳臺、僑民、對外關係等內外不同的層面。

2020年初開始大流行的新冠肺炎疫情，更讓中共「底線思維」的負面效果發揮到極致，近三年的「動態清零」政策，使得整個中國大陸社會都一起面臨過去難以想像的極端社會控制措施，印證了外界過去對中共黨國體制本質的看法。2021年11月十九屆六中全會，中共公布「第三份歷史決議」，統一畫的重點是「十個明確」，強調共產黨領導為無可動搖的底線要求；2022年10月「二十大」的政治報告當中，「安全」一詞共出現50次、「鬥爭」出現17次，反映著「底線思維」仍將在未來幾年內主導政策。

底線思維

底線思維一詞來自2013年1月22日，習近平在第十八屆中央紀委二次全會上的重要講話，為後來發動的大規模反貪腐運動做出說明。2019年時「三朝國師」王滬寧在中共省部級「防範重大風險」研討班上說明「堅持底線思維」是為「最壞情況」做準備。

　　這些「底線」（重大風險）議題也正是人權議題的熱點。習近平帶領的新領導層正在試圖重現1950年代社會治理的模式，並把這個模式透過科技化的治理技術展現出來。這種治理路線透過標榜黨管一切、推崇馬列毛思想作為其改革的正當性基礎，彰顯這種黨在追求「回歸初心」的一種政治認同。借用智庫「美國經濟評議會」（The Conference Board）北京中心主任Jude Blanchette（2019）的話來說，大陸正在經歷一個毛澤東主義的重新回歸，而習正在「毫無歉意地擁抱一種毛澤東時代所直接啟發的極端威權主義」。其目的，是回應自改革開放後社會「愈維愈不穩」的安全困局現象。這個「習特色」社會治理思路與做法用白話文來表達就是：國家與社會的關係不再是鄧小平「貓論」中，「不論黑貓白貓、能捉老鼠便

貓論

最早由鄧小平在1960年代就已經公開提出，改革開放期間在鄧的九二南巡講話後廣為流傳。前者強調一切都要為無法避免的鬥爭與衝突做準備、後者強調凡是以合作與包容取代你死我活的鬥爭，兩者正好反應兩種執政者截然不同的路線。

是好貓」的相對包容關係；而是黑貓就是黑貓，洋教就是洋教的黑白分明世界。而既然是「外國勢力代言人」的洋教，就必須被收歸黨管，也就是當前所謂「宗教中國化」的潛臺詞。

接下來，本章先簡述1950年代以來「愛國隊伍」為核心的社會治理傳統，這個模式在1980年代之後的質變（「政社分離」與對「愛國隊伍」重視的下降），與習近平提出「大統戰」模式（重新提倡黨建與統戰；重新強化「愛國隊伍」）的一個歷程。最後以「新黑五類」中維權律師與民族宗教人士的狀況作為案例來總結這一個「習特色」人權觀下的發展。

貳、歷史與政策脈絡：以「愛國隊伍」為核心的社會治理模式

本章探討社會治理傳統起始於宗教議題之上，因宗教信仰在社會上的長期影響力與中共獨斷意識形態的本質相斥的特性，理解中共如何處理這個原本的「階級敵人」，是觀察中共社會治理策略變化的理想切入點，可以幫助我們理解何為「統一戰線」、何為「共產黨人理想中的政社關係」。

鄧小平改革開放下的宗教治理路線，其標誌是黨中央在1982年發布「十九號文件」為基礎的新宗教政策，確立了宗教及其他社會力量可以被政權容忍以追求國家經濟發展的大政方針，翻轉了1960年代以來的極左路線。無論是後來江澤民的「積極引導宗教與社會主義社會相適應」的「適應觀」，或是胡錦濤的「依法治理宗教事務」的「科學發展觀」，都基本上遵從鄧立下的這個擱置意識形態爭議的原則，在制度上推動「黨政分開」、強調「政社分離」、揚棄過去「一個機構兩塊牌子」等黨國不分的做法。對宗教的相對包容政策來自整體國家治理機制愈來愈制度化的一種追求，學者研究指出鄧之後的宗教治理模式可歸納為三個特色：一、黨務政務系統合作管理的「雙重設置」（黨政分開）治理體制；二、強調聯絡

與交往宗教領袖的「上層交往」（政協爲主體的「統一戰線」）模式；
三、以愛國宗教隊伍爲運作核心的「特殊隊伍」（各個「愛國協會」）
（劉澎，2012：106-125；王韻，2015：55-80）。這三大原則的制度體現
就是國家宗教事務局（1998）的建立與宗教事務條例（2004）的誕生，但
這個體制在習近平路線下受到極大的挑戰。

　　黨政並存的「雙重設置」、國家與宗教領袖之間的「上層交往」與愛
國宗教組織的「特殊隊伍」三者構成中共在鄧小平改革開放之後不變的制
度核心，但這些制度安排其實在1950年代初期，鄧小平、周恩來、陳雲以
及其他高層領導人仍能主導政治時就已經定下基礎。所以習近平的社會治
理模式效法的正是1950年代以來的這段「上層交往」與「特殊隊伍」發揮
極大作用的高峰期，而這個治理路線最成功的例子就是在1950年代針對基
督新教的「**三自愛國運動**」。

三自愛國運動

原名「中國基督教抗美援朝三自愛國運動」，是在韓戰背景之下，以
中國基督徒必須「自治、自養、自傳」之名產生「三自愛國運動委員
會」（政治組織）與「中國基督教協會」（教會組織）、在內部稱
爲基督教「兩會」的雙重領導機構。「兩會」實爲「一個機構兩塊牌
子」，外界一般簡稱「三自教會」或「官方教會」，作爲與在地下活
動的「家庭教會」的對比。支持者認爲「兩會」在革命的刀尖浪口下
保護教徒與教產有功、批評者則認爲「兩會」是協助中共迫害信徒的
幫兇。這個黨領導下的官方「愛國隊伍」與地下「不合作者」之間的
嚴肅對比與長期對抗，可以說是整個中國大陸政社關係的一個縮影。

　　中共發動三自愛國運動主要目的並非針對宗教信仰本身，而在於驅逐
宗教信仰背後西方宣教士與西化社會菁英的主導權，奪得他們所掌控的社
會組織與媒介，尤其是當時教會擁有大批學校、出版社與報紙，控制教會

照片11-1　位於上海市黃浦區的中國基督教「兩會」總部

資料來源：Flsxx。

統一戰線

原爲共產國際在推動世界工農聯合陣線時的用語。中共於1920年代被蘇聯代表強迫與孫中山進行「國共合作」，後來毛澤東更迫於形勢於抗戰前夕提出「抗日民族統一戰線」，表面服從南京政府的領導，實則發展自己的武裝勢力。毛事後稱統戰、武裝鬥爭與黨的建設爲奪取政權的「三大法寶」，並由周恩來主導成立中央統戰部，在建政之後仍持續進行統戰工作，主管民主黨派、知識分子、商界代表、港澳臺人士與海外僑胞、以及宗教與民族人士等「非黨菁英」的工作。雖然重要性早就不如毛時代重要，至今坊間仍習慣性地稱統戰系統爲「四大領導班子」之一。

對於掌握社會輿論具有重要作用，而這一切都是為了即將到來的社會主義改造鋪路。周恩來領導的**統一戰線系統**在這一運動中發揮了主導的角色，例如基督教青年會（YMCA）全國出版部主任吳耀宗，在國共內戰末期就與周恩來聯繫見面，同意以驅逐外國勢力作為新政府保障教產與教權的交換（任杰，2007：9-17）。到1950年吳與一群中層基督教人士發表《中國基督教在新中國建設中努力的途徑》（後稱「三自宣言」），號召中國基督徒斷絕與外國教會的一切聯繫，擁護中共去建設「新中國下的基督教」。

　　1950年代初期三自會帶頭開始的這場政治運動，目的是利用當時的反殖民主義風潮爭奪對宗教組織所擁有的教會、寺廟、學校、醫院、社福與出版機構等社會組織的控制權，要把領導權從原本的菁英手中轉移到「自己人」手中。基督新教在1950年代歷史中的重要性是因為建立愛國特殊隊伍的效果良好，成為在其他宗教的「模範」，鼓勵在這些群體中建立類似的「特殊隊伍」與接受中央統戰部與國務院「雙重設置」領導的治理模式。1950年天主教的「自立革新運動」、1952年始籌辦的「中國佛教協會」，和1953年成立的「中國道教協會」等，都是三自愛國運動的複製品。這個「成功」的治理模式直到文革開始才驟然終結。

　　「爭取、團結、教育」就是前一階段「高層交往」和「特殊隊伍」統戰策略的白話臺詞，恢復1950年代的宗教政策也是1980年代改革開放後，鄧小平一代「改革開放總設計師」所認為正確的道路，即承諾公民生活的正常化，放棄毛時代不斷革命的主張。然而，這個時期的宗教統戰原則（仍是管理重於開放）往往被地方發展經濟的需要所取代，地方官員長期默許各種「違法」的宗教活動，例如未成年人參與宗教儀式、外國宣教士以英語教師身分在大學兼課，或是宗教團體接受外國的贊助等。為了創造經濟業績，官員往往多在「爭取、團結」信徒上頭努力，主動去「教育」或是干預信徒的行為在這時期反而是少數（Wang, 2017: 558-576）。這樣「上有政策、下有對策」的結果，是1983年到2010年之間大陸迎來了驚人的宗教復興（Ashiwa and Wank, 2009: 1-3），基督徒數量由1949年的70萬

增長至2010年的2,300萬;天主教則由300萬增至1,200萬;佛教出現高度商業化的上市公司;伊斯蘭教方面,因為經濟發展促進的人口流動,以回族(約1,200萬)和維吾族(約1,000萬)為首的伊斯蘭信仰也在全國傳播(Gladney, 2003: 451-423; 2009: 151-178)。

　　從鄧、江、胡到十八大前的歷程之中,中共領導人都遵從鄧所立下的擱置意識形態爭議(宗教是「人民內部矛盾」),以及「法治化」的改革努力,也就是推動有限程度「黨政分開」與「依法治國」的制度性變動。標誌性的具體做法如宗教管理架構放棄毛時代一貫的「一個機構兩塊牌子」,即由中央統戰部直接主導宗教工作的做法,代之以將國務院宗教事務局獨立為國家宗教事務局(1998),賦予更高職權與人力以配合中央統戰部、港澳臺辦和各省民宗部門進行相關調研、協調、訓練與政策制定工作。此外,胡錦濤進一步在2004年出臺首部準宗教法《宗教事務條例》,強調在「構建社會主義和諧社會」下,以「法治」和「人權」等看似進步的詞彙來處理宗教議題。

　　然而,這些改革也同時伴隨1989年波蘭民主化運動帶動的東歐變天、1990年代美國柯林頓政府帶動的「和平演變」風潮,2010年突尼西亞茉莉花革命。這些衝擊都強化了中共對於公民社會難以掌控的威脅感,尤其是其中最有組織性的宗教力量的擔憂,因此這些制度性的變動都沒有產生實質的政策變革。雖然中央在政策上仍要求對宗教組織嚴加看管,但基層的政策執行上往往出現很大的自主彈性與不作為。可以說當今對宗教與公民社會不穩定因素的擔憂,正是十八大之後習近平加強社會管制的核心因素。

參、「大統戰」與宗教「中國化」

　　面對不斷升高的社會穩定問題,習近平政府的核心策略就是回到黨機器身上。除了積極增加組織部與紀委在督促黨員盡責上的作用,習近平迫

求黨建能力擴大的重要一步，就是回到加強中央統戰部這個黨的老機器上。在2015年，習近平親自擔任新設立的「中央統戰工作小組」的小組長、提升原本系統內的「全國統戰工作會議」為跨系統的「中央統戰工作會議」、同時通過建政以來第一份《統一戰線工作條例》，將黨的統戰任務法制化。2016年起中央更派出「統戰工作檢查小組」到各地視察，統戰一夕之間變成針對地方大吏考核的政治顯學之一。這個被稱為「大統戰」的策略顯示地方將會把對宗教組織的管理、社會菁英的意見、對港澳臺及海外聯繫、境內外非政府組織等統戰任務提升為地方施政的要務。宗教作為社會治理的重要成分，大統戰的特色可以從宗教治理體制上的變化，看得非常清楚。例如2018年新版《宗教事務條例》的實施，等同是對地方宗教管理幹部的終極考核指南，眾多的「審批」、「備案」、「批准」、「處罰」等細節要求無疑會減少地方官員彈性處理問題的空間，試圖修正過去官員不作為的問題。

《宗教事務條例》的修訂直接牽涉習近平的宗教與民族政策思維。2016年9月大陸國務院法制辦公室宣布，為了因應「國際國內形勢的深刻變化，宗教領域出現了不少新情況新問題」，主張對2004年提出的《宗教事務條例》修改，當中對宗教團體的法人性質做出規定，合法化的宗教組織可以參與公益慈善事業；但同年底提出的《境外非政府組織境內活動管理法》（2017年1月1日生效），卻排除了境外宗教組織可以用慈善活動身分進入中國大陸的可能性。

條例的修訂可說是黨領導人，對於主管宗教事務的統戰系統過去成績不滿意的結果。在「雙重設置」的安排下，過往中央統戰部負責政策與跨部會協調、國家宗教局及各省市的民族宗教辦／局負責業務；全國以及地方政協負責實際領導層的統戰活動，而愛國教會／協會則負責在廣大信教群眾裡面接軌這些政策與活動。但宗教復興的現象已表明這一安排出現問題。新條例雖採用「宗教法人」、「非營利組織」等新名詞，惟專注於管制而非保護方向，中共對非體制內宗教活動仍將嚴加限制，尤其將對官員與幹部的管理績效要求更加嚴格。這個安排確定了對宗教人士懷柔為宗、

管理為重、打擊為輔的主旋律將會繼續。

　　另一個制度性的改革是將國家宗教局、僑務辦公室與民族事務委員會併入中央統戰部。強化統戰機構來改革黨建、宗教、民族與社會管理是習近平在十九大後最讓人注意的地方，2018年3月《深化黨和國家機構改革方案》出臺，原屬國務院下的國宗局、僑辦、民族委都劃歸黨的統戰部管轄，目前可得知中共中央統戰部由9個工作局改組為12個工作局，由第十一局（宗教綜合與教育）與第十二局（各別宗教事務）承續原本統戰部第二局部分，與原國家宗教局所有人員編制，分別總理所有宗教管理事務。如此，一個囊括所有對僑務、對民宗事務、對非黨員社會菁英的新「大統戰」體制的雛形已經完備。

　　值得注意的是，這個「大統戰」其實是一種「制度復古」，而非改革創新。過往中央統戰部原本就是以上那些政府機構在黨務端的上級「對口」單位，這些機構的一把手都是從中央統戰部調任而來，而表現好的政府機構領導，又常被提升至統戰部領導層，如機構改革前最後一任國宗局局長王作安目前便是中央統戰部副部長；其前任國宗局局長葉小文之後便出任中央社會主義學院黨組書記兼第一副院長。可以說，目前的發展只是將中央統戰部由「幕後」站到臺前「面對群眾」，如此機關間的資訊更容易流動，職務整合後官員則更難以推託責任。

　　從1950年代以來的統戰模式中，動員「愛國隊伍」是中共管理各宗教，以及西藏和新疆等少數民族地區的主要策略，這一策略模式現在又回來了，並且進一步強化。強化宗教愛國隊伍的具體工具則是所謂的「**宗教中國化**」政策。2018年4月大陸官方發布《中國保障宗教信仰自由的政策和實踐》白皮書，是為時隔二十一年後的第二份宗教政策指標性文件，其中特別高舉「宗教中國化」一詞，一時人民日報、各大媒體、愛國宗教團體紛紛推出一連串的「宗教中國化」的擁護舉動，這顯示中共正在企圖再度活化統戰系統與愛國隊伍在治理上的作用。

宗教中國化

在2012年由中國社科院宗教所所長卓新平提出，十九大後再度被強調，足以反映習近平對目前愛國宗教隊伍成效的不滿與新一波政治忠誠的要求，可以說是1950年代基督教三自運動的翻版。新的中國化要求天主教、基督教和伊斯蘭教等「洋教」分別提出自身的中國化「五年計畫」。在十九大會議之中，各宗教愛國隊伍分別表態輸誠：基督教代表高喊「必須肅清其內部的帝國主義的影響與力量」；天主教代表自稱「天主教傳入中國後跌宕起伏，最主要的原因是中國教會沒有很好地融入我國文化環境」；伊斯蘭教代表則更露骨地表示要「感黨恩、聽黨話、跟黨走」。

肆、「習特色」的人權觀與「新黑五類」

　　「新黑五類」一詞來自《人民日報》在2012年7月31日的一篇文章，稱「維權律師、地下宗教、異見人士、網路領袖、弱勢人群」五類人為境外勢力自下而上滲透中國的工具，阻礙了中國的崛起。2013年5月網路上開始流傳「七不講」的說法，一個在十八大習近平上臺之後發生的明顯改變是，大陸境內與這五類人牽涉到的議題如民主、憲政改革、宗教自由、

七不講

據稱為2013年5月13日，中共中央辦公廳印發了非公開發表的《關於當前意識形態領域情況的通報》，並下發到縣團級供相關幹部學習。意圖封殺重要人權價值的討論，包含普世價值、新聞自由、公民社會、公民權利、中國共產黨的歷史錯誤（轉型正義）、權貴資產階級（財富分配），以及司法獨立都成為媒體、網路與學術討論的禁語。雖然這一名詞從來沒有寫入任何正式法律文件，「七不講」的精神仍可以在後來習的講話與政策、例如「媒體姓黨」、「法院姓黨」、「宗教姓黨」等例子上看得出來。

普世人權、市民社會等已成爲禁詞。「七不講」代表的這種高壓狀況在十九大後繼續惡化。針對基督教地下教會的全面掃蕩，在新疆以打擊極端主義而對維吾爾族進行的系統性文化改造，再配合高科技與群眾運動手段進行的全面監控，宗教與民族都不再只是個別的社會治理問題。這樣的管治思維，也愈發模糊了「新黑五類」彼此的界線，律師因爲幫助地下教會信徒打官司而成爲異見人士，教會因爲這些幫助他們的公共知識分子以及律師們，而一起走上聲援弱勢群體之路，雖然奮鬥的地點與被抓的理由不同，但陳光誠、王全璋、王怡、高智晟等人背後都有類似的故事。而原本針對這些「壞分子」所發展出來的網路AI大數據監控、社區網格化管理、以及生物辨識技術使用等手段，最終發展成爲一個龐大高效的全民監控體系，中國大陸的社會治理也因此展露出一個與習上臺前截然不同的面貌。

表11-1整理了五種江澤民後期尤其是胡錦濤時期引人注目且具有代表性的社會群體，特色是在各自的人權議題中代表進步力量追求更好的國家與社會關係，也都有在某一時期被比較自由派的大陸媒體吹捧爲和諧進步的典型。然而他們試圖改變現狀的努力被當局私下視爲麻煩製造者，在習近平時期更公開標籤爲「新黑五類」，這個後1960年代的詞彙再度顯露習政府回歸主義的心態，同時暗示中共對這些群體的定性、評估是否有「改造」的可能，與可能的對付方式，一種以鬥爭（底線思維）而非共容（貓論）爲目標的「習特色」人權觀正在成爲主流。

雖然表11-1中舊黑五類與新黑五類的對比是假設性的，也沒有直接證據說明這個詞彙的使用者有這樣一對一對比的企圖，但這樣的對比有助於我們理解「習特色」社會治理思路與做法；礙於篇幅，在此僅討論維權律師與民族宗教團體來代表一個被視爲可以被改造、一個被視爲不能被改造的社會團體。比較上來說，維權律師群體顯然與舊黑五類中的「地主」的角色最爲類似：地主是共產主義革命中號稱最重要的階級敵人、是不可能改造與合作的對象，因爲他們與其他反動勢力，例如地方武力、會道門、國民黨、城市資產階級等群體的共生關係，就像維權律師與其他新黑五類

表11-1 新舊黑五類的政社關係特徵比較

	代表群體	政社關係特徵
舊黑五類	1.地主 2.富農 3.反革命 4.右派 5.壞分子	1.家庭擁有土地，但自己和家庭成員不參加勞動：不能繼續存在、必須要被徹底改造的群體 2.家庭擁有土地，但自己和家庭成員也參加勞動：社會上合理存在但必須要被改造的群體 3.國民黨與「帝國主義勢力」的代理人：不與黨合作的社會菁英與知識分子；只能被鎮壓 4.基層幹部與民主黨派：與黨合作但背離毛路線的黨員與社會菁英；可以被統戰與改造 5.社會上的頑劣分子群體例如黑道、會道門：不能改造也難以完全消滅，但可以被利用
新黑五類	1.維權律師 2.宗教與民族群體 3.公民運動人士 4.網路意見領袖 5.弱勢／信訪群體	1.與其他新黑五類群體的共生關係；無法改造所以不能繼續存在？ 2.與海外敵對勢力、例如分離主義與極端主義份子的關係；合理存在但必須被統戰與改造？ 3.與海外敵對勢力、例如國際非政府組織的關係；無法改造只能被鎮壓？ 4.與中央政府的關係；可以被統戰與改造。要問姓不姓黨？ 5.與地方政府的關係；不能改造也難以消滅，但可以被利用。要問愛不愛國？

群體，例如家庭教會與上訪民眾的共生關係一樣是罪大惡極的，無法改造與必須消滅幾乎是可以確定的政策路線。許多在2015年「709」大圍捕中被捕的維權律師至今仍在候審，審前拘留的時間往往可長達一年，但家人和律師卻並非能約見候審人；沒有被抓捕的維權律師，則因無法通過年度專業資格認證而間接失去活動能力。

在「709」大圍捕後被控以「顛覆國家政權罪」的人權律師王全璋，被捕後失蹤超過1,000天，並在關押期間被強迫服用不明藥物。這類採以「指定居所監視居住」的案件，因被告人完全與外界隔離，被官方施以違反人權的審訊也無從知曉。與此同時，制度上對維權律師的控制亦同步進

行，除了在2017年成立「中國共產黨全國律師行業委員會」外，2018年中又修改了《中華全國律師協會章程》，將「堅持以習近平新時代中國特色社會主義思想爲指導」之意識形態規範載入典章，其實際目的是在全國36萬律師群體中進行黨建工作，削弱「正常」律師成爲「維權律師」、「死磕派律師」的可能性（陳玉潔，2019）。自「709」大圍捕到2023年已經十一年，包括王全境在內的百位律師及其家屬仍面對持續的監控，失去言行的自由，求學、就醫、工作等權利受限的不人道待遇，這些情況顯然短期內都不會改善。

照片11-2　「709」大圍捕中被捕律師的妻子

資料來源：zhenghufeng。

民族宗教群體則是類似舊黑五類中的「富農」：擁有自己耕作的土地（教產）並自食其力（自治、自養、自傳）的他們可以在社會上合法地存在，但前提是必須要被改造成支持革命路線的群體。在當前的宗教民族語境之下，改造的前提是切斷與外國敵對勢力的關係，也就是服從「中國化」的政策。自2017年十九大提出宗教中國化政策至今諸多的宗教新聞事件來觀察，宗教與民族議題的管理都普遍出現「寧左勿右」的傾向，對少數民族的宗教容忍政策尤其出現大轉彎，例如各地都有「去伊斯蘭化」、

移除公共場合阿拉伯文標誌及宗教元素、禁止民眾與學生慶祝聖誕節等具有宗教性質集會等的事件。

　　天主教方面，自2018年簽署不公開的「主教協議」之後，中共推動中國天主教進一步「中國化」的力道更為加強。2018年1月召開的「全國宗教局長會議」便聲稱要「健全」天主教的「一會一團」制度、加強天主教界「獨立自主自辦原則教育」。中共的策略是藉與教廷和解作為籌碼、利用教廷之名來迫使多年來忠於教宗的地下神父退休或是加入愛國會。另一方面，繼續落實和打造「真正」的愛國天主教，例如在去年7月的「全國性宗教團體聯席會議」上公布的所謂「四進」要求：一、舉行唱國歌、升國旗儀式；二、向信徒宣講中國憲法和其他法律法規；三、宣講社會主義核心價值觀；四、宣傳中華優秀傳統文化。

　　相對較保守的天主教，有著悠長反抗傳統的基督新教則面臨更全面的打壓，教會與官方的關係處在前所未有的緊張狀態，自2016年浙江開始出現針對三自愛國會教堂的拆除十字架運動，2018年河南也出現大規模拆除教會十字架行動，當地官方教會牧師透露數字可能達7,000座。同時對地下教會的打壓則繼續升級，2018年9月北京最大的基督教家庭教會北京錫安教會被迫關門，這所自2007年就已經默默存在，從不評論政治的教會系統，被指控未經民政部門註冊登記，「擾亂了社會組織管理秩序」而被查封；知名的四川成都秋雨聖約教會超過100位信徒在2018年12月被公安大規模逮捕，其主任牧師王怡在2019年底被以「顛覆國家安全」入罪判刑九年；2019年3月23日，中共警方採取行動取締清除了持續「戶外敬拜」（一種和平的不合作運動）超過十年的北京守望教會。官方進一步藉各種如聖經書籍審查、教牧人員資格考試或宗教活動場所登記證等行政措施來監理與管控教會。

　　值得注意的是中共建政初期擅長的群眾動員工作，在宗教中國化的語境之下再被利用。2019年3月廣州市當局公布《廣州市群眾舉報非法宗教活動獎勵辦法》，為舉報非法宗教活動的人提供100至1萬元人民幣的現金獎勵，舉報內容輕至線索提供，重至查獲境外非法宗教組織首要分子不

等。這種現代版紅衛兵的群眾運動，在李克強2019年的兩會工作報告中被解釋為「楓橋經驗」，即在1963年曾在浙江省寧波楓橋區實行的一種依靠群眾「就地監督改造四類反革命分子」的模式。這裡再次體現習近平作為紅二代對群眾運動等毛傳統的推崇，因其自身便曾在2002年從調任浙江後赴楓橋調研。

伊斯蘭教的中國化要比其他宗教更複雜，因為它還涉及民族問題。從2018年開始就有報導指出，新疆維吾爾族的穆斯林信徒無論在國內與國外的移動都遭到官方監控，出國需有擔保人，若未如期回國，則擔保人被送往官方號稱的「再教育營」。這個以反對宗教極端主義、種族分離主義和暴力恐怖主義為名建立的再教育營已成為世界關注的人權議題，根據美國官方的年度人權實踐報告（country reports on human rights practices），目前被關在再教育營的維吾爾人可能高達80萬至200萬人，而2018年單單用在新疆的公共安全開支便增加了30%，創造了90,800個相關職位（U.S. Department of State, 2018）。

從2018年12月至今，包括山西、山東、北京、寧夏、河南、河北、福建、甘肅等地的維吾爾人有的被官方迫令回到新疆，有的在當地直接受到嚴密監控，而各地則出現清除清真字樣的官方行動。國外的輿論指控中共正試圖進行「文化滅絕」（為聯合國定義的「種族滅絕罪」之一）。最嚴重的去清真化出現在新疆當地，媒體與獨立調查機構發現，當地多達33處清真寺已被嚴重破壞或消失（Kuo, 2019）。而國際人權組織Human Right Watch（2019）則在5月初曝光一款用於監控維吾爾族的手機應用程式，該程式能仔細監控目標人物如出行狀況、通話紀錄和用電量等指標，再綜合評分以選出需要「處理」的對象，該平臺也同時允許對執行官員進行績效評核。新科技的使用尤其讓1950年代模式沒有辦法做到的大規模監控、蒐證與逮捕變得更為容易，也讓習所渴望的黨領導一切的願望變得更為可能。

在2019年3月一場由57個國家組成的伊斯蘭合作組織（Organization of Islamic Cooperation）會議上，中國仍被稱讚「為其穆斯林公民提供照

顧」，聯合國人權理事會在同年2月針對中國人權狀況進行的第三次「普遍定期審查」（Universal Periodic Review, UPR），報告會議中雖有專家針對新疆問題提出質疑，但在中共的抗議之下也不了了之，UPR報告仍在北京的盟友們鼓掌下通過，一時似乎中共的國際宣傳占了上風（Perlez, 2019）。但在2019年11月中旬，紐約時報與國際調查記者同盟（ICIJ）分別披露數百頁關於新疆再教育營的內部文件，包括200頁習近平和其他高級領導人的內部講話，以及150多頁關於管控新疆維族人的指示和報告，揭露了過往沒有的運作細節與非人道監禁的證據，陳國全等7名治疆官員也被國際人權組織點名要爲這個危機負責。同一段時間中，美國參議院在2019年9月11日通過了「維吾爾人權政策法案」（Uyghur Human Rights Policy Act of 2019），在12月眾議院更通過了一個更嚴格的版本，規定美國行政部門定期向國會提交再教育營和其他違反人權情況的報告，制裁違反人權的官員，限制其來美簽證、凍結其在美財產；限制向中國出口可能用於監控和限制人身和互聯網自由的器材，制裁參與新疆管控的相關中國企業。

照片11-3　新疆再教育營相關文件

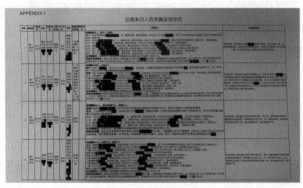

資料來源：美國之音（2020）。

　　對此中共統戰與外宣部門全面動員消毒反制，針對「維吾爾人權政策法案」，中國外交部發言人表達了「強烈憤慨」，除了召見美國駐中國大使館代表提出強烈抗議之外，更發動全國人大、全國政協、國家民族事務委員會、國家反恐辦公室、新疆維吾爾自治區人民代表大會、新疆維吾爾自治區政府、中國伊斯蘭教協會、中國人權發展基金會、中國人權研究會等超過12個官方部委機構，一致譴責美國「粗暴干涉中國內政」。同時在美國通過法案的同一週內，新疆維族自治區主席雪克來提・扎克爾首次召開記者會，雖然承認再教育營的存在，但表明培訓營的學員是流動的，聲稱目前參加「三學一去」（學習國家通用語言文字、法律知識、職業技能和去極端化；「再教育」的中共官方說法）的學員已「全部結業」。可以說，北京正盡一切努力在反駁國際社會的批評，並宣傳新疆社會穩定和經濟發展如何得到正面的改善。長遠看來，國際壓力與中共國際「大統戰」、「大外宣」在新疆議題上的拉鋸仍將持續，而聯合國國際人權事業的信譽與有效性更直接聯繫到這個議題將如何被妥善地處理。為持續施壓，美國川普總統在2020年6月17日簽署了「維吾爾人權政策法案」。因為該法案包含制裁個別人士與企業的規定，加上國際輿論的不斷擴大，產生了與「華為案」類似牽動國際產業鏈重組的效果，一時之間全球跨國企業如愛迪達、H&M、Nike、UNIQLO紛紛自清、或承諾將重新檢討原料與產業供應練，要與新疆「血棉花」與「奴工產品」劃清界線，也引發中國官媒與愛國網友對這些品牌的高調抵制。

　　從2020年以來，已經有十多個國家的國會正在討論新疆問題，而包含美國國會兩院、加拿大下議院、荷蘭下議院以及英國下議院則已經通過議案宣布新疆的情況為「種族滅絕」，要求政府拿出辦法。2021年3月17日，歐盟17國宣布就新疆的迫害對中國實施制裁，這是歐盟自1989年六四事件後的武器禁運以來，首次對中國實施制裁。美國拜登總統上臺之後也持續這個對中國人權批判的態度，例如在2021年4月在英國舉行的七大工業國高峰會議（G7）中，呼籲各國聯合加強對中國在新疆、香港、南海與臺灣議題上施加壓力。2022年8月31日聯合國人權高級專員辦公室發布

《新疆人權報告》，正式譴責中國嚴重侵犯維吾爾族和穆斯林的人權。2022年9月歐盟正式提出禁止強迫勞動產品進口的法案。在可以預見的未來中，習近平在不斷強化中共社會治理能力的同時，也必然增加了許多違反國際人權標準的作爲，而這些人權問題也將持續爲北京與各國外交關係中極大的障礙。

伍、結論

從整體來看，「底線思維」之下形式化、條文化與法規化的社會治理方向，顯示的不是更多的法律保障與政策開放，而是更多假管理之名以行扶植愛國隊伍與打擊潛在敵人的左傾作爲。從2013年的「七不講」到2021年第三份歷史決議中的「十個明確」，習主政下的社會治理模式，繼承了毛式「整風」的運動治國傳統，今日中共再度試圖以科技活化毛時代的老方法來對應社會問題，未來的成效以及後續影響值得我們密切的注意。

宗教在中國的處境，是習近平人權觀與社會治理策略的一面鏡子，例如2014年到2015年在浙江大拆教堂與十字架的省委書記夏寶龍，在2018年3月被提拔爲全國政協副主席兼秘書長，在過去無人看好的情形下突然獲得副國級「黨與國家領導人」的地位，並在完全沒有任何涉港經驗的情形之下，於2020年2月13日接替因爲處理反送中運動不力的港澳辦主任張曉明。2022年5月，中國駐法大使盧沙野在電視訪問中表示，如果統一的話，要效法在新疆的做法對臺灣人民進行「再教育」，引起軒然大波。這些發展都在在顯示，習近平時代下的宗教、人權與港澳臺事務是不可分割的整體議題，所以關心臺灣與香港的人士也應該要對中國人權，尤其是中國大陸宗教人士的處境多加注意。

對於關心全球人權事務發展的人來說，宗教對於中國人權發展的意義不僅僅是一面鏡子；具有宗教情懷與熱誠的行動者，更常常是人權發展的夥伴。在鄧小平到胡溫的年代，港臺的宗教組織與民間團體對於中國大陸

覺醒中的公民社會有非常積極的角色，香港中文大學社會學系副教授、「占中三子」之一的陳健民在參與香港本地的政治運動之前，就是在大陸相當活躍與受歡迎的社會運動講師；雖然沒有辦法直接效法，臺灣民主化的歷史也一直是大陸知識分子相當關注的經驗，臺灣的宗教團體西進傳教的同時，也必然把這些價值觀與經驗帶給了大陸的信徒們。這對臺灣是壓力、也可能是機會。

　　一方面中國大陸境內「寧左勿右」的社會氛圍勢必會影響到海內外與大陸有聯繫的個人與團體，從商業界人士到學生都必然會受到這個「習特色」人權觀的影響；輕則要對北京喜歡的政策表態支持，重則要負責實際的統戰工作，尤其中共持續滲透與吸收海外的華文媒體、地方商會、民間社團，宗教團體、留學生與學者組織等群體，試圖影響所在國對中國的態度甚至是選舉的走向，這種「銳實力」（sharp power）的展現已經成為國際關注的問題，引發各國民眾的質疑、安全單位的注意，甚至是國家立法的管制，澳洲出現的《外國代理人法》與臺灣通過的《反滲透法》都是明顯的例子。

　　今日任何跨足兩岸的民間團體都很難不受到這個問題的牽連與困擾，例如當臺梵邦交可能會是其中交易的籌碼，臺灣的天主教徒是否應該支持大陸與教廷修好的工作？當傳教與個人事業都面臨可能的威脅，臺灣的基督教團體是否要持續為在中國大陸受迫害的信徒發聲？面對在臺灣被視為中共代理人與在大陸被視為臺灣代理人之間的矛盾，臺灣的宮廟是否應該持續西進進香之路？這些問題都成為非常敏感與困難的議題。

　　從另一方面來看，臺灣對於整個華人人權事業的重要性仍有待討論與發展。在中共以文化差異來否定普世人權價值的同時，同樣身處華人文化圈的臺灣，在人權議題上是否可以擔任對「具有中國特色的社會主義人權觀」「除魅」（disenchantment）的角色？臺灣本身的政教關係歷史，可以說是中國現狀的對照組，試想臺灣每一個宗教團體的政教關係史都可以去證明，不當的宗教管制與干預只會激化出更多政治抗議運動，而鼓勵宗教參與社會與公共事務，反而可以讓宗教扮演更平衡與和解的角色，促進

更有包容性與多元性的公民社會出現，這些都是大陸在追求良性的政教關係發展時可以參考的地方（王韻，2015）。

就算身處在臺灣的人不想關心大陸的宗教與人權，面對習近平重新將宗教管理背後的統一戰線作為對臺策略核心的時刻，臺灣必須進一步瞭解面對的是何種挑戰。統戰不等於軟實力，但統戰是中國共產黨利用軟實力的有系統戰略，這是中共在面對「敵強我弱」的外在局勢時的一貫做法，而這個老工具在習近平任內有很大的改變與「升級」，尤其當中國早就不再是低度發展國家的弱勢角色，一個充滿資源與籌碼的大國可以怎麼玩統戰，是一個非常嚴肅的課題。

實際的做法上，民間軟實力的發揮需要政府在法令上的支持。例如《難民法》、《政治庇護法》的立法、《兩岸人民條例》的修正等，應對現在與未來可能發生的人道庇護或救援的需要，不然基層公務員與民間參與者將難以行動。目前香港在港版國安法執行下，已經有香港居民向臺灣尋求政治庇護與移民的情形。面對這樣的新形勢，臺灣是否準備好了？在全球公民社會發展的趨勢下，民主國家與社會行動者聯合對抗威權政權已是廣泛現象（辛翠玲，2012），但因為中國的國力躍升與西方國家對中國市場的渴求，大大削弱西方政府在中國人權議題上的影響力，這也許正是臺灣社會可以發揮更多角色的時刻。無論站在阻止中共統戰、發揮自身軟實力，或單純的國際人權道德責任，相對大陸有著特殊文化與政治角色的臺灣，都不應該固步自封，而應大膽地聲援中港澳等地的異議者與倡議運動，為被壓迫者的道義賦權（moral empowerment）盡一份心力。

關鍵詞：中國大陸人權、底線思維、歸正主義、統一戰線、新黑五類

延伸閱讀文獻

1. 臺灣民主基金會，2019，《2018中國人權觀察報告》，臺北：臺灣民主基金會。

2. 辛翠玲，2003，〈從中國人權問題看國際人權團體的影響力——論非政府組織及其連結作用〉，《政治科學論叢》，19：181-202。

3. 黃默，2013，〈百年糾纏（一）：華人與普世人權標準〉，《臺灣人權學刊》，2（2）：183-199。

4. Wang, Ray. 2019. *Resistance Under Communist China. Religious Protesters, Advocates and Opportunists*. UK, London: Palgrave Macmillan.

5. Blanchette, Jude. 2019. *China's New Red Guards: The Return of Radicalism and the Rebirth of Mao Zedong*. UK, Oxford: Oxford University Press.

思考問題

1. 何謂「具有中國特色的社會主義人權觀」？在這個體系之下宗教組織與信徒的角色是什麼？中共統戰部的角色又是什麼？

2. 人權在兩岸關係中是否有一席之地？面對習特色人權觀與大統戰策略，臺灣的應對之道為何？例如應該如何處理兩岸間的宗教交流？

3. 國際人權壓力對臺灣的影響力極大，在過去臺灣民主化與近年廢死議題上都有顯著的貢獻。但國際人權壓力面對崛起的中國是否有效？例如面對新疆再教育營的大規模人權問題，為何國際壓力遠不如當年六四天安門時顯著？

4. 中共面對批評一向不假詞色，近年更是對於所謂「吃中國飯砸中國鍋」的企業、名人、民間組織與媒體大加批評、封鎖甚至懲罰，例如李明哲被捕與國臺辦「懲戒」臺灣民主基金會。在這個負面的人權發展態勢之中，經濟利益與個人自由的平衡點在哪裡？臺灣應該對於這些被中國政府懲罰的人或組織抱持何種立場？

參考文獻

一、中文

CDT報告匯・專題，2022，〈聯合國新疆人權報告的前世今生：中國當局能否洗白反人類罪？〉，《中國數字時代》，https://chinadigitaltimes.net/chinese/686427.html，查閱時間：2023/5/3。

王韻，2015，〈國內維權，國際賦權，與跨國倡權：基督新教的跨國倡議運動與兩岸三地的宗教人權〉，《政治學報》，59：55-80。

任杰，2007，《中國共產黨的宗教政策》，北京：人民出版社。

余杰，2023，〈盧沙野說的是習近平的心裡話〉，《自由亞洲電台》，5月1日，https://www.rfa.org/mandarin/pinglun/yujie/yj1-05012023074243.html，查閱時間：2023/5/3。

張裕文，2019，〈時事大家談：美涉疆法案奏效？中國稱再教育營學員已「全部結業」〉，https://www.voachinese.com/a/voaweishi-20191210-voaio-china-says-all-people-in-re-education-camp-have-graduated/5200202.html，查閱時間：2020/2/5。

陳玉潔，2019，〈2018中國人權觀察報告司法人權觀察〉，http://www.tfd.org.tw/export/sites/tfd/files/download/2018-Judical.pdf，查閱時間：2019/6/20。

劉澎，2012，〈中國需要宗教法——走出中國宗教管理體制的困境〉，《領導者》，47：106-125。

美國之音，2020，〈超生、留鬍子、申請護照，第三批新疆文件曝光維吾爾人的16宗罪〉，https://www.voachinese.com/a/newly-revealed-document-uyghur-20200219/5294534.html，查閱時間：2020/3/5。

二、英文

Ashiwa, Yoshiko, and David Wank. 2009. *Making Religion, Making the State: The Politics of Religion in Modern China.* Stanford, CA: Stanford University Press.

Gladney, Dru C. 2003. "Islam in China: Accommodation or Separatism?" *The China Quarterly* 174: 451-423.

Gladney, Dru C. 2009. "Islam in China: State Policing and Identity Politics." In Yoshoko Ashiwa and Daivd Wank eds., *Making Religion, Making the State: The Politics of Religion in Modern China*. Stanford, CA: Stanford University Press, pp. 151-178.

Human Rights Watch. 2019. "China's Algorithms of Repression: Reverse Engineering a Xinjiang Police Mass Surveillance App." https://www.hrw.org/report/2019/05/01/chinas-algorithms-repression/reverse-engineering-xinjiang-police-mass-surveillance (Accessed on February 5, 2020).

Kuo, Lily. 2019. "Revealed: new evidence of China's mission to raze the mosques of Xinjing." https://www.theguardian.com/world/2019/may/07/revealed-new-evidence-of-chinas-mission-to-raze-the-mosques-of-xinjiang (Accessed on June 20, 2019).

Perlez, Jane. 2019. "With Pressure and Persuasion, China Deflects Criticism of Its Camps for Muslims." https://cn.nytimes.com/china/20190409/china-muslims-camps/zh-hant/ (Accessed on June 20, 2019).

U.S. Department of State. 2018. "2018 Country Reports on Human Rights Practices: China (includes Tibet, Hong Kong , and Macau)-China." https://www.state.gov/reports/2018-country-reports-on-human-rights-practices/china-includes-tibet-hong-kong-and-macau-china/ (Accessed on February 5, 2020).

Wang, Ray. 2017. "Authoritarian Resilience vs. Everyday Resistance: the Unexpected Strength of Transnational Religious Advocacy in China." *Journal for the Scientific Study of Religion* 56 (3): 558-576.

第十二章

中國的環境治理與健康治理

王占璽

壹、前言

　　中國長達四十年的高速經濟成長過程付出了可觀的社會代價，其中環境保護以及健康保障是兩個特別顯著的領域。環境與健康問題各自具有不同的內涵，但可以透過類似的分析視角來理解。首先，環境保護與健康保障都具有公共物品的特性。改善空氣品質或防治傳染疾病的成效，都是由社會所有成員共享其成果，而非僅由特定群體獨占。同時此類服務難以透過市場價格機制評估其投入成本與總體效益，因此有賴國家作為治理的主體，透過財政投入、制度建立、監管機制與實際行動來解決問題。其次，環境問題與健康問題都具有「社會風險」的性質。環境污染或健康威脅在初期往往難以察覺，但若缺乏控制，將轉化為具體的災難，帶來難以估算的經濟社會損失，甚至影響整個社會的運作。其三，環境與健康問題的治理體制及其成效，與社會中的各種制度安排息息相關，包括在國家發展的整體議程中，執政者對於此些議題的認知方式與回應方式、國家能力與官僚部門的行為模式、國際與社會等黨國體制外部力量的參與等。

　　本文的前兩個部分將分別討論中國環境問題與健康問題的治理，並在前述分析視角的引導下，介紹兩個議題各自的問題概況，以及在社會主義時期（1949-1978）、市場轉型時期（1978-2012）與2012年十八大後這三個階段的重要發展趨勢。第三部分將對這兩個領域中共同存在的制約因素與變遷動力進行討論，最後提出結語。

貳、環境治理

一、中國環境問題概述

　　中國的環境問題主要來自於粗放的經濟發展方式對自然環境條件的破壞，以及對環境資源的過度汲取，並且呈現為環境污染與資源匱乏兩種類型。

　　空氣污染及水污染是最易感知的環境污染。中國有99.6%人口的居住地區空氣品質無法達到世界衛生組織的標準，主要污染來源包括工業和汽車廢氣，以及廣泛使用的燃煤。中國作為世界最大燃煤使用國，用於工業、發電與民生的燃煤，產生約40%的PM2.5微粒。2020年2月，中國為防治新冠肺炎全面停工停產，因此降低的二氧化碳排放量達2億公噸，約為2018年同期的25%，間接反映工業污染對空氣品質的影響。

　　水污染的主要來源為工業、農業與民生廢水。2017年在中國118個主要城市中，64%的城市地下水遭到嚴重污染，輕度污染的則占33%。在農村，1.9億人的飲用水含有的有害物質超過標準。此外，全國532條河流中有436條河流受到不同程度的污染，人口密集地區的湖泊、水庫則全數受到污染。

　　土壤污染問題的嚴重程度不亞於空氣與水污染。中國政府長期將全國土壤污染的整體情況視為國家機密，但依2014年環保部門公布的少量資訊顯示，2010年約有16%的土地受到重金屬污染，其中包括19.4%的農耕地；82%的污染來源為無機物污染（重金屬）。而廣東省的調查則指出，珠三角地區28%的土壤重金屬超標，汞超標最高，其次就是鎘和砷。

　　環境污染嚴重威脅人民健康並造成鉅額經濟損失。在2000年至2010年間，空氣污染平均每年導致110萬人壽命縮減，造成的醫療支出及勞動損失達到GDP的6.5%，每年也使2,000萬噸重要農作物遭摧毀，造成2,670億元人民幣（下同）的經濟損失。飲用水污染每年導致500萬人致病死亡，造成經濟損失超過2,000億元。土壤的重金屬問題每年造成超過2,000萬噸

糧食減產或受污染，以及200億元以上的經濟損失。此外，土壤污染導致超過10%的市售米糧含有超標的鎘，也成爲重要的糧食安全問題。

中國的環境污染也對周邊國家與全球產生影響。例如2019年首爾市長曾公開抗議該市50%以上的PM2.5微粒來自中國霧霾；在臺灣，中國也是PM2.5的主要境外來源，貢獻比例達到30%。再如2005年松花江因吉林化工廠爆炸而出現嚴重的污染，影響俄羅斯100萬居民的供水安全。而在全球層次，2019年中國在世界各國二氧化碳排放總量中占有30%，所有溫室氣體的排放量居全球第一，是對氣候暖化影響最大的國家。

中國也面對氣候變遷與自然資源匱乏的威脅。中國有近20%國土爲沙漠，且沙漠化仍在持續發生，每年有超過3,367平方公里的土地成爲沙漠，產生大量被迫搬遷的生態移民，也強化了沙塵暴等環境問題。中國也是全球水資源缺乏最嚴重的國家之一，水資源保有量僅爲全球總量的7%，每人分配水資源爲各國平均的三分之一。同時水資源分布嚴重不均，80%的水資源集中在南方，12個北部與西部省分則缺乏穩定的水資源，影響範圍涵蓋38%的農業、50%的能源工業與41%的人口。此外，全球氣候變遷對中國造成的衝擊也高於其他各國。2023年的一份研究指出，在全世界面對氣候變遷最脆弱地區的前20名中，有16個地區位於中國。

二、社會主義時期的環境治理

社會主義時期，中國普遍缺乏環境保護的意識，也缺乏對環境破壞程度的監控與評估。當時許多大型基礎建設的興建過程及其結果，投射出環境問題不受重視的情況。在毛澤東「人定勝天」的發展思維下，大型基礎建設在興建時很少考慮到對生態環境的破壞，並且經常存在政治凌駕專業的情況。如1950年代陝西三門峽大壩興建時，許多水利專家指出工程存在嚴重問題，卻無法改變興建大壩的決定。大壩完成後不但無法發揮預期的防洪、發電效益，且多次出現「小水釀大災」的現象，在2003年更導致渭河倒灌，造成超過500萬人受災，直接經濟損失達23億元。

　　直到1970年代初期，大型災難事故與國際影響促使中國政府開始重視環境污染問題。1972年爲中國環境治理的濫觴，該年北京官廳水庫受到上游工業廢水污染，導致大量民眾因食用水庫魚產而致病，引發國務院的重視並展開調查與改善工作。而同年中國參加聯合國人類環境會議後，開始依照會議建議來檢視中國環境情況，才發現各類環境問題已經相當嚴重，因此促使1973年國務院召開第一次環境保護會議並制定第一份環保文件《關於保護和改善環境的若干規定》，並於1978年將保護環境和自然資源、防治污染公害等內容納入憲法（中國網，2007）。

三、市場轉型時期的環境治理

　　改革開放後，中國政府的環境治理建設才在起步階段，但市場轉型下的快速工業化卻帶來嚴重的污染，總體上呈現「先污染、後治理」的圖像。

　　1980年至2010年間，中國初步建立起環境保護工作的國家目標、治理架構及管理制度。1983年中國提出將環境保護列爲基本國策，並且將可持續發展視爲重要的戰略目標；2007年中共十七大中開始提出「生態文明建設」，將發展目標從單純的追求經濟增長調整爲「形成節約能源資源和保護生態環境的產業結構、增長方式、消費模式」。同時，環保部門的行政層級逐步提升。1982年環保工作由城鄉建設環境部下屬的環保局負責，1993年提升爲直屬國務院、副部級的國家環境保護局，1998年再提升爲正部級的國家環境保護總局。在中央、省、市、縣四級政府中也建立起負責環境監測與保護的主管部門（國務院，1996）。

　　此外，1980年代陸續建立目標責任制、項目建設環評制、排污收費等環境管理政策的雛形，1989年頒布《環境保護法》成爲後續相關環保法律規範的基本法，隨後並陸續制定《水污染防治法》等針對特定環境保護對象制定的專法以及大量的行政法規。在1995年至2005年間的「九五」、「十五」計畫中，也開始提出污染物排放總量控制制度。此一時期中國也

開始針對水及空氣污染嚴重的地區展開整治工作（國務院，2006）。

　　然而，徒法不足以自行。表面上，環保治理是國家對污染製造者（主要是企業）的管制，但環境治理工作的實踐，其實往往受制於更廣泛的政治結構與官僚行為模式，例如實際的環保工作往往分散在不同的行政部門中，地方政府也缺乏嚴格執行環保法規的意願。因此，各項環保政策經常無法完整落實，導致治理成效遠遠趕不上環境污染速度。

四、十八大後的環境治理

　　2012年中共十八大後，在習近平強勢的領導作風下，中國政府在環境治理工作上也出現了一系列有別於前一階段的發展趨勢。

（一）環境治理被納入國家發展戰略

　　此一階段中國開始擴大環境治理的範圍並設定一系列強調頂層設計的政策理念及長期發展目標。2015年中國提出《生態文明體制改革總體方案》作為環保政策的綱領，十九大之後，「生態文明」理念被持續的強調，並在2018年被寫入中國《憲法》；2016年開始的「十三五」規劃則將環境治理目標從強調污染總量控制轉為以提升環境質量為核心（習近平，2018）。其後，2020年習近平在聯合國大會上提出2030年前實現「碳達峰」（二氧化碳排放達到峰值）、2060年前實現「碳中和」的承諾，並將此一「雙碳目標」作為中國環境治理的核心。其他重要的戰略規劃還包括在2021年《十四五規劃和2035年遠景目標綱要》明確提出二氧化碳減排18%的約束性指標，同年發布《中國本世紀中葉長期溫室氣體低排放發展戰略》，以及2022年發布《國家適應氣候變化戰略 2035》。

（二）強化行政層級的監督管理

　　2018年的新一輪機構改革中，原有的環境保護部改組為生態環境部，將原本分散於各部會的環保相關工作統一整併，試圖克服過去九龍治

水的碎裂治理格局；同時另外成立自然資源部，負責自然環境資源的開發、保護與監管工作。此外，2021年中國成立碳達峰碳中和工作領導小組，並在各省成立對應機構，建立上下聯動的工作機制。

　　另一方面，2015年中國開始實施中央環保督察制度，透過由中央政府直接派駐地方的督察部門與巡視組對地方環保工作進行督察與問責，以加強對地方環境執法的直接監督，以遏止地方官員長期以來重經濟而輕環保的現象。2015年後中國政府也開始將污染防治與地方政績考核掛鉤。例如2017年底，中國政府要求京津冀地區的28個城市限期改善嚴重霧霾，無法如期達成改善指標的地方官員將面臨「問責」及行政懲處。中央政府的強勢作為有效降低了這些城市的空氣污染，如2019年北京市PM2.5指數降到十年前的一半（但仍高於世界衛生組織建議水平的4倍）。

（三）藉由市場機制推進環境治理

　　相較於前階段經濟發展與環保難以相容的矛盾，此一階段中國政府開始追求連結兩者的「綠色發展」。2018年開始以環保稅取代排污罰款，按照「污染多、稅多；污染少、稅少」原則，直接將污染納入企業應繳稅金成本中，以鼓勵企業投入污染管制。另一方面，對提供環保設備、技術與服務的產業，中國政府積極鼓勵企業投入並擴大投資，也引導社會資金進入環保領域。如2016年中國銀行提出鼓勵資金引入環保產業的《建構綠色金融體系的指導意見》、2019年國家發展和改革委員會提出規範環保產業標準的《綠色產業指導目錄》。此外，2021年中國開啓全國碳交易市場，透過設定企業碳排放權配額並規範此一配額的市場交易，促進碳資源的配置效益。此外，中國也透過「一帶一路」積極拓展環保產業的國際市場，目前已經成為全球環保商品和服務的頭號出口國。

（四）積極推動環境外交，爭取環境治理的國際發言權

　　中國作為碳排放最多的國家，其減碳工作在全球氣候治理上具有舉足輕重的角色。自2018年起，隨著美中競爭的逐漸加劇，中國開始提高在氣

照片12-1　北京霧霾

資料來源：大楊。

候治理上的國際參與，並且試圖爭取在此一領域的發言地位與規則設定權力，與美國互別苗頭。中國政府一方面積極參加既有的國際合作機制，並且提出實現《巴黎協定》等國際氣候條約的具體方案，另一方面也嘗試建立新的氣候合作機制。如2022年中國舉辦金磚國家應對氣候變化高層會議，並舉辦第二次中國—中東歐國家環保合作部長級會議。此外，中國也提倡「綠色一帶一路」，在一帶一路國家推動環境治理的多邊合作機制。

　　近十年來中國積極推動環境治理工作，也獲得明顯的成績，但仍存在一些重要問題。例如中國政府的環保政策經常透過只問結果、不問過程的行政指令來落實，往往會產生其他問題。如在控制空氣污染上，2017年地方政府將管制焦點放在要求民眾改變以燃煤作為冬季暖氣來源的「煤改氣（電）」政策，並在未完成暖氣改裝前便強制禁止使用煤炭，導致大量民眾在嚴冬時無法使用暖氣，引發廣泛民怨。另一方面，中國從1998年起實施「退耕還林」，以避免過度耕種對自然環境的破壞；但在近年來持續惡

化的糧食安全問題下，2022年起中國開始推動「退林還耕」，重新開始大規模擴張用於農耕的土地。這些現象都反映出中國仍難在發展與環保之間，取得適當的平衡。

參、健康治理

一、中國健康問題概述

（一）疾病與健康風險

在傳染病問題上，愛滋病、結核病、病毒性肝炎和狂犬病都相當嚴重。中國約有105萬愛滋病感染者，雖然處於低流行水平，但新增速度、感染者發病率及死亡率都在快速增加。範圍最大的傳染病是乙肝（B型肝炎），帶原者超過7,000萬人。結核病每年新增患者約90萬人，狂犬病發病率僅次於印度，居世界第二。不同地區也存在因環境特性出現的「地方病」（如碘缺乏、氟中毒、血吸蟲、大骨病），40%的縣有一種地方病；22%的縣有三種以上地方病，這些地方病重點地區與貧困地區高度重合，往往加重貧困問題。此外，新興傳染疾病如2003年SARS與2020年新冠肺炎的爆發，都對中國及其他各國產生深刻影響。

各類慢性病與精神疾病逐漸成為嚴重的健康威脅。中國糖尿病患者超過1.3億，高血壓患者則達2.45億；癌症每年新發病例約457萬，死亡人數約300萬。40歲及以上人群罹患肺阻塞的總人數近1億。近十年來，這些慢性病的發病率或死亡率也呈現逐年上升趨勢，慢性病導致的死亡人口則占總死亡人口的80%以上。另一方面，2001年至2005年間超過2億2,700萬人患有情緒病或焦慮症等精神疾病，比例高居世界第一。在患病意識不足、就診率低的情況下，2017年全國登記的嚴重精神障礙患者仍達581萬人。此外，社會老年化與慢性病成長互相影響，中國65歲以上老年人口比例已占11.9%且仍在快速提升中，而老年人群患有慢性病的比例高達75%。

中國食品與藥物安全事件層出不窮，也形成獨特的健康風險。2007年亞洲開發銀行估計，中國因食物受到病毒、病菌、毒素污染所產生的食源性疾病，每年造成3億人健康受損。也有研究指出光是病菌導致的食源性疾病每年致病人數便超過9,400萬人，使340萬人住院及超過8,500人死亡（葉淑貞，2012）。此外，各類問題疫苗（如2016年山東問題疫苗事件、2018年長春長生疫苗事件）及藥物污染事件（如2019年上海新興醫藥公司愛滋污染事件），也說明藥品安全問題的普遍性及嚴重性。而中國作為全球最大藥品原料供應國，藥物安全問題也成為全球健康風險。2018年便曾在中國出口的降血壓藥物原料中發現含有致癌物質，引發歐盟及美國抗議。

整體而言，各類疾病與健康風險對經濟與社會發展產生重要影響。2003年至2010年間，中國疾病負擔的增長（197%）超過GDP成長速度（193%），在2010年的整體疾病負擔達4.8兆元，占當年GDP的12%。

（二）醫療衛生服務

保障國民健康的工作主要依賴兩個系統：針對社會群體、以預防疾病與控制健康風險為目標的公共衛生系統，以及以個體為對象、著重疾病治療的醫療系統。而醫療與衛生服務的價格與普及程度則涉及相關服務的籌資方式，亦即由誰支付這些服務內容的費用，也就是醫療保障或保險制度。

在醫療系統的發展上，中國人均享有醫療資源已超過中等收入國家水平。2018年全國醫療衛生機構總數超過99萬個，床位840萬張；衛生人員總數1,231萬人，每千人口醫生數2.59人、護士數2.94人（國家衛生健康委員會，2019）。雖然醫療資源看似豐沛，但中國仍長期存在「看病貴、看病難」的問題。在「看病貴」的問題上，政府主辦的公立醫院是提供醫療服務的主體，占有90%以上的醫療資源，但其營運主要依靠向民眾收費而不是政府財政支持，由此產生醫院過度收費而民眾難以負擔的結果。另一方面，醫療體系內部資源分配與發展不均則導致看病難的問題，大量醫療

資源集中在城鎮地區的大型二、三級醫院，社區層次的初級醫療系統則發展不足。作為社區醫療主體的全科醫生2018年總數僅30萬人，平均每千人口全科醫生數僅有0.15人，其數量與素質均遠低於大型醫院的專科醫生，也落後於國際標準。民眾因爲不信任社區醫療品質而傾向至城市的大型醫院求診，加重醫院負擔也使求診難度提高。

照片12-2　「看病難」：醫院的掛號人龍

　　中國的醫療保障制度是透過由政府、民眾及醫療保險共同分攤醫療費用，來降低民眾就醫支出。醫療費用中民眾自付額在2018年約爲28.6%，其餘由政府財政及醫療保險負擔。政府主辦的基本醫療保險依照投保者身分而分爲城鎮職工醫療保險（擁有城市戶口的勞工）、城鎮居民醫療保險（擁有城市戶口的非勞工居民），新型農村合作醫療保險（農民戶口）；但三種保險的補助標準不同，且投保者必須在戶籍所在地就醫才能報銷。此外，廣義的公務員（黨政機關與國家事業單位職員）享有幾乎免費的公費醫療補助。2019年底，各類基本醫療保險參保人數13.54億人，覆蓋人口在95%以上。然而，昂貴的醫療費用對一般民眾與醫保制度都形成沉重

負擔，促使中國政府持續推動醫院改革以控制醫療費用。

中國公共衛生系統有專業公共衛生機構和基層醫療機構，前者主要負責包含疾病預防、健康教育、婦幼保健、計畫生育的不同專業機構，並負責實施國家重大公共衛生服務項目；後者則由鄉鎮衛生院、村衛生室和城市社區衛生服務中心／站組成，在提供基礎醫療服務的同時，免費爲居民提供國家基本公共衛生服務項目。基本公共衛生服務項目主要包括健康教育及高健康風險群體的健康管理，重大公共衛生服務項目則涉及重大疾病預防與重大衛生基礎建設，兩者的實施均由國家財政負擔。

二、社會主義時期的健康治理

中共建政之初，便將保障國民健康視爲重要的內政任務，以維持社會經濟穩定運作，並爲隨時可能爆發的對外戰爭做準備。1950年代在社會主義意識形態與計畫經濟體制下，快速建立起覆蓋全國且高度整合的醫療衛生系統，並且透過群眾動員的「愛國衛生運動」改善環境衛生條件。

當時醫院運作由國家財政全額支持，僅收取極低廉的醫療費用；而單位制下的城鎮居民均可透過國家補貼的醫療保險，報銷90%以上的醫療費用。此外，建政初期醫療資源分配仍呈現重城市輕農村的情況，但1950年代末期推動農業合作化運動後，中國開始全面建立依託在人民公社下的農村合作醫療體制與「赤腳醫生」（經過短期訓練的基礎醫護人員）等制度，在1980年覆蓋農村人口達85%，顯著改善了農村民眾的健康情況。整體而言，呈現出「預防爲主、防治結合」、「費用低廉、全面覆蓋」的特徵。

中共建政前，執政政權從未能建立全面的醫療衛生系統，長期戰亂也造成基層社會的衛生條件惡劣；而強調福利普及的社會主義意識形態、計畫經濟對經濟社會資源的全面壟斷，以及國家對於社會的強勢控制與動員能力，都爲當時的健康促進工作提供重要的制度條件，使中國得以在促進國民健康上創造出顯著成就，例如人均預期壽命在1950年代前不足40歲，

1981年已提升到67.7歲。然而，計畫經濟缺乏效率的缺點與國家財政能力的不足，仍制約了醫療衛生工作的發展。1960年代，中國政府因財政困窘而開始逐漸縮減對醫院的補助，但基本上仍能保證廉價而普及的醫療服務。

三、市場轉型時期的健康治理

1980年代，在當時政府財政匱乏，以及官方意識形態轉向市場經濟思維的影響下，中國政府大幅降低對醫療衛生部門的財政支持，並要求各級醫療衛生機構透過收費服務維持自身的運作，促使醫院與衛生機構轉變為追求利潤的經濟行動者。各級公立醫院獲得的政府補助在醫院收入占比僅為10%左右，醫院普遍依靠醫療服務與藥品的收費來維持運作。而高度依靠政府財政支持的基層醫療系統則全面崩壞，1980年代政府支持的村級衛生室覆蓋率由85%降至27.9%，醫療不再是廉價而容易取得的福利服務（陳美霞，2006）。

同時，中國政府允許並鼓勵各級公衛機構投入「有償服務」，由此導致衛生站、防疫站等基層衛生機構蜂擁投入收購血漿、產檢健檢服務等各類收費項目來補貼機構資金需要，而不願投入無法營利的疾病預防工作。此外，國家財政資源開始向獲利能力較高的醫療部門傾斜，並降低對公衛部門的支持，呈現出「重醫療、輕衛生」的趨勢。

醫療保障體制也隨著單位制與人民公社的瓦解而快速崩潰，民眾因此需自行負擔大部分醫療費用。自1980年代起城鎮地區的醫療保險不再負擔勞工家屬的醫療費用，而1990年代國企改革與下崗潮中，大量失業勞工也喪失了醫療保險的保障。就醫民眾自付醫療費用的比例從1980年代略高於20%上升到2000年的60%。而在農村，1984年人民公社制度瓦解後，農村合作醫療也全面崩壞，享有醫保的農民只有不到10%（雷海潮等，2005）。

整體而言，1980年至2000年間，醫療衛生服務不再被視為國家應普遍

提供的福利與保障，而被當作應由使用者付費的市場商品，大幅削弱了醫療衛生系統為國民健康把關的公共服務職能。1980年至2004年間，中國的衛生總費用（含政府與民眾支出）快速上漲，由1980年的143.2億元增加至2004年的7,590.3億元；但政府衛生支出的比例從1980年的36.2%下降到2004年的17.1%，個人衛生支出則由21.2上升至55.5%。換言之，醫療衛生服務的費用有極高比例轉嫁至一般民眾，並導致醫療衛生支出成為僅次於食品、住房的第三大開支。由此也導致國民健康保障的普遍不足，以及「看病貴、看病難」、「因病致貧」等複雜的社會問題。

因此，1990年代以後雖然中國經濟高速成長，但人均預期壽命、嬰兒死亡率等重要國民健康指標的成長速度卻大幅降低，甚至落後於中等收入國家的平均成長速度。同時，傳染病的控制能力滑落，部分傳染疾病的發病率回升，甚至有些原本已受控制的傳染疾病重新流行。1990年代末期出現的愛滋病擴散，以及2002年底爆發的SARS，也暴露出公衛部門面對新興疾病時治理能力嚴重不足的困境（王紹光，2003）。

醫療費用高漲引發的普遍民怨，以及傳染病爆發帶來的社會衝擊，促使中國政府在2002年後推動以提高公益性為目標的新一輪醫療衛生體制改革。主要的改革內是大幅縮減公衛部門有償服務的內容，並將公衛體系分割為衛生監督部門與疾病防治部門，改由國家財政全額支持，以落實推動公共衛生服務的應有功能。

2005年中國政府重新提出「恢復醫療衛生公益性，加大政府財政投入」的指導思想，隨後在2005年至2012間，政府衛生支出從1,008億元增長到7,135億元，年均增長率為28.7%；在衛生總費用中政府支出占比快速提高至29.9%，而個人衛生支出則下降至34.3%。在2009年《關於深化醫藥衛生體制改革的意見》中，中國提出了更全面的改革目標，重點包括：

（一）全面推動基本醫療保障制度的重建，透過建立新型農村合作醫療保險（新農合）及城鎮居民醫療保險，來降低民眾的就醫負擔。

（二）建立基本藥物制度與推動公立醫院改革，抑制醫院透過浮報藥品價格來營利的問題，藉此控制醫療費用的上漲速度。

（三）加強發展基層醫療衛生服務體系，提出「基本公共衛生服務均等
　　　化」的目標，明確規範公共衛生服務的項目並給予定額財政補貼，
　　　以確保基礎衛生服務的落實。

四、十八大後的健康治理

　　2009年後的醫改工作，使中國得以初步重建起符合國家發展與國民健
康需求的治理框架。然而，醫療體制市場化的改革留下複雜的制度遺產，
難以在短時間內扭轉。2012年習近平上臺後，仍然持續推動醫療衛生改
革，並自2016年後逐步提出健康治理的新戰略。此一時期的重要趨勢包
括：

　　在國家層次，十八大後政府在醫療服務與醫療保障上的財政投入持續
提升，衛生支出從2012年的7,135億元提升至2018年的16,390億元，使個人
衛生支出則進一步下降至28.7%。十八大後中國政府提出「健康中國」的
頂層設計。2016年習近平正式提出「健康中國」的理念；2017年十九大報
告進一步宣示實施健康中國戰略，強調以全方位的健康促進工作取代既有
以醫療為主的健康治理。

　　在醫療保障制度上，由於前一階段建立的三項醫保制度（城鎮職工、
城鎮居民、新農合）存在制度性的不平等，導致城鎮居民與農民享受的補
助程度有顯著差距，因此2016年提出建立「城鄉居民基本醫療保險制度」
的目標。針對醫保僅能在戶籍地申請的屬地主義造成流動人口、農民工難
以申請補助的問題，也開始推動就醫費用異地結算，解除戶籍制度對民眾
申請醫保支付的限制。此一階段也著重提升醫保的預算控制及改善支出結
構，避免醫保赤字過度成長。此外，2018年新成立國家醫療保障局，將原
本分屬不同部門管理的基本醫保、新農合、醫療救助、醫藥價格等職責統
一整併，負責推動醫療體制改革與醫保制度的合併。

　　同時，解決「看病貴、看病難」問題仍是施政重點。在醫療費用控制
上，2017年起中國政府強制要求所有公立醫院全部取消藥品加成、控制醫

療費用平均增長幅度在10%以下，並強調將對改革不力的地方政府進行考核、問責。而2017年起開始推動的醫療聯合體建設，則試圖透過連結整合大型醫院與基層醫療機構的服務資源並建立分級診療制度，以促使醫療資源下沉基層，緩解醫療資源分配不均導致的「看病難」問題。

2009年啟動的新醫改，至今仍在持續推動中，但仍未能完全擺脫市場改革的複雜制度遺產。醫療體制的改革主要聚焦在控制醫療費用，但中國政府並未大幅增加對公立醫院財政投入，使公立醫院需要追求利潤以維持生存的問題仍未能獲得根本解決。而在公衛部門，在2002年有償服務範圍大幅縮小後，付費疫苗成為最主要的收入來源。而近年連續爆發的多起問題疫苗事件中，經常出現公衛部門負責官員涉案牟利的現象，也說明公衛部門仍未能擺脫逐利性格。

另一方面，雖然2022年中共二十大與2023年兩會時，中國仍堅持動態清零政策獲得巨大成功。然而，2020年至2022年間中國的動態清零政策，特別是2022年實施廣泛而嚴格的封控措施，對醫療衛生的發展產生了廣大的負面影響。

首先，習近平堅持清零封控，破壞了醫療衛生領域的專業性。中國的清零政策由習近平一手主導，他為了宣揚「社會主義制度優越性」與鞏固個人政治權威，持續忽略醫療衛生系統的專家意見，堅持動態清零。此一政策不但使中國付出龐大的社會經濟成本，也嚴重傷害了醫療衛生工作的專業性。在政治凌駕專業的形勢下，醫療衛生領域的專家被迫扮演領導人的應聲蟲，也導致民眾對專業權威的信任大幅下降。

其次，嚴重侵蝕醫療保險的財政基礎。動輒封城的清零政策持續削弱了中國經濟發展的動能，而全面實施的核酸檢測更使醫保基金與地方財政消耗巨大。2022年醫保基金支付核酸檢測費用高達43億元人民幣，2021年至2022年的疫苗接種費用則花費超過1,500億元人民幣。此外，許多地方舉債興建配合清零政策的方艙醫院，各地耗資動輒數百億以上。

其三，扭曲醫療衛生工作的正常發展。在清零政策下，基層防疫機構全力投入核酸檢測與封控，無法正常推動其他工作。醫療機構則在封控中

被迫停業，導致大量醫院虧損，更有約10%民營醫院因此倒閉。此外，清零時期中國政府為避免民眾隱匿染疫，限制民眾購買常用藥物，因此一般退燒、消炎及抗病毒藥物產量大幅縮減，導致在2022年底疫情爆發及2023年甲型流感擴散時，中國社會均陷入藥品慌與搶藥潮。

其四，持續隱匿疫情影響國際信任及全球衛生治理。WHO與歐美國家高度關切新冠病毒在中國的起源、各階段的染疫人數，以及2022年底解封後的死亡規模，以便為全球及各國防疫制定正確的因應方案。但中國政府一直拒絕向國際社會提供清楚正確的說明，嚴重影響中國與先進國家在醫療衛生領域開展合作的信任基礎。

2023年中國的醫療改革工作，大致仍是在既有的方向上推進。而最受關注的改革措施是大幅提高民眾繳交的醫保保費，並且縮減為個人就醫提供的補貼，導致超過1,700萬民眾選擇退保。醫保嚴重縮水的原因來自防疫期間龐大的核酸檢測與疫苗接種支出，而其結果則是大幅傷害民眾獲得就醫保障的權益。

肆、環境治理與健康治理的比較

中國環境治理與健康治理各自呈現不同的發展脈絡，但也具有一些共同的特點。本節從國家層級的政策思維、官僚部門的行動邏輯，及外部影響三個面向，簡單討論這兩個領域中治理圖像的變遷背景、軌跡及動力。

一、國家層次的主導性政策思維

環境治理與健康治理在不同階段的發展，都受到中國宏觀政治環境中，主導性政策思維與相關制度安排的影響。在後極權體制中，主導性政策思維主要是由最高領導層級設定，並且決定了特定政策議題（如環保與健康政策）在整體議程中受重視的程度與政策方向。社會主義時期的計畫經濟、改革開放後「以經濟建設為中心」的市場轉型，2002年胡溫體制下

試圖解決各類社會發展問題的「和諧社會」，以及習近平上臺後重新強調黨國主導權的全面治理，都呈現不同的主導性政策思維。

在環境治理上，社會主義時期幾乎完全缺乏環境保護的意識。改革開放後，中國政府雖然逐漸提升對環境治理的重視，並早在1980年代初期提出「經濟建設、城鄉建設和環境建設同步發展」的方針，但環境治理受到的重視遠遠落後於對經濟發展的追求。政府的環保意識與治理行動，是隨著逐漸浮現的環境污染問題而逐漸提升，呈現出「先污染、再治理」的圖像。直到各項污染問題陸續爆發，並且引發頻繁的社會抗爭，環境治理才在胡溫時期得到實質上的重視，並隨著中國可持續發展的壓力逐漸增大，而在整體議程中得到更多的重視與投入。

健康治理更明顯的反映出主導性政策思維的影響。社會主義時期醫療衛生制度的設計，是基於毛澤東對於社會主義的想像及當時的執政需要，並且與計畫經濟下的社會體制深刻結合。而改革開放後醫療衛生體制的改革，則幾乎是完全複製經濟領域中市場轉型的制度邏輯，忽略了國家保障國民健康的基本責任。直到醫療衛生服務的供給不均與不足產生一系列的社會問題，才促使中國政府推動新醫改。

二、官僚體系內部的制約因素

中國政治體系並不是上下一致的「鐵板一塊」，各種政策的制定與實踐過程，都會受到官僚體系內部各級官員既定行動邏輯的影響。這些制度安排與行動邏輯往往制約了環境與健康治理的成效。

（一）官僚部門的自利行為與利益競爭

中國政治運作長期存在「**碎裂威權主義**」（Fragmented Authoritarianism）的特徵，而胡溫時期普遍存在的「九龍治水」問題，更使環境與健康領域的既定政策難以得到充分落實。

碎裂威權主義

中國黨國體制內部並非總是意見一致，不同官僚部門會依據自身立場及利益，而決定在特定政策的制定與實踐過程中，採取支持、反對或抵制的行動，並且因此出現競爭關係。

環境治理工作表面上是由環保部門主責，但實際上推動各項環境保護工作的權責分散在環保、發改、水利、農業、海洋等不同的政府部門中，例如空氣污染管制中便存在「一氧化碳環保部管，二氧化碳由發改委管」的現象；此種「九龍治水」的治理格局下，各部門之間往往各自為政、缺乏協調，使政策實踐過程中存在相當大的模糊空間。不同部門之間往往也存在利益衝突，例如在推動生態改善工作時應造林或是種草，由於涉及負責造林的林業部門與負責種草的農業部門獲取上級政策補助的機會，從而產生兩類部門之間的「林草之爭」，而最後確立的實施方案，實際上是部門利益競爭的結果，而非對環境改善最有效益的做法。

同樣現象也出現在健康治理領域。在醫療保障體制的重建過程中，推動醫療保險的權責分散在衛生部、人力資源和社會保障部、民政部及發改委，不同部門為了爭取醫療保險基金的管理權，在醫保制度的設計上各持己見，也使不同醫保的整合難以順利推動（周嘉辰、謝銘元，2016）。而在食品藥品監管工作中，則存在食品藥品監督機構、工商管理部門、質量技術監督部門共管的現象，而這些部門在日常監督工作中權責劃分不清，在問題出現後又經常相互推諉，成為食品藥品安全管理的亂象。

（二）分權格局下地方政府的消極作為

中國幅員廣大且各地差異明顯，需要仰賴各級地方政府作為政策的實際推動者，而地方政府推動特定政策的意願及能力，決定了政策的落實成效。改革開放以後，中國政府長期以GDP的成長作為評估地方政府政績與

決定地方官員升遷的關鍵指標，一方面促使地方政府蜂擁投入招商引資及建廠生產，另一方面也使地方官員無意將有限預算與行政能量投入無法創造經濟成長績效的政策中。

環境治理經常需要限制既有的經濟發展方式（如限制高污染產業、改善工廠的廢氣與污水排放），在限制企業生存空間或提高營運成本的同時，也將影響地方政府的政績表現與財稅收入。因此，地方政府對於工廠排放的廢氣、廢水經常採取消極放任的態度。另一方面，地方環保部門雖然負擔推動環保工作的職責，但官員的任用與升遷卻是由地方政府首長而非環保系統掌握，也使其更重視地方首長對經濟發展的偏好而不願落實質行各項環保工作。例如在2006年，當時環保總局調查發現各地環境評估工作的執行率僅達50%至60%，顯示地方環保工作有法難行的普遍情況。

而在健康治理領域，則呈現為地方政府對醫療衛生工作的投入不足。1980年代的財政改革後，中國政府將醫療衛生支出責任轉移給各級地方政府；由於醫療衛生工作無法為經濟成長提供直接貢獻，難以爭取到足夠的財政支持。另一方面，地方政府財政能力存在明顯的層級差異與區域差異，也導致衛生預算與資源呈現基層政府低於上級政府、落後地區遠低於發達地區的不均衡現象。此外，突發的傳染病有可能影響地方經濟發展與官員績效，也導致各地政府經常在傳染病出現初期採取隱匿疫情的做法，進而產生更嚴重的健康威脅。

（三）間歇性的政治動員

為了抑制地方政府不作為的慣性，中國政府經常採取「**動員型治理**」的做法，透過大規模政治動員與行政強制手段，達成特定的政策目標（周雪光，2017）。環境治理領域中，動員型治理經常在中國舉辦重要的國際活動時出現。在空氣污染嚴重的北京市，每逢要舉辦涉及國家外在形象的重要國際活動時，中國政府都會強制要求周邊省分工廠停工、汽車停駛以改善空氣品質，從而創造出2008年「奧運藍」、2015年「APEC藍」的獨

特現象。然而，隨著重要活動結束後管制工作的停止，空氣污染則仍然如舊。而在健康治理領域中，在SARS及新冠肺炎等重大傳染病爆發時，中國政府跨部門、跨地區的動員防疫資源，並強制推動封城、停工等緊急措施，也是動員型治理的一種形態。

> ## 動員型治理
>
> 高層政府自上而下的以政治動員方式來制定或更換政策、動員資源與推廣實施，以達成特定的政治目標，並且具有隨意性、非常規性、間歇性的特點。在中國現實運作中經常呈現爲「集中力量辦大事」的現象。

　　雖然動員型治理能在極短時間內達成中國政府的政策期待，但由於此種治理方式無法建立正規而持續性的制度安排，也難以改變地方官員長久形成的行爲慣性，因此也具有間歇性而難以持久的特徵，並且無法使環境污染或健康風險的問題得到徹底的解決。

（四）習近平的治理風格

　　前述行政制約在習近平主政後發生了很大的改變。習近平強調頂層設計與垂直領導，藉由設定國家級戰略規劃與整併事權（如成立生態資源部及國家醫療保障局），在一定程度上緩解了官僚系統內部九龍治水的情況。另一方面，習將環保與衛生政策的執行績效納入地方官員的政績評估指標，也提升了地方政府落實政策的意願。另一方面，習近平提高了動員式治理的頻率及強度，屢屢透過強制性的行政指令要求各級官員落實政策指標。

　　整體而言，這些改變都加速了環境保護與醫療衛生政策的推動，卻也更明顯呈現出中國後極權體制的專制性格。許多促進環保或健康的政策，

往往在加速實踐目標的過程中，對社會經濟的正常運作產生預期外的廣泛影響，甚至侵害民眾的基本權益。如為了達到減少煤炭使用的目標而要求全面停止暖氣供應；或是在控制新冠疫情時，為了達到清零目標而全面停止社會經濟活動，都曾引發深刻的民怨。此外，這些政策目標雖然可以快速達成，但未必能獲得應有的效果。如長達兩年的清零封控政策最終仍無法抑制疫情，中國因此付出更龐大的經濟社會代價及治理成本。

三、外部影響因素

雖然在環保與健康治理上，國家是主要的行為主體，但在黨國體制的外部，國際社會及國內社會力量的參與都可能發生重要的促進作用。

（一）國際社會的影響

國際社會關於環境問題的既有規範與對中國環保工作的關注，也促使中國政府逐漸在「國家社會化」的過程中，建立符合國際期待的制度環境與政策作為。如在1992年聯合國環境與發展大會中，中國提出說明中國環境發展問題與對應戰略的《中華人民共和國環境與發展報告》，並於會後提出中國環境與發展應採取的十大對策，以此表現中國政府對國際環保治理的重視與認同。此外，國際環保NGO對中國環境污染情況的獨立監測與積極倡議，也產生了積極作用。如2010年綠色和平組織發布《煤炭的真實成本》報告，揭露中國因燃煤產生的空氣懸浮微粒污染對國民健康的威脅，促使中國在2012年將PM2.5納入《環境空氣品質標準》的監測之中。

> ## 國家社會化
> 國家在接觸及參與國際社會的過程中，為了爭取國際社會的認同，逐漸接納國際環境中建構的制度信念、規範及慣例，並形成符合國際社會期待的行為模式或國內政策。

　　在健康治理領域，國際社會也曾發揮積極的作用。2002年SARS爆發後，中國政府開始啟動公共衛生體系的重建，並且選擇當時正在中國快速擴散的愛滋病作爲主要的切入點。其後十年間超過40個國際組織與國際NGO積極投入中國的愛滋防治工作，並透過資金援助及技術支援協助公衛部門建立起現代化的疾病監測與防治系統。而在2009年中國制定新醫改方案時曾吸納許多國際專家的意見，當前中國政府提倡的「健康中國」戰略也在一定程度上回應了WHO等國際組織倡導的健康治理理念，都反映出國際社會在此一領域的影響力。

　　國際社會的影響力仍取決於中國政府在參與國際社會的態度。胡錦濤執政時期，在積極參與國際社會、融入國際建制的同時，對於國際行動者對中國事務的關注與參與也抱持較爲友善的態度。而習近平上臺後，一方面透過「境外NGO法」等行動限制國際行動者的參與空間，另一方面藉由「大外宣」與國際組織內部的遊說工作影響國際社會成員，削弱了國際社會對中國進行獨立外部監督與政策倡議的空間。而在十九大之後，中國在追求「中華民族偉大復興」的總體政治目標下，參與國際社會的態度進一步從被動順應國際規範轉變爲主動建構符合中國利益的新秩序，並且利用提高金錢援助、搶占國際組織主導權等各種政策手段達成目標。這些做法未必能獲得國際社會的認同與支持。

（二）社會力量的參與

　　社會力量投入環境議題，主要呈現爲環保運動與環境抗爭兩者形式。環保運動反映公民社會對於環境議題的普偏關注與重視。1994年中國NGO「自然之友」成立，開始結合社會力量進行環保議題的關注與倡議。其後二十餘年間，各種環保NGO致力於喚起社會大眾與政府部門對環境議題的認識與重視，發揮了公民社會的影響力。如2004年規劃興建怒江大壩時，環保NGO結合當地民眾發起反對行動，最終促使當時總理溫家寶做出暫緩規劃的決定。

　　環境抗爭是由受到環境污染影響的特定群體發起的維權抗爭行動。2000年之後各地開始出現頻繁的環境抗爭運動，在2002年至2007年間，針對環境保護問題向政府投訴的案件每年增加30%，而有關環境問題的群眾示威數量則每年上升29%。而隨著民眾對環境議題關注程度的提升，2005年後環境抗爭的性質從受影響民眾要求補償轉變為反對興建污染設施的預防性抗爭，抗爭規模也逐漸擴大。如在2007年至2015年間，陸續出現民眾反對當地興建生產對二甲苯（PX）化工廠的大型集體抗議事件，包括廣州番禺（2007）、大連（2009）及上海（2015）等地，都曾出現數千至上萬民眾參與的大規模遊行，並促使地方政府暫緩相關建設。

　　在健康治理領域中，相對少見大規模且具有明確訴求的倡議運動或社會抗爭。其或許是因為醫療健康問題涉及更為複雜的制度安排而非特定的決策議題，使明確訴求難以形成。然而，每當醫療與衛生領域發生重要的事故時，往往能引發社會輿論的廣泛關注與批評，從而對政府產生壓力。例如2008年毒奶粉事件、2015年魏則西事件，以及近年來頻繁出現的疫苗事故，社會輿論壓力都促使中國政府採取較為積極的作為。另一方面，社會對醫療品質的不信任與不滿情緒往往呈現為病患對醫生施暴的「醫鬧」事件。主要由醫療事故直接受害者及其親友發動的醫鬧，已經成為醫療領域重要的社會問題。

　　此外，2022年中國爆發反對封控政策的大規模「白紙運動」，抗爭民眾甚至提出要求習近平與共產黨下臺的訴求，在一定程度上加速了封控政策的解除。此一事件說明了中國社會未必支持政府設定的政策目標與實施方式，卻缺乏有效而制度化的意見表達管道。而當民眾無法忍受時，仍會透過抗爭表達意見，屆時將對政治權威與社會穩定形成更大的衝擊。

　　整體而言，在後極權體制中社會力量的發展空間與發言權往往取決於中國政府的開放意願，使其對政策的影響仍然非常有限。胡溫時期對公民社會的發展與參與較為開放；但習近平上臺後採取高度壓制公民社會的作為，使社會力量難以獲得參與的機會。然而，社會的關注與不滿並未因此縮減，反而更容易形成無序的社會不穩定動力。

伍、結論

改革開放後的三十年間，中國選擇的發展道路固然創造了快速的經濟成長，卻也在環境保護與國民健康保障這兩個領域中出現嚴重的治理失靈現象，而因此導致的各種問題也成為中國欲追求可持續發展的重要障礙。然而，經濟發展的成就並不是由全體國民共享，但在環境與健康上付出的代價卻需要由全體社會成員共同承擔。而一般民眾並不需要瞭解管制環境污染或促進國民健康需要哪些複雜的知識或技術，便能直接判斷政府治理的成果：日常生活中是否能享有乾淨的空氣與飲水、安全的食物、便利而可以負擔的醫療照護服務？國家若是不能滿足社會對於這些基本生存條件的期待，很難獲得人民的長期信任與支持，亦將使相關的社會不穩定因素持續存在。

另一方面，環境與健康領域的各種問題並不是追求經濟發展的必然結果，而是中國市場轉型時期各種制度安排的產物。在環境治理與健康治理的變遷軌跡中，都可以看到中國政治體制中的權力結構、決策模式、以及官僚體系的行為邏輯與行政效能所產生的重要影響。是否能夠抑制或調整這些存在於政治運作過程中的制約因素，才是環境與健康問題能否得到有效治理的關鍵。習近平上臺之後大力鼓吹「中國模式」的治理優勢，並在環境治理與健康治理領域試圖透過黨內權力的重新集中、建構頂層設計的治理邏輯，大刀闊斧的清除中國政治體制中的舊有積弊。與此同時，對於來自國際社會與國內社會的力量對相關議題的參與訴求，則抱持排斥與壓制的立場。這種中國模式的治理能力，看似能在短時間內達成特定的政策目標，但其隱含的問題卻也逐漸浮現。

2020年爆發的新冠肺炎疫情，戲劇化的突顯出歷經改革的醫療衛生體制仍然無法回應突發的重大健康風險。而中國政府在防疫過程中呈現出政治凌駕專業的決策模式、對疫情資訊的不公開，以及對社會監督力量的壓制，都清晰反映出後極權政體的性格，卻未必能夠有效的化解疾病災難及相應的經濟社會危機。而白紙運動的爆發，則呈現出國家與社會對於政策

的合理性缺乏有效的溝通管道，最終將形成對政治權威的挑戰。後極權政體是否能有效的處理環境、健康與其他類似的重要議題以回應社會的需求，仍是中國是否能夠穩定、持續發展的重要課題。

　　此外，近年來中國政府開始將環保與健康問題的治理當作外交工具。新冠疫情爆發後，中國即積極投入疫苗研發，並在2020年底開始向許多第三世界國家提供疫苗，用以拉攏這些國家的支持，或是分化不同國家之間的關係（例如以提供疫苗爲條件要求巴拉圭與臺灣斷交）。同時，習近平也在國際社會持續強調中國在氣候變遷問題上的重要性及承諾，試圖強化中國在全球環保治理領域的影響力，並提高歐美國家與中國維持合作關係的意願。而在中國投入大量資源推動疫苗外交與氣候外交的同時，其實並未積極改善國內的環保及健康問題；由此也突顯出黨國體制中的政策資源分配，經常並非以促進人民福祉作爲優先考量的特性。

關鍵詞：可持續發展、環境治理、醫療衛生、健康治理

延伸閱讀

1. 冉冉，2015，《中國地方環境政治：政策與執行之間的距離》，北京：中央編譯出版社。
2. 周雪光，2017，《中國國家治理的制度邏輯：一個組織學研究》，北京：三聯書店（已絕版，電子版可於下列網址下載：https://web.stanford.edu/~xgzhou/zhou_book2017.pdf）。
3. 王紹光、樊鵬，2013，《中國式共識型決策：「開門」與「磨合」》，北京：中國社會科學出版社。
4. 劉紹華，2018，《麻風醫生與巨變中國：後帝國實驗下的疾病隱喻與防疫歷史》，臺北：衛城。
5. 孟慶躍等，2015，《轉型中的中國衛生體系》，世界衛生組織，http://www.searo.who.int/entity/asia_pacific_observatory/publications/hits/china_health_systems_review_cn.pdf?ua=1。

思考問題

1. 在健康治理與環境治理的議題上，中國如何受到國際社會的影響又做出哪些回應？
2. 中國在健康治理與環境治理上的困境，體現出哪些中國政治體制的制度特徵與問題？
3. 環境污染與健康風險如何影響中國的可持續發展？中國政府是否有足夠的能力抑制這些風險？
4. 中國當前的醫療衛生體制是否足以為國民健康提供完整的保障？仍然存在的問題有哪些？
5. 中國環境治理與健康治理的變遷軌跡，與其他經濟社會體制的關係為何？

參考文獻

中國網，2007，〈中國環境保護的發展歷程〉，7月27日，http://www.china.com.cn/aboutchina/zhuanti/lsxd/2007-07/27/content_8590883.htm，查閱時間：2020/4/3。

王紹光，2003，〈中國公共衛生的危機與轉機〉，胡鞍剛編，《透視SARS：健康與發展》：199-239，北京：清華大學出版社。

周雪光，2017，《中國國家治理的制度邏輯：一個組織學研究》，北京：三聯書店（已絕版，電子版可於下列網址下載：https://web.stanford.edu/~xgzhou/zhou_book2017.pdf）。

周嘉辰、謝銘元，2016，〈機關報中的部門分歧：中國大陸醫療保險並軌觀察〉，《遠景基金會季刊》，17（4）：99-150。

國家衛生健康委員會，2019，〈2018年我國衛生健康事業發展統計公報〉，5月22日，http://www.nhc.gov.cn/guihuaxxs/s10748/201905/9b8d52727cf346049de8acce25ffcbd0.shtml，查閱時間：2020/4/3。

國務院，1996，〈中國的環境保護〉，6月1日，http://big5.www.gov.cn/gate/big5/www.gov.cn/zwgk/2005-05/25/content_970.htm，查閱時間：2020/4/3。

國務院，2006，〈中國的環境保護（1996-2005）〉，6月1日，http://politics.people.com.cn/BIG5/1026/4435090.html，查閱時間：2020/4/3。

習近平，2018，〈推動我國生態文明建設邁上新臺階〉，5月18日，http://big5.locpg.hk/gate/big5/www.locpg.gov.cn/jsdt/2019-02/01/c_1210053013.htm，查閱時間：2020/4/3。

陳美霞，2006，〈大逆轉：中華人民共和國的醫療衛生體制改革〉，《批判與再造》，31：34-48。

葉淑貞，2012，〈中國食品安全危機到底有多嚴重？〉，10月4日，https://www.epochweekly.com/b5/295/11289.htm，查閱時間：2020/4/3。

雷海潮等，2005，〈對中國公共衛生體制建設和有關改革的反思和建議〉，《中國發展評論》，A01：47-62。

第十三章

傳統媒體、網路媒體與政府治理

王毓莉

壹、中國大陸新聞傳播理論與制度

　　中國大陸的新聞傳播事業制度，承襲自前蘇聯的傳播體制，而前蘇聯的傳播制度，則源自於馬克思與列寧的哲學思想。

　　關於各式各樣傳播制度的論述，有不少學者嘗試加以提出，但截至目前最廣泛被接受的仍屬於1956年首先由Frederick Siebert、Theodore Peterson和Wilbur Schramm所提出的「報業的四大理論」（Four Theories of the Press）；將世界上的媒體制度區分成「威權主義報業理論」、「自由主義報業理論」、「社會責任報業理論」與「蘇聯共產主義報業理論」（Siebert, 1963: 7）。

　　蘇聯共產主義報業理論（Soviet Communist Press Theory）起源自20世紀初的蘇聯，其理論依據是由馬克思、列寧主義，傳播媒體存在目的是支持馬克思主義的體制，且爲人民服務。共產報業的哲學建立在人的本質、人與社會關係、和眞理特質之上。馬克思認爲，人是社會的主要成分，但它只是社會的一種成分，個人在共產社會中並不重要。蘇聯共產黨亦認爲人爲社會的產物，個人最終目的，僅在完成社會的永恆發展，因此，人必須有「統一性」（Unity），在一黨領導及全國團結下，建立一個沒有階級、沒有衝突、沒有不同意見的共產社會。

　　蘇聯共產主義報業理論，相信眞理只有一個，且只有一個發言人，即共產黨或黨的領袖。在共產主義社會中，政府的責任在維持社會秩序，增進人民福利，國家的力量超越一切，國家權力在一切商業、教育、宗教、藝術之上。共產主義社會中，傳播媒介的角色被定位爲集體的鼓動者、宣

傳者及建設共產主義的教育者。傳播媒介具有強烈的工具性，為黨與國家服務，並且為國家所擁有，儘管理論上，共產主義宣稱人民擁有媒介，但共產黨由無產階級所組成，代表廣大人民行使所有權，因此，共黨政府控制傳播媒介，將媒介視為宣傳及煽動的工具。

中國共產黨（以下簡稱：中共）的共產主義移植自共產國際，整個社會制度與傳播理念均承襲自前蘇聯。因此，毛澤東曾表示：「革命不只需要槍，且需一枝筆。」足見中共對傳播媒介的重視，並賦予傳播媒介的「工具論」定義。

分析中共黨史中歷次的階級鬥爭與政治運動的過程，大眾傳播媒介一向被當權者，用來對政敵作無情的鬥爭、打擊；而政府也同時要求大眾傳播媒介，扮演黨政策的推動者與維護者角色。此種做法與西方自由報業傳播理論中，將傳播媒介視為「第四權力」，以制衡政府施政的媒介角色，相當不同。

然而在整體社會發展與變遷的需求下，中國大陸自1978年底中共十一屆三中全會，決定實施改革開放政策。由於大眾傳播屬於整個社會下的次級體系（Subsystem），在社會體制轉換過程中，必然需要作相適應的調整與轉變。中共的傳播理論除了採用蘇聯模式的「共產主義傳播理論」外，更結合中共領導人毛澤東與鄧小平的傳播思想，形成中共獨特具中國特色的傳播理論。毛澤東的傳播思想，仍持續馬列主義的新聞傳播觀點，視大眾傳播媒介為重要的階級鬥爭工具；鄧小平的傳播思想，主要由改革開放政策實施的內涵加以發展而來，除了視傳播媒體為全國安定團結思想的中心，必須宣傳黨的政策、方針外，傳播媒體仍須面向群眾、面向市場。

檢視中國大陸的新聞傳播體系，必須同時考量領導人對於傳播媒介的看法與態度，自領導人鄧小平、江澤民、胡錦濤以來，中共的傳播理論除仍具原有共產主義傳播理論的一部分本質外，也顯現出學者McQuail（1994: 127-128）所提出「發展媒介理論」（Development Media

Theory）[1] 重視經濟發展的某些意涵（王毓莉，1999a）。

　　至於中國大陸傳媒與網際網路的治理機構，主要由黨與政府雙重管理，改革開放之初中共中央宣傳部門為首，在國務院下設立「廣播電影電視部」和「新聞出版總署」，後來歷經多次國家機構改革。到2018年3月，中共中央印發《深化黨和國家機構改革方案》[2]，要求各地區各部門結合實際認真貫徹執行（崔保國，2019：72）。該方案中提到，組建國家廣播電視總局，為加強黨對新聞輿論工作的集中統一領導，加強對重要宣傳陣地的管理，牢牢掌握意識形態工作領導權，充分發揮廣播電視媒體作為黨的喉舌作用，在國家新聞出版廣電總局廣播電視管理職責的基礎上組建「國家廣播電視總局」，作為國務院直屬機構，不再保留「國家新聞出版廣電總局」，將原「國家新聞出版廣電總局」中的新聞出版工作、電影工作管理職責劃入中共中央宣傳部，中央宣傳部對外加掛國家新聞出版署（國家版權局）和國家電影局牌子（王毓莉，2018：72）。

　　因此，現階段中共中央所管理的中共中央宣傳部（以下簡稱：中宣部）、國家互聯網信息辦公室（中央網絡[3] 安全和信息化委員會辦公室）與政府部門下屬的「國家廣播電視總局」、「工業和信息化部」。中宣部是由中共中央所規管，而國家互聯網信息辦公室與中央網絡安全和信息化委員會辦公室，列入中共中央直屬機構行列；「國家廣播電視總局」是中

---

[1] 該理論主要指在許多開發中國家，以國家發展、追求文化和資訊的自主性、支持民主及和其他發展中國家的結盟為優先，因此新聞自由在此前提下，仍受一定限制。儘管中共並不認同西方的民主觀念，但運用傳播媒介全力支持國家經濟發展，卻是不爭的事實，在開放的前提下，亦尋求對外的合作與結盟，而新聞自由則仍受到一定的限制。

[2] 2018年3月，中共中央印發《深化黨和國家機構改革方案》，以深化黨中央機構改革、深化全國人大機構改革、深化國務院機構改革、深化全國政協機構改革、深化行政執法體制改革、深化跨軍地改革、深化群團組織改革與深化地方機構改革為要點，進行改革方案。

[3] 臺灣稱「網際網路」，中國大陸慣用語則為「網絡」。

華人民共和國國務院所下設的直屬機構，「工業和信息化部」是中華人民共和國國務院所組成部門（國務院，無日期）。

　　中共中央所規管的中宣部，其底下所管理媒體的機構有：新聞局、國家新聞出版署、國家版權局、國家電影局、國務院新聞辦公室（中央對外宣傳辦公室）。其中新聞局下設新聞閱評組，國家新聞出版署同時加掛國家版權局牌子，國務院新聞辦公室與中央對外宣傳辦公室則是一個機構兩塊牌子。國家互聯網信息辦公室與中央網絡安全和信息化委員會辦公室，一個機構兩塊牌子（新華通訊社，2018：1）。

　　中宣部統一管理新聞出版工作，為加強中共對新聞輿論工作的集中統一領導，對出版活動的管理，發展和繁榮中國特色社會主義出版事業，其主要職責為貫徹落實黨的宣傳工作方針，擬訂新聞出版業的管理政策並督促落實，管理新聞出版行政事務，統籌規劃和指導協調新聞出版事業、產業發展、監督管理出版物內容和品質、監督管理印刷業、管理著作權、管理出版物進口等（新華通訊社，2018：1）。

　　此外，中宣部所領導的國務院新聞辦公室主要職責，是推動中國媒體向世界說明中國，包括介紹中國的內外方針政策、經濟社會發展情況，及中國的歷史和中國科技、教育、文化等發展情況。通過指導協調媒體對外報導、召開新聞發布會、提供書籍資料及影視製品等方式對外介紹中國。協助外國記者在中國的採訪，推動海外媒體客觀、準確地報導中國。廣泛開展與各國政府和新聞媒體的交流與合作。與有關部門合作開展對外交流活動。在推動中國媒體向世界報導中國的同時，還積極推動中國媒體對各國情況和國際問題的報導，促進中國公眾及時瞭解世界經濟、科技、文化的發展進步情況。目的是促進中國與世界各國之間的溝通瞭解與合作互信，通過組織新聞報導，為維護世界的和平穩定和推進人類進步事業發揮積極的建設性的作用（國務院新聞辦公室，無日期）。

　　電影管理方面的主要職責是，管理電影行政事務，指導監管電影製片、發行、放映工作，組織對電影內容進行審查，指導協調全國性重大電影活動，承擔對外合作製片、輸入輸出影片的國際合作交流等（新華通訊

社，2018：1）。

　　政府所規管的「國家廣播電視總局」主要職責是，貫徹黨的宣傳方針政策，擬訂廣播電視管理的政策措施並督促落實，統籌規劃和指導協調廣播電視事業、產業發展，推進廣播電視領域的體制機制改革，監督管理、審查廣播電視與網絡視聽節目內容和品質，負責廣播電視節目的進口、收錄和管理，協調推動廣播電視領域「走出去」工作等（新華通訊社，2018：2）。

　　《新華通訊社》屬中華人民共和國國務院直屬事業單位，是法定新聞監管機構、中國的國家通訊社，同時也是世界性現代通訊社。新華社建立了覆蓋全球的新聞資訊採集網絡，形成了多語種、多媒體、多管道、多層次、多功能的的新聞發布體系，集通訊社供稿業務、報刊業務、電視業務、經濟資訊業務、互聯網和新媒體業務等為一體，每天24小時不間斷用中文、英文、法文、俄文、西班牙文、阿拉伯文、葡萄牙文和日文8種文字，向世界各類使用者提供文字、圖片、圖表、音訊、視頻等各種新聞和資訊產品。

　　《新華通訊社》全面加強國際傳播能力建設，不斷提升國際報導和對外報導水準，積極搶占海外新媒體和主要社交媒體平臺，打造「網上通訊社」，講述中國故事、傳播中國聲音、闡釋中國特色，對外宣傳主力軍和主陣地作用，維護國家利益，服務外交大局（新華通訊社機構設置）。

　　據《深化黨和國家機構改革方案》中提到，將撤銷《中央電視臺》（《中國國際電視臺》）、《中央人民廣播電臺》、《中國國際廣播電臺》建制，對這三個平臺進行整合，組建《中央廣播電視總臺》，對外統一呼號「中國之聲」，且作為國務院直屬事業單位，由中宣部領導。這也意味著除了《新華通訊社》以外，《中央廣播電視總臺》也作為國務院直屬事業單位所規管的媒體機構（王毓莉，2018：72）。

　　再者，「工業和信息化部」是中華人民共和國國務院所組成的部門，2018年3月《深化黨和國家機構改革方案》中提到，為維護國家網絡空間安全和利益，將國家電腦網絡與信息安全管理中心由工業和信息化部管理

調整為由中央網絡安全和信息化委員會辦公室管理，工業和信息化部仍負責協調電信網、互聯網、專用通信網的建設，組織、指導通信行業技術創新和技術進步，對國家電腦網絡與資訊安全管理中心基礎設施建設、技術創新提供保障（新華通訊社，2018：1）。

　　國家互聯網信息辦公室與中央網絡安全和信息化委員會辦公室主要職責則是，推動網信事業和資本市場協同發展、保障國家網絡安全和金融安全、促進網信和證券監管工作聯動、支援網信企業服務國家戰略、提高網信企業規範運作水準、落實網絡與信息安全保障措施、提高信息披露品質、支援符合條件的網信企業利用多層次資本市場、推動網信企業併購重組、完善優化投融資環境、進一步增強金融服務能力、建立工作協調機制、促進信息共用、提供專業化服務與加強政策研究和宣傳（中共中央網絡安全與信息化委員會辦公室，2018）。

　　直到今日，中國仍舊沒有一個專門的《新聞法》，與新聞傳播相關的規範處於分散的狀態，散落在各級法律、法規、規章與命令之中，包含六大層次，包括憲法、法律、行政法規、部門規章、地方性行政法規、國際性法律與條約（王毓莉，2010：184-192）。中國大陸雖然沒有成文法，但時不時都會出現一條條新的管理限制，如：禁娛令、禁韓令、禁穿越令等，根據當下的熱點對新聞傳播業的表達空間進行控管，頻頻出臺的條條式管理，呈現時鬆時緊的狀況。除了國家新聞出版廣電總局，另有如中央**網信辦**等機構，負責監督中央網絡安全和信息化問題，亦採取頻頻出臺規

網信辦

中國大陸負責網際網路內容管理執法的機構。中央網絡安全和信息化委員會辦公室（以下簡稱：中央網信辦）和國家互聯網信息辦公室（以下簡稱：國家網信辦、國信辦），一個機構兩塊牌子，是中國共產黨中央委員會的正部級直屬機構和中央網絡安全和信息化委員會的辦事機構，同時是國務院辦事機構。

定的方式,如:「七條底線」、「微信十條」,以及2017年推出的《網絡安全法》。

貳、中國大陸傳播改革與發展

中共定位「報紙是階級鬥爭工具」,此一定位承襲自前蘇聯,然而自1980年代實施改革開放政策後,對於新聞媒體的看法開始轉變,認為新聞事業應為一種以刊登時事為主的大眾傳播事業,新聞媒介有其自身的規律,應照媒介的規律行事。其次,自國外引進「信息」的概念,強調傳播媒介的傳播信息功能,與中共原來將傳媒視為宣傳工具的定位有所不同,中國大陸新聞傳媒的「商業化」走向自1980年開始展開(陳懷林,1998:108-153)。

1983年至1986年,此階段中國大陸自國外引進「信息」的概念,由於此概念乃強調傳播媒介的傳播信息功能,與中共原來將傳媒視為宣傳工具的定位有所不同,因此,引起中國大陸傳播理論與實務界的論爭(李良榮,1995:56-62)。不過,「信息」的觀念目前已被中共普遍的接受。第1987年至1989年上半年,此階段提出新聞的輿論監督,將中共的新聞改革推向最高峰。而中共中央也在1989年,將新聞傳播媒介的改革,正式列入黨的議程中。但是,此波新聞輿論監督改革因觸及中共的政治改革,其衝擊最終釀成著名的「八九民運」中,直接要求新聞自由的運動訴求。

1989年下半年至1991年,歷經「八九民運」後,中共中央開始重申黨報黨性原則的權威性,並且強調「一個中心、兩個基本點」的重要性。換言之,中共認為中國大陸的新聞傳播改革,應適合中國國情,應堅持正面宣傳為主的宣傳方針。1992年鄧小平南巡談話後,中國大陸的改革開放更進一步深化,而傳播改革也得到更新的發展,新聞媒介屬性被重新界定,被視為橫跨上層建築與經濟基礎兩個領域,列入第三產業,傳播媒介的經濟面向得到前所未有的重視。

　　改革開放後，中國的新聞傳媒經營制度，由「事業單位事業型管理」向「事業單位企業型管理」變革。而中共改革開放政策採取政「左」經「右」的改革方式，反映在平面媒體中，採取嚴管新聞編採部門，放寬業務部門；而廣電事業的改革中，新聞性節目仍維持高度的掌控；至於非新聞性節目，則給予較多自主經營的空間，也因此非新聞性節目，已形成一個節目交易市場（王毓莉，1998：31-44）。雖然中共對於新聞的管制仍然嚴苛，但由於新聞媒介第三產業屬性，媒體被要求「自負盈虧」，因此，新聞媒體必須在官方宣傳任務與閱聽眾的需求之間，尋求平衡點，同時注意新聞媒介的「社會效益」、「文化效益」、與「經濟效益」。

照片13-1　傳播改革下中國大陸傳統媒體蓬勃發展

資料來源：Jeffrey Goonberg。

參、新聞輿論監督的崛起與凋零

　　新聞輿論監督，在西方稱為「調查性新聞報導」（Investigative report），被學者定義為：報導一些被掩蓋的訊息，針對一些對象的行為調查，其中包括腐化的政治家、政治組織、公司企業、慈善組織、外交機構和經濟領域中的欺騙行為（Anderson and Benjaminson, 1975: 5）。美國

學者Waisbord則指出，調查性報導是通過某人的原創性工作，進而發現一些個人或組織，企圖隱瞞的重大事件的報導（Waisbord, 2000: 17）。西方的新聞媒體被認為是第四權（Fourth Estate），而言論自由、新聞自由，經常與「調查性新聞報導」連結，認為新聞媒體應該扮演「看門狗」的角色。

　　鄧小平對於1987年黨的十三大報告中，首次以「輿論監督」取代了傳統「報紙批評」，他認為在由傳統計畫經濟向現代化市場經濟轉型的過程中，要通過各種現代化的新聞和宣傳工具，增強對政務與黨務活動的報導，發揮輿論監督作用，支持群眾批評工作中的缺點錯誤、反對官僚主義，同各種不正之風作鬥爭。而江澤民在中共十五大報告中強調，共產黨的權力是人民賦予的，一切幹部都是人民的公僕，必須受到人民與法律的監督，他提出要把黨內監督、法律監督、群眾監督結合起來，發揮輿論監督的作用（許新芝、羅朋、李清霞，2009：23）。追溯中國新聞輿論監督的源頭，馬克思曾在《馬克思恩格斯全集》（中共中央馬恩列斯著作編譯局編譯，1961：275）指出，報刊按其使命來說，是社會的捍衛者，是針對當權者孜孜不倦的揭露者，是無處不在的耳目，是熱情維護自己自由的人民精神的千呼萬應的喉舌。

　　中國政府在政治體制改革下，中央權力下放地方後，地方諸侯經濟坐大，貪腐事件層出不窮，因此，反貪腐成為政治改革的核心重點。在政治改革支持新聞媒體監督貪腐事件與傳媒商業化的雙重邏輯下，「新聞輿論監督」（News Supervision by Public Opinion）在中國大陸的出現，可以被理解為，在對的時機與對的需求點上。然而，由於中國大陸新聞傳媒的特殊角色，除了需遵守商業生存邏輯，因其產權仍屬於國家，所以，新聞輿論監督的出現，便對政治、經濟、社會三者產生莫大衝擊，經常需要與商業利益與國家新聞管制，做不同的碰撞與妥協。

　　1979年11月25日凌晨3時30分左右，石油部海洋石油勘探局從國外引進的「渤海2號」鑽井船，在渤海灣遷往新井位的拖航中翻沉，事故經由《工人日報》等報紙披露後，石油部相關首長都依法受到處分，該例子被

視爲開創新聞輿論監督的成功案例。1980年代後半段，以挖掘「新聞背後的新聞」爲使命的深度報導出現，1987年到1989年上半年，中國新聞學術與實務界共同提出了新聞輿論監督問題，而全面提出此觀念，是中國新聞史上的第一次（孫旭培，2004）。但此舉也將新聞改革觸及敏感的政治體制改革，不過，該階段遇到八九民運的打壓後沉寂下來。接下來的「發展階段」自1990年代初期，受到美國電視的影響，由《中央電視臺》的「焦點訪談」欄目與《中央人民廣播電臺》的「新聞縱橫」爲代表，開始了以調查性報導爲主的電視節目，此時期尚有《中國青年報》的「冰點」欄目，固定的調查性報導成了主流媒體中的節目，代表著新聞媒體的「社會守望」功能受到重視。只不過「焦點訪談」、「新聞縱橫」等內容，正面報導仍屬於多數。此一階段中，較值得一提的是，南方報業集團的《南方週末》，從娛樂性週報，向新聞輿論監督類週報轉型成功，並且以「有可以不說的眞話，但是絕不說假話」爲其報訓（王毓莉，2010：10-11）。

　　2000年開始是新聞輿論監督的「日漸成熟階段」，《財經》雜誌、《新華視點》、《中國新聞週刊》和《東方瞭望週刊》等陸續出現，發揮新聞輿論監督功能，揚善懲惡、貼近社會、貼近生活，靠關注社會熱點和深入報導，贏得讀者。此時期《南方週末》，逐漸變得穩重理性，南方報業集團同時創辦了《21世紀經濟報導》、《21世紀環球報導》和《南方人物週刊》，並且改革《南方都市報》，此外，該集團也跨地區和光明日報集團合辦《新京報》。只不過在發展過程中，《21世紀環球報導》因爲過於激烈，導致夭折，不過，南方報業集團被認爲以「扒糞」爲發展路線，創立新聞口碑。

　　1998年10月7日，時任中共總理朱鎔基，視察《中央電視臺》的「焦點訪談」，對編輯、記者們說：「『焦點訪談』節目愈辦愈好，受到了全國人民的歡迎。」並贈給編輯、記者們四句話：「輿論監督，群眾喉舌，政府鏡鑒，改革尖兵。」（曾華國，2006：7）過去中國新聞機構，一向強調作爲黨的喉舌，「群眾喉舌」的提出，則是喉舌論的延伸，是領導人單獨強調此概念。2007年領導人胡錦濤在中國共產黨第十七次全國代表大

會報告指出，中國將堅定不移發展社會主義民主政治，擴大人民民主，保證人民當家作主，他並表示，人民當家作主是社會主義民主政治的本質和核心（新華通訊社，2007）。此外，十七大報告中強調要「保障人民的知情權、參與權、表達權、監督權」，是豐富民主形式、拓寬民主管道的具體體現（中國人權網，2007）。此外，身爲中共總書記的胡錦濤，在紀念十一屆三中全會召開三十週年大會上，又重複此一論述，將知情權列爲四種權利之首。

　　中國新聞輿論監督的存在，是在改革開放時期，下層建築的經濟改革持續推展，不斷衝擊上層建築國家政治權力，迫使中國政府必須要紓解因社會變遷所帶來不滿的民意，而使得新聞輿論監督在威權體制統治下有了存在的空間，此外，中國政府允許新聞輿論監督的存在，也肇因於中央政府將新聞輿論監督當成政治權力的延伸，認爲其對逐漸坐大的諸侯經濟產生監督制衡作用。而新聞輿論監督有了政治上的默許後，大部分傳媒願意發展此一類型報導與欄目，則是因爲傳媒商業化後，媒體需要自負盈虧，需要以「消費者—閱聽眾」導向規劃內容，而相對於長期處在高度政治控制下的一言堂輿論，新聞輿論監督的挑戰了權貴、貪官汙吏、黑心商人等，正符合閱聽眾的需求（王毓莉，2008：169-171）。

　　跨地區新聞監督的類型，是中國獨特的一種輿論監督類型。正由於中國的新聞媒體所有權與管轄權，均屬於地方政府與中央雙重管控，因此，許多媒體不敢向自己的主管機構開鍘，而跨過行政區去監督他省、他城的弊案與缺點，成了一個特殊的現象。由於地方保護主義，官官相護的情況下，許多地方的黑幕，不能指望當地行政、司法或新聞媒體來保護人民的基本權益，就要靠記者跨越區域的報導。跨地區的監督有利於衝破地方保護主義的阻撓，而且異地媒體一般不會因顧及事發當地的廣告、發行市場而使報導受到限制，可以使輿論監督報導比較全面、客觀、眞實和深入（孫旭培，2001）。

　　新聞事業改革浪潮中，不少媒體走向小報化、娛樂化，但在廣東省「南方報業傳媒集團」旗下的《南方都市報》、《南方週末》和《南都週

刊》，新聞專業表現最突出的時期是在2000年至2010年。南方報業集團著重於深度報導，進行跨地區新聞輿論監督報導，南方新聞工作者都認同新聞媒體的「第四權」角色，認爲作爲一名新聞工作者就應該「監督對立」以及「鼓吹民意」。而南方新聞工作者也積極追求新聞專業主義，在專業知識、專業承諾、專業責任及專業自主當中都有出色表現，加上身處的報業集團大量投入採訪成本，讓這些新聞工作者得以全力發揮所長，因此「南方特色」乃屬中國報業發展過程中的重要一頁（王毓莉，2018：71）。

　　但在2013年發生《南方週末》新年獻詞「中國夢、憲政夢」[4]事件，該報編輯部於2012年年底決定以「中國夢」作爲新年獻詞主關鍵詞，期間經過總編輯黃燦與廣東省委宣傳部多次妥協與修改，從「中國夢、憲政夢」、「中國夢、夢之難」，再被改成「家國夢」，最終在2013年1月1日凌晨，「家國夢」又被迫改爲「追夢」。該獻詞之後引發了一連串事件，首先網絡熱議文章意涵，並有消息指控是由報社上層配合廣東省委宣傳部部長庹震電話逐字授意修改內文（之後遭到否認），此一事件造成部分人士對於《南方週末》高層的不諒解，報社內部也造成分裂，部分工作者罷工抗議，且引起了社會人士包圍報社聲援。之後不少新聞界業內人士認爲，2014年逮捕21世紀報系總編輯沈灝、總經理陳東陽[5]，被視爲對南方

---

[4] 2012年11月中共十八大後，中共中央總書記習近平、總理李克強接班，提出新的執政理念，加大反腐力度在內的一系列舉措，被外界稱爲「習李新政」，習近平最著名的講話，爲「中國夢」。

[5] 2014年9月初，上海警方宣布偵破一起「以輿論監督爲幌子、通過有償新聞非法獲取鉅額利益的特大新聞敲詐犯罪案」，逮捕了涉案的21世紀網主編和相關管理、編採、經營人員以及兩家「公關公司」的負責人。同月25日中午，警方到達21世紀辦公室，帶走了21世紀報系總編輯沈灝、總經理陳東陽（劉瑩，2014）。警方指出，《21世紀經濟報導》、21世紀網、理財週報，皆爲21世紀傳媒旗下財經類媒體，利用其在財經界的廣泛影響力，與上海潤言、深圳鑫麒麟等公關公司相勾結，指使媒體記者通過各種途徑主動挖掘、採編上市公司、IPO公司的負面資訊，

報業集團的持續打壓，意在將南方滅頂！

具有改革派精神的南方傳媒集團，在上述兩個事件的重挫，幾乎潰不成軍。2016年2月19日上午，中共中央總書記習近平依次到訪《人民日報》、《新華社》、《中央電視臺》三家國家級官方媒體，當天下午，習近平在人民大會堂主持召開「黨的新聞輿論工作座談會」，要求官方媒體「必須姓黨」，其所有工作「都要體現黨的意志、反映黨的主張，維護黨中央權威、維護黨的團結」。顯示目前中國大陸主流官媒，只能順著黨的宣傳方向走，言論空間呈現高度緊縮。

肆、影視節目娛樂化發展趨勢與侷限

在廣播電影電視方面，中共廣播電視的構成，分成宣傳業務、技術工作、人事管理三大部分。而對宣傳工作、技術工作和行政工作的管理，仍以宣傳工作為中心，其他如技術管理、行政管理、人事管理、經濟管理等，都要圍繞宣傳為中心，制定和實施各自的管理原則和措施（中國廣播電視出版社，1992：766-778）。此種以宣傳為中心的整體管理格局，是中共廣播電視管理的重要特質之一。

1950年代，中共廣播電視事業規模較小，實行「條塊結合，以條條為主」[6]的管理體制，即地方廣播電視事業受中央廣播事業局和地方政府雙

並利用上市公司、IPO公司對股價下跌、上市受阻以及相關產業公司商譽受損的恐懼心理，以發布負面報道為要挾，迫使上市公司、IPO公司與其簽訂合作協議，收取少則數十萬、多則上百萬的「保護費」（宋代倫，2014）。此一事件，被外界稱為：中國新聞界的大地震！由於被捕的沈灝與陳東陽，均為南方報業集團的核心領導人。沈灝曾經在1999年《南方週末》新年獻詞中，寫下「有一種力量讓我們淚流滿面」一文，體現了一位理想主義者的新聞才子氣質與家國情懷，他在新聞圈內的專業評價頗高。

[6] 條條塊塊主要用來描述中央、地方政府的行政對產業和企業的影響。條，是指垂直管理部門，如中央政府各部門之間的垂直管制；塊，是指平行管理，如省級或地方一級領土政府的橫向權限。

重領導，以中央廣播事業局為主的管理體制。中共廣播電視的管理體制，歷經「條塊結合，以條條為主」轉變至「條塊結合，以塊塊為主」的過程（武子芳、朱金貴編，1992：63-67）。

　　回顧中國大陸廣播電視六十年大致分為以下三個階段（涂昌波，2019：26-27）：

一、初創探索階段（1958-1978）

　　從1958年《北京電視臺》開播至1978年改名為《中央電視臺》，這一階段中國歷經「反右」和「文革」等歷史時期，社會主義建設在曲折中探索，此時期節目形態從新聞到電視劇、文藝、體育、紀錄等，播出時間不斷延長。其次是開播彩色電視，實現電視由黑白轉為彩色。再者利用微波傳輸、無線發射等手段，初步形成全國電視廣播網。到1976年，全國有電視臺39座、電視轉播臺144座，全國有近3億人口可以收看到電視。

二、成長壯大階段（1978-1998）

　　進入改革開放的新時期，1983年中共中央《關於批轉廣播電視部黨組〈關於廣播電視工作的彙報提綱〉的通知》（中發〔1983〕37號），將中央和省兩級辦電視改為中央、省、地市、縣四級辦電視。1986年國家教委等九部委聯合發出《關於利用衛星電視開展教育工作的通知》，允許教育行政部門開辦教育電視。1990年國務院批准廣電部發布《有線電視管理暫行辦法》，允許符合條件的機關、部隊、團體、企業事業單位，可以申請開辦有線電視臺。1993年國務院《批轉國家計委〈關於全國第三產業發展規劃基本思路〉的通知》（國發〔1993〕20號）規定，動員社會各方面集資建設廣播電視轉播臺（站）。

　　廣播電視管理體制轉變為現行的條塊結合，以塊塊為主，即廣播電影電視部統一領導和管理全國的廣播電視事業，指導省、自治區、直轄市的

廣播電視宣傳，各省、自治區、直轄市廣播電視廳（局）受該省、自治區、直轄市政府和廣播電影電視部的雙重領導，以同級政府領導爲主。地（市、州、盟）、縣廣播電視局受各該級政府和上一級廣播電視廳（局）的雙重領導，以同級政府爲主。

　　過去電視臺的建設經費完全由國家撥款，但在四級辦電視政策後，廣播電視臺建設速度成倍數成長，由於廣播電視事業的投資經費相當龐大，各級政府財力有限，於是鼓勵各臺自負盈虧，自創財源，並同時鼓勵集團與企業投入廣播電視媒體的投資經營，政府的角色則定位爲適當補助，並透過減免稅金政策上給予廣播電視臺協助。由於自負盈虧政策，電視臺必須想辦法創收，因此，廣告收入成爲最主要來源，中共也在1994年正式通過《中華人民共和國廣告法》，突顯廣告的重要性，使交易秩序透明化、法制化。而廣告法也意外地在「新聞法」與「廣電法」制定前，成爲目前唯一一個成文的新聞傳播領域相關法規（王毓莉，1999b：58-65）。

　　改革開放政策實施後，廣電經費來源管道多樣化、經營者重視營利、人員任用部分開放招聘制、建立目標管理思想、重視廣告部門的經營。而在經營理念上，指導與服務並重、傳播者與觀眾爲中心、採取競爭模式、多元化經營以及開放型策略。其次，爲尋求音像製品的多次使用價值，配合改革開放政策中的「對外交流」，中共的電視事業也採取對外開放策略，在政策法規中，對於中外合作拍片和進一步加強和改進境外電視劇交流，均有詳細的規範，並採鼓勵的方向立法。

　　改革開放政策實施後的新聞性電視節目，呈現如下特色：（一）新聞功能多樣化，兼具政令宣導、訊息告知、教育、娛樂等多元功能；（二）新聞量與時效性均提高，在一定程度上使電視新聞逐漸與快節奏的社會保持同步，擴大了重大新聞被涵蓋的機率；（三）新聞性節目走向欄目化與雜誌化，即固定時段播出，並且推出深度報導的新聞性節目；（四）加強經濟新聞報導，以推動經濟改革，隨著市場機制的逐步健全，報導從生產領域，擴展到流通、消費領域，全面反映社會經濟活動同時也出現不少經濟電視臺；（五）電視批評和評論報導的崛起，象徵部分言論尺度的鬆綁

（王毓莉，1998：39）。

　　改革開放政策實施後的非新聞性電視節目，呈現以下特色：（一）節目來源多樣化，包括自製、獨立製片、電視交流網、交換或購買、合拍（協拍）和衛星節目；（二）為電視節目生產引入市場機制，實施「電視節目製片人制度」的承包方式，形成電視臺內部良性競爭，提高節目的質量，同時，也為節目的產銷創造更多出路；（三）電視劇市場蓬勃發展，製作出不少叫好又叫座的電視劇，並且實施「電視劇製作許可證制度」，對著作權和歸屬有更進一步界定；（四）節目內容設計更貼近觀眾，針對不同分眾設計出不同節目內容，並採用「主持人中心制」，使主持人與觀眾有更緊密結合，提高節目受歡迎程度（王毓莉，1998：41）。

　　到1998年，中國大陸已形成中央與地方，衛星、無線、有線相結合的現代化的電視傳播網，境內電視人口覆蓋率為89.01%，央視國際頻道信號已覆蓋全球。全國共有943座無線電視臺、1,285座有線電視臺。全國有3億臺電視機，觀眾超過10億。

三、調整轉型階段（1998-2018）

　　自1998年《中央電視臺》建臺四十週年至2018建臺六十週年紀念大會，此一階段中國大陸社會進行深化改革、擴大開放，加入世界貿易組織（WTO），建構社會主義市場經濟體制，此一時期數位、網路、手機等新興媒體不斷崛起，電視媒體處在調整轉型升級過程。首先是重組整合，調整機構。1998年廣電部改組為廣電總局。在地方，先是推動縣級廣播電臺、電視臺、有線電視臺合併，企事業單位的有線電視臺改為有線電視站；而後推動地（市）、省級無線電視臺與有線電視臺合併，以省、自治區、直轄市為單位組建廣播電視網路公司，組建包括廣播電臺、電視臺在內的廣播電視集團。2001年中辦、國辦《關於轉發〈中央宣傳部國家廣電總局新聞出版總署關於深化新聞出版廣播影視業改革的若干意見〉的通知》明確表述，廣電集團屬於事業性質，可分別由中央、省級和有相當實

力的省會城市、計畫單列市廣電部門負責組建。

　　自此之後，中國大陸新聞傳播媒體與電影等產業，均走向集團化發展趨勢。大資本大製作的運營模式，讓電視臺及贊助商更重視節目的成功與否，於是向國外購入成功節目模版，引進國外專業人才進駐輔導，轉由大陸內地大型製作公司承製，成為另一種節目製作的主流運作方式。當電視臺的收入來源很大比例來自於廣告贊助，廣告主對於節目產製有參與權與建議權，這個現象在中國大陸也開始形成中（張舒斐，2017：61-92）。

　　2007年，明曉溪同名網路小說改編的電視劇《會有天使替我愛你》在山東衛視暑期黃金檔首播，取得不俗反響，到早期的《美人心計》、《來不及說我愛你》等電視劇一度熱播，再到2010年改編自網路人氣言情小說作家桐華的同名長篇小說《步步驚心》，作為首部古裝愛情穿越題材電視劇在湖南衛視金鷹獨播劇場播出，網路小說改編電視劇開始引起業界廣泛關注，題材涉及都市生活、古裝宮鬥、言情偶像、當代軍旅等各個類別。2012年，根據流瀲紫的網路小說《後宮甄嬛傳》改編的電視劇《甄嬛傳》在東方衛視、安徽衛視黃金檔播出，引起強烈反響。該劇在東方衛視、安徽衛視雙雙排名黃金檔年度第一，成為全民熱議的現象級大劇，收視口碑雙豐收。一時之間，中國大陸影視IP（Intellectual Property）水漲船高、行情火爆，影視公司搶購儲備網路小說資源的爭奪更加白熱化（房園，2019：71-72）。

　　自2014年以來，國家新聞出版廣電總局相繼出臺了《關於做好2014年電視上星綜合頻道節目編排和備案工作的通知》（媒體俗稱「加強版限娛令」）、《關於進一步加強電視上星綜合頻道節目管理的通知》（媒體俗稱「限童令[7]」）等系列政策，對衛視節目的播出時段和時長等方面進行了限制。同時，電視節目的版權費也在持續上漲，部分衛視以節目高收視

---

[7]　指嚴格控制未成年人參與真人秀節目，不得借真人秀節目炒作包裝明星，也不得在娛樂訪談、娛樂報道等節目中，宣傳炒作明星子女，防止包裝造「星」、一夜成名。

率作為保障，開始打造出屬於自己衛視的獨家網絡視頻平臺，形成品牌效應，例如湖南衛視打造的芒果TV等。當時作為只播放視頻的網站平臺，能夠獲取到的資源和利潤變少，為了能夠在行業競爭中存活，部分視頻網站開始利用已有的平臺，打造團隊製作網絡綜藝。而後，部分電視節目製作人由衛視轉向網絡平臺後，這給網絡平臺帶去了豐富的節目製作經驗，也成了網絡綜藝發展的另一契機（王利軒、彭浩、高佳旭，2019：79）。

2015年影視IP大爆發，《何以笙簫默》、《琅琊榜》、《花千骨》、《羋月傳》等多部高收視、高點擊量、有話題性和傳播度的系列長篇熱劇陸續播出，其中《花千骨》作為湖南衛視鑽石獨播劇場的週播劇，52城平均收視達到2.12%，還成功將影視劇與手遊結合，打造了古裝劇影遊互動的成功範例，成為業界標竿。全新的網絡自製綜藝已達到96檔，較2014年增長了104%。可見網絡綜藝增長之迅猛（房園，2019：71-72；王利軒、彭浩、高佳旭，2019：79）。

2019年8月11日國家廣播電視總局官網下發《關於推動廣播電視和網絡視聽產業高品質發展的意見》指出，到2025年發展的總體目標，是要在廣電5G網絡和智慧廣電建設取得重要成果。企圖建立全國有線電視網絡統一運營體系，加快互聯互通平臺建設，建設國家級雲資料中心和超高清節目切換式網絡及平臺，加快推動有線電視網絡數位化、光纖化、寬頻化、IP化改造，滿足用戶對跨屏、跨域、跨網、跨終端的收視和資訊需求。

照片13-2　中國大陸影視節目娛樂化發展但內容仍受限

資料來源：Huangdan2060。

　　不過，回溯中國大陸對於影視產品內容的干涉，採取宏觀的條條控制狀態。2002年，全民熱捧的《流星花園》被下令停播；2006年下令選秀節目選手必須年滿18歲，同時主持人必須張揚正向主旋律，給當時造成火紅話題的選秀節目「超級女聲」，一記當頭棒喝；2007年，廣電禁令又圈出三個影視關鍵詞：選秀、三俗、主旋律，令文中規範各家省籍衛星電視臺，在黃金檔期只可播放主旋律影視作品、選秀節目持續正能量，不可呈現親友抱頭痛哭、歌迷狂熱呼叫等場面和鏡頭。2011年，中共國家廣電總局下發《關於進一步加強電視上興綜合頻道節目管理的意見》，加強控管同質性的電視節目播出結構，並強化能夠弘揚中華民族傳統文化等道德類節目的播出，這樣的限制令也在日後被稱為「限娛令」，涉及的範圍廣泛，也不定期開鍘、限制節目戲劇的走向播出（馬曼容，2019）。

　　習李體制上臺後，四道限娛令包括2012年「限娛令1.0」：對婚戀交友、才藝競秀、情感故事、遊戲競技、綜藝娛樂、訪談脫口秀、真人秀等七類節目實行播出總量控制。2014年「限娛令2.0」：規定每個頻道播出新聞、競技、文化、科教、生活服務、動畫、少兒紀錄片和對農等八類節目比例達到30%，對歌唱類選拔節目、電視晚會等進行調控。2016年「限娛令3.0」：規定上星綜合頻道每年19：30〜22：30開播的引進境外版權模式節目不得超過兩檔，同一檔真人秀節目，原則上一年只能播出一季。2018年「限娛令4.0」：追擊Hip Hop文化、非主流及頹廢文化，提出電視節目邀請嘉賓「四個絕對不用」標準，絕對不用離心離德離黨、低俗惡俗媚俗、格調不高及有緋聞、有道德問題的演員；也不用有紋身、Hip Hop、非主流及頹廢文化的藝人（美國之音，2018）。對於影視產業的發展和創作者的創意空間，有了大幅度的限縮，值得進一步觀察。

　　依據《電視劇審查管理規定》、《網路視聽節目內容審核通則》、愛奇藝網路大電影「10禁」、優酷網路電影13禁等公開資料，廣電總局於2019年第三季下發通知指出，為慶祝新中國成立七十週年營造良好氛圍，需做好對電視節目的審查，並提出〈20類題材審查及規避〉包含：愛情劇不可過於甜蜜；同志情必須點到為止，可轉為友情；青春類型必須避免

早戀、犯罪及暴力；歷史類型僅能適量改編，不能改變既定的結局；犯罪型戲劇爲重點審查項目，需維持警察形象；歷史題材避免「美化」民國；科幻、穿越類型則要以科學角度詮釋等（慈文傳媒，2019）。其中，對於懸疑恐怖題材指出：不得以反面角色爲主要表現對象，不得太過表現反動的、落後的、邪惡的、非法的社會勢力；不得宣揚愚昧、邪惡、怪誕等封建文化糟粕；不得過度渲染恐怖暴力，展示醜惡行爲，甚至可能誘發犯罪；不得宣揚以暴制暴，宣揚極端的復仇心理和行爲。顯示出對於影視產業內容的「條條管理」，創作者可能動輒觸碰到禁區。

伍、中國大陸網路與社群媒體發展與規管

中國大陸網路的發展使自1986年北京計算機應用技術研究「中國學術網」的啟動，1987年9月14日，中國大陸首個國際互聯網電子郵件節點成功建成，中國成功成爲「地球村」的一員。中國連上國際互聯網的要求於1992年6月的INET年會上首次被提出。經過多重討論與考慮，1994年的要求終於獲得美國國家科學基金會（NSF）許可，並於同年4月20日成功接入64K國際互聯網專線，中國成功成爲擁有互聯網全功能的國家之一（中國政府網，2010；中國互聯網協會，2013）。

中國大陸的網際網路發展，雖然自1995年開始網際網路業務，1997年中國公用計算機網路（CHINANET）實現了與中國科技網（CSTNET）、中國教育和科研計算機網（CERNET）、中國金橋信息網（CHINAGBN）的互聯互通。同年6月3日，受國務院信息化工作領導小組辦公室委託，中國科學院在中國科學院計算機網路信息中心組建「中國互聯網絡信息中心」（CNNIC），行使國家網路信息中心的職責。

中國大陸的新聞傳播改革從1978年十一屆三中全會至今，經歷了全方位的改革，而中國大陸的網路發展，從中共決定資訊化政策後，不斷的在從事硬體建設與企圖衝破更高的上網人口，邁向資訊化社會。資訊化社

會的兩大基石，包括：「電信基礎建設」和「網際網路的普及應用」。2006年5月8日，由中共中央辦公廳與國務院辦公廳所印行的《2006-2020年國家資訊化發展戰略》，強調資訊化是當今世界發展的大趨勢，也是推動經濟社會改革的重要力量，而資訊化也具有推動現代化社會的功能。根據中國在規劃2006年到2020年國家資訊化發展戰略中定義：資訊化是充分利用資訊技術，且開發利用資訊資源，來促進資訊交流和知識共用，且提高經濟增長質量，進一步推動經濟社會發展轉型的歷史進程（新華網，2006）。

中共認為從事資訊化發展，對於致力於中國大陸資訊化發展與全球接軌尚有幫助外，也期望透過網際網路的普遍化，進一步擴大資訊掌握的時效性與普及性，使得資訊的流通從少數的壟斷發展到普遍共用。因而，開始決定努力推動資訊化社會。

1997年中共國務院資訊化工作小組在全國工作會議上，提出的國家資訊體系框架，中國大陸各省市資訊化水平指數大致上可以從六個要素進行評比：（一）資訊資源開發利用；（二）資訊網絡建設；（三）資訊技術應用；（四）資訊產業發展；（五）資訊化人才；（六）資訊化發展政策法規和標準（彭慧鸞，2002：9）。

到了2005年中國的資訊化發展，已經進入了第四個階段，按電腦的術語，稱之為資訊社會4.0。資訊社會1.0是資訊技術應用階段，表現的方式是採購設備，構建網路；資訊社會2.0是資訊產業發展階段，主要特點是發展中國大陸的自主版權的軟、硬體產業；資訊社會3.0指資訊經濟的推進階段，其主要特點是電子商務及資訊化在相關經濟領域的推進；資訊社會4.0指資訊社會建構階段，其表現形式是以電子政務為起點，向生產關係和上層建築領域拓展。認為中國資訊社會4.0的正式啟動，於2001年8月以總理朱鎔基為組長的中國國家資訊化領導小組的成立標誌著（熊澄宇，2005）。

2000年後網路應用模式不斷升級，互聯網除了促進即時通訊應用與社群媒體的發展，也成為推動中國經濟的主因。根據中國互聯網信息中

心（China Internet Network Information Center, CNNIC）官網公布的《第四十二次互聯網絡發展報告》顯示，截至2018年6月，中國網民人數已超過8億人口，普及率高達57.7%，是中國互聯網發展史上普及率最高的一次（中國互聯網絡信息中心，2018：17）。

　　在網際網路發展的過程中，中共採取了類似限制外片數量的電影事業保護政策，不讓來自西方世界的網路服務進到中國，例如Google、Facebook、Twitter、Youtube、Line、Line Pay、Amazon、Uber、GoogleMap、Foodpanda等在西方或第三世界國家普及率甚高的商業服務，均進不了中國大陸市場，取而代之的中共培養本土網路業者，提供類似上述的服務，例如百度、博客、微博、抖音、微信、支付寶和微信支付、淘寶、京東、滴滴出行、高德地圖、餓了嗎等本土網路服務。

照片13-3　中國大陸扶持自己的特有社群媒體

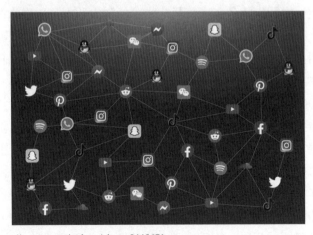

資料來源：https://www.maxpixel.net/photo-5445671。

　　雖然中國大陸的網路發展，從中共決定從事資訊化政策後，不斷的在從事硬體建設與企圖衝破更高的上網人口，邁向資訊化社會。然而，網際網路出現後，網路傳播對於傳統傳播領域言論控制的衝擊與影響，逐漸浮

現。2006年香港《亞洲週刊》選出的年度風雲人物，居然不是任何一個個人，而是由「中國網民」獲得此項殊榮，「中國網民」勝過了很多政治人物和商界人物，這個全球最大和最紅火的網上群體，正以最奇特和最新穎的身影改變中國，挑戰中國主流權力結構。該刊認為，中國網民已引發中國社會深層巨變。網路成為「中國網民」新的傳播平臺，草根平民在網路崛起，打破官方號令天下的局面（徐尚禮，2006）。

　　雖然中共中央鼓吹由傳統傳媒開始，從事輿論監督，將真實民意傳遞到決策層的機制。但是近年來，輿論監督的環境愈來愈惡化，網路取而代之成為百姓表達意見的平臺。中國網民的崛起，剛好出現在中國當前「意識形態大撤退」大氣候中。網民「自下而上」的草根力量，填補了「自上而下」的主流權力的空虛（徐尚禮，2006）。

　　當傳統大眾傳播媒介，被認為因為廣告公關、商業化，與政治力量的過度干預，使得民意無法自由的表達，而網路新興媒體的出現，吸引了另一個研究取向，由於網際網路的特性，具有「即時性」、「主動參與性」、「互動性」、「超越時空性」、「匿名性」等，不同於傳統媒介的特質，不少研究者提出，網路是一種新型理想的公共領域（Heng and Moor, 2003: 331-352; Herring, 1996: 115-146；彭蘭，2005：276-282；黃俊泰，2002）。此外，研究者也進一步發現，網路論壇提供民眾媒介近用權；網路論壇中形成新的意義建構系統；知識菁英分子在網路論壇中成為意見領袖；網路論壇產生社會動員力量；甚至，網路傳播發展，也逐漸的在弱化傳統宣傳的控制力量（王毓莉，2007：92）。

　　然而，中共對於網路政策一方面採取開放手段，希望推廣更多網際網路使用者，並大幅度擴張網路伺服器；另一方面，中共卻大力限制網路使用，封閉許多異議分子、人權團體與媒體等網站。並且設立防火牆，建立網路公安具體追蹤數十萬個網站，並判斷其是否違反政府的標準；另外對透過電子郵件傳遞的訊息也加以追蹤，但是防不勝防，仍有無法全面掌控之勢（Hachigian, 2002: 2）。足以顯示，中共領導者對於網際網路產業的矛盾心態。

　　在眾多具有社群性質的網路應用中，博客、微博和微信的應用，為中國網路輿論場域帶來前所未有的突破性發展。博客提供民眾在網路上自由談論的公共場域，每個人都能透過博客，透過寫長文來傳播欲分享的資訊，再接收來自其他博客的資訊。比起論壇，博客讓網友透過更完整的長文表達更高完整性的想法。2004年，著名博客老虎廟以報導的方式在博客上分享自己親眼目睹的王府井殺人事件，因而成為中國公民記者第一人（翟明磊，2009：147-149），傳播資訊不再是記者的權力，民眾也開始擁有傳播資訊的自主權。

　　2009年至2010年的階段，除了是博客的巔峰期，也是微博開始在中國互聯網扎根的關鍵時段。140字字數限制的微博大大減低了民眾的發言負擔，讓發言更即時，不過也使得民眾接收更草根、更碎片化的資訊。雖然微博同為輿論場域，但性質明顯偏向娛樂、生活、商業等類，可談論的類型多以非公共事件為主。不過隨著使用率日增，微博上除了一些影視名人擁有動輒千萬粉絲外，開始出現一些公共知識分子，在平臺上發表自己對於部分公共事務的看法，也擁有眾多的追隨者後，這些人被稱為「微博大V」。所謂大V是指在社交媒體上粉絲過百萬，甚至千萬的網路名人，他們並無特定職業，可以是明星、知名學者、作家、商業人士、律師等。「V」意指「Verification」一詞，意思是經過「認證」的人物，也可代表VIP（Very Important Person），表示貴賓、重要人物等。

　　微博除了改變民眾的發言模式，也拓寬了網路輿論場域。儘管網際網路出現，為民眾表達聲音提供了機會，然而對於言論的尺度的掌控，始終被視為重要的宣傳治理議題。2013年8月，中共總書記習近平在全國宣傳思想工作會議上表示「所有宣傳思想部門和單位，所有宣傳思想戰線上的黨員、幹部都要旗幟鮮明堅持黨性原則」（習近平十八大以來關於「新聞輿論工作」精彩論述摘編，2016）。

　　2013年8月19日，網路上流傳一份「全國宣傳思想工作會議的講話精神傳達提綱」，習近平在講話內容中表示對網路意見領袖要加強教育引導，好的要鼓勵，不好的則需管束，不能放任，堅持黨管媒體原則不

能動搖，宣傳思想工作者的立場必須符合黨的要求（中國數字時代網，2013）。同月，中國政府透過警方打擊所謂的網路謠言，展開「淨網」活動，多名在微博擁有龐大粉絲群的大V，分別被警方以「尋釁滋事罪」、「誹謗罪」等罪名逮捕並判刑，官方媒體也多次警告這些網路意見領袖需謹慎發言（儲百亮，2013）。

　　中國的新聞資訊控制，始自傳統媒體的紅頭文件與後來的禁令，從源頭上要求新聞媒體禁止對於敏感性事務的報導，然而隨著新媒體出現後，中國大陸言論自由度曾經有過一段相對寬鬆時期，但2012年中國全國人大常委會通過了《全國人大常委會關於加強網路資訊保護的決定》，該決定要求有限度的網路實名，即服務提供者在「爲使用者辦理網站接入服務，辦理固定電話、行動電話等入網手續，或者爲使用者提供資訊發布服務」時，要求使用者提供身分資訊，該決定同時要求服務提供者保護個人隱私和個人資訊。呼應此一決定，2012年3月16日，新浪、搜狐、網易和騰訊微博共同正式實行「微博實名制」。

　　2013年中國互聯網大會提出「七條底線」，要求規範網路上的言行，倡議遵守法律法規底線、社會主義制度底線、國家利益底線、公民合法權益底線、社會公共秩序底線、道德風尙底線以及信息眞實性底線，當局強調唯有人人遵守這七條規則，才能打造出乾淨的輿論環境和完善的言論自由機制（周成洋，2013）。2017年6月1日，《網路安全法》上路，相關部門也依法加強管理網路安全問題。《網路安全法》內容涵蓋七章共70條，目的是爲了確保維護網路空間的國家主權、保護使用者個資、防範網路攻擊及網路詐騙，而其中的四大重點分別是：嚴懲網路詐騙及網路攻擊、保護關鍵信息基礎設施、網路實名制法令化、危及國家安全的重大突發事件可限制通訊（行政院國家資通安全會報技術服務中心，2017）。

　　「網路實名制」被視爲中國大陸資訊控制的力道加強，網路論壇、QQ，到微博和微信，各平臺的「網管」，均配合貫徹網信辦交辦的管制任務。網際網路發展之初，從事研究者均能理解，網路文本具有「消失文本」的特性，然而造成消失文本的原因，主要在於傳播者基於網路空間、

更新資訊、或商業化因素等考量,將原始文本移除。但是目前中國大陸社群媒體中,出現的「被消失的文本」則非出於傳播者本意的「被禁言」或「封號」。

封號和轉世

中國大陸進入社群媒體時期,網管透過刪帖、停權方式來禁止網友發言,「封號」則是直接刪除個人的微博或微信號。至於「轉世」概念來自於宗教,「轉世」可以形容人在死後,靈魂的轉移現象(Transmigration),也被稱作為「輪迴」;其二,靈魂在轉移之後的再生現象(Reincarnation)則被稱作為「投胎」。中國大陸網民被封號後,沒有選擇放棄,而是透過不同渠道,不斷地進行身分及帳號改變的人,藉由申請新號「轉世」,與權力者進行博弈。

照片13-4　中國大陸社群媒體上的發言常常「被消失」

Oh no, something went wrong.

404
PAGE NOT FOUND

Back to HOMEPAGE

　　研究發現社群媒體帳號遭到禁言與封號的原因，多是因為社群媒體帳號，在敏感性的時機，針對敏感性議題，做出發言，而在高度被轉發擴散後，被機器人以關鍵詞搜尋或網管的人工追蹤名單，手動刪除不同於官方基調的論述。至於「敏感關鍵詞」的內涵，定義為一流動狀態，隨時增補，無一定標準（王毓莉，2020）。

　　整體而言，中國大陸為了追求網路新科技的發展，意外使得民眾獲得了參與公共議題討論的機會與場域，從而使得網民公民意識崛起，並且與企圖管制的網路政策，產生衝突。顯示中國大陸目前網際網路的言論空間，逐漸緊縮。

　　不過，中國網信辦於2020年6月1日起實施《網絡安全審查辦法》，此辦法主要規範，當關鍵基礎設施營運業者採購國外網路產品和服務時，應預判可能帶來的國家安全風險，並向網路安全審查辦公室申報網路安全審查（中國網信網，2020；黃敬哲，2020）。雖然中國大陸政府發言人強調了，此辦法並非為了歧視國外產品而訂定的辦法，但是輿論對於此法可能限制外國企業和服務進入中國大陸，則深具隱憂。

陸、未來與展望

　　整體而言，中共在鄧小平提出改革開放政策後，一度由西方引入「信息」的概念，在追求經濟發展優先和傳播產業改革的前提下，中國的傳統傳媒歷經了市場化發展，也出現新聞輿論監督報導，監督不利經改等因素，然而，網際網路的出現，突破了傳統媒體高門檻的參與方式，網路的輿論場從論壇、博客、微博、到微信，都使得中國的一般民眾得以上網議論公共事件。不過，在上述輿論場域的發展過程中，中共官方不曾放棄管制，呈現時鬆時緊的狀況，直到新時期領導上任後，網路言論場域形成進一步緊收。

　　除了對內的媒體與網絡治理政策，中國大陸在2009年決定投入450

億人民幣鉅資在全球推廣「大外宣計畫」，藉此與西方媒體「爭奪話語權」。《新華社》在近幾年迅速擴張，派駐全球各國記者的人數很快將超過6,000人，其雇員規模將超過美聯社（AP）、法新社（AFP）、路透社等世界老牌的通訊社。一位西方記者指出：「中國推出一種更為精巧、更為主動的策略，日益轉為以國際觀眾為對象。中國正在嘗試以大把大把的金錢來改變全球資訊環境，由撥款購買包含置入性行銷的評論，到贊助宣揚正面資訊的新聞報導等，不一而足。在中國境內，媒體受到的控制日益嚴密；在海外，北京則尋求利用新聞自由的弱點來推進自己的利益。」其次，中國對於海外的中文媒體，正採取各種滲透策略，企圖掌握全球的話語權（何清漣，2019：25-28，98-124）。

至於對內，中共更進一步強化資訊防火牆的功能，對於翻牆軟體採取動態追蹤管制，除了門戶網站的運算推播，甚而有之在網路上僱用「**五毛黨**」成為網路水軍，導引網路議題的輿論走向，再加上社群網路上意見領袖，如微博大V的出現，「迴音室」（echo chambers）效應和「信息繭房」（Information Cocoons）現象，亦即西方所言的「同溫層現象」。網路的言論場出現極化現象，「**自乾五**」和「**小粉紅**」的崛起，經常使得公共議題的討論偏向激進的愛國主義，也使得其他多元聲音消失。

五毛黨、自乾五、小粉紅

「五毛黨」專指中國的「網路評論員」（即網評員、輿情員），受僱傭發表有利於中國政府或相關部門評論的人員，每發一個帖子，可從中共當局領取五毛錢的津貼，普通網民常以「五毛」或「五毛黨」來稱呼網路評論員。「自乾五」指的是「自帶乾糧的五毛」，是對中國大陸自發地為中華人民共和國政府和中國共產黨持支持立場並發表相關言論的人的特定稱呼。至於「小粉紅」，最早出現於晉江文學城論壇，泛指中國國內通過流行文化刺激而成的年輕一代愛國主義網民，同時也指代網絡空間上受中國共產黨旗下共青團指揮或影響而自發維護其權威的群體。

　　上述的言論場域發展，除了對於一般公民的表意空間，產生巨大的影響外，同時制約著可能具有創意的影視內容創作，中國大陸的影視改革，走過商業化和娛樂化，相對自由的創意空間，對於電影、戲劇、綜藝、甚至網路劇和電玩的發展有利，也產製出不少好作品。

　　伴隨著COVID-19三年以來，中共中央堅持清零封控政策，禁止與中央不同調的訊息流通，使得新聞傳播的言論自由度進一步緊縮。直到2022年11月底，包括北京、上海、廣州等中國幾個最大城市爆發了反對清零的「白紙運動」，街頭甚至喊出要習近平和共產黨下臺的口號，12月7日中共國務院旋即發布「新十條」，確定放棄清零政策，走向與病毒共存。此一政策急轉彎，貌似中央對於抗議浪潮的退讓，但外界的解讀更多是堅持清零政策，使得中國大陸社會和經濟成本不斷上升，促使習政權決定放棄清零政策。中共最新的二十大報告中強調「安全」，也正宣示著意識形態管制趨緊的走向。

　　然而，在中共中央的管制邏輯下，需進一步思考，究竟怎樣的管制力度，仍能使得中國大陸的傳媒和網路媒體，作為社會穩定的壓力閥，尚能讓人民保有一定的發言權利？怎樣的意識形態調控，能夠使得影視產業的創意，不至於因需要服膺於政治而被扼殺？怎樣的意識形態教育與資訊防火牆，不至於窄化中國新一代年輕人的世界觀？若不走前蘇聯共產主義的傳播理論路徑，中國能否走出一條具有中國特色的新聞傳播理論，仍有待持續觀察。

關鍵詞：蘇聯共產報業理論、傳播改革、網絡治理、新聞輿論監督、限娛令

延伸閱讀

1. Shirk, Susan L. 2011. *Changing Media , Changing China*. New York, NY: Oxford University Press.

2. 王毓莉，2018，《兩岸新聞場域分析：新聞勞動、績效管理、新聞專業表現》，臺北：揚智文化。

3. 李彪，2019，《誰在網絡中呼風喚雨：網絡輿情傳播的動力節點和動力機制研究》，北京：人民日報出版社。

4. 李金銓，2019，《傳播縱橫：歷史脈絡與全球視野》，臺北：聯經。

5. 喻國明，2015，《媒介革命：互聯網邏輯下傳媒業發展的關鍵與進路》，北京：人民出版社。

思考問題

1. 請分析中國大陸市場化媒體時期，所展現的「中國特色新聞自由」的展現與限制？

2. 請分析中共不同領導人時期的新聞輿論治理策略？

3. 請解析中國大陸社群網路的「迴音室」（echo chambers）和「信息繭房」（Information Cocoons）現象？如何影響新世代年輕人的新聞資訊接收？

4. 請就中共中央新聞資訊管制下，接收者的馴服策略與抗拒策略為何？

參考文獻

一、中文

人民網，2009，〈1998年10月7日朱鎔基視察中央電視臺贈《焦點訪談》編輯記者四句話〉，http://big5.china.com.cn/aboutchina/txt/2009-10/06/content_18658876.htm，查閱時間：2009/12/20。

中共中央馬恩列斯著作編譯局編譯，1961，《馬克思恩格斯全集》，北京：人民出版社。

中共中央網絡安全與信息化委員會辦公室，2018，〈關於推動資本市場服務網絡強國建設的指導意見〉，http://www.cac.gov.cn/2018-04/13/

c_1122676837.htm，查閱時間：2019/11/25。

中國人權網，2007，〈豐富民主形式拓寬民主管道──保障人民知情權、參與權、表達權、監督權〉，http://www.humanrights.cn/cn/zt/xwgzrd/2009/ksqfz_xg/t20090414_439700.htm，查閱時間：2009/12/20。

中國互聯網協會，2013，〈中國互聯網發展史（大事記）〉，http://www.isc.org.cn/ihf/info.php?cid=218，查閱時間：2019/11/28。

中國互聯網絡信息中心，2018，〈第四十二次《中國互聯網絡發展狀況統計報告》〉，https://cnnic.cn/hlwfzyj/hlwxzbg/hlwtjbg/201808/P020180820630889299840.pdf，查閱時間：2019/11/28。

中國政府網，2010，〈中國互聯網狀況〉，http://www.gov.cn/zwgk/2010-06/08/content_1622866.htm，查閱時間：2019/11/28。

中國網信網，2020，〈網絡安全審查辦法〉，http://www.cac.gov.cn/2020-04/27/c_1589535450769077.htm，查閱時間：2021/6/29。

中國廣播電視出版社，1992，《中國廣播電視學》，北京：中國廣播電視出版社。

中國數字時代網，2013，〈網傳習近平8.19講話全文：言論方面要敢抓敢管敢於亮劍〉，https://chinadigitaltimes.net/chinese/2013/11/%E7%BD%91%E4%BC%A0%E4%B9%A0%E8%BF%91%E5%B9%B38%E2%80%A219%E8%AE%B2%E8%AF%9D%E5%85%A8%E6%96%87%EF%BC%9A%E8%A8%80%E8%AE%BA%E6%96%B9%E9%9D%A2%E8%A6%81E6%95%A2%E6%8A%93%E6%95%A2%E7%AE%A1%E6%95%A2/，查閱時間：2019/11/28。

王利軒、彭浩、高佳旭，2019，〈互聯網時代下國內電視綜藝和網絡綜藝發展軌跡的討論及分析〉，《戲劇之家》，（31）：79。

王毓莉，1998，〈中共改革開放政策對電視事業經營之影響〉，《新聞學研究》，（57）：27-49。

王毓莉，1999a，〈中共傳播改革之研究〉，《東亞季刊》，30（1）：19-38。

王毓莉，1999b，〈中共改革開放政策下的電視體制〉，《傳播管理學刊》，1（1）：57-82。

王毓莉，2007，〈網路論壇與國家機器的碰撞：從三個新聞事件看大陸網路論壇對公共性的實踐〉，《新聞學研究》，（92）：37-95。

王毓莉，2010，《具有中國特色的新聞自由：一個新聞輿論監督的考察》，新北：揚智文化。

王毓莉，2018，《兩岸新聞場域分析：新聞勞動、績效管理、新聞專業表現》，新北：揚智文化。

王毓莉，2020，〈夾縫中求生存：中國大陸社群媒體治理下的抗拒策略〉，《傳播研究與實踐》，10（2）：85-114。

行政院國家資通安全會報技術服務中心，2017，〈中國網路安全法於6/1施行〉，https://www.nccst.nat.gov.tw/NewsRSSDetail?lang=zh&RSSType=news&seq=15963，查閱時間：2019/11/28。

行政院新聞局，2002，〈網路論壇實踐公共領域的機會與限制〉，http://www.gio.gov.tw/info/2002html/91report/content/c.htm，查閱時間：2006/1/15。

何清漣，2019，《紅色滲透：中國媒體全球擴張的真相》，新北：八旗文化。

宋代倫，2014，〈21世紀傳媒總裁沈灝等被批捕自述敲詐過程〉，http://news.takungpao.com/mainland/focus/2014-11/2834571.html，查閱時間：2019/11/25。

希望之聲，2014，〈形勢微妙《21報系》最核心人物沈灝等被抓〉，http://big5.soundofhope.org/node/510442，查閱時間：2019/11/25。

李良榮，1995，〈十五年來新聞改革的回顧與展望〉，《新聞學》，（2）：56-61。

周成洋，2017，〈「七條底線」是言論自由的「七條規則」〉，http://opinion.china.com.cn/opinion_73_79373.html，查閱時間：2019/11/28。

房園，2019，〈淺議IP影視化改編〉，《視聽》，（10）：71-72。

武子芳、朱金貴，1992，《中國廣播電視管理學概論》，北京：中國廣播電視出版社。

美國之音，2018，〈中國沒嘻哈！廣電總局又下限娛令，Rapper、紋身藝人一律封殺〉，https://www.storm.mg/article/389227，查閱時間：2019/11/28。

唐緒軍主編，2018，《中國新媒體發展報告》，北京：社會科學文獻出版社。

孫旭培，2001，〈如何看待「跨地區監督」？──以廣東報紙的三篇監督性報導爲例〉，http://academic.mediachina.net/article.php?id=611，查閱時間：2019/11/25。

徐尙禮，2006，〈香港亞洲週刊：掀巨變，中國網民2006風雲人物〉，http://news.chinatimes.com/Chinatimes/newslist/newslist-content/0,3546,110505+112006122300076,00.html，查閱時間：2006/12/22。

涂昌波，2019，〈中國電視60年發展的回顧與思考〉，《中國廣播電視學刊》，（10）：26-30。

紐約時報中文網，2013，〈控制言論，中國政府對大V下手〉，https://cn.nytimes.com/china/20130911/c11weibo/zh-hant/，查閱時間：2019/11/28。

國務院，2018，〈國務院關於機構設置的通知〉，http://big5.www.gov.cn/gate/big5/www.gov.cn/zhengce/content/2018-03/24/content_5277121.htm，查閱時間：2019/11/24。

國務院新聞辦公室，無日期，〈國務院新聞辦公室介紹〉，http://www.scio.gov.cn/xwbjs/index.htm，查閱時間：2019/11/24。

崔保國主編（2019），《中國傳媒產業發展報告》，北京：社會科學文獻出版社。

張舒斐，2017，〈大製作模式對自由電視工作者的影響：以臺灣電視工作者在中國大陸爲例〉，《傳播與社會學刊》，（39）：61-92。

許新芝、羅朋、李清霞，2009，《輿論監督研究》，北京：知識產權出版社。

陳懷林，1998，〈經濟利益驅動下的中國傳媒制度變革──以報業爲
　　例〉，何舟與陳懷林主編，《中國傳媒新論》：108-153，香港：太平
　　洋世紀出版社有限公司。

彭慧鸞，2002，〈21世紀中國大陸資訊化發展的全球化接軌〉，《中國大
　　陸研究》，45（6）：1-22。

彭蘭，2005，《中國網絡媒體的第一個十年》，北京：清華大學出版社。

曾華國，2006，《中國式調查報導》，廣州：南方日報出版社。

閔大洪，1998，〈一種媒介，多種聲音與多種媒介，一種聲音──因特
　　網（Internet）挑戰中國大陸新聞傳媒〉，http://www.zjol.com.cn/node2/
　　node38/node58/node59/node72/userobject7ai1563.html，查閱時間：
　　2006/10/18。

黃俊泰，2002，〈網路論壇實踐公共領域的機會與限制〉，http://www.
　　gio. gov.tw/info/2002html/91report/content/c.htm，查閱時間：2006/1/15

黃敬哲，2020，〈中國反擊戰開始？將對歐美科技產品展開網路安全審
　　查〉，https://technews.tw/2020/05/06/chinas-counterattack-started-cyber-
　　security-review-of-european-and-american-technology-products-will-be-
　　launched/，查閱時間：2021/6/29。

慈文傳媒，2019，〈Q3廣電政策：劇集審查標準更加嚴格，技術革新
　　成趨勢〉，http://www.ciwen.com.cn/show-11-734-1.html，查閱時間：
　　2021/6/30。

新華通訊社，2007，〈胡錦濤在黨的十七大上的報告〉，http://news.
　　xinhuanet.com/newscenter/2007-10/24/content_6938568_5.htm，查閱時
　　間：2009/12/1。

新華通訊社，2018，〈深化黨和國家機構改革方案〉，http://www.
　　xinhuanet.com//2018-03/21/c_1122570517.htm，查閱時間：2019/11/24。

新華通訊社，無日期，〈新華通訊社機構設置〉，http://203.192.6.89/xhs/
　　jgsz.htm，查閱時間：2019/11/24。

新華網，2006，〈中辦、國辦印發《2006-2020年國家資訊化發展戰略》〉，http://big5.xinhuanet.com/gate/big5/news.xinhuanet.com/newscenter/2006-05/08/content_4522878.htm，查閱時間：2006/11/25。

熊澄宇，2005，《資訊社會4.0》，臺北：商周。

翟明磊，2009，〈老虎廟：他看見了孔雀屁股〉，陳婉瑩、錢鋼主編，《中國猛博》：147-149，香港：天地圖書。

劉瑩，2014，〈形勢微妙《21報系》最核心人物沈灝等被抓〉，《希望之聲》，取自http://big5.soundofhope.org/node/510442，查閱時間：2014/12/15

聯合報，2019，〈中國禁令審查事件簿——充滿「技術問題」的影視創作〉，https://opinion.udn.com/opinion/story/12705/3759010，查閱時間：2019/11/28。

二、英文

Anderson, David, and Benjaminson, Peter. 1975. *Investigative report.* Bloomington, IN: Indiana University Press.

Hachigian, N. 2001. "China's cyber strategy." *Foreign Affairs* 80(2): 118-133.

Heng, Michael S.H., and Moor, Aldode. 2003. "From Habermas's communicative theory to practice on the Internet." *Information Systems Journal* 13: 331-352.

Herring, S. C. 1996. "Posting in a different voice: Gender and ethics in CMC." In Charles Ess ed., *Philosophical perspectives on computer-mediated communication.* New York: State University of New York Press, pp. 115-146.

McQuail, Denis. 1994. *Mass Communication Theory.* London, UK: SAGE Publications.

Siebert, Frederick S, Theodore Peterson, and Wilbur Schramm. 1963. *Four Theories of the Press.* Urbana, IL: University of Illinois Press.

Waisbord, Silvio. 2000. *Watchdog journalism in south America.* New York, NY: Columbia University Press.

第十四章

國際環境與外交戰略

黃瓊萩

壹、前言

　　如同世界上大部分國家一樣,中共對外政策的制定受到國內外各種因素的影響,很難單純從一個面向來解釋其動機與原因。而欲理解中國大陸外交風格與政策制定邏輯,一個很重要的基礎是認識其歷史(即中共黨史,見本書第二章)與當前中國大陸的政治體制及其變遷(見本書第三章)。本章也將按照時間順序,藉由介紹1949年之後,影響中國對外關係的重要歷史事件,探討與分析中共回應國際環境的策略邏輯與政策思維。同時,本章將概要性地介紹影響中共外交政策制定的因素與環節,希望能帶領讀者進一步理解當代中國對外戰略如何制定,又如何形成目前我們所看見的中共外交風格。

貳、1949年:新中國成立後經營對外關係的幾項特點

　　1920年成立的中國共產黨,自建黨至1949年成功建國,北方的蘇維埃社會主義共和國聯盟(以下簡稱:蘇聯)提供的協助與指導功不可沒。自此中國對外關係的經營,直至1960年代末期為止,無不深受蘇聯的影響。然而,北京並非完全複製莫斯科經營對外關係的模式。1949年成立的新中國始終希望維持獨立自主的路線;此外,中共對外方針的制定始終充滿所謂的「中國特色」,並且處處可見中國傳統政治思想的影響,例如「天下」觀與朝貢體系的文化。此外,中共對外關係的處理,不論面對的是大國或小國,一直以來皆以**雙邊關係**為重,而較不擅長多邊框架或組織的經

營；此何以當前北京積極推行的「帶路倡議」（或「一帶一路」）和過去由西方大國所主導的國際建制極為不同。

1949年新中國成立之時，對外面臨美蘇兩強對峙的冷戰結構，對內面對與中國國民黨的激烈競爭與對抗。這段歷史深刻地影響建國之後的中共對外關係。在建國之初，在對外關係的處理上，中華人民共和國有三大方針：

一、「一邊倒」

1949年6月30日慶祝中國共產黨成立二十八週年的紀念會上，毛澤東發表了《論人民民主專政》一文，並在其中提出「一邊倒」方針，亦即中華人民共和國在美蘇對峙的局勢中，選擇加入以蘇聯為代表的社會主義陣營，並與以英、美為首的資本主義國家（帝國主義陣營）持續鬥爭與對抗。「一邊倒」的方針讓經歷長期戰亂而消耗不已的中共得以迅速得到蘇聯的各項物質與資金的援助，同時莫斯科提供了技術分享與派遣專業人員到中國傳授相關知識，亦在國際場合提供中共所需的各項政治支持。

照片14-1　1950年中蘇兩國簽訂《中蘇友好同盟互助條約》，直至1979年2月到期後，該條約未再延長

二、「打掃乾淨屋子再請客」

1949年2月毛澤東在接待蘇聯代表時，提出了「打掃乾淨屋子再請客」以及「另起爐灶」兩項方針，並在同年3月的中國共產黨七屆二中全會時對於這兩個方針加以闡述。「打掃乾淨屋子再請客」指的是新中國要先清除境內的帝國主義殘餘勢力，再依照平等互惠原則與外國建立關係。所謂清除境內帝國主義的殘餘勢力，包括要求外國僑民撤回其母國、清除西方勢力在中國建立的教堂與學校等。

三、「另起爐灶」

指的是新中國要斷開過去喪權辱國的不平等條約與不對等外交關係，也不承認舊中國時期所建立的任何外交關係，而是重新透過談判而建立新的平等而相互尊重的外交關係。

除了建國初期的這三大對外方針之外，1953年12月，周恩來總理與印度代表團就西藏問題進行談判時，首次提出「和平共處五原則」，並在1954年訪問印度與緬甸時，分別與兩國領袖（印度總理尼赫魯、緬甸總理吳努）發表聯合聲明，確立「和平共處五原則」是中國與印度以及緬甸處理雙邊關係的指導原則，並呼籲國際社會將「和平共處五原則」作為國際關係的一般原則。1955年在印尼萬隆召開的亞非會議上，「和平共處五原則」被納入會議之後發表的處理國際關係的十項原則之中。「和平共處五原則」的主要內容為：互相尊重主權和領土完整、互不侵犯、互不干涉內政、平等互利，以及和平共處。至今「和平共處五原則」依然影響著中共對外關係的經營，屢見於中共與他國簽訂的重要合約之中。而「和平共處五原則」受到中共如此之重視，也體現了中國式的對外大戰略思維，亦即關係導向的政策制定風格、保留彈性處理爭議，以及關注中國是否得到相應的尊重與對待。

參、1950年至1966年：戰爭的年代與中蘇交惡

建國之初，中共面對百廢待舉的內部環境，原本應當在對外關係的經營上採取休養生息的策略，並將發展主軸擺在國內各項重大基礎建設以及民生水準的提升。然而，如前文所提及，建國之後的中共面臨美蘇兩強對峙的冷戰格局，又在一開始就選擇「一邊倒」的策略，雖然因此獲得許多來自蘇聯的資金、設備與人力的支援，但並非毫無代價。從1950年至文化大革命爆發之前，中國歷經三場對外戰爭，其中兩場皆肇因於冷戰格局底下，美蘇兩大陣營之間的衝突。

一、抗美援朝戰爭（韓戰）（1950-1953）

第二次世界大戰結束之後，朝鮮半島分裂為南北兩個國家。1950年4月，北韓領導人金日成取得了史達林的同意，準備向南韓發動統一戰爭。同年5月，金日成赴北京爭取毛澤東的支持。原本毛澤東反對北韓的計畫，認為時機還不成熟，但在史達林的要求與協調底下，毛澤東最終還是同意支援金日成。1950年10月，在毛澤東的命令下，由中國東北野戰軍改編而成的中國人民志願軍進入朝鮮半島並協助金日成的軍隊作戰。雖然毛澤東參與這場抗美援朝戰爭並非出於自願，但彼時中蘇之間的信任不足，而北京依然需要莫斯科的支援；加上擔心美國協助南韓作戰，若北韓因此被攻克，那將為中國帶來重大國家安全的威脅。再者，當時中國國內政局並不穩定，透過這場戰爭，毛澤東得以強化他的權力，並成功推展一系列的運動，以重新改造與整合中共內部和中國社會。而戰爭結束之後，中共也因為直接對戰美國，而大大提升其在社會主義陣營與第三世界國家之中的地位。然而也因為中國的參戰，促使美國派遣第七艦隊協防臺灣，以及開啟圍堵中國的策略。

二、援越抗美戰爭（越戰）（1955-1975）

　　1954年日內瓦會議召開之後，原定由越南共產黨（以下簡稱：越共）占領的北越與南部由保大帝統治的越南國在兩年後進行選舉以決定國家統一與未來的方向，但1955年美國接替撤出印度支那半島的法國並駐軍南越，進而與越共開啟正式的對抗，並且從1961年開始，越美戰爭逐步升級，雙方都有重大傷亡。中國初時並未正式涉足此戰。在戰爭開始之前，越共領導人胡志明前往莫斯科尋求支援，而史達林將胡志明的請求委託給毛澤東，中共最終決議對胡志明提供援助，但是方式和前述援助朝鮮的金日成有所不同，以提供武器、裝備與戰略諮詢等援助為主，避免直接與美國對戰。1965年北京派遣志願部隊與志願工程隊進入越南從事後勤工作，讓越共得以將大部分兵力派往前線作戰。雖然越戰讓中國和越南之間培養了社會主義國家之間的「同志加兄弟」情誼，但是中共在戰爭期間的考量並非僅限於中越關係，更重要的是中蘇與中美關係；也因此中共與越共在觀點與立場上存在明顯差異，這樣的差異導致了越南統一之後，反而與中國之間的關係快速惡化，直至兩國在1979年以邊界為名，打了一場社會主義國家之間的熱戰。

三、中印邊界問題與戰爭

　　中印邊界問題由來已久，主要根源是過去英國殖民歷史所遺留下的弊端。1954年周恩來和印度總理尼赫魯就涉及中印邊界的「麥克馬洪線」（McMahon Line）問題進行談判，周恩來主張擱置爭議，但尼赫魯認為中印邊界早已透過條約或者習慣而獲得確認，但中方不同意這樣的看法，認為中印邊界爭議依然未有定案。1959年，因西藏形勢的變化，中印雙方在未定邊界一帶發生武裝衝突，而後在1960年透過談判而暫時停止對抗，中國軍隊並單方面地從其在中印邊界地帶的實際控制線往後撤隊20公里，並停止在其撤出的區域巡邏。然而此舉並未停止中印雙方繼續在爭議地帶

發生衝突。1962年，印度軍隊從麥克馬洪線向北推進，並對中國軍隊發動大規模進攻，中方於是進行所謂的「自衛反擊戰」，並打過麥克馬洪線。這場第二回合的中印邊界戰爭，止於中國主動停火並撤回部隊，以及由亞非6個國家組成的會議進行斡旋。但中印邊界問題至今依然未獲得最終的解決，中印雙方缺乏共識並且維持在爭議地段的對峙情勢，使得這場邊界爭議偶爾還是會發生衝突升溫的情形。

四、中蘇分裂

　　中蘇之間的歧異由來已久，最早出現在毛澤東與史達林對於馬列主義以及共產革命應採用的路線的不同觀點。而1953年史達林過世，赫魯雪夫接位成為蘇聯最高領導人。1956年2月的蘇共二十大，赫魯雪夫發表著名演講《關於個人崇拜及其後果》，嚴厲批判史達林在位期間犯下的嚴重錯誤。此事傳至北京後，中共中央並未反對赫魯雪夫對史達林的批評，但對於赫魯雪夫提出批評的方式認為不妥。經過討論之後，中共以人民日報《關於無產階級專政的歷史經驗》一文肯定蘇共二十大的歷史功績。但是毛澤東對於赫魯雪夫提出「和平共處」、「和平競賽」、「和平過渡」等「三和路線」以及與資本主義陣營和解的做法甚為不滿，並批評蘇聯正在走「修正主義」的道路。加上中蘇兩國關於珍寶島主權問題一直存有爭議，兩個共產強權之間的分裂似乎是難以避免的局勢。根據歷史學家沈志華與李丹慧（2012：7-9）提出的「結構失衡論」，中蘇自始在發展方針與對外策略的安排上存有分歧，加上雙方實力落差並不大，戰後的中國逐漸可以與蘇聯競爭，以奪取共產國際的主導權，所以兩國從兄弟無間的關係走向你死我活的敵對狀態，是一種共產陣營內部結構的必然結果。

　　從上述幾宗歷史事件可以得知，1950年代至文化大革命爆發之前的中共對外關係充滿波折，且深受冷戰時期美蘇兩強對峙的影響。此時期的中共外交政策雖遵循社會主義的諸項理念，但仔細觀察上述重大事件發生之時，中共領導人擬定策略之前的各種考量，不難發現在意識形態之外，更

重要的是確保國家利益與國際地位不受損害，這一點中共和其他國家並無二致。

肆、1966年至1976年：文革期間的中國對外政策與中美關係的轉變

始自1966年而至1976年結束的文化大革命影響中國大陸各層面甚鉅，中共外交政策亦不例外。不過必須注意的是，即使其國內發生巨變，並不意味中國對外關係就此停擺，反而是在這最特殊的時期，中共迎來了中美關係的轉變，進而影響世界局勢的發展。此時期的中國陷入文革的狂熱，將毛澤東思想奉為最高精神圭臬，並進一步向外輸出與推廣毛主義和革命思想，因而令周邊國家對中共抱持更深的忌憚與戒備。

文革之前，中共嚴守「打掃乾淨屋子再請客」以及「另起爐灶」兩項對外方針，但是「一邊倒」的策略很快有所轉變。隨著中蘇之間的歧異愈演愈烈，加上1969年3月兩國於珍寶島（大曼島）發生武裝衝突，最終導致中蘇之間嚴重對峙。彼時美國正為越戰戰況陷入膠著而亟需解套方案，中蘇同盟的破裂，使得華盛頓重新審視對北京的政策。

1969年1月，一直力主必須和中國接觸與對話的尼克森入主白宮。1971年，藉由邀請美國乒乓球隊訪問中國，中共對美釋放友好訊息，進而促成美國國家安全顧問季辛吉借道巴基斯坦祕密訪問中國。在季辛吉的鋪墊之下，1972年2月，尼克森正式訪問中國，是為中美破冰並開啟正常化交往之始。而在美國的支持底下，1971年10月25日，聯合國大會通過第2758號決議，當天在我國外交部長周書楷的率領之下，中華民國退出聯合國，其安理會席位也由中華人民共和國接替。1979年，中共與美國正式建交，自此至冷戰結束，中美共同發表了三個公報；此三個公報至今依舊深刻影響中美關係的發展，對於臺灣的國際地位亦影響深遠。

三個公報

1. 上海公報：尼克森第一次訪問中國時與中國國務院總理周恩來共同簽署，全稱爲《中華人民共和國和美利堅合眾國聯合公報》。上海公報的內文之中，中美雙方皆承認彼此存在歧見，但是願意尊重對方的立場。上海公報最爲爭議的條文爲美國對於臺灣地位的觀點。該條文的美國版本爲：「美方認識（acknowledges）到海峽兩岸所有的中國人都堅持一個中國，臺灣是中國的一部分。並對這一立場不提出異議。它重申它對由中國人自己和平解決臺灣問題的關心，並隨著地區緊張局勢的緩和將逐步減少在臺美軍設施與武裝力量。」美方使用的「acknowledges」一詞提供了解釋該條文的模糊地帶與爭議性。而上海公報作爲中美之間的第一個公報，象徵兩國關係正常化之始，以及美國正式承認中共對於一個中國原則的立場，因此具有相當重要的歷史意義。

2. 建交公報：自1979年1月1日開始生效。全稱爲《中華人民共和國和美利堅合眾國關於建立外交關係的聯合公報》，是爲中美正式建立外交關係，而美國正式承認中華人民共和國的重要文件。建交公報同時重申中美兩國反對任何在亞洲建立霸權之意圖，暗示雙方在面對蘇聯時採取同一立場。

3. 八一七公報：是爲1982年8月17日中美所簽署，全稱爲《中美就解決美國向臺出售武器問題的公告報》。此公報之目的爲美國承諾中共將逐漸減少對臺軍售，而中共承諾將爭取和平解決臺灣問題。但中共認爲美國並未履行其在八一七公報中的承諾，而美方則認爲對臺出售武器的數量與質量應視中華人民共和國對臺灣的威脅程度而定（亦即是否有履行和平解決臺灣問題），因此使得該公報充滿爭議性。

照片14-2　中美兩國於1979年正式建交，自此為冷戰的國際格局帶來重大改變與影響

　　1972年中美雙方領導人正式會面，至1979年兩國建交，期間多數美方的盟友也紛紛跟進，與中共建交，使得中國人民共和國對外關係進入嶄新階段。而1974年毛澤東會見尚比亞共和國總統時正式提出「**三個世界**」理論，強調中國永遠和第三世界國家站在同一邊，這一點承襲了1954年的「和平共處五原則」精神。換言之，即便文革使得極度左傾的意識形態確實影響中共和周邊國家的關係，但是中共對國際局勢的判斷、面對大國政治角力的態度以及維繫與第三世界國家之關係的原則，其背後邏輯自建國之始並未有太多轉變。

三個世界

毛澤東將美國與蘇聯定義爲「第一世界」；而日本、歐洲、澳洲與加拿大等所謂的中間派是爲「第二世界」。中國與其他亞洲、非洲、拉丁美洲國家爲「第三世界」。鄧小平掌權之後，亦數度重申三個世界理論，並表示中國永遠站在第三世界一邊。

伍、1978年至1989年：改革開放與天安門事件

　　文革結束至鄧小平取代華國鋒成爲中共最高領導人之後，揭開「改革開放」的時代序幕，而中共對外政策也再次進入新階段。1978年十一屆三中全會之後，隨著改革與開放各項相關工作的展開，中共也重新思索對外路線的調整。至中共十二大的召開，正式調整先前的「一邊倒」方針，宣布中國對外關係改走「獨立自主外交」路線，亦即不予任何大國結盟，並且在「和平共處五原則」的基礎上與世界上一切國家建立和發展關係。

　　此一時期，中共對外關係的重大事件之一爲1979年與越南社會主義共和國之間發生的邊界戰爭。此事件的導火線爲1978年年底越南進攻柬埔寨。1975年，紅色高棉執政後，大量屠殺境內人民，導致大量柬埔寨難民越過邊境出逃越南。越共因此派兵攻入金邊，推翻紅色高棉政權，並自此在柬埔寨駐軍。國際社會對此事的評價不一，而站在北京的立場，此時國家百廢待興，正值國力脆弱的時期，理論上不宜對外興兵。然而越共行動背後有蘇聯的支持，中共擔憂蘇聯與越南勢力在東南亞地區擴張，加上美國和中共立場一致，因此鄧小平還是對越南發動了一場名爲「懲越戰爭」的軍事行動。這一場歷時短暫的戰爭結束後，事實上並未改變太多現狀，越南依然繼續駐軍柬埔寨，但是未能繼續往東南亞其他地區拓展勢力。而1980年代初期，蘇聯也透過各種管道釋放對中國友好的訊息，直至1989年5月，蘇共中央總書記戈巴契夫訪問中國，兩國恢復交往，正式宣告關係正常化。

　　雖然中共與越共以邊界爭議爲名在1979年開啟戰端，但是面對與其他周邊國家的領土與邊界爭議，北京既未採取相同手段，也沒有徹底解決爭議的意圖。例如面對與日本之間存在的釣魚臺主權問題，以及與東南亞諸國之間的南海主權問題，鄧小平提出「主權屬我，擱置爭議，共同開發」的策略，如此在與這些國家依然存在領土或領海爭議的情況之下，依然可以共同合作，開發這些具爭議性的領土或領海。這樣一種面對與周邊國家領土／領海爭議的立場與態度，事實上一直爲鄧小平之後的中共領導人所

承襲。「擱置爭議」經常可見於中共面對領土與領海爭議的官方文件之上，雖然「擱置爭議，共同開發」的做法再度彰顯中共處理對外關係的原則導向，不容忽略的事實是其提供的彈性背後是北京對於「主權屬我」的堅持；而當「主權屬我」的底線被觸及時，中共極有可能採取強制性手段捍衛這項前提。

而1989年發生的六四天安門事件以及國際社會的反應再度為中共對外關係的發展投下變數。天安門事件的影片與相關新聞報導透過國際媒體傳播至全球之後，美國為首的西方國家陣營對中國實施經濟制裁與武器禁運。然而，西方陣營孤立與圍堵中國的策略並未維持很久，原因是改革開放政策出臺十年之後的中國成為對全球資本深具吸引力的市場，各主要資本輸出國皆不想錯過投資中國的機會。因此包括英國與日本在內的大國，在六四事件之後對中國的制裁皆僅維持兩三年的時間。但六四事件引起的國際反應依然對北京的外交風格產生影響。西方大國所施加的制裁令中共更為堅持獨立自主外交路線之外，更進一步強化與亞非拉等第三世界傳統盟友的關係，同時持續將國家發展重心放在國內經濟與社會的改革，對外採取韜光養晦以求穩定的發展策略。

陸、1989年至2000年：韜光養晦與新安全觀

天安門事件之後，面對西方國家的封鎖與制裁，加上蘇聯瓦解，皆讓中共高層重新審思對外關係的經營方式。如前文所言，彼時諸項經濟與社會改革政策帶領中國進入新的發展階段，而開放市場讓中國吸引國際資金進駐並快速引進新的生產技術。面對國際局勢的劇烈變化以及國內的發展需求，鄧小平提出的戰略方針為「冷靜觀察、穩住陣腳、沉著應付、韜光養晦、有所作為」。這20字的戰略方針依然是在「和平共處五原則」的基礎之上，強調中國絕不當頭並且永遠和第三世界站在一起。「韜光養晦」的對外方針繼續為鄧小平之後接任中共中央最高領導人的江澤民與胡錦濤

所繼承。而在鄧小平去世之後，江澤民除延續「韜光養晦」的策略，對美政策以及與周邊國家的關係，依然是中共經營對外關係的重點。其中，在經營與周邊國家關係的策略上，中共高層提出「與鄰為善，以鄰為伴」以及「睦鄰、安鄰、富鄰」的外交政策。這樣的思維事實上延續至江澤民之後的兩屆中共領導班底；尤其進入21世紀之後，中國的大國地位已不容忽視，面對全球局勢的變化，穩定中國與周邊國家的關係被視為維護國家利益的首要工作。

　　此外，1997年3月召開的東協地區論壇上，中共首次提出「新安全觀」。同年11月1日，江澤民訪美並且在哈佛大學演講時（此行為六四事件之後，首次有中共領導人訪問美國），公開提出中國的「國家安全觀念」，其概念核心便是「新安全觀」。「新安全觀」強調「互信、互利、平等、合作」，其主要內涵為「主權安全、綜合安全、合作安全」等三位一體的安全觀（金鈃編，2002）。中共提出「新安全觀」的目的是為因應冷戰結束之後，中國所面臨的各項新挑戰。「新安全觀」之詞彙並非北京的創新發明，有不少西方國家在同一時期也主張類似觀點，但其內涵更多關注個人層次的自由與安全，強調對人權的保障與人道主義的維繫。而中共的「新安全觀」主要還是奠基於「和平共處五原則」之上，特別是不干涉他國內政的原則，因此面對國際上的人道議題，中國的態度與立場始終堅持不介入，亦反對國際社會使用強制性手段介入他國內政問題。

柒、2000年至2013年：強國崛起與和諧世界

　　胡錦濤上任之後，其對外政策一方面依循「韜光養晦」的戰略原則，一方面面對國際社會對於中國崛起並且成為區域強權而產生的懷疑與擔憂，首要任務為讓國際社會接受中國作為大國，不僅不是威脅，更將有利於世界的和平與發展。此即「中國和平崛起論」的發展初衷。「中國和平崛起論」首先由中共中央黨校常務副校長鄭必堅於2003年的博鰲論壇上提

出，而中華人民共和國總理溫家寶在同年12月於哈佛大學演講時進一步闡述「中國和平崛起」的意義與影響力。細究「中國和平崛起論」的內涵，可以發現這項論述並未背離鄧小平的「韜光養晦」方針，同時依然以「和平共處五原則」爲基礎，並延續江澤民的「新安全觀」策略設計。「中國和平崛起論」可說是爲了因應自1990年代以來逐漸興盛的「中國威脅論」而起，反駁後者的核心主張（亦即中國崛起之後將對全世界造成軍事、經濟、糧食、網路、環境與地緣政治等層面的威脅），並且說服國際社會接納中國成爲大國的事實。

此外，2005年在印尼雅加達召開的亞非峰會之上，胡錦濤提出「和諧世界」的倡議。此後，胡錦濤不僅數度在國際場合提出「和諧世界」的宣示，更在中共十七大召開時，將「和諧世界」寫入中共全國代表大會政治報告之中，自此「和諧世界」成爲胡錦濤時期中共外交政策的主要方針。「和諧世界」的主要內涵包括國際關係民主化、和睦互信、公正互利、積極主動的多邊外交等，目的在於創造有利於中國進一步和平發展的友善外部環境。（胡聲平，2015：35-36）「和諧世界」的論述內涵與「中國和平崛起論」的脈絡是一致的，既延續了江時期的「新安全觀」，同時希望藉由強調中國對全球治理的配合與奉獻，能夠逐步消弭「中國威脅論」的負面影響。其中最具代表性的案例爲中共自2001年起對於聯合國維和行動漸進式的支持與投入。原本中共對於聯合國維和部隊與維和行動抱持相當不信任的觀點，認爲這是西方資本主義陣營藉以干涉第三世界國家內政的掩護工具。然而自1990年開始，中共遣專業人員參加聯合國維和行動，甚至於2001年成立中華人民共和國國防部維和事務辦公室。中國爲聯合國維和行動提供愈來愈多的人力與物資，現已成爲聯合國安理會常任理事國之中派遣最多人員參與維和行動者，也顯示中共對於以聯合國爲名的全球治理事務的支持態度。

捌、2013年至2023年：中國夢、帶路倡議、人類命運共同體與中美大國角力

　　前述江澤民與胡錦濤時期，中共對外關係延續鄧小平的「韜光養晦，有所作為」的方針；到了習近平接手中共最高領導人之位，在2013年10月召開的「周邊外交工作會談」上，習近平具體提出了「奮發有為」的外交戰略，揭示了中共對外關係的另一個重要歷史轉折點。「奮發有為」戰略的提出，與習近平於2012年11月提出的「中國夢」有深刻的關聯。習近平提出「實現中華民族偉大復興」作為「中國夢」的主要內涵；同時，與「中國夢」相關的核心目標還包含「兩個一百年」的規劃。自此之後，「中國夢」成為中共十八大之後的執政理念主軸。在對外關係的經營上，2013年習近平提出的「奮發有為」也取代了中共過去三屆領導集體所遵循的「韜光養晦」方針，而引起國際社會的高度注目。

　　而習近平主政之下，中美關係依然是中國對外關係的焦點。2012年2月習近平訪美時，對於歐巴馬總統所提出的諸多全球治理的問題，他提出中美之間的「新型大國關係」，意即中美將在競爭與合作中尋求平衡的最佳關係；換言之，中國可能改變過去對於西方式全球治理採取配合與接納的態度，既要避免和美國形成冷戰式的對抗情勢，也要在合作中尋求「實現中華民族偉大復興」。而在這之間，尋得中美雙邊關係的平衡點將是最佳的策略。此外，對周邊國家關係的經營上，習近平提出「親誠惠容」方針，以期進一步改善中國與周邊國家關係與營造對中國發展的有利環境。在執行層面，習近平先挑選手段靈活、個人國際印象良好、外交經驗豐富的人選做主力（例如派遣崔天凱擔任駐美大使、王毅出任駐日大使，以及王英凡擔任外交部亞洲事務特使），如此對照習近平本身給外界的強硬保守且低調的形象，同時展現軟硬實力，與「奮發有為」戰略相輔相成。而將雙邊關係的穩定視為國家之間合作與競爭的重要前提與利益保障，就中國對外關係的思維而言並非嶄新規劃，但是習近平進一步將此思維擴大，並結合「奮發有為」方針，具體成果為2013年提出的「一帶一路倡議」（或「帶路倡議」）。

　　「一帶一路倡議」提出的背景是2013年習近平在出訪中亞與東南亞的時候，先後提出中國要與這些區域的國家共同建立「絲綢之路經濟帶」以及「21世紀海上絲綢之路」的構想。「一帶一路倡議」的目標包含加強中國與周邊國家之間的關係，以及為中國已然過剩的產能尋求市場，同時獲取更多生產所需的資源，並且為中國在區域跨國貿易鏈方面建立議題設定權與規則主導權。2014年，在中國的號召之下，亞洲基礎建設投資銀行（Asian Infrastructure Investment Bank, AIIB，以下簡稱：亞投行）成立，目的在於以融資的方式援助亞太地區國家的基礎建設。參與亞投行籌備會議者有21個國家，而中國為最大股東。有了亞投行作為帶路倡議的財務配套方案，2015年3月，由中國國家發展改革委員會、外交部與商業部共同發布了「推動共建絲綢之路經濟帶和21世紀海上絲綢之路的願景與行動」；這份官方文件揭示了「一帶一路倡議」的兩個重要特點。其一，該文件提出帶路倡議的合作重點為「政策溝通、設施聯通、貿易暢通、資金融通、民心相通」等五大項目。其中，「民心相通」是中共過去在對外政策方針上較少見的工作重點，其內容包含教育、文化、資訊、人才等，可說是軟實力方面的指標，且該官方文件指出「民心相通是一代一路建設的社會根基」，足見當前習近平對外關係的經營對於軟實力的重視。其二，文件在合作機制的設計上，特別強調加強雙邊合作，而對於多邊合作的方式，帶路倡議並未提出全新規劃，而是預期在既有的國際多邊合作機制上，強化其作用，並說服更多國家加入帶路倡議。

　　「帶路倡議」的實踐可說是「實現中華民族偉大復興」的一種展現；2017年5月在北京召開的「一帶一路國際合作高峰論壇」有來自130多個國家代表參加，其中有多位國家領袖出席，彰顯了國際社會對於中共提出的帶路倡議的支持。但是「一帶一路倡議」的成功，也引起美國等諸多西方國家的忌憚。許多西方評論家將北京的帶路倡議比喻為二戰之後美國在歐洲推行的「馬歇爾計畫」，認為此舉正驗證了中國要爭奪全球霸權的決心。而自從2017年美國進入川普執政時期，中美之間的競爭情勢愈發明確且激烈。2018年開始，中美之間就知識產權、關稅、技術轉讓、金融開

放等議題進行激烈的攻防戰；2020年1月中，中美簽訂第一階段協議而使得貿易戰暫時緩解。但是隨著2020年初爆發的新冠肺炎疫情，雙方相互指責，兩強對立情勢因而再起。隨著拜登總統於2021年接掌白宮，中美之間的對峙不僅未顯鬆動，反而兩大強權之間的競爭與敵對更為激烈。拜登回歸美國傳統上一貫採納的聯盟策略，用以加強圍堵中國。對於北京而言，中美關係的變化無疑是其處理對外關係最大的挑戰，而2022年10月的中共二十大召開之後，中美對峙的情勢又更加明確。

照片14-3　一帶一路的規劃示意圖

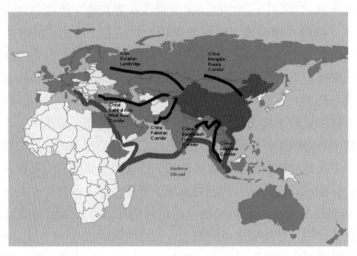

資料來源：Lommes。

2022年10月中共召開二十大，在其發布的政治報告中，在對外關係方面延續十九大的定調，亦即繼續以推進「人類命運共同體」作為主軸，其內涵包括繼續推行一帶一路並深化其國際連結以及落實其世界公共財的功能、宣傳並實踐真正的多邊主義、構建新型國際關係、同時要繼續講好中國故事、傳播好中國聲音。此外，二十大政治報告雖未提及於2022年初爆發的俄烏戰爭，但在內文中提及中國「根據事情本身的是非曲直決定自己

的立場和政策」，可說是中共對於當前戰事與爭端的一種務實主義式的表態。而2023年召開的兩會期間，已卸任的中共國務院總理李克強在發表政府工作報告時，在外交這一項特別提出「堅持敢於鬥爭、善於鬥爭……積極拓展全球夥伴關係……維護多邊主義」，顯見延續二十大政治報告的路線，雖沒有指明鬥爭對象，但在兩岸和外交議題方面，處處可見針對美國的影子。與此同時，習近平在兩會期間出席政協分組會議時罕見地公開批評美國，脫離了過去中共領導人（包括習自己）公開發言時經常以「西方」暗示美國的慣例。

人類命運共同體

2011年出版的《中國的和平發展白皮書》中，首次提到國際社會應該從命運共同體的視角來尋找人類全體的共同利益與共同價值。2012年的中共十八大更明確提出要倡導人類命運共同體，因為國際社會已經是「你中有我、我中有你」，呼籲各國在追尋國家利益的同時，亦兼顧其他國家的需求，並強調互利與持續發展的觀念。該詞彙出臺之後，在中共十九大與二十大皆為其定調對外工作的主要方針與目標。

　　二十大與兩會之後，中共積極主張的「中國式現代化」已然出臺；落實在對外關係方面，正如同其他中國式現代化所欲涵蓋的層面，皆未明確定義具體內容，亦無列舉實施細節，只有陳述大方向與大方針，例如宣示中國不走殖民掠奪的老路和強國必霸的歪路等。然而，唯有內容不具體不固定，也才能允許中共在不同場合、面對不同對象，因時因地制宜地調整，以及為特定雙邊關係打造客製化的「中國方案」。這與美國所創造和領導的西方式全球治理模式（強調一體適用的具體規則）大不相同，卻能吸引諸多向來在西方體制內感到格格不入的傳統上所謂「第三世界」，或在當前國際關係領域蔚為熱門議題的「南方國家」願意主動參與和支持全球治理的中國方案。而如此一來也更加深美國對中國崛起產生的危機感，和華府欲對北京施以圍堵遏制的決心。

玖、結論

　　自1949年建國以來，中共對外政策面臨幾次重大轉變。造成這些轉變的原因，除了國際結構的因素（例如冷戰時期的兩強對峙結構），其國內政治環境的變化（如文革、改革開放與天安門事件）以及領導人對於局勢的判斷和解讀，皆具有關鍵性的影響。綜觀中共對外關係的經營風格，可以總結出幾項特點：首先，與他國之間雙邊關係的穩定與否，經常被視為國家利益能否得到保障的前提。從思考是否介入國際衝突或者主動開戰，到面對與西方大國之間合作又競爭的關係，甚至「一帶一路倡議」的設計，皆能看出相較於多邊框架的經營，中共更擅長也更著重雙邊關係的維繫。其二，自建國以來，中共對外政策幾乎皆為黨與國家領導人所主導；領導人的意志與觀點決定了中國外交政策的走向，而其觀點並不總是侷限於共產主義意識形態，更多是基於其對實際政治環境的解讀和預測。第三，「和平共處五原則」從成立以來即貫穿中共對外政策的核心思想，尤其是面對當前全球治理的需求，中共依然強調不干涉他國內政原則。而不涉入他國內部的問題也不關心其人民的處境，其所顯示的事實上是對於異質文化的缺乏好奇心，以及對於自身文明的過度自信。最後，雖然直至習近平提出「中國夢」的口號，「中華民族偉大復興」才正式成為中共對內與對外的施政目標，但事實上中共對外政策的制定，向來與其對於恢復民族光榮的追求有關。其中，平反中國在帝制時期曾經受制於西方強權的屈辱歷史更是關鍵心理因素。就連對他國採取強制性手段（例如懲越戰爭）的背後邏輯，也與這種「面子外交」的心理相關。直到今日，中國大陸對外政策依然在轉變之中，國際結構與國內因素皆會影響其走向。而歷史永遠是理解人類集體行為背後邏輯的最佳導師，唯有深刻地認識過去才能清楚地瞭解當下，而更準確地預測未來。

關鍵詞：一邊倒、和平共處五原則、韜光養晦、奮發有為、一帶一路

延伸閱讀

1. 黎安友、施道安著，何大明譯，2013，《尋求安全感的中國》，新北：左岸文化。
2. 文安立著，林添貴譯，2013，《躁動的帝國：從乾隆到鄧小平的中國與世界》，新北：八旗文化。
3. 閻學通，張旗，2018，《道德現實主義與中國的崛起戰略》，北京：中國社會科學出版社。
4. 趙汀陽，2005，《天下體系：世界制度哲學導論》，北京：中國人民大學出版社。
5. 蔡東杰，2014，《當代中國外交政策》，臺北：五南。

思考問題

1. 為何中共在其對外政策的制定上，不斷重複強調「和平共處五原則」的基礎與方針？
2. 中共在建國以來至改革開放初期的幾場對外戰爭，其涉入戰爭的原因為何？有何共通性？
3. 中共外交政策從鄧小平提出「韜光養晦」到習近平主張「奮發有為」，其轉變的原因和過程為何？
4. 中共外交政策的制定，究竟是比較重視大國關係還是與周邊國家關係？

參考文獻

沈志華、李丹慧，2012，〈結構失衡：中蘇同盟破裂的深層原因〉，《探索與爭鳴》，1（10）：3-11。

金鈿編，2002，《國家安全論》，北京：中國友誼出版公司。

胡聲平，2015，《中國對外政策：從江澤民到習近平》，新北：致知學術出版社。

第十五章

自由貿易協定的發展特色與因素限制

呂冠頤

壹、前言

1990年代中期開始,全球對區域**自由貿易協定**(**自貿協定**,Free Trade Agreement, FTA)的參與轉為積極,自貿協定的簽署速度創下自二戰結束後的新高峰,東亞經濟體不僅相互間尋求雙邊、多邊貿易協定的簽訂,也開展與區域外國家的談判簽署。中國大陸在1997年亞洲金融危機後,對多邊主義的參與也轉趨積極,加入自貿協定的談判行列、促成「東協加X」等經濟協商平臺。特別在2008年全球金融危機後,對倡議各項經濟協議、建立緊密經濟合作體制,表現更多的意願投入與務實彈性,如與東亞國家強化升級自貿協定的內涵、推動建立區域性自貿區,以促成東亞區域經濟的整合與一體化(economic integration)。

自由貿易協定(Free Trade Agreement, FTA)

是由兩個或兩個以上的貿易夥伴(國家或關稅區)所簽訂的國際協定,旨在消除彼此間的貿易壁壘(如關稅、非關稅障礙),促進彼此間在貨品、服務和投資等生產要素的自由流動,協定生效後,成員國之間將形成消除了貨物貿易、服務貿易和投資壁壘的自由貿易區(Free Trade Zone或Free Trade Area FTA)。

中共在2007年十七大報告中,首次將實施自由貿易區政策提升為國家級戰略的層次,2011年將自由貿易區戰略納入《國民經濟和社會發展第十二個五年規劃綱要》中。2012年十八大報告提出要加快實施自由貿易區

戰略，2014年12月，習近平指出將在周邊構建逐步開放、輻射「一帶一路」、走向全球的自由貿易區網絡。十九大報告提出「構建開放型經濟新體制」，將雙邊與區域型的經貿協商談判，作為加速自由化、與擴展他國經濟聯繫的主要策略。2022年10月，中共二十大報告和黨章修正案均強調將持續推動高水平、更深層次的對外開放國策，二十大報告進一步將自由貿易合作，作為推動高質量開放的重要策略內涵，並以構建「面向全球」的「高標準」自由貿易區網絡為目標。

　　針對中國大陸參與FTA的目的，一般有兩種解釋，一是強化政治競爭的動機論，二是強化其經濟競爭的動機論。政治競爭論認為中國大陸推動自貿協定來實現安全與戰略目標，以促進經濟聯繫，來強化夥伴國內部的政治承諾與政策支持，鞏固其在區域與全球事務的領導地位。經濟競爭論則認為自貿協定旨在強化其海外市場和資源的准入與優勢、抵銷他國政策的貿易投資移轉的負面效應、爭取形塑經濟規則的話語與制定權。因此，當前文獻多認為中國大陸的自貿協定政策已轉採積極攻勢（assertation），旨在促成國家的政治與經濟戰略目標，並逐漸將區域經濟導向中國中心取向（China-led）的東亞區域主義（regionalism）。

　　但本文認為，若評估以下層面：簽訂的時機路徑、協議夥伴的擇取、協議的內涵範式，顯示中國大陸相應其他大型經濟體，其自貿協定政策仍屬被動保守（reactive and defensive）。如中國大陸三波自貿協定的簽署峰期，多為應對外部政治壓力與經濟危機；其簽署對象多是市場規模較小的非主要貿易夥伴、東亞區域外而非區域內的主要經濟體，惟為緩解外來壓力，才轉向具規模的主要貿易夥伴、大型經濟體，與東亞區域內國家尋求談判。再者，中國大陸的協議多採逐步漸進開放模式，而非包裹式的全面開放模式，各協議內涵雖因需求有彈性變化，卻也較難形塑一致性的規則範本。由中國大陸目前自貿協定網絡的走向觀之，其自貿協定的發展雖有拓展海外政經市場、分散化經貿依賴關係、形塑有利國際經濟規則的戰略目的，但因內部政經體制因素、國內穩定與持續發展的需求，限制中國大陸採取更具領導性、面向全球的自貿協定政策。相對保守的自貿政策，也使中國大陸在東亞地區能否建立有效的經濟領導地位產生變數。

　　本章區分為以下幾個部分，首先是簡述中國大陸自貿協定的發展與執行概況，其次則介紹「國家中心」和「國內政治」途徑對加入FTA的動機與內外因素的討論，第三則是探討其簽署談判的特色模式，主要包括談判簽署的時機路徑、協議夥伴擇取、協議內涵範式等，最後則是評估中國大陸自貿政策的發展前景。

貳、中國大陸自貿協定的發展與執行概況

一、自由貿易協定的興起

　　1990年代中期開始，全球對區域自由貿易協定的參與轉為積極，自貿協定簽署成立的速度創下自二次大戰結束以來的新高峰。此波高峰無論在FTA簽訂成立的速度、數量、參與國家的數量組成，乃至FTA整合議題的深度和廣度，都要遠過於以往。根據統計，世界貿易組織（World Trade Organization, WTO）前身關稅與貿易總協定（General Agreement of Tariffs and Trade, GATT）於1948年至1994年間，GATT收到通報的FTA共達123件，通報生效者在1990年約70件，而WTO於1995年成立後，出現了明顯的增長；2020年時，向WTO通報FTA數目已達近707個，統計已執行生效者則有304個（World Trade Organization, 2020）。

　　東亞經濟體也在1990年代後期，積極參與區域內外FTA的談判簽署。根據亞洲開發銀行統計，迄2020年止，東亞和亞太國家已完成簽署並生效的FTA已達179件，若加上處於談判與研議階段的FTA，總數量高達約355件（Asian Regional Integration Center, 2020）。東亞國家也一改過往對區域合作消極排斥的態度，積極倡議「東協加一」（ASEAN Plus One）、「東協加三」（ASEAN Plus Three）乃至「東協加六」（ASEAN Plus Six）等區域談判框架，其中東協加一的模式已於東南亞國家協會（the Association of Southeast Asian Nations, ASEAN，以下簡稱：東協）分

別與日本、中國大陸及南韓等經濟體間得到體現。東協、中國大陸、日本與南韓透過「東協加三」的論壇框架，強化交流諮詢與政策協調，朝更廣泛、具實質性的區域經濟合作邁進。近年來，亞太國家更進一步推動了**區域全面經濟夥伴關係**（Regional Comprehensive Economic Partnership, RCEP）談判，或加入並締結了諸如跨太平洋夥伴關係（Trans-Pacific Partnership, TPP）或跨太平洋夥伴全面進步協定（Comprehensive and Progressive Agreement for Trans-Pacific Partnership, CPTPP）之類的倡議，以尋求東亞和泛東亞區域一體化的契機。

東南亞國家協會（The Association of Southeast Asian Nations, ASEAN）

簡稱東協，中國大陸稱東盟。1967年8月8日在曼谷成立。創始成員國為印尼、馬來西亞、菲律賓、新加坡和泰國5國。東協成立初期，旨在防止區域內共產主義勢力的擴張，並側重區域政治的穩定。冷戰結束後，汶萊、越南、寮國、緬甸、柬埔寨相繼加入，形成東協十國。東協成立的宗旨在促進該區的經濟、社會和文化的進步發展，並在尊重地區各國家的法律規範下，促進地區的和平穩定。

照片15-1　東南亞國家協會成立五十週年

區域全面經濟夥伴協定（Regional Comprehensive Economic Partnership, RCEP）

是由東南亞國家協會十國發起，在2011年11月第十九屆東協高峰會通過《東協區域全面經濟夥伴關係架構》，旨在深化以東協為核心的區域經濟整合，並邀請中國大陸、日本、韓國、澳洲、紐西蘭、印度等6國參加，預計由16個國家所組成的自由貿易協定。2013年展開協商，2019年11月完成談判，其中印度宣布退出，剩餘15國於2020年11月15日，完成簽署「區域全面經濟夥伴協定」（RCEP）。

照片15-2　區域全面經濟夥伴協定成員國

資料來源：Tiger 7253。

照片15-3　2017年RCEP領袖峰會

二、中國大陸自貿協定簽署談判的進程與現狀

　　加入WTO之後，伴隨其在世界經濟比重的升高，中國大陸對全球國際組織與多邊主義的參與更爲積極，也順應加入區域整合的波潮。在胡錦濤與習近平時期，自貿協定的簽署實施，已成爲中國大陸拓展外交與經貿聯繫的政策重點，中共高層多次進行公開的宣示背書，並成爲貫徹中共高層「走出去」與「一帶一路」戰略的具體前沿措施。

　　中共自貿協定的推動主要經歷幾個階段。首先，在1998年至2007年，爲加入自貿協定的探索初參階段。彼時，中國大陸除積極完成加入WTO的談判部署，以完善市場經濟體制的過渡外，隨著全球FTA成立幅速的增長，在2001年5月加入亞太貿易協定的優惠貿易協定，並強化區域多邊合作機制的參與，如「亞太經合會」（Asia-Pacific Economic Cooperation, APEC）、「東協加三」等論壇爲重點。事實上，自1997年亞洲金融危機後，中國大陸對東亞區域經貿論壇的建立，扮演了關鍵角色。「東協加

三」雖爲鬆散、不具約束力的論壇式場域，但爲東亞地區提供了對話、協商區域經濟事務的常規平臺；中國大陸更利用此一機制，成爲第一個與東協國家達成貿易協定的國家，「東協加一」爲日後區域貿易協定商談模式「東協加X」的濫觴。2002年12月於中國－東協高峰會，簽署了「中國－東協全面經濟合作框架協議」，開啟了中國大陸加入FTA簽署的序幕。

其次，2008年至2012年間，爲中國大陸自貿協定戰略的建立推動期。自中國大陸與東協商議簽訂FTA後，中共在2007年十七大時，首先將實施自由貿易區政策提升爲國家級戰略的層次，胡錦濤在十七大報告中，便指出「中國要實施自由貿易區戰略，加強雙邊與多邊經貿合作」。在2011年時，自由貿易區戰略納入《國民經濟和社會發展第十二個五年規劃綱要》中，2012年11月的十八大報告中，更進一步提出要「加快實施自由貿易區戰略」。在此時期，中國大陸開始與非東亞地區國家、已開發國家尋求FTA談判，擴大關稅減讓的貿易覆蓋率、進行非關稅壁壘的削減，更全面地涉及貨物、服務貿易及投資等多方領域的談判，如分別與拉美國家智利、秘魯、哥斯大黎加簽訂FTA，2008年紐西蘭爲第一個與之簽署FTA的已開發國家。

第三波則是2013年迄今，中國大陸的目標在擴展與升級自貿協定網絡。中共除繼續推動擴大FTA協商，也和東協、新加坡、紐西蘭、智利、巴基斯坦等簽署國家進行自貿協定的升級談判（FTA Plus）。FTA簽署談判的對象也更多元、多軌並進，其中一帶一路沿線國、已開發貿易夥伴、泛區域多邊協議爲擴大其FTA網絡的尋求重點。2013年十八屆三中全會時，中共決議指出「要以周邊爲基礎加快實施自由貿易區戰略，形成面向全球的高標準自由貿易區網絡」，之後的四中、五中、六中全會中均強調要「加快實施自由貿易區戰略」。在2014年12月召開的第十九次中央政治局集體學習會議上，習近平表示，要「實現中華民族偉大復興的中國夢」，必須「加快實施自由貿區戰略」，透過積極參與驅動經濟全球化的兩個輪子「多邊貿易體制」和「區域貿易安排」，在全球化中「搶占先機、贏得主動」；他並指示應積極同「一帶一路沿線國家和地區商建自由

貿易區」，逐步構建「立足周邊、輻射一帶一路、面向全球的自由貿易區網絡」（中國共產黨新聞網，2014）。國務院並在2015年12月發布了「關於加快實施自由貿易區戰略的若干意見」，就自貿區推展提供更具體的原則、內容、與目標規劃，除旨在促進與貿易夥伴的互利共贏，也意在「深度參與國際規則制定，拓展開放型經濟新空間……更好地服務國內發展」（中華人民共和國中央人民政府，2015）。2016年3月發布的「十三五規劃」將加速實施周邊自貿區的政策納入，提出將擴大中自貿區網絡的覆蓋範圍、標準與升級，並重新倡議亞太自貿區（Free Trade Area of the Asia-Pacific, FTAAP）（高長，2017）。十九大報告提出「構建開放型經濟新體制」，將雙邊與區域型的經貿協商談判，作為加速自由化、擴展和他國經濟聯繫的主要策略。

在相關政策的指引推動下，2014年時，中國大陸首次與西歐國家如瑞士、冰島簽署FTA，2015年與重要貿易夥伴，韓國、澳大利亞簽署更高標準的FTA，並擴及投資規範的協定章程。2013年一帶一路政策宣布實施之後，也向沿線的周邊國家展開多面向的經貿談判，如在2017年時，分與一帶一路沿線的國家喬治亞、馬爾地夫等完成FTA的簽署。此外，鑑於大型區域貿易協定（Mega-Regional Free Trade Agreement）的潛在規模與經濟影響，中國大陸也轉為更積極推動大型區域貿易協定的推動，其中重點包括了中國－東盟自貿區升級版、中日韓自貿區（CJK）、區域全面經濟合作夥伴關係協定（RCEP）、亞太自由貿易區（FTAAP）和中國－海灣合作委員會自貿區（CGCC）等涵蓋31個國家與地區的5個大型區域貿易協定（李春頂、郭志芳、何傳添，2018）。根據中國大陸商務部的資料，中國大陸已與27個國家和地區簽署了20個自由貿易協定，正在談判中的協定有11個，研擬談判階段的協議有8個，涉及近30個國家與地區（中國大陸商務部自由貿易區服務網，2023）。WTO的統計也指出，迄2023年初，中國大陸已通報32個FTA，其中已執行生效的達約16個（見圖15-1）。

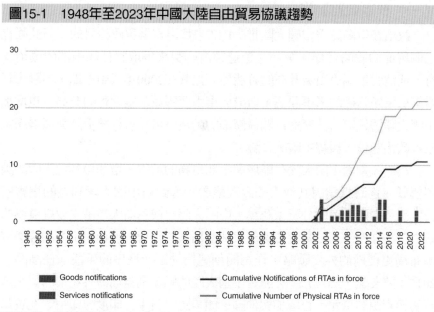

圖15-1　1948年至2023年中國大陸自由貿易協議趨勢

資料來源：作者自繪；WTO, Regional Trade Agreements Database。

參、中國大陸加入FTA的動機與內外因素

一、國家中心途徑：政經戰略動機論與其不足

　　過去二十年，中國大陸政府持續將FTA的拓展列爲重點政策，擴大布局範圍、區域成員的多樣化、升級談判標準。近期爲促進東亞與亞太一體化，除強化區域內經濟聯繫，推動建立區域機構等各種舉措，並強化其文化軟實力來吸引他國的政治認可和政策支持，並逐漸將區域經濟導向中國中心。因此，當前文獻多認爲中國大陸的FTA政策已轉採積極攻勢，其參與FTA的目的，一般集中在兩種解釋，一是強化政治競爭的動機論，二是強化其經濟競爭的動機論（呂冠頤，2015）。

（一）政治戰略動機

政治競爭論認為中國大陸推動FTA來實現安全與政治目的，藉此強化三個層面的戰略目標。第一、透過經濟聯繫來爭取夥伴國內部的政治支持、或消弭爭端與衝突升高的可能性。尤其在2000年代中後期，中國大陸對南海議題強硬的軍事回應，造成與東南亞國家緊張關係的升高，也增加中國大陸透過經濟外交進行關係修補的動機，可藉著打經濟牌與周邊國家改善政治關係，緩解中國威脅論。

第二、鞏固中國大陸在區域與全球事務的地位，增加與其他大國的談判籌碼，適時抵銷因其他大國政策變動，導致對中國大陸利益的損害威脅。許多中國大陸的分析家認為，中國大陸已成為亞太地區主要經濟體的最大貿易夥伴，基於其資源優勢與利益拓展的需要，可運用更多的經濟資源布局更積極的外交戰略，作為開創建構地區新秩序的手段（任晶晶，2015；陳友駿，2017）。且隨著中國大陸的國家利益向海外拓展、對全球貿易與資源的依賴，也增加與他國，如美國、日本、印度、印尼等在貿易摩擦和地區爭端機會的增加，而遭遇戰略圍堵、面臨關鍵物資的禁運與金融制裁的威脅。在此思考下，FTA的推動被認為是經濟外交的一種形式，輔助其他政治、軍事與社會手段，強化制度協調方式。

第三，中國大陸經濟實力與對外關係的成長，也強化其爭取國際地位、制定國際經濟規則，來穩固政治利益的動機。不少中國大陸的官員與分析家認為，現行以美國為首的全球經濟治理體制未有效反映中國大陸等新興經濟體的發展需求，甚至增加中國大陸與東亞國家經濟的脆弱性，這些因素促使中國大陸對多邊體制的態度，從融入參與型進入積極領導型的外交模式，認為中國大陸應透過積極參與經濟規則的制定，把「實力轉化成果」（張曉通，2013；李巍、孫憶，2014）。

在上述背景下，中國—東協自貿協定的簽署，除了為中國大陸對多邊主義的擁護，樹立起良好形象，也是其「三鄰」政策（睦鄰、安鄰、惠鄰）的實踐，以鞏固東南亞國家的政治信心。穩定的區域環境也使中國大陸能夠集中國內發展並在不斷成長的東亞市場中尋求機會，透過各項優惠

貿易和投資自由化來抗衡日本或美國在該區的影響力。隨著中國大陸在該區貿易與投資比重的上升，及該區對中國大陸經濟的依賴性，也可促進中國在該區的外交政策（如臺灣議題）（Zeng, 2010）。因此，儘管與東協的FTA將影響中國大陸內陸省分的農民收益，中共仍提供「早期收穫清單」（Early Harvest Program, EHP），利用先行農產優惠的讓予提供後續談判的動能。在此之後，中國大陸與東南亞國家的外交和經貿關係，有著躍進的成長[1]。

　　FTA也可進一步實踐中國大陸近年提出的「一帶一路」概念，推動與周邊地區形成低程度的周邊安全共同體，作爲「軟平衡」（soft balancing）其他大國在區域事務與體制的影響力，以維護中國大陸的利益（胡鞍鋼、馬偉、鄢一龍，2014）。譬如中國大陸向韓國、紐西蘭、澳大利亞、中亞地區等周邊國家尋求自貿協議的談判、建立上海合作組織（Shanghai Cooperation Organization, SCO）等，來強化與周邊國家的政經聯繫。除亞太地區，中國大陸也與其他區域經濟體，如智利、加拿大、海灣國家等尋求FTA的談判，藉由自貿協定來建構交疊擴展的「軸心—輪幅」網絡，構築中國大陸在不同區域經濟的中心位置。因應美國對亞太地區展開的「再平衡」戰略（Rebalancing或Pivot Policy）所提出的TPP，中共加快推動RCEP的談判完成，並力爭與亞太主要貿易夥伴韓國、澳大利亞協議的完成、中國東協自貿區的升級。由此可見，中國大陸以FTA舉措，與推動經濟區域整合的方式，來促成「穩定周邊局勢、鞏固盟友，以及擴大地區影響」等非經濟目標（林欣潔，2012）。

（二）經濟戰略動機

　　經濟競爭論則認爲自貿協定旨在強化經濟安全，因FTA可助拓展海外

---

[1]　在2005年，中國大陸便與東協國家在16個領域建立了46個合作機制；儘管美國自1967年以來，便是維繫該區穩定安全的提供者，但同一時期，美國與東協之間只有15個類似的機制。

市場和重要資源的取得、抵銷他國政策的貿易投資移轉的負面效應、爭取形塑經濟規則的話語與制定權，來持續中國大陸的經濟發展與安全。這主要是體認到幾個層面國際政經情勢的變化：第一、是要應對後金融危機，反全球化勢力與各國保護主義的抬頭和擴散到其他議題，並應付WTO回合談判遲滯等不確定因素的影響。同時，新興經濟體與美歐等西方已開發國家在經濟議題的競爭加劇，除TPP外，美國推動跨大西洋貿易及投資夥伴協議（Transatlantic Trade and Investment Partnership, TTIP）和國際服務貿易協定（Trade in Service Agreement, TISA），使中國大陸在許多經濟議題，如市場經濟地位、高科技出口管制、大宗商品定價、反傾銷等問題，無法得到有效解決（江瑞平，2014；黃瑋，2014）。

　　第二、面臨轉型壓力的中國大陸經濟體制，或也可藉由海外經貿措施的安排，提供其持續成長、轉化經濟結構的機會，以維護中國大陸全面的經濟安全。不少專家學者認為，中國大陸過去仰賴高速外貿出口的經濟結構，增加經濟摩擦的風險，易受外來因素的干擾；透過對外經貿措施的安排，可降低貿易爭端、多元化進出口市場和金融資產的配置。再者，中國大陸擔心其產業結構在國際生產分工仍處低端環節，自主研發相對落後，對國際創新技術的依賴，也加深了其經濟安全隱患。中國大陸欲藉企業向美歐高科技公司透過購買股權、併購方式取得科技的方式，也漸受阻礙，美歐國家漸強化監管與規則，以「國家安全」（曾珠，2008），或「危及公共秩序」等理由，限制中國資金對高科技、戰略性產業的併購。最後、對能源糧食等來源安全的顧慮。中國大陸已成為世界上最大的能源生產國和消費國，但能源需求壓力大、國際市場資源價格的波動，與能源技術水平總體落後，也都是挑戰；加以工業化、都市化、環境壓力的上升，與消費需求的增加，中國大陸已成農糧進口國（李先靈，2015）。

　　諸如上述因素，FTA提供中國大陸多元化對外經貿安排的政策工具，增加「走出去」及「引進來」的機會，有助消除他國貿易壁壘，擴大海外貿易與投資機會、增加產品價格競爭力、能源糧食的供給安全（呂冠頤，2018）。基於經濟安全的考量，中國大陸FTA的推動，尤其是與周邊國家

自貿協定的形成，反映此經濟實用主義。譬如中國大陸積極與東協、澳大利亞、海灣國家等夥伴尋求FTA的簽訂，很重要的動機便是為獲取重要原料能源的穩定供給。東協國家成為重點標的區，除考量該區所蘊藏的豐富能源，與東協國家的合作也保障了自然資源交通管道的安全穩定；從長遠來看，中國大陸的經濟也可從東協人口眾多的市場與崛起的消費需求受益，FTA的簽訂有助進入當地市場的先機。除此之外，若FTA自貿網絡能沿周邊國家逐步擴大，伴隨「一帶一路」經貿項目的推動，將有助中國大陸內陸沿線的向外開放、強化與區域國家比較優勢的整合，有利工業升級。

此外，中國加入WTO後轉向尋求區域FTA，亦可利用雙邊或區域貿易談判，要求夥伴國對其市場經濟地位（market status）的認可，譬如中國大陸對紐西蘭、澳大利亞等已開發國家中，便將承認中國的市場經濟地位列為主要談判項目之一，期待引進後續其他美歐國家的認可（Jiang, 2008: 181）。其次，FTA的推建有助替代性談判論壇的建立，使中國大陸可在其他區域和全球貿易談判中，提高與其他主要貿易夥伴的議價能力、增加向第三方談判的影響力；中國大陸也可逐步積累談判經驗，在過程中注入中國大陸的理念與聲音，突顯其優勢與內涵，並獲得更多彈性、試驗性的機會參與形塑國際經濟規則（竺彩華，2015）。

無論是出於強化其政治或經濟競爭的動機，上述文獻多由國家中心論（state-led）或國家整體論（unitarystate）出發，認為FTA是中共中央基於國家總體的利益與需求，一統性地由上至下，得以專制決策、順利推動政治性議程；並認為在中共專政的黨國體制轄下，為促進長遠的政經戰略，其FTA的談判與簽署過程因而更具彈性、迅速的特色。又戰略考量既是主要推動力，因此中國大陸領導人，對自貿協定視外交信譽的促進，要遠高於其商業利益，甚至願意犧牲短期收益，以顯其「大國外交」的風範，以促大國戰略的實現。

但上述分析一來太過著眼於國家間權力競爭對中國大陸自貿政策的影響，似乎認為中國大陸作為崛起強權，能透過FTA等經貿外交舉措，有效

塑造其持續崛起的環境，二來，其對中共中央集權對國內政策推動執行的效率性，有著過高的期待，忽略國際現實與國內限制，如何影響中國大陸自貿政策的實際推動與執行。事實上，中國大陸歷經改革開放、融入經濟全球化的過程中，因應需求利益的擴展、議題的多樣複雜性，使其決策網絡有專業化、分權化的需要，增加政策菁英權力的分割和不同集團間的利益競爭，增加了內部決策與執行的複雜度。而中共黨國體制的特殊性，也使得中共在對外經貿安排與國際化過程中，需考量其政策效果對國內發展、體制變革的影響，如何穩固其政權正當性，往往占有優先性。因此，即便中國大陸有其專權體制的特殊性，但更需分析國內政治因素的影響，才能更完整理解中國大陸自貿體制推動的影響與限制。

二、國內政治途徑

在分析中國大陸經貿政策的制定時，許多專家從國內政治與社會的角度，認為中國大陸的決策過程並非是鐵板一塊，主張其為「裂解式的威權主義」（Lieberthal & Lampton, 1992），強調中國大陸在政策決策執行中，不同部會組織、中央與地方的權力分割與利益折衝，如何影響了政策的產出。在FTA協議開放過程中，除不同部門間競爭政策的取向，既得利益者或寡占集團亦可能影響或杯葛政策的設計，使協議偏離初始談判或預期走向。即便中央領導層握有決斷權，但政策的推動，仍仰賴部門組織與地方機關的回饋執行；也需考量對外經貿措施，對國內經社發展穩定的影響（Lampton, 2001; Pearson, 2001; Mertha, 2009）。而國內政治因素對中國自貿協定談判的影響，可從以下層面來觀察。

（一）農業與服務業領域談判的困難

國內政治因素對自貿協議談判與執行的影響，可在農業與服務業開放的爭議中顯現。譬如，中國─東協FTA是中國第一個發起的自貿協議，自有其外交象徵意義，且由總理朱鎔基直接授命決定，於2004年11月「東

協加三」峰會上提出，由中央所屬智庫的學者，參與中國－東協專家小組，為提案進行研討準備（Sheng, 2003）。即便有中央領導人的背書，卻仍面臨來自中央與地方部門，如農業部與地方農產大省的疑慮。尤其與東協的早收協議，使東協國家向中國大陸市場出口的蔬果數量大增，極大地影響了中國南部和西南省分熱帶果農的收益。考量國內農產利益與應對相關部門的異議，中央除持續強調國家利益的大局、東協熱帶產品與中國大陸溫帶產品出口間的互補性外，也將大米、玉米、棕櫚油等敏感項目排除在EHP之外，並提供政策性誘因來引導反對部門的質疑（Zeng, 2010: 648）；其中包括在西部內陸省分城市等欠發達地區，成立面向東南亞地區的國際貿易中心、舉辦中國－東協博覽會、中國東協商業與投資峰會、泛北部灣經濟論壇等，並向廣西雲南等省分提供基礎設施建設資金，促進大湄公河次區域合作（Jiang, 2010b: 243）。同時，也提供獎勵給地方省分東南亞區域研究的領導性研究機構、獎助學金補助東南亞研究專業人員的語言和教育培訓等（丁開聲、潘英英，2003）。

中國大陸在加入WTO和與東協簽訂FTA後，來自農業保護的聲浪不減反增，故在與紐西蘭、澳大利亞，就穀物、肉類與奶製品貿易自由化項目的談判，受到許多阻力。不僅已開發國家要求的開放幅度更大，其具資本技術密集的農業生產方式，使中國農民在價格產量的競爭力更為弱勢。再者，是各地農民抗爭活動因稅費徵地議題而快速上升，埋下反體制與社會穩定的隱憂。因此中國大陸政府自2003年將「三農」（農民、農村、農業）問題寫入工作報告，也是第四代領導人胡溫體制下提倡的「和諧社會」，首要解決的課題。此外，偏遠地區農業發展問題也影響少數民族經濟與邊疆穩定，尤其華北省分（新疆、甘肅、寧夏和內蒙古）多從事羊牛畜牧業，隨著族裔間暴力問題的愈發緊張，使得地方省分要求緩減FTA的開放速度（Jiang, 2010b: 244）。在此因素下，中共政府除加強對部分受損害農品的補貼外，也以優惠貿易可促進中國農產出口來減緩批評聲浪。

服務貿易的開放，涉及了更多複雜的考量。雖然中國大陸與東協、智利、秘魯、巴基斯坦等簽訂的FTA也涵蓋了服務和投資項目，但這些國

家的相關產業規模較小，且實際協議所涵蓋的領域有限，遠低於美國、日本、韓國等國家FTA的開放程度。東南亞國家在服務貿易項目，對中國大陸形成的產業競爭不若已開發國家，但雙方依然耗時近三年，完成服務貿易協議，並採保守的正面清單（positive list）納入開放的產業項目，許多敏感產業依然排除在貨物與服務協議清單之外（Jiang, 2013: 89; Salidjanova, 2015: 18）。在與新加坡和澳大利亞等服務業具競爭力的夥伴談判時，服務業與外國投資的准入造成相當的爭議；雖然與澳大利亞FTA的簽訂，可帶來新的政經利益與外交里程碑，如原料能源的穩定進口、對中國市場經濟地位的承認、對中國投資審查機制的鬆綁，與中國勞工的輸出等項目，但中國大陸仍不願在服務貿易項目有超過WTO承諾項目的開放（Jiang, 2008: 189; Salidjanova, 2015），尤其服務貿易的開放，將對許多大型國有企業、具壟斷性產業如銀行、電信、運輸等部門的衝擊。故雙方從2005年商談開始，歷經了十多年，才於2015年完成簽署執行。

許多產業也以國家經濟發展的理由，指出政府應考量國內就業、經濟安全、文化保存等因素，避免外部競爭弱化戰略性產業的升級基礎，尤其不應在缺乏經驗與規模經濟積累的情況下，開放服務貿易（Wright, 2004; Tu, 2007）。甚至如礦產等重工產業，即使腐敗貪污醜聞不斷，在與澳大利亞談判時，因被中國政府視為「國家資產」，受國土資源部和國家能源局管理，涉及廣大中央與地方財稅利益，仍限制外國公司在相關產業的投資准入與所有權（Jiang, 2008: 184）。

（二）主要部門利益集團的角色

FTA的決策與執行，也受到中國大陸內部利益集團與制度因素的影響，這主要牽涉到如下組織。在FTA推動過程中，外交部與商務部是支持擴展FTA的主要領頭機構，其中商務部是FTA談判的負責部門；外交部則是對主要潛在夥伴國家，於FTA經濟研議案前進行政治評估，以促進國家政治與戰略利益的一致性，但對國內經濟影響的評估不如商務部敏感。外

交部和商務部對FTA政策持相近的觀點理念，但當政治戰略的擴展和經濟利益的務實追求無法完全滿足時，難免使得中國FTA的推動出現衝突。商務部作為負責FTA談判的主要機構，其官員普遍上支持經濟自由化，認為自由貿易可提高生產率、競爭力、擴大消費者利益，並得到具相對優勢的出口製造業、能源企業的支持，但它並沒有解決、裁斷不同部門利益間的權限；商務部的政治地位和其他部門相同，甚至低於某些直屬的委員會，故容易受到其他部委的政治壓力，也比外交部更易受其他產業團體政治遊說力的影響，限制了商務部在貿易投資政策的規劃權力（Wan, 2010; Jiang, 2010a）。

對FTA採保守質疑態度的，主要來自以下幾個部門團體。例如農業部對農產品開放對糧產安全和農民生計的擔憂；電信產業、銀行業和運輸業也以國家經濟安全與戰略產業有升級需求，對FTA的開放有所抵制，加以其相關大型國有企業受惠其保護性的壟斷利益與國內優惠，成為反對服務業開放與投資准入的阻力。這些國有企業享有許多優惠與保護措施，尤其大型國有企業的經理人、監管機構多為中共黨國政治機構的重要成員，擁有充沛政治資源，對政策進行遊說、審查並影響其執行（蔡中民，2018）。這些既得利益者受益於龐大市場保護帶來的政經利潤，成為抵制快速開放的絆腳石。

再者，國家發展和改革委員會（以下簡稱：發改委），作為監督中國產業政策、擬定總體經濟和發展方針的主要機構，其對改革開放相對保守的立場，也強化了中國大陸內部的貿易保護勢力，對包括大宗農業產品（例如小麥、大麥、棉花、大米和糖）和主要服務行業的發展往往介入干預，更限制了商務部採更積極開放步調的談判立場。國家發改委是由國家計劃局和國家經貿委合併組成的，從原國家計委繼承了對改革開放的保守立場，又由於其設有與各經濟部門相應的單位，但高於各部會的地位，而有「小國務院」之稱；國家發改委的保守立場限制了中國貿易談判代表，針對涉及其國民經濟重大部門的開放，也使FTA決策過程中，商務部更加難以追求自己的偏好（Jiang, 2010b: 246; Jiang, 2013: 173）。

　　省級與市級的官僚機構在執行中央指令時步調不一，有時彼此聯合來強化對政府的遊說，但也彼此競爭來自中央的資源。譬如在中國東協進行FTA談判時，西南省分（例如廣西、雲南、貴州、四川、重慶和成都）的官員學者們，順著在1990年代建立起的跨省聯繫管道，共同組成聯盟遊說中央政府，試圖擴大與東南亞和南亞國家的業務聯繫和來自中央政策與基金的奧援，並吸引更多的外國直接投資。而東南沿海省市，如廣東、福建、海南和香港等也積極協調爭取，企圖開拓在南海地區的能源與漁業資源，並將發達的勞動密集型產業轉移給新加入、發展較落後的東協成員國，以利用本地市場的低成本和熟練的勞動力資源（Leu, 2012: 211）。另一方面，地方政府官員也彼此競爭領導資源，其中雲南和廣西之間的競爭非常激烈，分別透過加快建立地方公路、鐵路、水路等渠道和各種交流平臺，來開通向國際和東協市場的渠道，以使其首都昆明和南寧成為主要區域中心。他們也試圖引起中央政府的支持，來改善省內的物流和基礎設施、供應和貿易的資源分配，使得許多主張這兩省應加強協調，以避免資源過度擴張的負面競爭（丁開聲、潘英英，2003）。

　　最後，領導階層的立場和國內社會輿情的變化，可能牽動檯面下不同利益集團部門權力與資源的分配，從而影響自貿協議的拓展時程與範圍（Wan, 2010: 41）。如果FTA最高領導人的目標是促進國家總體利益、或領導人較主動地介入協調和成為推動的角色，並願意犧牲一些國內經濟利益，則可能增加中國大陸談判FTA的讓步空間。譬如朱鎔基對中國東協自貿區成立的支持、習近平於2014年11月訪問澳大利亞，對完成中澳自貿談判的推波助瀾，以及受到外部政經情勢變化，加快FTA的推動升級作為重點戰略（見下節討論）。相對地，當對外經貿安排可能對國內經濟和社會發展產生影響，如在胡溫體制下將「建設和諧社會」，或是習近平治下「小康社會」，將社會均衡發展作為最高政策目標，均可能調高對外經貿政策對社會影響的評估。中央領導人對經濟社會穩定的重視，也強化了前述國家發改委的權力，並在胡溫領導時期，於產業和投資政策規劃上，享有更多權力（Jiang, 2010: 247）。而2008年與紐西蘭FTA的達成，則反受

利於社會輿情的改變，起因於一連串食品安全醜聞，包括三聚氰胺奶粉污染事件造成消費者的抨擊，使得降低優質乳製品、農產品進口關稅，成為緩解公眾憤怒的及時手段。

總言之，中國大陸內部保守勢力與支持開放力量間的競爭，與國內現實考量，影響中國領導人與執行組織對FTA政策內涵的實際推動，也使得中國大陸FTA的具體形式，在開放時程路徑、夥伴擇取、議程範圍等，相比其他主要大國，都要限縮許多，而呈現如下特色。

肆、中國大陸自貿協定發展之模式特色

受到國內政治考量與體制因素，中國大陸FTA的談判簽署模式，主要有著以下幾個特色。

一、參與時機與路徑

第一、拓展FTA談判的時機與路徑參與模式，多受外部政經環境衝擊而受驅動。如前述中國大陸三波FTA的參與波峰，乃為區域和全球政經危機因應而生。第一波1998年至2007年間，為因應1997年至1998年的亞洲金融危機、WTO杜哈回合談判停滯不前、北美自由貿易協定（NAFTA）和歐盟區域經濟一體化的不斷強化，所做出的回應。中國大陸開始向區域內國家尋求FTA談判，參與東亞區域多邊機制的建立，1998年協助啟動東協加三、1999年啟動中國與東協加一機制，在2001年與東協國家進行FTA協商談判，2005年日中韓三國進行自貿協定的研議。

第二波則在2008年至2012年間，受全球金融危機爆發、歐美市場衰退與各國保護主義抬頭，推助中國大陸尋求FTA網絡拓展的時機。中國大陸與東協自貿區在2010年成立，並與東協加強經濟發展議程上的合作[2]。

---

[2] 包括啟動中國—東協投資合作基金的100億美元投資，150億美元的商業信貸額度，以及提供3,970萬美元對東協國家的援助額度。

歐美市場衰退也衝擊中國大陸依賴歐美為出口市場的經濟模式，使中國大陸希冀透過加快FTA談判，多元化其進出口市場准入、擴大經貿聯繫網絡、增加持有非美元計價資產。中方也在2012年5月向日韓重啟日中韓三方FTA談判，更積極推動東亞區域一體化議程，惟中國大陸對日方提出以「東協加六」方案為主的區域自貿協議有所保留，傾向在「東協加三」的基礎上，成立自貿區來促進東亞經濟一體化。

　　第三波則是在2013年之後，主要是來自後金融危機時期，美國自由貿易與經濟政策改變的壓力。美國2011年在亞太經合會峰會上，正式提出亞太再平衡政策，其中TPP談判的擴大推動、2016年2月完成簽署，被視為是其再平衡戰略中經濟領域的支柱政策。美國在亞太推動TPP、在歐洲推動TTIP引發中國大陸新一輪FTA戰略。另一個接續的壓力是2017年美國川普總統的上臺。雖然川普政府退出了TPP，但原有成員國在日本支持下，在2018年通過CPTPP並於同年12月生效。此外，川普政府為實踐「美國優先」政策，2018年3月啟動301條款，對中國大陸進行不公平貿易調查，美國政府也和其他大型經濟體重啟雙邊自貿談判，分別於2018年9月簽訂美韓自貿新協議（KORUS）、10月份完成美加墨自貿協議（USMCA）（呂冠頤，2019b）。隨後，美中經貿摩擦遂急遽擴大，雙方的摩擦更升級至投資、產業政策與科技競爭等面向。2021年拜登總統就職後，持續和中國大陸在諸多全球安全和經貿議題進行戰略性競爭的路線，出臺了一系列的出口管制政策，對中國大陸先進技術的製造能力進行科技圍堵，甚至強化與美國夥伴和盟邦在關鍵領域的合作與共同打擊面，在2022年5月下旬，推動與13個印太區域國家組建印度－太平洋經濟框架（Indo-Pacific Economic Framework for Prosperity, IPEF）。

　　為回應美國的壓力，中國大陸加強和東亞國家、已開發國家尋求FTA的簽署，中國－東協於2014年8月啟動了升級談判，中韓雙邊FTA於2014年底完成談判，2015年中澳簽署FTA。中國大陸並接納其他國家對區域一體化路徑的偏好，以更快速推動區域一體化進程，使中國不致面臨落後與被排除亞太一體化的局面。這其中包括加快與大型區域經濟體如日韓為主

的東北亞三方自貿區的談判[3]、接受日本方案以「東協加六」格式為主之
區域機制，如東亞峰會（EAS）和RCEP談判的完成[4]、與重推美國柯林
頓時期提出建立亞太自由貿易區（FTAAP）的構想[5]。

　　事實上中國大陸之前對這三個以東亞為核心的泛區域自貿協議並不熱
中，也非發起者；因認為它們涵蓋的經濟體較多、開放項目規格高、已開
發國家主導性強，故而持排斥態度，但後受美國與其他國家一連串政策的
驅動而改變初衷。同時，中共也透過與亞太地區以外國家加強貿易和投資
合作，以抵銷美國在亞洲帶來的規則制定壓力。中共也尋求加強與其他

---

[3] 譬如，日中韓三方自貿協議早在2005年便已啟動，該對話自2005年以來一直停滯
不前，與日本和韓國的貿易談判也進展緩慢。2012年5月，中國大陸尋求恢復與日
本和韓國就東北亞三方自由貿易協定（即日中韓三邊自由貿易協定）進行研究的
可行性，但由於日本正忙於TPP談判，中日韓三方的談判進展緩慢。在外部壓力的
催化下，習近平為加快自貿區政策的推動背書，而在美國川普總統上臺後，一度
因領土安全爭議而停滯的中日韓合作，有了新的合作動能。2017年在中國大陸的
邀請主導下，三方代表針對三方自貿區的研議進行了兩度的會談，中日韓領導人
會議在時隔兩年半後，終於2018年5月9日在日本東京召開。

[4] RCEP談判模式的基礎，是來自前此日本東亞共同體和東亞峰會以東協加六為主
體的倡議模式。日本在2000年代中期「東亞共同體」的提議，旨在促進以東協加
六的16個亞洲經濟體之間更緊密的經濟和文化融合。日本在2006年提出了以東協
加六為基礎的東亞全面經濟夥伴關係（CEPEA），許多人將RCEP視為日本之前
CEPEA的更名，而RCEP原先包含的16個談判國家，便是由東亞峰會成員組成。但
當時中國大陸對相關議程的支持不太熱絡，一是因會員問題，中國大陸偏好以東
協加三，由13個成員組成的區域體為主。另一個原因是中國大陸對日本東亞共同
體構想持謹慎態度，其中包括人權、自由和民主等規範性價值觀，且成員將擴展
到周邊亞太地區更多的民主國家。2005年底的東亞峰會的成立也引起了類似的關
注，因為中國大陸對峰會以東協加六的模式召開感到不滿。

[5] 中國大陸對另一個議程路徑取向改變態度的，是重新接納亞太自由貿易區的構
想。2014年在中國大陸舉行的APEC峰會中，習近平在APEC會議上提出促進亞太
自由貿易區（FTAAP）建立的想法。中共當局認為透過對亞太經合會和FTAAP的
主導推動，有助於結束亞太地區，可能因為TPP和RCEP間的競爭而造成的經濟排
擠和規則分裂，而不利中國大陸持續發展的外部經濟環境，因此鼓勵TPP和RCEP
應最終共同為更具包容性、成員更廣泛的FTAAP服務。

國家的雙邊貿易和投資協定，包括與發展中國家的「南南」合作[6]、和其他已開發國家如日本、加拿大、挪威等國家尋求FTA的談判。上述趨勢顯示，中國大陸的FTA政策並非為積極領導型，而是保守被動式（defensive and reactive），多為應對外部政經衝擊尋求FTA。

拜登總統就任後，中國大陸面臨的總體外部壓力，依然不減反增。面臨和西方國家經濟關係前景不明、全球經濟民族主義興起、地緣政治轉向緊張等情勢下，也影響其自由貿易政策持續採取彈性開放的戰略，以應外部環境的變化。除透過貿易協定來鞏固並拓展其在區域和全球貿易的地位，避免「脫鉤斷鏈」，並惠及中國大陸企業和資本推動「中國技術」、「中國標準」於全球產業的引領地位（黃健群，2022）。

於此背景下，中國大陸在二十大召開前後，便已積極布局，為構建「面向全球高標準的自由貿易區網絡」鋪展政策著力點。統整中國大陸在習近平主席十九大任內後期向二十大初期過渡之際，實務政策上有如下發展。首先是持續與有意願或周邊國家洽簽雙邊自由貿易協定，譬如在2017年年中後，分別和喬治亞、馬爾地夫簽訂自貿協議；在2019年末和模里西斯簽訂協議。其次，中國大陸更轉向積極地與亞太地區主要貿易夥伴在既有協議上進行升級談判，包括在2017、2018年與智利、新加坡分別簽署升級協議、2019年中國—東協自貿協議的升級生效執行、2021年和紐西蘭簽署升級協議，和2020年與柬埔寨簽署雙邊協議。第三則是自2022年起，中國大陸也更積極地申請加入高標準區域協議，這包含了2022年8月中申請加入《數字經濟夥伴關係協定》（Digital Economy Partnership Agreement, DEPA），同年9月中申請加入CPTPP。2023年積極推動以東協國家組成為主、已簽署生效區域協議的再升級，這包括中國—東盟自由貿易區3.0版進行磋商，並考量未來RCEP的協商升級，並強化RCEP延展擴及「一帶一路」沿線國家。

---

[6]　2013年末，中國大陸針對亞洲基礎設施投資銀行（AIIB）採取了舉措，2014年11月成立了新的絲綢之路基金，旨在改善亞洲的貿易和運輸聯繫。這些新舉措將擴大中國與中亞，南亞和東南亞發展中國家的經濟聯繫。

二、合作夥伴的擇取

第二個特色是，中國大陸在合作夥伴的擇取，也是相對保守的。中國大陸完成談判執行的FTA，夥伴成員國的經濟規模較小，所占中國大陸的貿易額不高，且並未和主要貿易夥伴國完成FTA的談判。如圖15-2所示，根據2017-2018年貿易額顯示，占中國大陸前十五大出口市場的夥伴中，有簽署FTA的夥伴只有5國（以粗字框出顯示），合計占中國大陸不到10%的出口。在2018年底時，中國大陸已執行的FTA貨物貿易覆蓋率占中國大陸總體貨物貿易額約30%，仍要低於其他經濟體，譬如歐盟達76%，韓國約68%，東協有60%，美國與日本也接近40%（Japan External Trade Organization, JETRO 2019）。

圖15-2　中國大陸前15大主要出口貿易夥伴與產值（以2018年美元計價）

- **15 of China's top trading partners in terms of export sales (by 2018 dollar value)**
  1. United States: US$479.7 billion (19.2% of total Chinese exports)
  2. Hong Kong: $303 billion (12.1%)
  3. Japan: $147.2 billion (5.9%)
  4. **South Korea: $109 billion (4.4%)**
  5. **Vietnam: $84 billion (3.4%)**
  6. Germany: $77.9 billion (3.1%)
  7. India: $76.9 billion (3.1%)
  8. Netherlands: $73.1 billion (2.9%)
  9. United Kingdom: $57 billion (2.3%)
  10. **Singapore: $49.8 billion (2%)**
  11. Taiwan: $48.7 billion (2%)
  12. Russia: $48 billion (1.9%)
  13. **Australia: $47.5 billion (1.9%)**
  14. **Malaysia: $45.8 billion (1.8%)**
  15. Mexico: $44.1 billion (1.8%)

資料來源：World's Top Exports, http://www.worldstopexports.com/chinas-top-import-partners/。

　　此外，雖然東亞地區爲中國大陸重要的貿易對象，但多數時間中國大陸成功完成談判的FTA，其貿易夥伴國多在東亞地區以外的國家，而和幾個較大型的經濟體、已開發經濟體的FTA簽署則是在近期2013年以後才完成，但瑞士、冰島、新加坡等經濟規模占中國大陸和全球經濟的比重均不大（見圖15-3）。和較小規模經濟體簽署FTA，所帶來的經濟效益雖有限，但也有助中國大陸在貨物進出口的准入、服務貿易與投資範疇的擴展，同時降低對中國大陸內部產業的衝擊與成本調適，也讓中國大陸增加試驗性的機會。

　　另一方面，中國大陸和主要貿易夥伴、大型已開發經濟體的談判則裹足不前，多是擔憂開放的規模和標準將帶來極高的國內衝擊，遂而謹慎保守；譬如和已開發經濟體如澳大利亞、冰島、挪威等國家的談判都將近十年；許多FTA談判多停留在研議階段，如日中韓FTA的研議，歷經多年才在2012進入協商階段，迄今已有15輪談判。惟有受制於外部壓力時，中國大陸也才有動力尋求透過更高規格的FTA來進行回應並開放國內市場，譬如中日、中澳等FTA。

圖15-3　中國大陸已簽訂之主要東亞區域內和區域外自貿協定

- Regional-FTAs
  - China-Hong Kong (Jun 2003)
  - China-Macao (Oct 2003)
  - China-ASEAN (Nov 2004, upgraded in 2015)
  - China-Singapore (Oct 2008, upgraded in 2018)
  - China-South Korea (June 2015)

- Cross-Regional FTAs
  - China-New Zealand (Apr 2008)
  - China-Chile (Apr 2008, upgraded in 2017)
  - China-Pakistan (Feb 2009)
  - China-Peru (Apr 2009)
  - China-Costa Rica (Apr 2010)
  - China-Pakistan (May 2010)
  - China-Iceland (May 2013)
  - China-Switzerland (July 2013)
  - China-Australia (June 2015)
  - China-Georgia (May 2017)
  - China-Maldives (Dec 2017)
  - China-Mauritius (Oct 2019)

資料來源：作者自繪。

三、談判模式和協議內涵形式

　　第三個特色是在談判模式和協議內涵形式。相較其他已開發大國主導的FTA，多採全面性包裹式（single undertaking）的納入、一步到位開放的模式不同，中國大陸FTA的談判偏好採漸進的方式。例如，中國大陸和東協、和巴基斯坦等FTA的建立是在早收清單和框架協議的基礎上，先實行農產品貿易的開放、貨物貿易的自由化，再擴展到服務貿易自由化，和投資促進等項目，再進步升級到更廣泛的議題，如提高覆蓋率、邊境內貿易措施優化、原產地規則、智財權、爭端解決機制等。實際執行時，開放時程也採階段式分期自由化，分五到十五年逐段實行的方式，譬如和紐西蘭的FTA200於8年簽訂後，2019年才完全執行完成（Zeng, 2010; Leblond, 2017）。在貿易夥伴擇選上也有逐步拓展的傾向，先是與發展中國家、周邊國家、東亞或亞太地區夥伴簽訂，再和已開發國家和非亞太地區夥伴尋求協議。此種漸進式的貿易自由化過程，可以為國內弱勢產業提供調適時間，為適應未來更廣泛、更高成本的自由化措施做準備，也可緩減國內的反對聲浪。

　　再者，在協議內涵的規範上，中國大陸的覆蓋比例較少、條款具體性較低、法律義務的規則較模糊，常被認為其FTA的規格屬於低標準。中國大陸FTA的覆蓋面主要集中於貨物貿易，在服務貿易項目有較多敏感部門被排除，投資准入和所有權開放有限，中國大陸在貿易自由化上多重複在加入WTO協議中已經做出的承諾，而不願做出所謂WTO Plus項目的開放，許多非關稅壁壘和特殊議題，如知識產權保護、衛生檢疫規範、環境和勞工標準等，不是被排除或僅有模糊的文本，條款中也避免使用詳細的法律語言或將法律細則放在單獨的文件（如諒解備忘錄）。譬如和美國FTA相較，中國大陸沒有就爭端雙方進行公開聽證會、與相關利益者進行磋商，或是在15天內發布調查報告，對後續補償的類型和規定缺乏嚴格的界定規則（Salidjanova, 2015）。此外，中國大陸的政府採購市場仍然相對封閉，外資准入產業經營不夠開放，中國大陸政府要求外國公司須將其

數據資料保存在位於中國境內的伺服器上，禁止跨境自由傳輸數據資訊。中國大陸對外資所有權的限制較多，在許多產業須和中國大陸的公司合資經營才允許准入(Antkiewicz & Whalley, 2005; Hufbauer & Wong, 2005)。中國大陸的FTA也缺乏嚴格詳細、更透明公開的爭端解決程序。而在和澳大利亞就投資章節進行談判時，中國大陸僅重視投資的促進和資本的保護，而非如澳大利亞所強調在領域上的自由化與全面開放（Jiang, 2008）。

最後，中國的FTA缺乏一致性的規則範本。中國大陸針對不同夥伴，其FTA包含了不同程度的貿易覆蓋率、非關稅壁壘範圍、自由化時程、原產地規則等，雖然顯示其彈性，也使得中國FTA的開放水準不一、缺乏一致性，也使其整合困難，甚至增加公司企業使用不同FTA規範的成本。同時，中國大陸FTA文本條款的模糊性，反使貿易夥伴國在FTA簽訂後，得以用非關稅措施來強化保障，使FTA的效果打折。這些趨勢，使中國FTA的網絡並未發展出所謂的中國式範本，未有統一的原則、貿易規則和標準；加上中國大陸個別FTA的談判進度也不一，和已開發國家談判時程長，都可能限制中國大陸拓展FTA網絡和形塑國際經濟規則上的主導權、話語權。

伍、結論

過去二十年，伴隨其在區域與全球經濟地位影響力的增長，中國大陸將FTA政策列為其戰略重點，並不斷拓展升級FTA的布局、範圍與規格。中共拓展FTA的動機，自然有促成政經戰略，以穩定周邊、爭取盟友、擴大經濟安全、形塑國際經濟規則等國家整體利益的目的。但本文認為，受國內政治和體制因素，中國大陸的FTA策略實屬守勢被動。這主要在於，一黨專政和國家資本主義的體制，雖然給予中共在經濟政策的決策專斷力，但涉外經貿事務的專業化和分權化需求，增加國內集團和各級行為者對決策過程的介入競爭，也須避免經濟國際化和自由化對中共專政正當性的衝擊。因此，國內政治途徑的分析顯示，中國大陸FTA的實際產出，在

開放時程路徑、夥伴擇取、議程範圍等層面，相比其他主要大國，都要限縮許多。而FTA本身的談判形式，提供中共領導人在尋求開放制度化措施的同時，可因應國內需求，來調整產業開放的範圍幅速。

　　總體而言，中國大陸自貿協定的發展，呈現漸進式、小規模、模糊性、不一致性的特色，雖不乏是爲服務中國整體政治經濟戰略，所採取的彈性策略，但也是爲保護國內利益與發展需求，所不得不進行的調整；國內政治因素，除限制中國領導人在FTA談判上的讓步程度，模糊彈性的文本措施，也爲國內的特殊利益開闢迂迴保護的可能性。前述分析也顯示，中國大陸對大型區域FTA談判的路徑偏好上，扮演的非主導開創者，而是接受因應者角色，對幾個現行區域貿易區體制路徑的選擇，從最初的質疑保留轉變爲彈性包容，包括接受東協加六模式的成員組成，參加RCEP的談判、重新倡議FTAAP，均表明中國大陸已從其最初堅持東協加三的立場，轉向接受日本對東協加六框架的提議和促進。中國大陸對FTAAP的倡議，也確認了美國在APEC建立的現有議程和機構。這些轉變有很大的部分，是受到區域與國際政經情勢轉變，所展現的靈活因應，但也顯示中國大陸在貿易開放課題上的被動因應。此外，中國大陸也對採取積極行動挑戰美國的立場，持謹愼態度。

　　這些趨勢顯示，中國大陸的FTA和對外貿易政策並非爲積極領導型，而是保守被動式；與美國或日本相比，中國大陸似乎仍停留在大國與發展中國家之間的身分中，尚未提供任何創新政策或理念來推動東亞地區的貿易、服務及投資的自由化和一體化。而中國大陸幾波FTA網絡的拓展，均爲應對外部政經衝擊而受驅動調整。

　　綜合以上，展望中國大陸FTA發展的前景，將受到以下兩項內外因素的影響。首先是外部因素，受美國經貿政策轉變、美中貿易摩擦和科技競爭常態化的壓力，可能迫使中國大陸採取更積極的FTA談判政策。美國政府除對中國大陸動用301條款的調查、遊說日本、歐洲、加拿大、澳洲等國就中共在智財權與人工智慧（AI）的技術竊取爭議採取行動；美國並在新簽訂的美加墨、美韓新自貿協議，加入匯率競貶條款、和被視爲針對中國大陸的排除「非市場經濟國家」條款。中國大陸爲因應美國政策的轉

變，在2019年的工作報告中，將對外經貿重點集中在推動RCEP，重啟日中韓三方自貿區（JCK）談判、推動中歐投資等協議；也持續推動與一帶一路周邊國家簽訂雙邊FTA，讓中國大陸有更能自主可控制定貿易規則的空間（呂冠頤，2019a）。尤其RCEP歷時多年談判，終於2020年末達成協議，也反映美中經貿競爭對中國大陸的壓力，促其強力推動RCEP，以穩定中國大陸出口貿易的政策背景。此外，中共當局加速在沿海和內陸沿邊區增設「自由貿易港」和「自由貿易試驗區」，針對未來更全面性的貿易和投資開放，加快試點工作，來強化內部改革、減少對外經貿摩擦爭端。近期，中國大陸更積極主動申請加入高標準的區域經貿協議，在2022年9月中，正式宣布申請加入CPTPP。2022年10月下旬發布的二十大報告，指出中國大陸將更積極主動採行開放戰略，推進高水平開放、構建面向全球的高標準自由貿易區網絡。在此目標下，其未來指涉的政策路徑將概括三層面：一是持續拓展、強化與中國大陸周邊國家更緊密深層的貿易合作；二是加速擴展「一帶一路」自貿區的覆蓋網絡；三是積極加入與推動高標準的區域經貿協議，以參與國際準則規章的建立治理並深化國內相關領域的改革（馮其予，2023）。

照片15-4　中國大陸國務院副總理劉鶴（左）與美國總統川普（右）在2020年1月簽署美中第一階段貿易協議

但中國大陸的國內政治因素，對中共能否推動高規格開放標準的FTA，並落實改革，投下變數。受到經貿摩擦升級、COVID-19後疫情因素持續的影響下，中國大陸的經濟工作重點，依然難脫國家安全、社會穩定、新型工業化發展，和強化產業升級自主等優先政策的考量。在廣泛領域打造中國大陸成爲各層面「強國」、實踐中國大陸具特色性的社會主義現代化強國的宏觀目標下（邱莉燕，2022），顯示要中國大陸放棄國家資本主義、社會主義市場經濟的發展路線，削減對戰略性產業的保護扶植政策，有其難度。

以近期中國大陸向CPTPP申請加入一舉而言，CPTPP爲全球最高標準，並以推動自由經貿爲核心的貿易協定，涵蓋了貨物貿易、原產地規則、貿易救濟措施、服務貿易、智慧財產權、國有企業規範和反壟斷、政府採購、競爭政策等執行細則。中國大陸必須進行相符的國內改革，才能有效說服成員國對其加入資格的認定。但以CPTPP禁止向國有企業提供有損競爭之規定爲例，中國大陸近年不僅強化對私有企業的監管，國有企業的擴張速度更遠甚於其經濟成長（林則宏，2022）。即便是中國大陸學者也認爲，就CPTPP許多重大項目細則的要求上，如國有企業和指定壟斷、智慧財產權、勞工自由結社與談判權利、電子商務數據的跨境流動等，對中國大陸既有體制的挑戰度大，中方將較難接受（張慧智、汪君瑤，2021）。因此，對國內產業和利益集團的保護，是否將持續限縮中國大陸在FTA開放的範圍和步調，仍值得觀察。

關鍵詞：自由貿易協定、中國－東協、RCEP、CPTPP、區域整合

思考問題

1. 請說明中國大陸推動自由貿易協定經歷哪些階段？每個階段的參與重點爲何，有無差異？

2. 請說明中國大陸推動自貿協定的動機爲何？中國大陸加入自貿協定的利弊爲何？

3. 您認爲國內政治因素和中共體制，如何影響了中國大陸對自由貿易協定的參與？反對的阻力主要來自哪些層面？它們對中共實行自貿協定的影響爲何？

4. 相比其他國家，請說明中國大陸自貿協定發展爲這些特色趨勢，將如何影響中國大陸未來在區域或全球經貿體制的角色？

延伸書目

1. 呂冠頤，2019，〈美中經貿爭端的進程面向與國內政經因素之探討〉，王高成主編，《全球安全、民主與經濟發展之研究》：83-126，臺北：時英出版社。

2. 呂冠頤，2018，〈中國大陸－東協經貿關係的開展與限制：經濟外交觀點的評析〉，《東亞研究》，49（1）：15-62。

3. 呂冠頤，2015，〈FTA與區域經貿整合：理論、策略與反思〉，陳德昇主編，《東亞區域經濟整合與中韓FTA挑戰》：3-33，臺北：印刻文學出版有限公司。

4. Jiang, Y. 2013. *China's Policymaking for Regional Economic Cooperation.* Palgrave Macmillan.

5. Wan, M. 2011. "The Domestic Political Economy of China's Preferential Trade Agreements." In Vinod Aggarwal and Seungioo Lee eds., *Trade Policy in the Asia-Pacific*. New York, NY: Springer, pp. 29-48.

參考文獻

一、中文

丁開聲、潘英英，2005，〈論中國－東盟自由貿易區建設中雲南與廣西的合作互動〉，《雲南財貿學院學報社會科學版》，20（6）：41-43。

中國共產黨新聞網，2014，〈習近平主持中共中央政治局第十九次集體學

習並發表重要講話〉，12月7日，http://cpc.people.com.cn/n/2014/1207/
c64094-26161930.html，查閱時間：2020/4/3。

中華人民共和國中央人民政府，2015，〈《國務院關於加快實施自由貿
易區戰略的若干意見》（國發〔2015〕69號）〉，http://www.gov.cn/
zhengce/content/2015-12/17/content_10424.htm，查閱時間：2020/4/5。

中華人民共和國商務部，2020，〈自由貿易區服務網〉，http://fta.
mofcom.gov.cn/index.shtm，查閱時間：2020/3/15。

任晶晶，2015，〈一帶一路背景下中國經濟外交的戰略轉型〉，《新視
野》，（6）：106-111。

江瑞平，2009，〈當前中國經濟外交面臨的機遇與挑戰〉，《外交評
論》，（5）：40-55。

呂冠頤，2015，〈FTA與區域經貿整合：理論、策略與反思〉，陳德昇主
編，《東亞區域經濟整合與中韓FTA挑戰》：3-33，臺北：印刻文學出
版有限公司。

呂冠頤，2018，〈中國大陸—東協經貿關係的開展與限制：經濟外交觀點
的評析〉，《東亞研究》，49（1）：15-62。

呂冠頤，2019a，〈美中經貿爭端的進程面向與國內政經因素之探討〉，
王高成主編，《全球安全、民主與經濟發展之研究》：83-126，臺北：
時英出版社。

呂冠頤，2019b，〈美中貿易爭端進程對亞太區域經濟整合的影響〉，
《臺灣經濟研究月刊》，42（5）：82-89。

李先靈，2015，〈習近平總書記的經濟安全觀〉，《政治經濟學評論》，
6（5）：152-162。

李春頂、郭志芳、何傳添，2018，〈中國大型區域貿易協定談判的潛在經
濟影響〉，《經濟研究》，（5）：132-145。

李巍、孫憶，2014，〈理解中國經濟外交〉，《外交評論》，4：1-24。

林欣潔，2015年，〈中國大陸學界對自由貿易協定戰略的評估〉，《東亞
研究》，46（1）：107-148。

林則宏，2022，〈習近平掌權十年，大陸國企擴張速度遠高於GDP增長〉，https://udn.com/news/story/7333/6396015，查閱時間：2023/5/1。

竺彩華，2015，〈中國經濟外交新範式〉，《和平與發展》，（2）：40-56。

邱莉燕，2022，〈解讀二十大報告：未來10年是中美爭霸關鍵期，決勝靠這個？〉，https://www.gvm.com.tw/article/95295，查閱時間：2023/5/1。

胡鞍鋼、馬偉、鄢一龍，2014，〈絲綢之路經濟帶：戰略內涵、定位和實現路徑〉，《新疆師范大學學報》，（2）：1-10。

高長，2017，〈從「十三五規劃」剖析大陸經濟發展前景〉，《展望與探索》，14（7）：47-76。

張慧智、汪君瑤，2021，〈「雙循環」新發展格局下中國加入CPTPP的政治經濟思考〉，《東北亞論壇》，（3）：46-59。

張曉通，2013，〈中國經濟外交理論構建：一項初步的嘗試〉，《外交評論》，（6）：49-60。

陳友駿，2017，〈「新常態」與中國經濟外交〉，《太平洋學報》，（12）：87-97。

曾珠，2008，〈開放形勢下中國經濟安全問題探討〉，《廣西財經學院學報》，（2）：79-83。

馮其予，2023，〈高標準建設自貿區網路〉，http://www.gov.cn/yaowen/2023-04/18/content_5751925.htm，查閱時間：2023/5/1。

黃健群，2022，〈透視中共二十大產經發展藍圖〉，https://view.ctee.com.tw/economic/46438.html，查閱時間：2023/5/1。

黃瑋，2014，〈論中國經濟外交戰略及其科學管理〉，《學術論壇》，（11）：31-34。

蔡中民，2018，〈中國大陸金融監管困境的制度性分析〉，《中國大陸研究》，61（4）：57-74。

二、英文

Antkiewicz, A. and Whalley, J. 2005. "China's New Regional Trade Agreements." *The World Economy* 28: 1539-57.

Asian Regional Integration Center. 2020. "Free Trade Agreements Database." *Asian Development Bank*. https://aric.adb.org/fta. (Accessed on March 15, 2020).

Hufbauer, G. C., and Wong, Y. 2005. *Prospects for Regional Free Trade in Asia* (No. 05-12). Working Paper Series of Institute for International Economics.

Japan External Trade Organization. 2019. "Global Trade and Investment Report 2019: The fluctuating international economic order and global business in the future." https://www.jetro.go.jp/ext_images/_News/releases/2019/f25b1986b750a9f9/1.pdf. (Accessed on March 20, 2020).

Jiang, Y. 2008. "Australia-China FTA: China's Domestic Politics and the Roots of Different National Approaches to FTAs." *Australian Journal of International Affairs* 62(2): 179-195.

Jiang, Y. 2010a. "Changing Patterns of Chinese Policy-Making on Regionalism." *The Copenhagen Journal of Asian Studies* 28(1): 110-130.

Jiang, Y. 2010b. "China's Pursuit of Free Trade Agreements: Is China Exceptional?" *Review of International Political Economy* 17(2): 238-261.

Jiang, Y. 2013. *China's Policymaking for Regional Economic Cooperation*. Palgrave Macmillan.

Lampton, D. M. 2001. "China's Foreign and National Security Policy-Making Process: Is It Changing, and Does It Matter?" In David M. Lampton ed., *The Making of Chinese Foreign and Security Policy in the Era of Reform, 1978-2000*. Stanford: Stanford University Press, pp. 1-38.

Leblond, P. 2017. *Toward a Free Trade Agreement with China: Opportunities, Challenges, and Building Blocks for Canada*. Centre for International Governance Innovation. https://www.cigionline.org/sites/default/files/

documents/China%20Canada%20Trade.pdf. (Accessed on February 15, 2020).

Leu, G. Y. 2012. *Cooperating for Diversification: Partnership Selection in Preferential Trade Agreements in East Asia*. University of Virginia Dissertation, Charlottesville, Virginia, USA.

Lieberthal, K., and Lampton, D. M. 1992. *Bureaucracy, Politics, and Decision Making in Post-Mao China*. Berkeley: University of California Press.

Mertha, A. 2009. "Fragmented authoritarianism 2.0: Political Pluralization in the Chinese Policy Process." *The China Quarterly* 200: 995-1012.

Pearson, M. M. 2001. "The Case of China's Accession to GATT/WTO." In D. M. Lampton ed., *The Making of Chinese Foreign and Security Policy in the Era of Reform, 1978-2000*, Stanford: Stanford University Press, pp. 337-370.

Regional Trade Agreements Database. 2020. "RTA Tracker." *World Trade Organization*. https://rtais.wto.org/UI/PublicMaintainRTAHome.aspx.

Salidjanova, N. 2015. *China's Trade Ambitions: Strategy and Objectives Behind China's Pursuit of Free Trade Agreements*. US-China Economic and Security Review Commission. https://www.uscc.gov/sites/default/files/Research/China's%20Trade%20Ambitions%20-%2005.28%2015.pdf. (Accessed on February 15, 2020).

Sheng, Lijun. 2003. "China-Asean Free Trade Area: Origins, Developments and Strategic Motivations." *Institute of Southeast Asia Studies (ISEAS) Working Paper: International Politics & Security Issues Series* 1.

Tu, J. J. 2007. "Safety Challenges in China's Coal Mining Industry." *China Brief* (7), January 10. https://jamestown.org/program/safety-challenges-in-chinas-coal-mining-industry-4/. (Accessed on March 15, 2020)

Wan, M. 2011. The Domestic Political Economy of China's Preferential Trade Agreements. In Vinod Aggarwal and Seungioo Lee eds., *Trade Policy in the Asia-Pacific*. New York, NY: Springer, pp. 29-48.

World Trade Organization. 2020. *Regional Trade Agreements Database*. https://rtais.wto.org/UI/PublicMaintainRTAHome.aspx. (Accessed on March 10, 2020).

World's Top Export, 2018. *China's Top Trading Partners*. http://www.worldstopexports.com/chinas-top-import-partners/. (Accessed on March 15, 2020).

Wright, T. 2004. "The Political Economy of Coal Mine Disasters in China: Your Rice Bowl or Your Life." *The China Quarterly* 179: 629-646.

Zeng, Ka. 2010. Multilateral versus Bilateral and Regional Trade Liberalization: Explaining China's Pursuit of Free Trade Agreements (FTAs). *Journal of Contemporary China* 19(66): 635-652.

第十六章

美中臺三角關係

張登及

壹、三角關係研究的淵源與類型

美中臺三邊（trilateral）關係是三組雙邊（bilateral）關係疊加構成，任何一組雙邊都必然考慮、指涉、影響另外兩個雙邊與另外一個行為者。這種三邊關係也經常被稱為「三角關係」，其淵源來自1980年代美國學者羅德明（Lowell Dittmer）對美蘇中**戰略大三角**（strategic triangle）的研究（Dittmer, 1981: 485-515）。

戰略三角分析的前提

國際關係研究中的「戰略三角」分析，必須建立在數個前提假設之上：第一、三方都是理性自利（rational and self-interested）的行為者；第二、三方都是自主（autonomous）行為者，且彼此的政策選擇相互獨立；第三、三者互動關係密切，任何一個雙邊關係的變動會影響另外兩個雙邊。因此，並非國際上隨便拿三個國家，都可以做戰略三角分析。

戰略大三角的出現，背景是冷戰（cold war, 1950-1991）的美蘇兩極（bipolar）競爭下，從1960年代末期起，美國前總統尼克森（Richard Nixon）、國務卿季辛吉（Henry Kissinger）等人為遏制蘇聯而實施的美中戰略接近，北京則稱為「反對蘇聯霸權主義統一戰線」，所以逐漸開始有美、蘇、中「三角」之說，分析家則稱美國操作三角為「打中國牌」（playing the China card）（Segal, 1982）。儘管當時也另有季辛吉提出的

「五極」論（加上歐洲、日本），但西歐、日本與美國屬同盟，又受美國制約，從三角分析前提看，顯然自主性不足反而是北京在1979年與美國建交後不久，即改變「聯美反蘇」戰略轉而推動「獨立自主」外交。因爲北京的結盟彈性與自主性明顯大於歐、日，才使三角具有操作性。如果時間回到1960年以前，蘇中同盟堅固，就沒有美蘇中三角可言。

一、既合作又對抗

學者包宗和（1999：337-364）指出，需要有「三方處於一種既合作又對抗的情況」，方能參考當年盛行的理性決策（rational choice）與博奕理論（game theory），開展戰略三角研究。「既合作、又對抗」的意思就是三個自主行爲者有選擇合作與對抗的空間。此外，「合作」與「對抗」雖共同存在，卻又是可區分和識別的。反之，如果行爲者沒有自主選擇空間，或者合作或對抗任一選項實際上不存在（例如1949年中共選擇向蘇聯「一邊倒」；或者有論者認爲2016年以後臺灣在「美中臺」三角中採行的也是一邊倒），則不適用戰略三角的分析。

戰略三角分析又假定合作與對抗收益不同，且行爲者在雙邊合作關係中受益，在對抗中受損。最重要的是，三邊關係中的另外兩方的合作，有損己方利益；反之，另兩方對抗的話，己方獲益。最後這一點也符合1980年代開始盛行的**結構現實主義**（structural realism）的「**相對收益**」（relative gains）的假定。

結構現實主義與相對收益

結構現實主義是國際關係現實主義（realism）理論的現代典範之一，影響巨大。簡言之，其特點是強調國際政治是無政府狀態（anarchy），國家之上沒有更高的強制性仲裁權威；國家是理性自利的行爲者；國家最重要的利益與目的是追求「生存」（survival）與「安全」（security）；無政府狀態導致信任稀缺，國家追求生存與安

全訴諸「自助」（self-help），而非仰賴其他國家；國家利益以「權力」（power）來定義；權力的基礎是物質性而非觀念性的，主要是經濟與軍事；國際政治的發展與趨勢由各國「權力分布」（distribution of power）決定，例如「單極」的分布（存在一個霸主，例如拿破崙時期法國，冷戰結束後的美國）、「兩極」的分布（例如美蘇冷戰），或者「多極」（春秋戰國時期、維也納會議時期）（唐欣偉、張廖年仲，2018：13-33）。

「相對收益」意指在結構現實主義上述假定下，自利的國家更偏好互動中獲得「更多」的收益而非「總收益」。與此相反，自由主義理論（liberalism）認爲人性具有利他性，國家也可以追求增加「絕對利益」（absolute gains）和共同獲利，並非總是偏執於損人利己、零和式（zero-sum）的相對收益。

二、三角的四個類型和六種角色

羅德明基於三角中不同的雙邊關係組合，可進一步分出四種三角關係類型，分別是三邊家族型（Menage a trois）、羅曼蒂克型（Romantic）、結婚型（Marriage）和單位否決型（Unit-veto）。國家行爲者因爲不同的三角戰略屬性，可能承擔六種不同的角色。依據角色的有利程度，依序爲「樞紐」、「朋友」、「夥伴」、「側翼」、「敵人」、「孤雛」。國家行爲者追求安全與自利，勢必努力改善獲利，故會爭取由後向前改善角色。楊惟任（2017：60-62）表示，此六種角色分別形成四種關係，可表示如下圖。

圖16-1　戰略三角分類圖

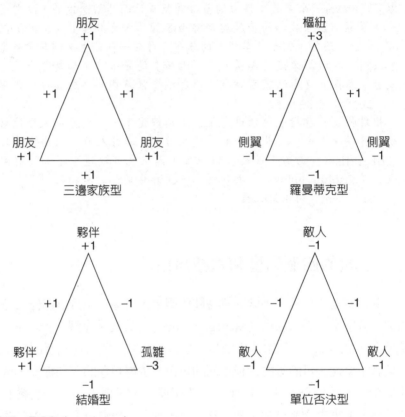

資料來源：吳玉山（1997：26-27）。

　　吳玉山的研究用正（＋）、負（－）號代表四個三角中的各種雙邊關係的合作或對抗。如此得到這四個三角的屬性：

（一）三方友好是（3＋），成為「三邊家族型」，三個角色都是「朋友」。

（二）一方與另兩方都友好，另兩方彼此敵對是（2＋ 1－），成為「羅曼蒂克型」。獨占雙重友好的角色是「樞紐」，敵對兩方是樞紐之

「側翼」。

（三）兩方友好，但兩者都與另一方對抗是（2– 1+），成為「結婚型」。友好兩方是彼此的「夥伴」，淪為兩者敵人的孤立角色是「孤雛」。

（四）三方敵對是（3–），成為「單位否決型」。所有角色都是「敵人」。

　　包宗和則再將收益與損失計分，對抗得–1，合作得+1。每一行為者的總收益是自己所在兩個雙邊的總分，再減掉自己不在的第三邊的分數。如此一來，每個角色的收益也可排序：樞紐3分、朋友與夥伴1分、敵人–1分、孤雛–3分，可表列如下：

表16-1　戰略三角各角色收益順序表

三角類型	角色	偏好順序	收益得分
羅曼蒂克	樞紐	1	3
三邊家族	朋友	2	1
結婚	夥伴	3	1
羅曼蒂克	側翼	4	–1
單位否決	敵人	5	–1
結婚	孤雛	6	–3

資料來源：涂志堅、唐欣偉（2001：172）。

　　行為者運作三角關係，維持有利角色、提升角色受益時，除了專注自己涉及的雙邊關係，也要注意另外兩方權力的增長與雙邊關係。原則上，任何一方權力增長壓倒另一方，通常不利己方。關注另兩方的雙邊關係動向，產生了行為者對「延伸關係」的四種認知，依循這四點一般能提升收益：朋友的朋友是朋友、朋友的敵人是敵人、敵人的敵人是朋友、敵人的朋友是敵人（或朋友）。

三、歷史上的大三角案例與行爲者「打牌」改善收益

　　所謂在三角關係中「打牌」，就是行爲者利用另外兩方特定關係的弱點，以圖改善收益。例如前文提及美國利用1960年代蘇中關係破裂「打中國牌」，使蘇聯淪爲「孤雛」，三角成爲美中結婚型。蘇聯在1980年代初改善蘇中關係，也可謂「打中國牌」。美國爲了避免淪爲「孤雛」，也透過1982年美中「八一七公報」穩定美中關係，北京短暫獲得某種「樞紐」的優勢，美蘇超強竟成爲「側翼」。但主張改革的總書記戈巴契夫（Mikhail Gorbachev）上臺後同時改善了蘇美、蘇中關係，三角又一變成爲「三邊家族」，美一中一蘇一時之間成了三個「朋友」。1989年「六四」事件爆發，美國邀集西方各國制裁中國，但老布希（George Bush）總統在當月就派密使訪問北京拜會鄧小平，強調制裁是稀釋國會更嚴厲要求的戰術，獲得北京的諒解。這說明美國非常顧慮制裁中國會導致蘇、中更加靠近，蘇聯變成樞紐，甚至美蘇若倒退，美國可能淪爲孤雛。

　　冷戰結束，美國成爲獨霸超強，原本也與主張改革的俄羅斯新總統葉爾欽（Boris Yeltsin）友好，但北約不斷東擴威脅俄國核心利益，2000年普京（Vladimir Putin）接任總統後至今，中俄夥伴始終比兩國和華府的關係來得好，形同中俄「結婚型」制衡美國。美國不少戰略家鼓吹改善美俄雙邊，避免戰略被動，即是「打俄國牌」。但因爲烏克蘭政變推翻親俄總統、克里米亞危機、美俄介入敘利亞內戰、俄國支持委內瑞拉左派政權、川普「通俄門」疑雲、烏克蘭親西方政權推動加入北約、俄國入侵烏克蘭導致俄烏戰爭，華府聯俄制中策略的可行性幾乎歸零。

　　在東亞區域，1970年代初期華府爲對付蘇聯，驟然改變美一蘇一中大三角，造成東京淪爲美一日一中區域三角的「孤雛」，日本首相田中角榮要克服美方「越頂外交」的挑戰，更快與北京建交，三方維持了二十多年的「朋友」架構。冷戰後中國崛起造成美日加強安保形成「結婚型」，北京在美中日三角淪爲「孤雛」。但因川普（Donald Trump）視日美貿易逆

差，不斷對東京施壓，增加安倍改善日中關係以成爲日—美—中「樞紐」的動機（Basu, 2020），直到拜登（Joe Biden）上臺，且中國2021年1月通過《海警法》後在東海對日壓力加大，後繼首相菅直人、岸田文雄等才重回親美一側，不再爭取日美中「樞紐」的策略。以上這些都是「三角關係」的生動實例。

照片16-1　尼克森訪華

　　總而言之，歷史上的魏蜀吳、宋遼金、美英法、英法德、英日俄、美蘇中、美中俄等，都是著名經典的大型三角關係，行爲者「打牌」紀錄屢見不鮮，其興起與衰微也都是歷史轉捩點。本章涉及的美中臺三角雖然是東亞次體系下非常不對稱的小三角，一旦它發生根本變化，很可能就是現代國際關係史的轉折點。

貳、國際政治中的不對稱關係

一、不對稱關係與層級

　　美中臺三角關係與前述大型三角之間的明顯差異是三個行為者權力極不對稱。戰略三角原本就與其他國關理論一樣，是以變數簡化的概括方式進行推論，以利決策判斷和分析，自然會因為刻意減少變數而損及解釋力。這其中有兩項較大的問題，一個是假設三方權力概等，另一個問題與結構現實主義一樣，是假設各國是「單一理性行動者」（unitary rational actor），亦即國家決策不受其內部政黨、政府部門、階級分化、族群認同、利益團體的干擾與分割。

　　權力概等的問題不只妨礙美中臺三角分析，前文提到的幾個著名三角如美蘇中、美中日、美俄中等也非力量概等，而是有或多或少的不對稱（asymmetry）。究其實，問題的根源還在當代國關理論依賴的西伐利亞體系（Westphalian system）假說。該假說假定歐洲1648年結束三十年戰爭時簽署的西伐利亞條約，是現代國際政治的分水嶺，從此之後國家贏得不受外來干涉的主權（sovereignty）和國際法上平等的法人地位。但名義上的平等，其實不能抹滅國家間實力懸殊，以及不計其數的自願或強迫造成的各種外部干涉的事實，使得弱勢一方有時必須選擇「一邊倒」或稱「扈從」的合作。這和權力概等三方的合作或競爭，原理上有很大的區別。

　　權力不對稱還會進一步造成大小國家（特別是三角關係）的關注不對稱和利益不對稱，甚至在國家集團間形成「層級」（hierarchy）（Lake, 2009）。層級化現象在國際關係史上非常普遍。範圍具有全球性的層級，最上層的行為者即是國關理論所說的「全球霸主」（global hegemon）。霸主往往不僅有龐大的經濟與軍事實力，還主導和開創金融和技術、觀念領域的結構性優勢，其權力與規則、理念共同構成「霸權」（hegemony）。如果霸權能對眾多行為者行使效果像是國內管轄的干涉，使中小單元形同「保護國」（protectorate），則其力量更超越了

霸權，變成了「帝國」（empire）（Womack, 2010: 85-90, 19-35; Chang, 2011: 199-215；史翠菊，1994）。雷克（David Lake）對1980年代美國與盟國層級化現象在軍事和經濟兩方面的表現，曾作下圖說明。他以巴拿馬為例，位置應在該圖右上美國「帝國」圈的範圍，因為該國安全（橫軸）與經濟（縱軸）都高度依附美國。韓國約在圖之右下，亦即在美國「非正式帝國」區，但安全上屬於美國「勢力範圍」（sphere of influence），對美的安全依賴高過經濟依賴。英國防務自主性高於韓國甚多，但對美經貿依賴亦高，約在圖的左上角。同樣為了把軍事與經濟分開，也考慮小國在三角中對特定國的「片面」（unilateral）合作或對抗選擇，沈有忠（2006：29-32）就此曾提出了一個對各變項加權的更複雜三角分析（片面合作指大國雖對小國強勢甚至壓制，但小國因理念偏好或利益結構限

圖16-2　1980年代美國與國際層級化面向圖

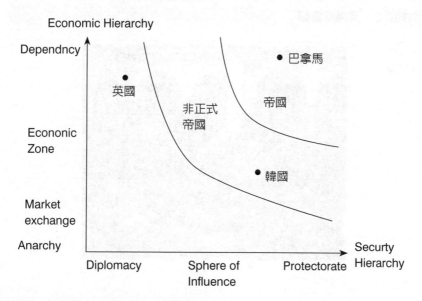

資料來源：作者依照Lake（2009: 53）局部修改。

制，仍只能合作屈從；或者相反地，大國雖讓利討好，小國仍堅持選擇對抗）。

　　至於「關切不對稱」，即指弱勢方會迫切關注強勢方的一舉一動，甚至出於內部因素而過度解釋、過度反應（overreaction）。反之，強勢方作為眾人的關注中心，因為有太多雙邊、多邊關係需要經營，往往忽視個別弱勢方的擔憂。有關「利益不對稱」，則是因為弱勢方的槓桿作用較小，在各強權利益排序（priority of interests）上更容易浮動，較常成為卸責（buck-passing）或拋棄（abandonment）的對象。層級化現象、關切不對稱與利益不對稱，往往會扭曲三角的諸多假設，尤其是不對稱三角的運作。1980年代盛行的戰略三角論，還隱藏著一個重要前提就是當時不存在全球單一霸主，三國又都不屬於對方的層級，才具有相當大的決策自主性。拿破崙戰爭結束至二戰這段時間，也沒有形成全球性帝國或霸主，才使許多組「三國志」可以較自由的運作。

照片16-2　雅爾達會議

二、非物質性因素加劇不對稱與層級結構的作用

戰略三角相當程度忽視了「理念」（idea）因素對行為者選擇合作或對抗的影響。也因此，純粹從改善角色增加獲益的考慮來看，四類三角關係長期本會趨向結婚型乃至三邊家族型演進（包宗和，1999：346）。但是現實中的三角關係，不僅受到前節所提權力不對稱和層級現象存在的干擾，而且單元內政條件的變化，也會對角色的改變有重要影響。例如戈巴契夫執政對兩極關係的衝擊、韓國自由派與保守派對韓美關係看法的差異，以及臺灣體制民主化與身分本土化改變了自己的身分認知（施正鋒，2001）等。這也突顯出戰略三角沿用結構現實主義所謂「國家是單一理性行為者」假定，有過度靜態、過度簡化之弊。

綜合言之，對任何一組三角關係的影響，可主要分為物質因素與非物質因素。最具決定性的物質性因素無疑就是現實主義主張的「**權力平衡**」（balance of power），權力的內容即為經濟、軍事與地緣政治。權力平衡主導關係中的對抗與合作的選擇，是三角的「理性」（rational）面向。三角中的大小各方，首先要力求透過自助與合作改善經濟與軍事等條件，才能增加未來維持合作或轉而對抗的籌碼，藉以維持角色或使它向上攀升。

但是理念性因素（即非物質因素）造成的「**關係平衡**」（balance of relations）（Huang and Shih, 2014: 29-49）也在主導雙邊與三角關係中主觀認同的親疏，認同的內容主要包括情感親近，與價值制度的信用（credibility），此即三角的「關係性」（relational）面向。行為者不可能存在於「理念真空」的純物質環境中，勢必需要主動維繫、調整角色之間涉及情感和價值的關係。有效的關係維繫與調整，將補充甚至強化物質因素，使角色向上提升；失敗的、破壞性的調整削弱物質性條件，使行為者角色下沉。如果用較大眾化的方式說，就像子貢問孔子為政之道，孔子提出三項因素，有兩項即是國家間關係的物質因素；足食、足兵（經濟、軍事）；而「民信」就是情感與價值的認同和信用。

權力平衡與關係平衡

權力平衡有時譯爲「均勢」，是現實主義理論的核心，指涉國家間物質性權力分布的狀態；具體呈現爲「單極」（unipolar）、「兩極」（bipolar）或「多極」（multipolar）。所謂「極」，是指國家組成的無政府國際體系中，「權力」集中的點，例如冷戰的美蘇兩極。

關係平衡強調國家彼此總是以各種方式複雜地相互關聯，一國之安全有賴維持各組雙邊關係的長期穩定。爲此若犧牲若干物質性權力資源有助穩定，國家行爲者有可能做出妥協以求穩定關係。反之，若此種長期穩定遭到破壞，行爲者可能不惜犧牲若干物質性權力資源，以表示堅持特定關係的決心。這些選擇未必會成功，但決定的作成有時會與「理性決策」的預期相反，而被誤以爲是「非理性」，但學者稱之爲「關係導向的理性」（relational rationality）。

參、冷戰時期三角關係的變遷

美中臺三角關係是實力極不相稱的不對稱三角（下文提及「小三角」時亦指美中臺三角，「大三角」則指美蘇中或美中俄）。影響這組三角關係中行爲者的處境與改善角色的重要因素，首先是物質因素。物質因素的內容主要有兩方面：國際體系的權力分布態勢，以及三角中行爲者權力的變化。體系權力分布的特徵也有兩個重點：層級結構與權力移轉（power transition）趨勢。影響三角關係的非物質因素包括情感親近、價值接近程度與政策制度的信用。非物質因素除了涉及三組雙邊的關係平衡，還必須將整個國際體系層級結構中，行爲者的政策信用納入考慮。

形象地比喻，三個雙邊愈趨向「三邊家族型」，即三邊都趨向合作性關係，所構成的三角蘊含的空間較大，每個雙邊都有較多彈性，三角關係比較穩定而有可預期性。現實中有的三角和平可能是冷淡和平，但和平空間穩定；有的三角和平是交往和平，和平空間擴大。有的三角中，出現強烈的敵意和絕望的「孤雛」，三角空間內縮、彈性匱乏，行爲者缺乏空間而趨向激烈碰撞，比冷淡和平更加危險。

一、中國內戰、韓戰與第七艦隊協防：小三角浮現（1948-1950）

　　所謂美中臺三角，在「國共內戰」前是不存在的。雖然根據歷史學者的資料，臺灣在三角中地位的浮現，最遠可以追溯到美國海軍提督伯里（Matthew Perry）叩關日本時期，當時他的報告曾建議爲了維護美國未來在「東方」的權益，可以考慮在臺建立殖民地或基地。伯里的設想久久沒有實現，倒是甲午戰爭之後日本取得臺灣，成爲農業生產與戰略南進基地。二戰前國民黨、中共與蘇聯共產黨曾透過各種管道影響臺灣本地的社會與政治運動；美國羅斯福（Franklin Roosevelt）總統則不晚於1943年（即「開羅宣言」當年），決定可以使臺灣回歸中國，以完善其戰後「四大警察」（美蘇中英）的國際秩序架構。這些影響一直延續到日本戰敗之後（Bush, 2005: 16-17；張讚合，1996：17-18；盧修一，1990：7-71）。

　　1947年末中華民國宣告行憲，但旋即在1948年5月宣布「動員戡亂」，國共內戰於當年9月進入決戰階段。至12月，國民政府先後在東北與華北戰場大敗，蔣中正電令由原參謀總長陳誠取代法學學者魏道明，出任臺灣省主席，並電令央行將上海庫存金銀與美元運臺，說明國民黨執政者已在認眞考慮完全失去大陸領土的情境。

　　當時美國則與中共保持著曖昧的接觸，希望爭取未來的中國政權在美蘇兩極之間，保持一種中間立場，以免美國在亞洲陷入被動。在共軍占領首都南京，蘇聯使館追隨行政院遷往廣州時，美國大使司徒雷登（John L. Stuart）還滯留與中共外事官員接觸，考慮答應中共的條件。中共10月1日建立的中華人民共和國雖未獲美方承認，但蔣夫人宋美齡匆忙二度訪美接洽美援遭受冷遇；美國杜魯門（Harry S. Truman）政府在1950年1月仍發表了「臺灣不干涉聲明」（外交史稱此舉爲「靜待塵埃落定」，wait until the dust settles），強調美方無意奪取臺灣或其他中國領土，以保留未來美、中外交迴旋空間（彭明敏、黃昭堂，1995：74-75；資中筠，2000：221-243）。用戰略三角的術語說，美方要保留在三角中的靈活性。

　　無奈北京當局立足未穩，蘇聯與東歐集團援助至關重要，中共只能選擇對蘇「一邊倒」。中共「一邊倒」在蘇聯同意北韓金日成6月25日向南進攻，杜魯門兩天後宣布第七艦隊進入臺海後，成爲長期不可扭轉的結構性現實；今日所稱的所謂「美中臺三角」（以中華人民共和國爲國際關係研究上的「中」），才逐漸凝固。

二、中蘇從盟友到決裂、美國陷入越戰泥沼：大三角浮現（1950-1969）

　　北京向史達林「一邊倒」的態勢，在1950年2月中共總理周恩來與蘇聯外交部長維辛斯基（Andrey Y. Vyshinsky）簽署「中蘇友好同盟互助條約」（取代1945年中華民國與蘇聯的「中蘇友好同盟條約」）、6月底韓戰爆發、10月19日盟軍反攻占領平壤、北京派出「中國人民志願軍」渡過鴨綠江參戰後更加明確。不僅如此，戰後杜魯門總統一改羅斯福之方略，同意法國重返越南殖民地，越共在胡志明領導與蘇共、中共支持下，建立了北越政權，並於1954年5月「奠邊府之役」擊敗法軍。爲處理朝鮮半島與中南半島戰爭，同年7月召開由美英蘇中和南北越等9國的「日內瓦會議」，確立以北緯17度線爲南北越分界。此次會議係中華人民共和國首次以主要國家身分參加的戰爭和會。次年4月由印度總理尼赫魯（Jawaharlal Nehru）、印尼總理蘇卡諾（Sukarno）號召的抵制美蘇兩極的「萬隆會議」在印尼萬隆召開，北京代表周恩來在爭議中受邀，會議接受了1954年中印緬三方提出的「和平共處五項原則」。日內瓦會議和萬隆會議使北京得以在被排除於西方主控的聯合國體系外時，開始在國際社會具有獨立施展的空間；尤其在脫殖後新獨立的亞、非、拉世界（有時稱「第三世界」），中國的影響力迅速上升。

　　透過韓戰和初期越戰，北京初步具備了「戰略大三角」成員的條件。但兩次戰爭都與美國爲敵，不改變中蘇「結婚型」關係，因此，美國強化與中華民國安全合作，1954年年底簽署了「中美共同防禦條約」，正式在臺成立協防司令部，小三角中的臺美也屬「結婚型」。美國艾森豪總統

（Dwight D. Eisenhower）1960年6月17日訪問臺北三天，可謂史上臺美友好最高峰。但從條約裡美方承擔防衛義務的區域僅限臺澎、不含國軍控制的大陸沿岸離島可以發現，美方並不願捲入臺澎以外與北京的軍事衝突。主要的案例包括1955年1月至2月的浙江外海大陳島之役，以及1958年八二三砲戰，美方願意提供撤軍或運補服務，但不願與共軍接戰。到了1950年代末起，大陸內部因政治運動與天災陷入危機時，國民政府還曾預擬「國光計畫」並多次試行對大陸小規模反攻。這還包括西藏事件與達賴流亡前後，臺北積極建議空投人員到藏東設置電台煽動起義，甚至在蔣經國訪美時，當面向甘迺迪總統推銷「乘中蘇糾紛與大躍進失敗，國軍空降大陸策反民眾以備反攻」，但都因事機不密與華府抵制而失敗。事實上，八二三砲戰期間美國國務卿杜勒斯訪臺，發表「中美聯合公報」，其第6條即明確指出，「光復大陸之憑藉爲三民主義而非武力」。顯然華府當年不願因美臺「結婚型」關係，貿然捲入兩岸戰爭（張讚合，1996：142-143、156-157；林孝庭，2021：93、94、100-101）。

照片16-3　美國艾森豪總統訪臺時歡迎看板

　　美蘇關係在蘇聯二戰強人史達林（Joseph Stalin）1953年逝世後，經歷了高強度的軍備競賽和多次區域爭端。除了韓戰與越戰，還有三次柏林危機（1948、1958、1961）、蘇伊士運河危機（1956）、匈牙利事件（1956）、布拉格事件（1968）。這些危機分別削弱了美蘇兩強在彼此陣營中的優勢。毛澤東領導的中共一方面欲擺脫蘇聯模式，以「大躍進」、「文革」等運動獨樹社會主義陣營新旗幟；一方面繼續支持越共抗擊接手法國介入東南亞的美國，使中國陷入同時對美、蘇外交兩面作戰。1969年3月中蘇兩軍在烏蘇里江中的珍寶島發生軍事衝突，中方開始認真應對蘇軍大舉侵華的風險。由於美國1960年代後期民權運動高漲，越戰戰事不利更飽受批評，1968年當選的尼克森總統（Richard Nixon）開始思考「越戰越南化」與「光榮的和平」（peace with honor）的出路。華府開始收回對次要盟邦部分防衛承諾的另一原因，則是基於財政上的考量；其戰略重點開始從中南半島轉向中東，特別是沙烏地阿拉伯和伊朗。恰好中蘇交惡，北京有擺脫「孤雛」的強烈誘因，給予美方調動大三角和打「中國牌」的機會（Wittkopf, Kegley, and Scott, 2003: 51, 76, 155）。臺灣在「小三角」中受利益不對稱的結構性影響，遂成為失落的一方。

三、美中抗蘇形成大三角：臺灣陷外交孤雛（1969-1991）

　　尼克森與季辛吉（Henry Kissinger）的戰略構想雖然日益明確，但施行時仍是虛實並進，與北京透過羅馬尼亞、巴基斯坦等第三管道進行試探，並逐步透過放寬旅遊限制和物資出口管制釋放善意（楊潔勉，2018：11-22）。至1971年7月9日季辛吉祕密訪問北京，7月15日尼克森宣布接受邀請次年訪華，華府與北京「關係正常化」遂化暗為明。但因尼克森第二任遭「水門案」彈劾危機辭職，加上華府仍有不少友臺的力量，「建交」延至1978年底卡特總統（Jimmy Carte）時才完成。

　　美中改善關係以制衡蘇聯，亦有助於蘇聯在個別議題與美國改善關係，例如1972年雙方簽署第一階段限制戰略武器談判（SALT I）的成果：《美蘇反彈道飛彈條約》（Anti-Ballistic Missile Treaty）。反而中蘇關係並未獲益於越共1975年的勝利。越南因中美改善關係，愈加質疑中共援越的誠意，加上中方反對越南介入柬埔寨，越南遂大步向蘇聯靠攏。1978年11月簽署的《蘇越友好合作條約》實際上等於是夾擊中國的軍事同盟，加速了北京與華府完成12月的「建交公報」，與次年3月中方發起「懲越戰爭」。中越邊界戰爭實際上得到美國與東協國家的默許，用意是制衡蘇、越勢力在東南亞的壯大。加上1979年12月底蘇軍進軍阿富汗，形成對中的北（蒙古）、南（越南）、西（阿富汗）三面包圍，美中為此甚至展開近十年的軍事合作（張登及，2000：90-114）。

　　「臺灣問題」自始即是美中關係的關鍵議題之一。尼克森時代未能完成北京「斷交、廢約（中美共同防禦條約）、撤軍（美軍）」的要求，但1972年2月28日發表的「上海公報」至少達成「反對任何國家在亞洲建立霸權或在世界範圍內劃分勢力範圍」的共識，明顯共同劍指蘇聯。美方關於臺灣的表述，使用了「認識到」（acknowledge）「一個中國」、「不提出異議」（not to challenge）與希望「和平解決」的立場，和「承認一中」保持了微妙的距離。1978年12月15日雙方簽署的「建交公報」，英文版亦沿用acknowledge一詞，雖然中文版公報使用中文詞彙「承認」二字，中美雙方也都在中英文版簽署，法理上兩種文字效力一致。對於北京而言，至少先取得了華府對臺斷交、廢約、撤軍，重申共同反霸（反蘇），美方則在與北京建交後通過《臺灣關係法》，使臺北雖淪為外交孤雛，卻能確保戰略地位不變。

　　美中關係正常化初期並非一帆風順。雷根（Ronald Reagan）成功擊敗爭取連任的卡特的過程中，曾抨擊卡特軟弱並聲言將與中華民國復交，同時也對蘇聯十分強硬，這便為蘇聯創造調整大三角的機會。於是素來強悍的蘇共總書記布里茲涅夫（Leonid I. Brezhnev），在1982年3月24日發表改善中蘇關係「塔什干談話」，開啟中斷二十年的雙方副部級磋商，日

後並藉由蘇共領導人葬禮，不斷提高蘇、中會晤等級。據說時任總統蔣經國當年的一份函電，已注意到中蘇關係將有變動，美方亦不等閒視之。北京於是借力使力，與美國在8月17日簽署了旨在減少臺美軍售的「八一七公報」。爲避免美臺一側受到太大衝擊，雷根政府同時宣布重點在軍售無期限、不壓迫臺灣上談判桌的對臺「六項保證」（Six Assurances），使美國仍可在小三角扮演樞紐角色。爲強化美中關係，雷根於1984年4月訪問北京，成爲建交後首訪中共的美國總統。

到1980年代末期，對中美關係衝擊最大的非「六四事件」莫屬。時任總統老布希（George Bush）一方面立即宣布制裁措施，卻另派國安顧問史考克羅夫特將軍（Brent Scowcroft）和副國務卿伊戈伯格（Lawrence Eagleburger）密訪北京，向鄧小平強調中美關係的重要性。當年底美方即撤銷波音客機與軍事銷售制裁。理由很明顯，「六四」前夕蘇共總書記戈巴契夫剛完成首訪北京，與鄧小平宣布「結束過去、開闢未來」的「中蘇關係正常化」。至此，中國對美、蘇關係都「正常化」了，美中蘇似乎可能變成「三邊家族」。但美中惡化，蘇聯有潛力躍升「樞紐」。老布希總統在日誌中表明，不能讓中國退回蘇聯陣營，仍須拉住鄧小平。所以「六四事件」西方對中共的制裁，並未對美中臺小三角造成改變，臺灣並未因此獲益，反而不久後的1991年秋，英國首相梅傑（John Major）訪華，日本天皇也於1992年春訪華（Lampton, 2001: 25-27），「六四事件」導致的中國外交孤立完全被解除。

肆、冷戰後三角關係的發展與現況

一、後冷戰單極態勢：臺灣「身分」變遷與小三角地位活絡化（1991-2000）

1991年8月19日發生推翻戈巴契夫總統的政變，但旋即失敗，蘇聯後來在12月26日解體，宣告兩極時代的結束。俄羅斯繼承蘇聯的法人身分，

但國勢大為衰落，大三角一時幾不復存在，老布希總統提出世界新秩序之倡議，但挑戰者民主黨人柯林頓（Bill Clinton）抨擊其軟弱。柯林頓勝選後的一項主張是將對華貿易條件與中國人權掛鉤，如未改善則撤銷最惠國待遇，這似乎也符合中國失去美國操作「大三角」制衡蘇聯價值後的新態勢。但自1978年底鄧小平、胡耀邦等開啟的經濟「改革開放」以來，美中貿易快速增加，商界在華利益綿密。柯林頓的強硬主張持續僅一年即片面取消，中美兩國元首在當年APEC西雅圖峰會恢復見面，但此時美國與俄羅斯新總統葉爾欽關係也算親近，大三角形似重回「三邊家族型」。

　　冷戰後美中臺小三角的一項重大發展是臺灣「身分」因素的快速變化，造成兩岸「關係平衡」的改變。事實上，從1970年代退出聯合國、日本斷交起一系列外交危機，解嚴前國民政府的正當性遭遇憲政與國際的雙重挑戰，執政基礎主要依靠1970到1980年代開創的經濟繁榮來支持，但臺灣反對運動早有以普選國會和總統等民主化，來落實政權本土化乃至「臺灣獨立」的呼聲。此一發展到蔣經國總統執政末期逐漸明朗化。解除戒嚴、開放黨禁與民進黨1991年第五屆全代會通過的「臺獨黨綱」，加上李登輝總統繼任國民黨領導人後，對兩岸定位的多次調整（從1991年3月推出的「國統綱領」，發展到1999年7月對德國媒體提出的「特殊國與國關係」），說明了1990年代臺灣政治光譜與國家定位的快速轉變。

　　臺灣「理念」方面因素的變遷雖不影響「小三角」的軍事和經濟實力對比，但卻開始對冷戰時期兩岸潛在的「中國」（內戰）共識，與1980年代後「和平」處理內戰（中共全國人大常委會1979年《告臺灣同胞書》和國民黨1981年提出「三民主義統一中國」）共識造成重大衝擊。1995年李登輝總統首訪美國赴母校康乃爾大學演講和1996年臺灣首度直選總統，進一步突顯了「中華民國在臺灣」與過去內戰中的中華民國的差異。由於北京仍堅持建政以來的兩岸內戰中的關係定位，這項差異造成三角中兩岸一側「關係」的改變，且可能危及中共統治的「信用」，而需訴諸武力嚇阻臺灣「理念」方面的「片面」變質。這個發展導致了1996年春的臺海飛彈危機，也打破了1965年烏丘海戰後海峽長期的軍事沉寂。在「國統綱領」

背景下於1992年開始的兩岸「辜汪會談」一度中止、美國派出航艦接近臺海嚇阻共軍,事後的1997年9月美國與日本公布針對中國的新版「安保防衛指針」,日本國防重點首度從本土「專守防衛」轉向「周邊有事」,使另一個美中日小三角後來十多年朝向美日結婚、疏遠中國方向進展。此時,中國也開始致力推進中俄關係;約與1996年危機同時,中俄哈吉塔五國成立了「上海五國」機制。

照片16-4 1995年6月李登輝總統赴康乃爾大學演講

資料來源:中央通訊社(2020)。

雖然柯林頓總統第二任內迅速修復美中關係,在1998年6月訪問上海時提出對臺「三不」(不支持臺獨、兩個中國、臺灣加入主權國家組成之

國際組織），但美中雙邊關係已更遠離1980年代的友好。1999年5月8日南斯拉夫內戰期間，美軍誤擊中國駐貝爾格勒大使館；2001年4月1日美國偵察機與共軍戰機撞擊導致美機迫降海南島、共軍飛行員死亡事件，都使1990年代末興起的「文明衝突論」和「中國威脅論」更受矚目。接替柯林頓的小布希總統（George W. Bush）及其團隊也像雷根與柯林頓一樣，競選時矢言「不惜代價」力挺臺灣、制衡中國。

二、反恐戰爭與大小三角中的「權宜家族」

1990年代單極穩固，全球似乎進入一個美國獨強、長期穩定的「層級」秩序中。但這一情勢很快就被2001年九一一恐怖攻擊打破。表面上看來，美國迅速擊敗阿富汗塔里班政權與伊拉克總統海珊（Saddam Hussein），2008年上臺的歐巴馬總統（Barrack Obama）又擊斃蓋達組織首腦賓拉登（Osama Bin Laden），但因伊戰打破中東平衡而從伊斯蘭世界向非洲甚至歐美擴散的新形態恐怖主義，不僅使美國身陷另一個新泥沼、使難民危機向歐洲擴散導致歐盟瀕臨崩壞，在國際體系層次方面的重大影響則是給予中國長達十年的和平發展機遇，造成今日「中國崛起」的態勢。這十年美國為了專志中東，只能有賴中國出面遏制北韓乘隙核試，主持「朝核六方會談」（Six-Party Talk），贏得「負責任的利害相關者」（responsible stakeholder）的稱許，中國在各類國際組織的資助和影響也同步深化（邱坤玄，2010：12-24）。

與此同時，普京副總統於2000年1月1日繼任俄國總統並多次連任。不滿於西方未能兌現蘇聯瓦解後對新俄國的支持，普京總統透過強化莫斯科主導的「集體安全公約組織」（取代華約、由俄國、白俄羅斯與哈薩克等六國組成的軍事同盟，2002年成立）、「歐亞經濟聯盟」（2000年成立），與中國主導的「上海合作組織」（2001年成立）進行有彈性的合作。中、俄以第二大經濟體和第二大核武國，再度與美國鼎足而三，引起許多美國戰略家的憂慮。雖然中、俄都堅稱不結盟，但大三角的地緣政治

重新浮現，也是美國霸權開始削弱的訊號（張登及，2008：95-138）。

反恐戰爭期間，臺灣本土化與民主化的又一重大發展，是民進黨陳水扁在2000年以相對多數首度當選總統。儘管陳水扁總統曾試圖用「四不一沒有」宣示，緩和北京的不信任，但或因北京遲無回音，加上國內民主體制與政黨競爭要求政治人物追求「選票極大化」，陳水扁在2002年8月起宣示兩岸定位是「一邊一國」。惟此時中美俄關係又因反恐與朝鮮問題形成權宜的「三邊家族」，小布希當局不樂見臺海有事，加上當時美國民調多反對為臺用兵，華府對臺灣政府的新態度公開表示反對。此後很長一段時間，美國偶爾甚至會有論者基於「利益不對稱」的考慮，提出「棄臺論」的構想。由於臺灣在美方層級秩序中依賴度高、位置偏後，不可能反過來影響當年反恐優先的大局，美國可說享有小三角中的樞紐地位（Lampton, 2003: 456-458; Wittkopf, Kegley and Scott, 2003: 255; Glasser, 2011: 80-91；吳玉山，2000：15）。

歐巴馬當選約與國民黨馬英九贏得總統大選時間相近，臺美兩位領導人一開始都偏好維持與北京的友善關係。由於美國需要持續致力中東局勢，使臺灣主張緩和兩岸關係的國民黨也有選票極大化的競爭力。2005年4月底在野黨主席連戰在總統敗選後訪問北京，成為中國國民黨黨魁在內戰失敗後重返中國大陸第一人。連戰與中共總書記胡錦濤發表「五項願景」（主旨是以「九二共識」為基礎恢復平等協商、追求結束敵對狀態、開放「三通」等），執政的民進黨雖加以批判，美方卻未反對。實際上當時小三角的兩岸一側雖政治冷淡卻經濟熱絡，貿易依存快速上升，馬英九總統勝選與胡錦濤連任總書記後，「九二共識」分別寫入了國民黨黨綱與2012年中共「十八大」（第十八次全國黨員代表大會）的政治報告中。一時之間，大、小三角似都回到了「三邊家族型」。

三、新冷戰：北京淪為小三角孤雛？

戰略三角理論以為「三邊家族」最為穩固，其實忽略了權力不對稱和

關係平衡的動態性。2009年起美歐受到次貸風暴造成的經濟危機拖累，「中國崛起」的態勢更加明朗。當年中國經濟規模超越德國，兩年後超越日本；加上海、空軍事現代化長足進步，致使在2009年聯合國海洋法公約規定南海各國提出大陸架界線期限屆滿後，北京在當地展開造島駐軍等強勢維權。面對中方日益強勢，歐巴馬政府逐漸改變友華態度，積極推動亞洲「再平衡」（Rebalancing）、「亞洲軸心」（pivot to Asia）政策，內容包括美日印澳安全合作與跨太平洋夥伴關係（Trans-Pacific Partnership, TPP）等明顯排除中國的機制。北京並不示弱，新任總書記習近平於「十九大」後不久，即在2013年推出涵蓋歐亞非大陸的「一帶一路」（絲綢之路經濟帶與海上絲綢之路，Belt and Road），以歐亞「五通」反擊美日印澳等從海上而來的包圍；大三角美中一側呈現中美「雙攻勢」。

　　這一戰略上的雙攻勢態勢，一直延續到2016年開打「貿易戰」的川普和冷卻兩岸的蔡英文分別當選總統之後。尤其是川普勇於打「臺灣牌」，就職前與蔡英文總統通電首開先例，一方面對北京「極限施壓」取得2020年第一階段貿易協議簽署，另一方面美國國會又通過《亞洲再保證法》、《臺灣旅行法》、《臺北法案》（Taiwan Allies International Protection and Enhancement Initiative，縮寫恰爲TAIPEI）等多個友臺法案，看起來北京在2017年秋川普訪華後不久，就逐漸淪爲小三角的「孤雛」。但美國強化臺美「結婚」，卻在大三角沒有進展。克里米亞危機、敘利亞戰爭、美國大選「通俄門」調查與俄烏戰爭壓縮掉了美俄友好的空間。

　　與此同時，由於川普相當輕視國際組織，相當程度削弱了霸主在層級秩序中的制度作用。歐盟、東協、土耳其、沙烏地與日韓等國在氣候、難民、敘利亞、伊核、朝核乃至COVID-19病毒疾控等眾多國際議題上時有疏離，不再完全採取過去追隨美國的政策。爲此美國學界爭執不休，有人認爲「自由國際秩序」（liberal international order）和依靠「和平演變」改造中、俄本來就是大國政治的幻象，有人則認爲川普政府魯莽，導致美國霸業的挫敗（Nye, 2019: 63-80; Mearsheimer, 2019: 7-50；張登及，2020：561-564）。總之，目前小三角中北京雖被逼進「孤雛」，但

即便是拜登逆轉川普「退群」戰略，努力揪合北約、歐盟、「四方集團」
（QUAD，指美日印澳），加強美韓、美菲同盟，力圖從科技、金融、外
交、安全甚至COVID-19疫情調查等方面孤立圍堵中國，仍未能在其他多
個三角與多邊關係全面達陣，除了臺灣、日本、英國、加拿大之外，包括
法國、西班牙以及多數東協國家仍抗拒一邊倒式的選邊。加上普京的俄國
仍「打中國牌」以拒美國，所以壁壘分明的新冷戰，尚未完全成形。

照片16-5　中國「天問一號」火星探測器搭載的「祝融號」登陸火星

伍、結論：中國大陸研究最迫切的議題

　　影響美中臺三角關係重量最大的是美中關係。美國不位居國際體系單
一層級的絕對主導地位時，美中關係會受其他大國，地緣政治上尤其是蘇
聯／俄國的影響。毫無疑問影響美中雙邊或大三角最強大的物質性因素變
化就是「權力移轉」（power shift），此變化之影響也從震央中心，擴散
到美中在國際制度甚至雙方社會與民間關係。美國為保衛其層級地位，其
朝野重估（reckoning）過去對華「接觸」政策的「失敗」，川普時代甚至
不惜犧牲其自由國際秩序的龐大信用，以「退群」為手段，在軍事與經濟

上逐漸恢復冷戰圍堵的措施，也開始在文教與社會展開對華「脫鉤」（或更大的「全球去中國化」）。這不僅使過去經濟壓艙石的作用變成美中關係的負債，甚至正在造成逼迫其他單元選邊的新兩極世界。美方同時在權力與關係平衡施壓，愈早逼迫包括關鍵單元如臺灣、韓國、越南、菲律賓、印度、蒙古在內的單元選邊，時間上對霸權護持愈有利。

在三角中權重最大的美中一邊因為「雙攻勢」而彈性縮小、空間內縮的情況下，美臺關係也因美國維持權力三角優勢的需要內縮，使臺灣不再享有李登輝至馬英九時代的政策彈性。美中關係在權力與理念兩線的激烈競爭，也使華府不再發揮小三角樞紐或穩定者的作用，反而正壓迫所有第三方都儘量與中國脫鉤，雖然美國表面上稱為「去風險」（de-risk），拜登與布林肯、葉倫等高官也說無意與中國脫鉤。小三角美臺一邊還有臺灣認同「理念」的變化長期累積的因素，乘著若干具體糾紛與新媒體效果的推波助瀾，加上「選票極大化」的競爭效應，使兩岸的敵意更超過美中，並且蔓延到雙方社會。特別是當其他三角愈盛行「避險」，臺灣一邊倒似乎對華府更有價值。這也是為何華府歷來看重，甚至要考核臺灣總統選舉各黨候選人對兩岸關係的立場的原因。

戰略三角原也預期行為者力圖擺脫「孤雛」，北京也試圖透過「讓利」避免中美交惡時，臺灣疏離更遠。這種規劃的成效在2014年後不僅逆轉，加上北京在經濟下行與COVID-19封控政策逆轉等嚴峻敏感氛圍中，難免用對自己的自信取代對兩岸和平的自信，不再容忍歧見，時而訴諸單邊、無區別的強硬作為，其效果又反饋到美臺執政者與西方社會對北京的抵制。

原始的三角模型未能考慮權力與利益不對稱，又缺少對理念因素的解釋。尤其是面臨正當性危機時，臺灣問題已躍升成為中共的「核心利益的核心」。與其設法調整三角動力，中共可能打算不如毀棄三角結構。眼下小三角三個邊都在內縮、彈性都在快速減少，三角中和平的空間逐漸崩塌，以致國內外不少研究警告當前是小三角成形迄今，風險最高時刻。臺北是否能以三角較小但曾經有所作為的一方，恢復三角的彈性，在理論與

政策上都是臺灣的「中國（大陸）研究」這個學科形成以來最迫切、最重大的挑戰。

關鍵詞：戰略三角、美中關係、兩岸關係、霸權、權力移轉

延伸閱讀

1. 林孝庭，2015，《臺海、冷戰、蔣介石：解密檔案中消失的臺灣史（1948-1988）》，臺北：聯經。
2. 張登及，2022，〈新時代、新秩序：中國特色大國外交的概念、發展與前景〉，吳玉山等編，《一個人或一個時代：習近平執政十週年檢視》：273-306，臺北：五南。
3. 趙春山，2019，《兩岸逆境：解讀李登輝、陳水扁、馬英九、蔡英文的對治策略》，臺北：天下文化。
4. 蘇格，1998，《美國對華政策與臺灣問題》，北京：世界知識出版社。
5. Kim, Ilpyong J. ed. 1987. *The Strategic Triangle: China, the United States and the Soviet Union*. New York: Paragon House.
6. Yu-shan Wu. 1996. "Exploring Dual Triangles: The Development of Taipei-Washington-Beijing Relations." *Issues & Studies* 32(10): 32-38.

思考問題

1. 你覺得美中臺三邊關係多大程度符合「戰略三角」的特點？臺北具備調整對華府與對北京關係的空間和彈性嗎？如果空間很小，即臺北欠缺有效的戰略「選項」，是否應放棄用「戰略三角」來看美中臺關係？

2. 過去常看到華府「打中國牌」、「打臺灣牌」的說法，也有人說北京「打美國牌」是「經美阻獨」，更能介入臺灣政治。你認為臺灣也可以「打牌」嗎？理由為何？

3. 在美中競爭中，可以看到很多國家採行政經雙軌策略，減少政策成本。你覺得這種做法是否適用於臺灣？

4. 學界有些意見認為物質性權力結構在國際政治居主導地位，理念與制度基本沒有、或僅具有附屬性的作用，你是否同意？請用美中臺三角關係舉例說明。

5. 美國前總統柯林頓挑戰當時現任的老布希時，主張捍衛人權不惜對華「脫鉤」，但後來因為美中貿易互賴緊密而失敗。那麼現今美中貿易只增不減，中方人權等問題依舊，為何川普總統重演有脫鉤效果的「貿易戰」？拜登政府高官多次重申美國不會實施對華「脫鉤」，請問是其真意嗎？

參考文獻

一、中文

Strange Susan著，楊光宇譯，2006，《國家與市場》，上海：上海世紀出版社。譯自*States and Markets*. 1994.

包宗和，1999，〈戰略三角角色轉變與類型化分析：以美國和臺海兩岸三角互動為例〉，包宗和、吳玉山編，《爭辯中的兩岸關係理論》：337-364，臺北：五南。

吳玉山，1997，《抗衡或扈從：兩岸關係新詮》，臺北：正中書局。

吳玉山，2000，〈臺灣總統大選對於兩岸關係產生的影響：選票極大化模式與戰略三角途徑〉，《遠景季刊》，1（3）：1-33。

沈有忠，2006，〈美中臺三角關係：改良的戰略三角分析法〉，《展望與探索》，4（3）：20-40。

林孝庭，2021，《蔣經國的臺灣時代：中華民國與冷戰下的臺灣》，臺北：遠足文化。

邱坤玄，2010，〈中共在周邊地區的外交：理論與實踐〉，《遠景季刊》，11（4）：1-42。

施正鋒，2001，《臺中美三角關係：由新現實主義到建構主義》，臺北：前衛。

唐欣偉、張廖年仲，2018，〈現實主義〉，包宗和、張登及編，《國際關係理論入門》：13-33，臺北：五南。

涂志堅、唐欣偉，2001，〈從總體觀點看柯林頓時期的美中臺戰略三角〉，《遠景季刊》，2（2）：163-196。

張登及，2000，〈中共「懲越戰爭」的歷史結構分析：對外政策的武力使用〉，《東亞季刊》，31（1）：91-114。

張登及，2008，〈地緣因素與新現實主義：以冷戰後中美地緣競逐為例〉，《政治學報》，45：95-138。

張登及，2020，〈國際秩序的未來〉，張亞中、張登及編，《國際關係總論》：539-565，第五版，臺北：揚智。

張讚合，1996，《兩岸關係變遷史》，臺北：周知文化。

彭明敏、黃昭堂著，蔡秋雄譯，1995，《臺灣在國際法上的地位》，臺北：玉山社。

楊惟任，2017，〈從戰略三角觀點看川普上臺後的臺美中關係〉，《展望與探索》，15（4）：57-75。

楊潔勉，2018，〈中美外交互動模式的演變：經驗、教訓和前景〉，《美國研究》，4：10-22。

資中筠，2000，《追根溯源：戰後美國對華政策的緣起與發展》，上海：上海人民出版社。

盧修一，1990，《日據時代臺灣共產黨史》，臺北：前衛。

侯姿瑩，2020，〈開創元首外交李登輝走向國際掀兩岸危機〉，中央通訊社，https://www.cna.com.tw/news/aipl/202007300333.aspx，查閱時間：2020/8/11。

二、英文

Basu, Titli. 2020. "China-Japan-US triangle: Abe's balancing Act." The Interpreter, Lowy Institute, February 2020, https://www.lowyinstitute.org/the-interpreter/about-interpreter.

Bush, Richard. 2005. *Untying the Knot: Making Peace in the Taiwan Strait.* Washington, DC: Brookings Institution Press.

Chang, Teng-chi. 2011. "Power Shift, Asymmetric Interests and Buck-Passing: Assessing the Dynamics of Recent US-China-Taiwan Relations." In Li MingJiang ed., *China and East Asian Strategic Dynamics: The Shaping of a New Regional Order: 199-215.* Maryland: Lexington Books.

Dittmer, Lowell. 1981. "The Strategic Triangle: The Elementary Game-Theoretical Analysis." *World Politics* 33(4): 485-515.

Glasser, Charles L. 2011. "Will China's Rise lead to War?" *Foreign Affairs* 90(2): 80-91.

Huang, Chiung-Chiu, and Chih-Yu Shih. 2014. *Harmonious Intervention: China's Quest for Relational Security.* London: Ashgate Publishing Ltd.

Lake, David A. 2009. *Hierarchy in International Relations.* Ithaca, NY: Cornell University Press.

Lampton, M. David. 2001. *Same Bed, Different Dreams: Managing U.S.-China Relations, 1989-2000.* Berkeley, University of California Press.

Mearsheimer, John J. 2019. "Bound to Fail: The Rise and Fall of the Liberal International Order." *International Security* 43(4): 7-50.

Nye, Joseph S. 2019. "The Rise and Fall of American Hegemony from Wilson to Trump." *International Affairs* 95(1): 63-80.

Segal, Gerald. 1982. *The Great Power Triangle.* London: Macmillan Press.

Wittkopf, Eugene, Charles W. Kegley, and James M. Scott. 2003. *American Foreign Policy.* Belmont: Thomson Learning.

Womack, Brantly. 2010. *China among Unequals: Asymmetric Foreign Relationships in Asia.* Singapore: Hackensack, NJ: World Scientific.

第十七章

中國軍事制度與改革

沈明室

壹、前言

　　每一個主權獨立的國家都會有軍隊，除了保衛國家安全之外，軍隊也是國家主權的象徵。一個國家的成立若經過戰爭或是革命歷程，軍隊與國家執政黨關係會很密切，呈現出與其他民主國家不一樣的特色。中國共產黨於1921年成立，剛開始透過工人運動及農民運動發展組織，依賴工人糾察隊進行城市武裝暴動，後因中國國民黨清黨，剪除黨內共黨分子，轉而進入山區，結合農民建立根據地。另於1927年8月1日煽動國民黨部分軍隊譁變，成立武裝力量，後來成為中國的建軍節。在中國軍旗上面的「八一」字樣，就是這個典故。

照片17-1　中國解放軍的軍旗

註：紅星代表紅軍時期的軍旗，八一代表1927年8月1日南昌武裝暴動時建立軍隊。

　　從發展過程來看，中國先建立共產黨，由黨再創立軍隊，軍隊服從對象並非國家，而是中國共產黨，使得中國軍隊一直保有黨軍的色彩。因爲中國延續「**黨指揮槍**」的傳統，透過政委及軍中黨部，控制軍隊運作，與軍隊司令員建構成爲二元的指揮機制。除此之外，因爲中國軍隊從農民革命起家，雖融合前國民黨軍隊或地方軍閥勢力而成，仍以農民爲主。爲了強化農民的政治意識，中國共產黨透過政治思想教育，強化農民的無產階級思維及革命意識，鼓動反抗地主與資產階級，使得政治思想教育成爲中國軍隊的主要特色。

黨指揮槍

強調黨指揮軍隊，在軍隊設立黨部，以黨委員會或小組方式運作，政治委員負責，軍隊必須服從黨的指揮與領導。

　　綜觀從毛澤東以來中國軍事制度的變遷，除了強調軍隊現代化作戰能力外，黨對軍隊的絕對領導、軍隊政治思想教育，以及因應這兩項工作所衍生的政治工作制度，如宣傳、紀律檢查等，都是延續性發展。只要中國共產黨「黨控制一切」制度不改，黨控制軍隊的方式也不會變動。

貳、中國軍事戰略體系與內涵

一、軍事思想

　　正如中國建政意識形態源自於毛澤東思想一樣，在軍事層面的意識形態，主要受到毛澤東軍事思想的影響。毛澤東從1935年的「遵義會議」獲得軍權後，領導中國共產黨時間長達四十年之久。從毛澤東進行土地革命

戰爭開始，因爲暴動或是戰爭的實踐經驗，以及因此而建立的人民軍隊，結合在各場戰役中的戰略戰術，建構成爲毛澤東的軍事思想。所以，毛澤東軍事思想則區分爲人民戰爭、人民軍隊及人民戰爭的戰略戰術。[1]

　　人民戰爭主要論述人民戰爭的必要性及可能性，以及如何實行人民戰爭的問題。基本精神強調在共產黨的領導之下，一切爲群眾的利益，並且在人民群眾依靠下，組織和武裝人民群眾，實行全面的人民戰爭（廖國良，1991：32）。人民軍隊則是因爲中共早期的武力來自農村，即使建政之後，仍非常強調人民群眾力量的爭取與運用。毛澤東認爲人民軍隊是共黨執行革命政治任務的武裝團體，必須堅持在共產黨的領導之下，執行戰鬥（軍事）、工作（政治）、生產（經濟）等三大任務。目的在透過黨，將人民、軍隊與國防緊密結合在一起。

　　人民戰爭的戰略戰術則是對人民軍隊執行人民戰爭軍事戰略的歸納。強調在敵強我弱的情況下，如何充分利用敵人的弱點，以自我的優點，依靠人民群眾，能夠在戰爭中求得生存與打贏戰爭的戰略戰術。戰略如游擊戰、**積極防禦**；戰術方面如阻援打點、圍點打援等。

積極防禦

積極防禦是軍隊抵抗敵人攻擊的基本原則，透過積極性的攻擊行動，以消耗敵軍的戰法，改變雙方戰略態勢。

　　這些革命時期的軍事思想與戰略戰術在毛澤東時期並無重大改變，因爲中國面臨四周強敵的狀態，同樣處於以弱敵強的態勢，加上毛澤東個人權威，無人敢於挑戰，使毛澤東軍事思想一直是中國軍事發展的指導方針，一直到改革開放後才由鄧小平修正。中國軍隊的政治屬性，在中國

---

[1]　也有加上國防與軍隊建設思想及軍事辯證法等成爲毛澤東軍事思想的五項內涵。

大型政治運動期間也扮演重要角色。例如在文化大革命期間，中國軍隊必須執行「三支兩軍」（支工、支農、支左；軍訓、軍管）的任務，導致軍隊耗費大量時間執行政治任務，無暇顧及戰備訓練，因爲偏重政治工作，人事拔擢也以派性爲主要考量，軍事專業荒廢，導致軍隊產生「腫、散、驕、奢、惰」[2]的問題。

　　鄧小平掌握軍權後，政策上追求改革開放，軍事上致力現代化。經過中國與越南在1979年的戰爭後，中國警覺軍隊戰力的不足，遂開始1980年代的軍事現代化，首先就是重新詮釋人民戰爭思想。但是因爲毛澤東軍事思想的正統性，鄧小平並未推翻人民戰爭思想，而是在人民戰爭之前加上現代條件。意味著鄧小平延續人民戰爭的正統，但必須提升人員與武器的現代化，以冠上新意涵的「戴帽子」方式，強調人民戰爭要與時代發展相適應，內容與形式要與現代戰爭一致，以加強中國軍隊的現代化。

　　江澤民時期，對軍隊受到波灣戰爭影響，提出新時期國防與軍隊建設思想，確立打贏現代技術，特別是高技術條件下局部戰爭。軍隊除須落實「**三個代表**」之外，另提出「**五句話**」總要求：政治合格、軍事過硬、作風優良、紀律嚴明、保障有力。

三個代表

江澤民提出「三個代表」指的是：「共產黨總是代表著中國先進生產力的發展要求、代表著中國先進文化的前進方向、代表著中國廣大人民的根本利益。」

　　政治合格要求軍隊要忠於黨的領導，才有靈魂與方向，產生凝聚力與戰鬥力。在軍事過硬方面，要求軍隊適應現代化新形態戰爭，著眼保持強

2　指軍隊機構臃腫、部隊訓練散漫無紀律、軍隊嬌氣過重，經不起嚴格訓練、軍隊奢侈浪費、軍隊懶惰不重本務（鄧小平，1983：2）。

大戰鬥力，靠科技練兵提高軍事技能。在作風優良方面，要求解放軍延續紅軍傳統，發揚過去優良作風，始終與人民在一起。在紀律嚴明方面，加強軍隊紀律，從嚴要求部隊，按照準則條令與條例，執行管理與訓練工作。在保障有力方面，注重後勤保障工作，有效支援軍隊作戰勝利。另外，「三個代表」基於加強軍隊政治思想建設為出發點，增強共軍與共黨的關係，強調軍隊一切都是為黨而服務的。

　　胡錦濤於2002年接任總書記，但遲至2004年才接下中央軍委主席一職，從後續發展來看，胡錦濤的軍事權力被江澤民所架空。胡錦濤身為第四代領導人，而且經歷美國九一一事件後對阿富汗的戰爭，以及對伊拉克的戰爭，其所受衝擊不亞於波灣戰爭對江澤民的衝擊。胡錦濤仍然在國防軍隊建設思想提出「三個提供、一個發揮」，明確軍隊的歷史使命在「為鞏固執政地位提供重要力量保證、為維護國家發展的重要戰略機遇期提供堅強的保障，為維護國家利益提供有力戰略支撐，為維護世界和平與促進共同發展發揮重要作用」，同樣以政治使命為最優先（徐明善、方永剛，2007：56-76）。

　　胡錦濤「**科學發展觀**」理論，同樣也運用在國防與軍事領域。他認為科學發展觀是推進新階段國防與軍隊建設的科學指南，運用科學發展觀，才能確實將軍隊建設轉入科學發展軌道，帶動軍隊建設。其次，胡錦濤希望以科學發展觀武裝官兵頭腦，培養高素質的新一代軍人。最後，國防建設要與經濟建設可適性發展，使軍事現代化與國家現代化進程一致（徐明善、方永剛，2007：9-33）。

科學發展觀

「科學發展觀」強調堅持以人為本，全面、協調及可持續的發展觀。第一要義是發展，核心是以人為本，基本要求是全面協調可持續，根本方法是統籌兼顧。

　　習近平上臺後，首先建構「中國夢、強軍夢」的目標，習在十八大接任黨中央軍委主席時，提出要堅持黨對軍隊的絕對領導、將思想政建設放在軍隊建設首位、加強軍隊黨的建設、從政治上考察和使用幹部，將政治列為軍隊第一要務。在軍事方面，習近平要求堅決完成各項軍事鬥爭任務，推進軍隊的革命化、現代化與正規化的建設，保持軍隊的光榮傳統與優良作風。習近平剛掌權後，開始發動反貪，藉此鞏固軍權，要求軍隊以政治掌控及恢復黨軍傳統為首務（習近平，2014：215-216）。

　　到了十九大，在新時代中國特色社會主義的理論架構下，習近平提出全面性有關國防與軍隊建設的指導方針。他綜合十八大來的國防建設成果包括（新華社，2017）：

（一）著眼於實現中國夢、強軍夢，制定新形勢下軍事戰略方針，全力推進國防和軍隊現代化。

（二）學習「**古田會議**」精神，召開古田全軍政治工作會議，恢復和發揚我黨我軍光榮傳統和優良作風，人民軍隊政治生態得到有效治理。

（三）國防和軍隊改革取得歷史性突破，形成軍委管總、戰區主戰、軍種主建新格局，人民軍隊組織架構和力量體系實現革命性重塑。

（四）加強練兵備戰，有效遂行海上維權、反恐維穩、搶險救災、國際維和、亞丁灣護航、人道主義救援等重大任務，武器裝備加快發展，軍事鬥爭準備取得重大進展。

　　在未來指導方針方面，習近平要求堅持黨對人民軍隊的絕對領導。建設一支聽黨指揮、能打勝仗、作風優良的人民軍隊，是實現「兩個一百年」奮鬥目標、實現中華民族偉大復興的戰略支撐。另外，堅持政治建

古田會議

中共歷史重要會議之一，1929年12月中共紅四軍召開第九次黨代表大會，並決議軍隊成立政治部，接受黨的政治領導，執行群眾工作等，奠定共軍政治工作基礎。

軍、改革強軍、科技興軍、依法治軍，注重實戰、創新、系統、高效、軍民融合，以實現新時代的強軍目標（新華社，2017）。習近平在十九屆五中全會公報上提出，貫徹習近平強軍思想，貫徹新時代軍事戰略方針，堅持黨對人民軍隊的絕對領導，堅持政治建軍、改革強軍、科技強軍、人才強軍、依法治軍，加快機械化資訊化智慧化融合發展，全面加強練兵備戰，提高捍衛國家主權、安全、發展利益的戰略能力，確保2027年實現建軍百年奮鬥目標。除了強調黨對軍隊的領導之外，也將2027年建軍百年當作中國軍隊現代化「三步走策略」的新的近程目標，全面提升軍事作戰智慧化的發展。

習近平在二十大政治報告中，要求中國軍隊將「全軍工作重心歸正到備戰打仗」、「大抓實戰化軍事訓練」、「軍隊有信心、有能力維護國家主權、統一和領土完整」、「決不承諾放棄使用武力，保留採取一切必要措施的選項」等（習近平，2022），都在在顯示中國強化軍事鬥爭準備，作為解決臺灣問題的後盾或直接手段的意圖非常清楚。尤其習近平要求解放軍實踐建軍一百年奮鬥目標，有效履行新時代人民軍隊使命任務，指的就是統一臺灣。

綜合而言，中國軍事思想以毛澤東思想為基礎，即使已不合時宜，仍然高舉毛澤東軍事思想大旗，以彰顯繼承軍權的合法性。但是在面對高科技戰爭時，則從務實角度，期望建立世界一流軍隊，打贏擁有高科技作戰能力的強敵。但是對於攸關執政基礎的軍隊支持與掌控，則又強調過去的紅軍傳統，維持黨對軍隊的絕對領導，使黨與軍隊緊密結合，讓軍隊忠誠於黨的最高領導人。

二、國防戰略（政策）

國防戰略是國家執行維護國家安全的戰略，也是軍事戰略的指導方針。江澤民時期擔任中央軍委副主席的張萬年，在其著作中曾提及中國國防政策有九項，內容如下（張萬年，1999：168-175）：（一）堅持中國

共產黨對國防領導；（二）確定正確基本目標與職責；（三）正確處理國防建設與經濟建設的關係；（四）貫徹積極防禦的軍事戰略方針；（五）獨立自主的建設和鞏固國防；（六）實行軍民結合，全民自衛；（七）實現國防現代化；（八）走有中國特色的精兵之路；（九）維護世界和平，反對侵略擴張行為。

上述內容已經超過了國防政策的範圍，等同中國國防的指導方針，而非具體的國防政策。比較具體的內容如國防政策基本目標在「鞏固國防，抵抗侵略，制止武裝顛覆，保衛國家的主權、統一、領土完整與安全」（張萬年，1999：170），呼應江澤民在1995年、1996年對臺灣軍事演習恫嚇的實踐目的。

從胡錦濤到習近平時期，國防政策內涵多屬延續性。根據2019年出版的《新時代的中國國防》報告書，強調習近平主政下在執行新時代中國的防禦性國防政策。目標在捍衛國家主權、安全、發展利益，特徵在堅持永不稱霸、永不擴張、永不謀求勢力範圍。中國建政之初，軍隊規模雖大，但是軍力不足以和當時美國及蘇聯抗衡，因此延續毛澤東的守勢策略，不輕易對外發動攻擊（中國新聞辦，2019）。

但是1950年，在蘇聯要求及毛澤東個人意志驅使下，中國以志願軍的方式，介入韓戰。派遣軍隊到境外他國作戰，而非據守國境作戰，已經不是防禦性國防政策，但是中國表面上仍然堅持防禦性的國防政策。中國1962年曾經出兵中印邊界，與印度爆發邊界戰爭，深入印度境內，中國仍自稱是反擊戰，而非對外出兵。1979年中國出兵越南也是同樣的邏輯，必然是敵國挑釁之後被迫出兵，以彰顯正義性。

國防政策是軍隊作戰與編制、武器的指導依據，如果中國國防政策屬於防禦性，其戰區配置與軍隊屬性應該是守勢或防衛性。中國的國防政策強調：堅持防禦、自衛、後發制人原則，實行積極防禦，堅持「人不犯我、我不犯人，人若犯我、我必犯人」，強調遏制戰爭與打贏戰爭相統一，強調戰略上防禦與戰役戰鬥上進攻相統一（習近平，2022）。這些看起來屬於防禦性質的文字，其實就是中共面對不同環境可攻可守的辯證語言。

中國近年來不斷發展航空母艦及相匹配的打擊群戰力，擴大特戰部隊與陸戰隊的遠程兵力投射規模，以及發展遠程洲際性彈道飛彈，已經證明中國國防政策已經不是過去禦敵於境內，以人民戰爭方式消滅敵人，而是以遠洋海軍、戰略空軍及彈道飛彈建立戰略嚇阻能力，不排除以先制打擊的行動，反制任何可能的軍事威脅。

三、軍事戰略

中國軍事戰略強調積極防禦及打贏高技術局部戰爭。毛澤東時期因為處於弱勢，強調「誘敵深入、後發制人」，以人民戰爭為基礎，基於以弱擊強的思維，轉變敵我戰略優劣態勢，從戰略防禦轉為戰略攻擊，進而贏得戰爭勝利。當中國處於以弱擊強戰略態勢時，必然以保存自己實力為優先，採取持久戰為主的游擊戰戰略，但是不放棄以運動戰殲滅敵軍。在作戰態勢有利時，則轉為正規戰，以殲滅敵人，贏得戰爭勝利為目標。

鄧小平強調貫徹積極防禦軍事戰略方針，但是研究與實行現代條件下人民戰爭，強調國家利益優先。從原本慎重初戰轉為強調初戰及首戰的重要性，除了打贏戰爭之外，還要嚇阻戰爭，不再誘敵深入，而是禦敵於國境之外，強調戰爭指導的靈活性（彭光謙，2000：171）。

江澤民對積極防禦軍事戰略從三個層面加以發展，他強調邊境防衛的概念，除了準備打仗之外，必須著重以威懾防止戰爭，對於軍事戰略指導須以政治與政策為導引。內容上強調以國家利益為先，共軍必須要追求打贏高技術局部戰爭的能力（張金啟，2003：169-189）。

胡錦濤對於國防與軍隊建設思想著墨不多，有關積極防禦戰略的說法多數延續自江澤民的觀點。在十七大報告中有關國防與軍隊建設提到把科學發展觀作為國防建設指導方針，貫徹新時期軍事戰略方針，加快中國特色軍事變革，做好軍事鬥爭準備，提高軍隊應對多種安全威脅，完成多樣化軍事任務之能力（胡錦濤，2007）。胡錦濤所說新時期軍事戰略方針，就是江澤民所提的軍事鬥爭準備的基點由一般條件下的局部戰爭，轉到現

代技術尤其是信息條件下的局部戰爭，胡並未提及積極防禦戰略（黃宏、洪保秀，2004：57）。

　　習近平時期則強調堅持防禦、自衛、後發制人原則，實行積極防禦，堅持「人不犯我、我不犯人，人若犯我、我必犯人」，強調嚇阻戰爭與打贏戰爭相統一，強調戰略防禦與戰役戰鬥進攻相統一。他也強調貫徹新時代軍事戰略方針，履行新時代軍隊使命任務，做好軍事鬥爭準備，全面提高新時代備戰打仗能力，創新人民戰爭的戰略戰術，發揮人民戰爭整體威力（中國新聞辦，2019）。江澤民強調新時期，習近平強調新時代，都希望標示出個人的軍事思想體系。習近平二十大報告中更強調，「人民軍隊始終是黨和人民完全可以信賴的英雄軍隊，有信心、有能力維護國家主權、統一和領土完整，有信心、有能力為實現中華民族偉大復興提供戰略支撐，有信心、有能力為世界和平與發展作出更大貢獻！」（習近平，2022）。

　　習近平由此點出，解放軍的三階段任務分別是，國家主權領土完整、中華民族偉大復興、世界和平與發展，首要任務就是在捍衛國家主權統一及領土完整。

參、中國軍事體制發展

　　軍隊任務在作戰，贏得勝利以保衛國家安全，在國家與政治體制架構之下，軍事體制指的是武裝力量的規模與總體結構、軍事組織編制和軍事編制三者。武裝力量狹義是指國家的軍隊，就廣義而言則包含常備部隊、後備部隊、民兵及武裝警察等，中國的武裝力量則通常是指廣義的範圍。規模與總體結構是指總人數與區分。軍事組織編制可以區分為軍事領導體制、軍兵種體制、裝備管理體制、軍事教育訓練體制、後勤體制、國防動員體制、紀檢與政法體制（胡光政，2007：90-97）。

一、中國軍隊規模及總體結構

中國軍隊從農村革命起家，依靠游擊戰與積極防禦，增加部隊規模，最終建立政權。但從冷戰時期的「早大、大打、打核戰」，到和平時期發展成爲現代條件下人民戰爭、打贏高技術局部戰爭與打贏信息條件下局部戰爭，戰略態勢已經產生變化。使中國軍隊規模及結構也跟著發生變化。根據1984年通過的《中華人民共和國兵役法》第4條，中華人民共和國武裝力量，由解放軍、武裝警察和民兵所組成，解放軍則區分爲常備役及預備役部隊（胡光政，2007：146）。這樣的結構也反映出中國軍隊的任務與特色。中國軍隊規模從建政後到1951年底，總兵力達到611萬人，最高時達到627萬人，軍隊規模數字還不包含武警及民兵。經過多次的裁軍，至習近平完成軍改止，解放軍常備部隊規模已降至200萬人。

武警原屬國務院的公安系統，負責公安及邊防等特殊任務，原區分內衛、邊防、消防、警衛、水電、交通、黃金、森林等八個警種，分由公安及國務院相關部會所領導，後來改由國務院及中央軍委雙重領導，武警人數在2006年增至66萬人，後來擴增至百萬人，維穩預算甚至超過國防預算。[3] 至2017年則單獨由中央軍委領導，納入軍隊的序列，海警部隊也納入武警部隊，武警也納入中央軍委的作戰序列。武警設有各省總隊及兩大機動總隊，機動總隊轄若干機動支隊、特戰支隊、交通支隊、工程防化支隊，任務在快速反應、機動作戰，執行重大的跨區域任務隊。武警各省總隊負責本省區域內安全及維穩任務。

中國民兵體制源自於革命時期的地區游擊武力，中共建政之後，因爲防禦需求將民兵視爲人民戰爭的主要武力，尤其當面臨周遭強敵威脅時，

---

3 中共維穩預算在2009年就超過國防預算，維穩預算達5,140億元，國防預算爲4,807億元。2011年維穩預算爲6,244億元，國防預算爲6,011億元；2012年維穩預算爲7,018億元，國防預算6,703億元；2013年維穩預算7,690億元，國防預算爲7,201億元。但維穩預算不單只有武警而已，還包含公安及國內安全有關部門。參見法國廣播電臺（2012）。

曾興起大辦民兵師的活動，民兵規模曾達4,500萬人（胡光政，2007：150）。但在改革開放後，因為民工大量流動，納管及動員不易，人數也不容易掌控。1984年開始，中國開始實施民兵與預備役結合的制度，民兵及動員結合，省級政府由省軍區負責；縣以下則由人民武裝部負責。因為中央軍委已設立國防動員部，統合組織指導國防動員和後備力量建設，領導管理各省軍區動員作戰，已經將民兵及預備役整合成為動員工作，扮演支援作戰任務的角色。

二、軍事組織編制

（一）軍事領導體制

　　中國軍事領導體制主要由全國人民代表大會、中央軍事委員會及國務院、國防部組成。全人民代表大會負責選舉國家中央軍委會主席，決定中央軍委會組成人選，議決宣戰決定，行使憲法賦予立法機關有關國防方面職權，閉會期間則由全國人大常委會行使職權。

　　在軍改後，中央軍事權力集中在中央軍事委員會，尤其是軍委會主席身上。《國防法》第15條明定中央軍事委員會的職權包括：

1. 統一指揮全國武裝力量。
2. 決定軍事戰略和武裝力量的作戰方針。
3. 領導和管理中國人民解放軍、中國人民武裝警察部隊的建設，制定規劃、計畫並組織實施。
4. 向全國人民代表大會或者全國人民代表大會常務委員會提出議案。
5. 根據憲法和法律，制定軍事法規，發布決定和命令。
6. 決定中國人民解放軍、中國人民武裝警察部隊的體制和編製，規定中央軍事委員會機關部門、戰區、軍兵種和中國人民武裝警察部隊等單位的任務和職責。
7. 依照法律、軍事法規的規定，任免、培訓、考核和獎懲武裝力量成員。

8. 決定武裝力量的武器裝備體制，制定武器裝備發展規劃、計畫，協同國務院領導和管理國防科研生產。

9. 會同國務院管理國防經費和國防資產。

10. 領導和管理人民武裝動員、預備役工作。

11. 組織開展國際軍事交流與合作。

12. 法律規定的其他職權。

　　值得注意的是，過去國防動員屬於中央軍委與國務院共同職權，現在則全由中央軍委管轄與指揮。

　　中國共產黨亦設立黨內的中央軍事委員會，人員組成及功能與國家中央軍事委員會相同，屬於「兩塊招牌、一套人馬」的格局。中央軍委會下設辦公廳、聯合參謀部、政治工作部、後勤保障部、裝備發展部、訓練管理部、國防動員部、紀律檢查委員會、政法委員會、科學技術委員會、戰略規劃辦公室、改革和編制辦公室、國際軍事合作辦公室、審計署、機關事務管理總局等單位。新增單位將原有四總部及國防部權責稀釋至各新編單位。

　　根據中國2021年修改之《國防法》第14條，國務院領導和管理國防建設事業，行使下列職權：

1. 編製國防建設的有關發展規劃和計畫。

2. 制定國防建設方面的有關政策和行政法規。

3. 領導和管理國防科研生產。

4. 管理國防經費和國防資產。

5. 領導和管理國民經濟動員工作和人民防空、國防交通等方面的建設和組織實施工作。

6. 領導和管理擁軍優屬工作和退役軍人保障工作。

7. 與中央軍事委員會共同領導民兵建設，徵兵工作，邊防、海防、空防和其他重大安全領域防衛的管理工作。

8. 法律規定的與國防建設事業有關的其他職權。如公安部、交通部、退伍軍人事務部等負責相關工作。

　　國防部在軍改後有重大改變，如撤銷國防部外事辦公室，業務併到中央軍委會的國際軍事合作辦公室，但是對外仍稱國防部國際軍事合作辦公室。國防部新聞局的業務也併到此辦公室。徵兵辦公室回歸中央軍委國防動員部，國防部維和事務辦公室則設在中央軍委會聯合參謀部情報局。

（二）軍兵種體制

　　在軍兵種方面，中央軍委之下有六個軍種，分別是陸軍、海軍、空軍、火箭軍、戰略支援部隊及武警。下轄三個直屬院校：國防大學、國防科技大學及軍事科學院。聯勤保障部隊屬於中央軍委的直屬部隊，並非軍種。軍種負責訓練工作，除本身參謀部、政治部、後勤部、裝備部與紀律檢查委員會等機構外，陸軍轄各戰區的集團軍，軍種的軍事院校，直接指揮北京衛戍區、新疆軍區及西藏軍區，以及一些兵器試驗中心及訓練基地。

　　海軍除本身參謀部、政治部、後勤部、裝備部與紀律檢查委員會等機構外，平時指揮北部戰區海軍（北海艦隊）、東部戰區海軍（東海艦隊）、南部戰區海軍（南海艦隊）。另外，海軍陸戰隊為直屬部隊，另有海軍的軍事院校，一些試驗基地與訓練基地。

　　空軍除本身參謀部、政治部、後勤部、裝備部與紀律檢查委員會等機構外，平時指揮五大戰區的空軍，另有空降軍為兵種機構，空軍的軍事院校、訓練基地與試驗基地。在戰區空軍之下另設軍級空軍指揮所，以指揮航空師或旅的空中作戰行動。

　　火箭軍前身為第二砲兵部隊，除本身參謀部、政治部、後勤部、裝備部與紀律檢查委員會等機構外，另設有61-69等九個基地及若干發射旅。主要武器為攜載核彈頭的戰略彈道飛彈及常規彈道飛彈、巡弋飛彈，以及短程、中程、洲際彈道飛彈，遠程巡弋飛彈等類型飛彈。另有三個軍事院校及若干試驗基地與研究單位。

　　戰略支援部部隊是習近平2015年軍改以後成立的軍種單位，除本身參謀部、政治部、紀律檢查委員會外，比較特殊的網路系統部及航天系統部的設立，具體說明戰略支援部隊主要任務在網路及太空作戰。除兩所軍事

院校外，還設有電子對抗旅、總醫院，另在福建設立專司對臺三戰的311基地。

武警在2017年劃歸中央軍委建制後，成為中央軍委直屬軍種之一。除本身的參謀部、政治部、後勤部、裝備部與紀律檢查委員會等機構外，設有各省內衛總隊、兩個機動總隊、海警總隊及院校、科研機構等。海警劃歸武警之後，也納入軍隊作戰序列，同樣受中央軍委指揮。最後比較容易讓人混淆的是聯勤保障部隊，雖然屬於中央軍委直接管轄，實施聯勤、戰略、戰役後勤保障的部隊，但屬於副戰區級部隊，不能算是軍種。

照片17-2　中共近期出現臺灣周邊空域的轟6K轟炸機

資料來源：Alert 5。

照片17-3　2015年紀念中國人民抗日戰爭暨世界反法西斯戰爭勝利七十週年大會上的ZTZ-99A式戰車

（三）裝備管理體制

　　裝備管理體制包括裝備發展與使用管理。裝備發展是指對軍備發展、科研生產、採購分配的規劃與管理，由專責單位負責。裝備使用管理是指裝備撥給部隊使用後的修理、維護及報廢，由各部隊負責。裝備使用管理有時也會跟後勤體系結合在一起。中國過去裝備管理體制主要由獨立的國防科技工業委員會負責，而且與國務院相關部會密切合作，使國防科工委成為介於國務院及中央軍委之間的整合性裝備研發管理單位。

　　1998年將國防科技工業委員會之下的國防工業管理的單位，加上國家計委的國防司，以及各軍工產業總公司合併成為新的國防科技工業委員會，歸國務院管理。軍工產業則於民營化後，成立十大軍工企業集團，仍與中央軍委及國務院關係密切。另外將軍隊裝備發展規劃部門及總參謀部裝備部整合成立總裝備部，負責全軍的裝備發展，但與原有軍工產業的供需關係仍然不變。在軍兵種及戰區至團以上單位，都設立裝備部。改變過去以三總部為架構的指揮幕僚結構。

　　習近平2015年的軍改將總裝備部職能降低，改成裝備發展部，其下設有政治工作局、綜合計畫局、合同監管局、科研訂購局、信息系統局、試驗鑑定局、國防知識產權局、裝備技術合作局、軍事代表局及載人航天辦公室等單位。軍事代表局主要擔任駐廠的軍事代表，監督生產流程及品質。另外，設有航天訓練中心及核試驗基地。原屬國務院的國防科學工業委員會則於大部制改革時，縮編成為工業與信息部之下國防科學工業局。中國裝備研發並非完全由軍工體系負責，已透過軍民融合的方式，委由民間非軍事產業研製軍事所需的系統與平臺，或透過民間產業獲得國外高科技投入中國軍工研製計畫。

（四）後勤保障體制

　　後勤工作是對人力、物力與財力的規劃與運用，以支援部隊作戰行動。主要由後勤指揮機構、專業後勤部隊、科研生產、訓練單位、後勤基地等所組成。2015年軍改後，中央軍委會的總後勤部改為後勤保障部，工

作聚焦全軍後勤保障規劃計畫、政策研究、標準制定、檢查監督等職能，以提升後勤制度與聯合作戰的協調整合。中央軍委之下的部隊及單位均設有後勤保障部，負責補給、保修、運輸及衛生等後勤支援的工作。後勤保障部下轄有政治工作局、綜合計畫局、財務局、衛生局、軍需能源局、軍事設施建設局、直屬供應保障局、採購管理局等。

2004年中國進行大聯勤的改革，嘗試以軍區為單位設立後勤區，減少重複設置後勤機構，並於2007年正式實施。軍事設施建設局原名是基建營房部，負責營產及土地，曾經發生多次貪腐弊端，經過整頓後成為軍事設施建設局。衛生局負責對醫療及衛生安全工作，2020年解放軍對新冠肺炎的醫療支援，就是由後勤保障部的衛生局指揮醫療體系支援防疫工作。

2015年軍改延續大聯勤制度，範圍由軍區改為戰區。中央軍委設置的聯勤保障部隊，主要運作是由後勤保障部指揮，實施聯勤保障和戰略、戰役支援保障的部隊。分別在由直屬的武漢聯勤保障基地及其下無錫（東部戰區）、桂林（南部戰區）、西寧（西部戰區）、瀋陽（北部戰區）、鄭州（中部戰區）等五個聯勤保障中心組成。不論是保障基地或是保障中心都設有參謀部、政治工作部、供應局、運輸投送局、衛勤局、倉儲管理局、軍事設施建設局、科技和信息化局等單位，各戰區總醫院也歸保障基地及保障中心管轄。

（五）軍事教育訓練體制

軍事教育訓練是對武裝力量成員及訓練對象所實施的軍事理論教育、作戰技能訓練和軍事演習等軍事活動。軍事教育與訓練目的在使受訓對象熟悉軍事知識與技能、提高人才素質，強化作戰指揮能力。軍事教育訓練體制可以區分為軍事院校教育體制與部隊訓練體制。在解放軍歷史中，因為政治波動與軍事現代化的影響，以學歷教育為主的軍事院校體制歷經多次變化，院校整併多次。在經過第十七次全軍院校會議之後，中國軍事院校僅剩44所。原本為招募高校高素質人力所推動的國防生制度（類似美國與臺灣的預備軍官訓練團），因為成效不彰，已經停辦。

在部隊訓練體制方面，戰役層級（如集團軍）訓練由中央軍委及戰區負責；新兵訓練採取先訓後補制度，成立專門新兵訓練機構，或以師旅爲單位，對新兵的基礎訓練以集中方式訓練。另外，建立部隊基地化訓練機制，陸續建立不同層次的訓練基地或中心，以發揮效益。如各戰區設有合同訓練基地，而內蒙古朱日和基地則是全軍旅級對抗的國家級訓練基地。2015年軍改後將總參謀部軍訓部改制爲中央軍委會訓練管理部，設置訓練局、院校局、職業教育局、訓練監察局、部隊管理局、軍事體育訓練中心，統管中國軍事院校教育級部隊訓練工作。因爲「戰區主戰、軍種主建」，針對作戰的訓練及演習通常由戰區負責，但是集團軍以下的專業訓練或組合訓練，由各軍種參謀部訓練局負責。

（六）國防動員體制

國防動員是指國家爲了實現平戰轉換在組織上所做的一切調整，或指進行平戰轉換的所有措施（張羽，2004：5）。中國過去以黨爲主體，進行黨政軍的動員體制，在黨管一切下，很容易進行動員。例如，在1950年代的韓戰、一江山戰役，1960年代的中印戰爭、中蘇戰爭、中越戰爭，其實都將戰爭與國防動員列入黨的指揮體系，屬於戰爭時期支援作戰的方式。到了1980年代之後中共的國防動員逐步轉爲投入應急救災的任務。

例如1998年東北松花江、廣東珠江、福建閩江發生大洪水，動員民兵及民衆投入救災（任民，2008：109-111）。2003年的SARS及2020的新冠肺炎採取緊急醫療衛生動員的方式，投入防疫工作。2008年汶川地震，也動員許多軍隊與民間資源進行救災工作，但仍然是以中國黨政軍結合方式進行動員，動員專責單位只負責基礎納管與協調工作。在2015年軍改之後，中央軍委設置國防動員部，職責是指導國防動員和後備力量建設，領導管理各省軍區執行各項工作。

省軍區原本負有指揮作戰任務，現已改爲「應急應戰的指揮部、地方黨委軍事部、後備力量建設部、同級政府兵役部、軍民融合的協調部」。不但要成爲緊急應變的指揮機構，也要擔任省級黨委會的戎裝常委，提

供軍事專業意見，還要負責訓練後備部隊，負責徵兵工作及地方軍民融合的業務。下轄有政治工作局、動員徵集局、民兵預備役局、人防局、邊防局等。從機構功能而言，省軍區由國防動員部分別從事人力、物力、人民防空等動員，統管一切動員工作。中國在二十大提出要完善國防動員體制後，各省市紛紛掛牌成立國防動員辦公室，加強國防動員和後備力量建設。國防動員辦公室其實就是省軍區在省級政府實施各項工作的單位，其負責職務仍是以往的徵兵、國防人物力動員、人民防空等，但是在戰爭時期，就是省級政府動員支援前線的負責單位。

（七）紀律檢查與政法體制

中共中央或中央軍委會本來就有紀律檢查部門，因為貪腐橫行，原本由總政治部主導的紀律檢查部門的功能無法彰顯，遂於2015年的軍事改革中，重建紀律檢查部門，書記過去由總政治部副主任兼任，現在改為專職書記，升格為軍委會的委員，位階已提升，直接向軍委主席負責。中央軍事委員會紀律檢查委員會，與中央軍事委員會監察委員會合署辦公，合簡稱中央軍委紀委監委，負責監督軍隊中的黨紀律檢查機關與國家監察機關，是反貪與整肅紀律的重要機構。執行任務方式則是從中央軍委紀委派駐紀檢組到軍委各部與各戰區，直接指揮。另在軍種部隊設置紀律檢查委員，執行軍種紀檢工作，但受中央軍委紀委的領導。

政法部門是指中央軍委政法委員會，由書記、專職副書記、委員組成，委員則從軍事法院及軍事檢察院和中央軍委政法委員會機關各局的主官擔任。下級軍兵種及戰區政法委書記則由政治副職主管擔任，副書記由單位參謀部門和政治工作部門同時擔任，委員由單位政法部門及相關業務部門主要領導擔任。因為軍事法院、軍事檢察院區域設置的不同，戰區黨委政法委員會負責戰時及重大軍事行動中的政法工作，協調執法辦案及區域軍法合作；軍兵種政法委員會負責預防犯罪治理，維護部隊純潔鞏固與安全穩定。政法委員會設有綜合局、政治工作局、保衛局、軍事檢察院、軍事法院、軍事監獄等。

肆、中國軍事現代化歷程

　　軍事現代化是國家軍隊正常的歷程，當外界戰略環境改變，使軍隊軍事戰略與作戰準則落伍，或軍事教育與訓練、武器系統與先進國家脫節時，將會推動國家的軍事現代化工作。尤其當國家面臨戰爭挫敗或是因國際軍事衝突帶動世界軍事變革潮流時，連帶會牽動軍事現代化。中國軍事現代化歷程也是如此，因為戰略環境與領導人的軍事思想的變化，而帶動不同時期的軍事現代化（參見表17-1中國軍事現代化歷程）。

一、1950年代的軍事現代化

　　中國建政之後，除了少數地區仍有國民政府殘餘軍隊抵抗外，中國全境大致底定。但是中國軍隊過去透過游擊戰打下江山，面對外來的軍事威脅的防衛，不能再以游擊戰反擊。必須重新思考建政之後的國防與軍事戰略，以及相對應的編制體制與軍事教育。因為介入韓戰，使得中國以國共內戰後的軍隊與戰法，對抗擁有現代化武器的美國及聯合國的軍隊。中國以數量優勢軍力投入戰場，透過突襲及夜戰獲得部分優勢，但在空優及火力上，都不如美軍。最後雙方在38度線對峙。韓戰經驗對於缺乏海空軍的中國軍隊而言，給予中國軍事現代化最好的動力與教訓。

　　因為當時多數解放軍將領對韓戰印象深刻，容易取得共識，在蘇聯協助下，使1950年代軍事現代化，獲得蘇製武器，運用蘇聯軍事準則，充滿蘇聯軍隊的特色。如國防組織採取三總部（總參謀部、總政治部、總後勤部）的特色、軍區制度、各種條令的頒行、軍事院校的創立，及加強軍備的研發等。無可避免的，彭德懷所主導的軍事現代化仿效蘇聯，脫離毛澤東人民戰爭理論，引起毛澤東批評彭德懷為教條主義，許多制度改革停滯。後來在廬山會議，彭德懷上萬言書，被毛澤東整肅下臺，使1950年代軍事現代化遭到否定而中斷（沈明室，1985：13-14）。

二、1980年代軍事現代化

因爲文革期間軍隊專注政治工作，導致軍事訓練廢弛，戰力下降。鄧小平在第二次復出擔任總參謀長就致力軍事現代化，但是未竟全功，第二次被毛澤東整肅下臺。一直到毛澤東死後，鄧小平恢復權力，全力進行軍事現代化。雖然國防現代化列爲四個現代化（農業、工業、科技、國防）內涵之一，但因爲預算短缺，軍隊要讓位於改革開放的大局，軍事現代化偏重隔除文革期間對軍隊的影響與弊端，努力恢復1950年代軍事現代化的政策。

文革期間因爲過度重視政治運動，有許多文革期間進入軍隊者，多數屬於造反派、打砸搶及幫派思想嚴重的人。鄧小平軍事現代化第一步就是將這些人從軍隊中清除。尤其受到中越戰爭的衝擊，中國軍隊認清越南軍隊經歷與美國戰爭後的現代化，整體陸軍戰力超越中國，凝聚解放軍有關軍事現代化的共識，將原本走上政治化道路的軍隊，導正爲追求軍事專業與現代化。將11個大軍區精簡合併成7個，成立陸軍集團軍和陸軍航空兵，加大科技兵種的比例，使軍隊開始進行戰略性結構的調整。另外，就是恢復軍隊老幹部的名譽與待遇，使軍隊老將可以回到軍隊崗位，提升軍隊訓練與戰力。另外像裁軍百萬、恢復軍事院校、恢復軍銜制、致力發展軍備、更改條令與作戰準則、強化軍事演習等，逐步的提升解放軍的戰力。

三、1990年代的軍事現代化

江澤民因爲天安門事件趙紫陽被罷黜而上臺，江澤民沒有軍事背景，初期並未擔任軍委主席的職務，仍由鄧小平主導國防與軍事大局。而且鄧小平派遣劉華清擔任軍委副主席，也是政治局常委，與張震一同協助江澤民處理國防與軍隊建設。後來美國在波灣戰爭運用高科技作戰方式，很快贏得軍事勝利，使各國都積極效法美軍作戰方式。中國除效法美軍作戰模式之外，也思考如何以敵爲師，在未來與美國可能的衝突中贏得勝利。

　　尤其在1996年臺海危機之後，中國面對美國航母戰鬥群的優勢武力，認真思考因應及反制方式，使中國在1990年代的軍事現代化主要在學習如何打贏高技術局部戰爭。另一方面，則思考發展殺手鐧武器，以有效反制美國介入臺海的行動。江澤民強調要培育高素質人才，科技強軍發展高科技武器，加大軍事訓練強度，開展科技大練兵，實施聯勤制度與後勤社會化等，都是希望提升解放軍的戰力。江澤民提出裁軍50萬，以精簡軍隊人事，到1999年底，完成裁軍50萬的任務。

四、21世紀第一階段軍事現代化

　　美國發動的波斯灣戰爭可以說是高度機械化的戰爭，數位化作戰與精準彈藥使用比例並不高。但在進入21世紀之後，美國接連發動阿富汗戰爭及伊拉克戰爭，展現波灣戰爭之後軍事事務革命的成果，對中國軍事現代化造成影響。美軍相信資訊科技可以改變戰爭。美軍「優勢機動」、「精準打擊」、「集中後勤」基於波斯灣戰爭經驗，與更多及時精確資訊才能成功。驅動中國對強大的安全資訊系統的追求，認知指揮管制系統、導航系統、情報蒐集系統、監測系統，與偵蒐系統形式出現的資訊科技，是宰制戰爭的系統與成功的基礎。

　　因此，由胡錦濤領導的21世紀第一階段軍事現代化，是在軍事事務革命影響下，追求打贏信息條件下戰爭。軍隊建設目標在成立信息化軍隊，打贏信息化戰爭（徐明善、方永剛，2007：77-95）。軍隊首要任務就是做好軍事鬥爭準備，將軍事訓練放到戰略地位，以科技加快戰鬥力生成模式等。在裁軍方面，2003年9月1日，江澤民宣布2005年前裁軍20萬，使軍隊總規模降至230萬。雖然是在胡錦濤任內，但仍由江澤民主導軍事現代化。

五、21世紀第二階段軍事現代化

相對於其他時期的軍事現代化，習近平軍事現代化驅力主要來自內部因素。習近平上臺後，發現許多解放軍的弊端，包括總政體系、後勤體系與武警體系受到江系人馬把持，貪腐嚴重，戰力嚴重下滑，提出「能打仗、打勝仗」的要求，希望能強化軍隊訓練，提升部隊戰力。但是因為胡錦濤時期的軍隊高層如徐才厚、郭伯雄等人，把持軍權十年，讓解放軍少將層級以上將領多為其拔擢，形成江派勢力，對習近平的貪腐與訓練要求，採取消極應對態度。

習近平從2012年就任中央軍委主席後，先展開反貪行動。因為對貪腐事件調查耗費時日，無法儘速撤換疑似貪官者，隨後從2015年開始，進行軍事組織變革，大幅改變從中央軍委到基層部隊的組織結構。前述曾提及中央軍委從原有四總部為主要指揮管制機構，習近平分散權力成為15個軍委機構處理日常軍隊事務，並且向軍委主席負責。軍區制度在鄧小平時期從11個軍區縮減為7個軍區後，就未再調整，習近平將7個軍區併為5個戰區，賦予明確作戰任務。為了縮減集團軍的數量，統合一體化聯合作戰能力，將軍區改為戰區，將18個集團軍裁為13個集團軍，而且增編陸軍，明確劃分軍種與戰區在平戰時期的任務。

照片17-4　中共目前使用的主力戰車

資料來源：Vitaly V. Kuzmin。

　　師改旅的調整從胡錦濤時期已經開始，但一直無法全面完成。習近平時期則將三軍部隊的地面、航空、火箭軍及陸戰隊全數改成旅級架構，便於模組化及實施聯合作戰。陸軍旅級部隊及營級部隊全數合成化，在營旅級架構下包含各兵種，以進行聯合作戰。由於四總部權責被分散，原屬四總部之下的軍備發展與後勤部隊大量裁撤，回歸以作戰任務為主。在軍事院校方面，許多以學歷教育為主的院校劃歸地方，原本獨立的院校，如藝術學院等，依其性質併到國防大學或國防科技大學，以合併及裁撤方式達成裁軍。習近平在2021年建軍節談話中強調，要堅定不移深化國防和軍隊改革，深入解決制約國防和軍隊建設的體制性障礙、結構性矛盾、政策性問題，完善和發展中國特色社會主義軍事制度，加快構建能夠打贏資訊化戰爭、有效履行使命任務的中國特色現代軍事力量體系。證明中國軍隊的改革與現代化和西方先進國家比較仍有落差，必須加速解決本身的制度障礙與矛盾。

表17-1　中國軍事現代化歷程

時期 因素	1950年代	1980年代	1990年代	21世紀 第一階段	21世紀 第二階段
領導人	毛澤東	鄧小平	江澤民	胡錦濤	習近平
戰爭影響	韓戰	中越戰爭	波灣戰爭	美阿戰爭、美伊戰爭	美阿戰爭、美伊戰爭
指導理論	毛澤東軍事思想	國防與軍隊建設思想	三個代表	科學發展觀	新時代中國特色社會主義
戰爭想定	早打、大打；打核戰	局部戰爭	高科技局部戰爭	高科技局部戰爭	信息條件下局部戰爭
內涵	軍銜制、軍事院校改革、作戰準則與條令、訓練方式、軍備發展	軍銜制、軍事院校改革、作戰準則與條令、訓練方式、軍備發展	聯合作戰、軍事院校改革、作戰準則與條令、訓練方式、軍備發展	資訊化作戰、聯合作戰、軍事院校、作戰條令、軍備發展	中央軍委職能強化、縮減四總部功能、7個軍區改5個戰區、成立陸軍、成立戰略

表17-1 中國軍事現代化歷程（續）

時期 因素	1950年代	1980年代	1990年代	21世紀 第一階段	21世紀 第二階段
					支援部隊，18個集團軍減為13個，每個集團軍6個戰鬥合成旅、6個戰鬥支援旅
成果	因為毛澤東與彭德懷權力鬥爭而中輟	奠定解放軍現代化作戰基礎	開啟解放軍高科技戰爭之路	開始運用資訊化作戰科技與能力	史上最大規模軍事改革，組織變革與軍隊訓練處磨合階段

伍、中國軍事制度的未來發展

一、堅持的備受挑戰

中國軍事制度的變革基於時代與環境變化而成，有些制度不改變將面臨現代化的困境，但有些制度如果改變，恐會影響中國共產黨執政地位與政權穩定。例如，每一任領導人軍事制度改革或軍事現代化，都會強調黨對軍隊的領導，以及聽黨指揮的重要性。所以在變革內涵中，仍然存在黨體制與軍隊體制混合的問題。例如紀檢書記應該屬於黨的體制，但是成為中央軍委的重要職能，已經分不清楚是黨的中央軍委或是國家的中央軍委。這種黨國一體的軍事體制，難脫屬於黨的軍隊而非國家軍隊的質疑。

另外，如軍隊司令員與政委的二元制領導，也是世界少有的特色。在黨指揮槍的體制下，政委代表軍隊中的黨，在各種行政與作戰命令與執行過程中，此種二元制領導能否符合信息條件下的聯合作戰指揮架構，以及

智能作戰的決策支援系統形態仍無定論。以控制軍隊爲主的制度能否維繫，值得探討。**黨軍關係**緊密結合的結果，一旦黨垮臺，軍隊也會瓦解。

黨軍關係

研究軍隊政治角色或軍文關係議題的重要概念。西方國家民主體制著重文人政府與社會與軍隊關係，但因爲共產極權的黨國體制與西方政治體制不同，尤其黨與軍隊關係密切，黨內政治權力競爭軍隊也扮演重要角色，黨軍關係的變化與發展，自然受到重視。

二、改革的周而復始

中國軍事體制改變的特色就是許多制度的變化因領導人而異，改革當下有充分理由，遇到難題可能又重回過去制度。例如1950年代軍事現代化推動軍銜制，文革時因爲與無產階級軍隊屬性不合而廢除，到了1980年代則又重新恢復。軍事院校調整也是如此，某些時候強調依托地方高校，辦好學歷教育，但國防生成效不彰又廢除。現在提倡軍民融合之後，又開始與民間院校的擴大合作等。

每一任領導人所提出的理論，在軍隊學習要求下，會將理論納入軍事現代化的內涵當中。例如過去以江澤民「三個代表」及胡錦濤「科學發展觀」作爲國防與軍隊建設的指導方針，實際上兩個領導人的軍事現代化內容卻是大同小異。習近平提出新時代有中國特色的社會主義，其軍事現代化似乎以反貪及軍隊作戰實際需求爲主，看不出與中國特色社會主義的關係。但這些軍隊改革需求優先順序由誰來認定，又與中國領導人及所信任高階將領的背景有關。在人治色彩濃厚情況下，某些重大變革容易人亡政息。例如，二十大新組成的中央軍委中，中央軍委副主席張又俠雖已超過72歲，仍繼續留任副主席，打破七上八下的潛規則。另一位軍委副主席何衛東在65歲卸任東部戰區司令員後，先擔任中央軍委聯合指揮中心主任短

暫時間，二十大時再接任軍委副主席，都有因人設事，因人改變制度的現象。

表17-2　二十大中央軍委成員一覽表

項次	姓名	職務	背景	年齡
1	習近平	中央軍委主席	太子黨	70
2	張又俠	軍委副主席	瀋陽軍區、軍隊太子黨	72
3	何衛東	軍委副主席	福建省軍區、上海警備區	66
4	李尚福	委員兼國防部長	戰略支援部隊、太空系統	65
5	劉振立	委員兼聯合參謀長	蘭州軍區	58
6	苗華	委員兼政治部主任	福建幫	67
7	張升民	委員兼紀檢委書記	火箭軍	65

資料來源：作者自製。

三、妥協的中國特色

中國軍事體制變革並非自動改變，而是參考其他先進國家模式發展而成。例如1950年代軍事現代化學習蘇聯，因為毛澤東反蘇共而斥為教條主義，在權力鬥爭及找不出新方向而中止。1980年代軍事現代化因中蘇共持續分裂，沒有參考模式，著重恢復1950年代中斷的軍事現代化，可歸納為蘇聯模式。但是在1990年代之後，因為受到美國發動高科技戰爭的影響，中國希望學習美國運用高科技作戰的武器與作戰準則。

但是這樣的學習方式，只能從美國公布準則及中國軍方智庫研究美軍的編制及戰法的內容去歸納，未必能夠掌握美軍聯合作戰的核心。而且中國習於運用蘇聯規格武器系統，與美國聯合作戰理念未必能夠契合。中國一方面積極發展自己的武器系統，另一方面參考美軍作戰準則與訓練方式，強化作戰訓練與人才培育。美軍為掌握軍事科技優勢，不可能轉移高

軍事科技給中國，中國只能靠模仿與抄襲的方式，發展高性能武器，學習美軍的聯合作戰準則。尤其在俄烏戰爭中證明，俄式武器與作戰準則經不起高科技戰爭的考驗，尤其是結合衛星、高空偵察機與無人機在情監偵的整合，遠距武力的精準打擊，都讓中國軍隊重新思考智能化作戰的運用與發展。

當遇到無法克服的困境時，中國會採取折衷或妥協的方式，建構出屬於自己的模式，並稱之為中國特色。中國特色可以是國外科技與模式結合本土特色的結果，也會成為融合各國優點及本國限制的拼裝樣式。尤其面對美國與北約國家數位多域作戰（Multi Domain Operations）的發展，中國必須強化軍隊的高科技能力，並透過聯合作戰訓練才能提升高科技戰力。習近平在二十大報告中提及追求人民戰爭戰略戰術，等於回到毛澤東時期的戰略思維。中國軍事現代化想要建構自己特色，但是這種特色可能獨樹一格，也可能是力有未逮的妥協。

關鍵詞：中國軍改、軍事現代化、軍事體制、人民戰爭、國防與軍隊建設

延伸閱讀

1. 任民，2008，《國防動員學》，北京：軍事科學出版社。
2. 沈明室，1985，《改革開放後解放軍》，臺北：慧眾文化。
3. 沈明室，2012，《中共軍事思想的中西戰略傳統》，臺中：天空數位。
4. 丁樹範，2019，〈中國大陸軍事研究〉，《中國大陸研究專書》，臺北：大陸委員會。
5. 胡光政，2007，《當代軍事體制變革研究》，北京：軍事科學出版社。

思考問題

1. 中國軍事體制與西方國家比較有那些特色？爲何存在這些特色？
2. 中國不同時期領導人的軍事思想與國防政策有何延續與變遷？
3. 促成中國歷次軍事現代化的內外因素有哪些？
4. 習近平軍改的目的爲何，未來如何發展？

參考文獻

中國新聞辦，2019，《新時代的中國國防》

任民，2008，《國防動員學》，北京：軍事科學出版社。

沈明室，1985，《改革開放後解放軍》，臺北：慧眾文化。

法國廣播電臺，2012，〈中國維穩費用超過國防預算〉，6月3日，http://www.rfi.fr/tw/%E4%B8%AD%E5%9C%8B/20120306-%E4%B8%AD%E5%9C%8B%E7%B6%AD%E7%A9%A9%E8%B2%BB%E7%94%A8%E8%B6%85%E9%81%8E%E5%9C%8B%E9%98%B2%E9%A0%90%E7%AE%97，查閱時間：2020/8/5。

胡光政，2007，《當代軍事體制變革研究》，北京：軍事科學出版社。

徐明善、方永剛，2007，《新世紀新階段中國國防和軍隊建設》，北京：人民出版社。

張羽，2004，《戰爭動員發展史》，北京：軍事科學出版社。

張萬年，1999，《當代世界軍事與中國國防》，北京：軍事科學出版社。

習近平，2014，《習近平談國政治理》，北京：外文出版社。

彭光謙編，2000，《鄧小平戰略思想教程》，北京：軍事科學出版社。

黃宏、洪保秀，2004，《世界新軍事變革中的中國國防和軍隊建設》，北京：人民出版社。

新華網，2017，〈中國共產黨第十九次全國代表大會開幕會實錄〉，北京：新華社，http://big5.xinhuanet.com/gate/big5/www.xinhuanet.com/politics/19cpcnc/zb/kms/wzsl.htm，查閱時間：2020/8/5。

廖國良，1991，《毛澤東軍事思想發展史》，北京：解放軍出版社。

鄧小平，1983，《鄧小平文選》（1975-1982），北京：人民出版社。

第十八章

兩岸關係發展史

郭瑞華

壹、兩岸關係的意涵與由來

本文所稱的兩岸關係，係指臺海兩岸的臺灣地區與大陸地區的互動關係，或指兩岸的政治實體／國家──中華民國與中華人民共和國的互動關係。[1] 時間上，是以1949年10月1日中共建立中華人民共和國爲起點。兩岸關係一詞出現在1991年我政府宣布結束動員戡亂時期之後，該名詞的普遍化、正式化，象徵兩岸互動議題的重要性（楊開煌，2005：1-2）。

兩岸關係起源於內戰，1945年8月抗日戰爭結束時，共軍實力已然擴大，開始挑戰我政府中央，準備奪取政權，雖然雙方在重慶展開談判，召開政治協商會議，然而談判破裂，內戰全面展開，國軍先盛後衰，1947年戰局逆轉，共軍取得軍事主動權，至1949年國軍幾近全面潰敗。毛澤東遂於該年10月1日宣布建立中華人民共和國。在共軍席捲大陸之際，當時下野的中國國民黨總裁蔣中正，已有計畫的將大量軍民物資撤至臺灣。1949年1月行政院從南京遷往廣州辦公，10月西遷重慶，11月再遷成都，12月遷來臺北，兩岸政府正式隔海分治。

兩岸關係的發展，不僅是兩岸互動的結果，同時受到臺灣、大陸內部政治經濟因素影響，且更受到國際情勢的演變，尤其美國的兩岸政策及其世界角色所影響，以致兩岸關係具有獨特性、複雜性、敏感性與脆弱性。

隨著形勢推移，兩岸關係日益與國人生活息息相關，其發展不僅影響

---

[1] 　對於中華民國，本文依文意分別使用我國、我方、我政府以及臺灣等稱呼；有關中華人民共和國，在展現黨意政策時使用中共，餘依文意以大陸、陸方等稱呼，人民解放軍則稱共軍。

我國的國防安全、內政外交，以及社會經濟發展，甚至牽動東亞情勢與國際局勢的穩定。因此，不管大家政治立場爲何，總是要關心兩岸關係如何發展。

　　本文將兩岸關係變遷劃分爲三個階段：從戰爭對峙走向和平對立（1949-1987）、從單向交流走向雙向交流（1987-2000）、從關係冷淡走向熱絡再到嚴峻（2000年迄今），接著探討兩岸關係的癥結，最後進行回顧與前景展望。

貳、從戰爭對峙走向和平對立（1949-1987）

　　中共建政後企圖攻臺，但在金門古寧頭戰役失利，軍事攻勢一時受挫，臺灣軍民暫獲喘息。1950年6月韓戰爆發，美國總統杜魯門（Harry S. Truman）宣布臺灣海峽中立化，派遣第七艦隊巡航，改變此前美國不介入中國內戰政策，迫使共軍中止渡海攻臺企圖，避免與美軍直接對壘。[2] 同年10月中共派遣百萬志願軍參與「抗美援朝」，此時無力兼顧對臺用武。1954年12月我國與美國簽訂《中美共同防禦條約》，讓臺灣安全獲得保障；中共武力解放臺灣的企圖已難以實現。美國協防臺灣係在防堵共產勢力擴張，維護其國家利益。嗣後兩岸軍事衝突減少，中共改提和平解放臺灣及國共和談建議，發動書信統戰攻勢。與此同時，蔣中正總統積極整軍經武，防範共軍入侵，另伺機反攻大陸。

---

[2]　中共認爲由於韓戰的發生，「第七艦隊在臺灣、澎湖海域的駐防，已使國民黨臺灣當局絕處逢生，死而復活，中國的統一大業也就這樣暫時阻絕了，成爲歷史的遺憾」。

照片18-1　1958年第二次臺灣海峽危機時，在臺海巡航的美國海軍軍艦

　　1958年8月共軍突然對金門、馬祖發動「八二三炮戰」，目的在測試我政府是否撤守兩地，斷絕與大陸連結。此後，臺海情勢漸趨穩定，兩岸未再出現大規模軍事衝突，維持冷戰對峙局面，主因在於中共面臨：一是內部問題：1958年發起的「三面紅旗」運動失敗，權力鬥爭和政治運動不斷，導致經濟發展停滯，1965年的文化大革命更讓大陸陷入混亂狀態；在此情勢下，中共無暇顧及對臺工作。二是外部問題：1960年中共因民族主義和意識形態等因素，與蘇聯失和，雙方甚至於1969年3月在黑龍江邊境珍寶島爆發軍事衝突，導致全面決裂、軍事對峙；此外，美國介入越戰，對大陸形成另一種壓力，當然更無力藉軍事力量處理臺灣問題。

　　此一時期，聯合國代表權之爭是兩岸外交攻防戰重心。1950年代靠著美國支持，維護我國聯合國席位，也阻止大陸進入；然而隨著國際環境改變，我國終在1971年10月退出聯合國。[3]大陸進入聯合國及安理會取得否

3　1950年代美國以提案不討論方式緩議蘇聯、阿爾巴尼亞提出的中國代表權案，維護中華民國席位，也阻止大陸進入聯合國；然而隨著新興國家加入聯合國，1961

決權，我國再也難以加入（劉曉鵬，2013：17-45）。1972年2月美國總統
尼克森（Richard Nixon）訪問大陸，與總理周恩來簽署《上海公報》，開
始關係正常化。自此兩岸外交形勢逆轉，我國愈來愈受到孤立。

此外，1970年底發生「釣魚臺事件」，留美中國學生掀起「保釣運
動」，由於我政府立場軟弱，中共藉機統戰使運動變質，成為爭取華人認
同、回歸「祖國」的造勢運動。

1979年元旦大陸與美國建交，其全國人大常委會發表《告臺灣同胞
書》，提出三通四流、對等談判，建議國共合作，停止對金馬炮擊（郭立
民編，1992：328-332）。拋棄原先的解放政策，揭開新時期對臺和平統
一政策的序幕。基本上，中共並未改變對臺統一目標，只是改變戰略，主
要受到三項因素影響：一是改革開放的需要：1978年12月中共召開十一屆
三中全會，鄧小平取得領導權，確立改革開放路線，積極推動經濟改革、
對外開放政策，以求國家現代化，擺脫落後的經濟狀態。二是美中建交的
影響：中共以為美國與我斷交、撤軍、廢約，臺灣失去美國官方支持，就
支撐不下去；惟美方及時補救，以《臺灣關係法》穩住臺美關係。三是臺
灣政治情勢的改變：1975年4月蔣中正逝世，嚴家淦成為過渡總統，實權
由行政院院長蔣經國掌握，1978年5月蔣經國接任總統。雖然蔣經國在臺
灣社會聲望很高，但國民黨的威權統治漸受挑戰，黨外運動興起，民主化
呼聲日漲。因此，中共元老希望蔣經國在位時，兩岸儘早達成和平統一
（陳雲，1983）。

年起美國改提重要問題案，以否定阿爾巴尼亞提案；其後，隨著大陸與美國關係
改善，美國已在思考雙重代表權問題，我政府雖對外表示反對，其實已願接受。
惟在1971年10月聯合國大會上，重要問題案以55比59票輸去，我政府預知形勢不
利，遂聲明退出聯合國；在多數國家不願得罪中共下，阿爾巴尼亞提案終以35比
76票過關，雙重代表權也不用表決。

照片18-2　1979年元旦，大陸全國人大常委會發表《告臺灣同胞書》，提出三通四流、對等談判等，揭開對臺和平統一政策序幕

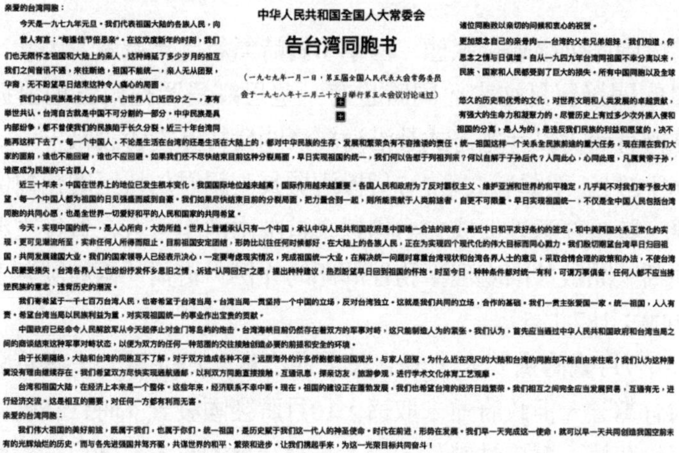

中华人民共和国全国人大常委会

告台湾同胞书

（一九七九年一月一日，第五届全国人民代表大会常务委员会于一九七八年十二月二十六日举行第五次会议讨论通过）

亲爱的台湾同胞：

今天是一九七九年元旦。我们代表祖国大陆的各族人民，向诸位同胞致以亲切的问候和衷心的祝贺。

昔人有言："每逢佳节倍思亲"。在这欢度新年的时刻，我们更加想念自己的亲骨肉——台湾的父老兄弟姐妹。我们知道，你们也无限怀念祖国和大陆上的亲人。这种绵延了多少岁月的相互思念之情与日俱增。自从一九四九年台湾同祖国不幸分离以来，我们之间音讯不通，来往断绝，祖国不能统一，亲人无从团聚，民族、国家和人民都受到了巨大的损失。所有中国同胞以及全球华裔，无不盼望早日结束这种令人痛心的局面。

我们中华民族是伟大的民族，占世界人口近四分之一，享有悠久的历史和优秀的文化，对世界文明和人类发展的卓越贡献，举世共认。台湾自古就是中国不可分割的一部分。中华民族是具有强大的生命力和凝聚力的。尽管历史上有过多少次外族入侵和内部纷争，都不曾使我们的民族陷于长久分裂。近三十年台湾同祖国的分离，是人为的，是违反我们民族的利益和愿望的，决不能再这样下去了。每一个中国人，不论是生活在台湾的还是生活在大陆上的，都对中华民族的生存、发展和繁荣负有不容推诿的责任。统一祖国这样一个关系全民族前途的重大任务，现在摆在我们大家的面前，谁也不能回避，谁也不应回避。如果我们还不尽快结束目前这种分裂局面，早日实现祖国的统一，我们何以告慰于列祖列宗？何以自解于子孙后代？人同此心，心同此理，凡属黄帝子孙，谁愿成为民族的千古罪人？

近三十年来，中国在世界上的地位已发生根本变化。我国国际地位越来越高，国际作用越来越重要。各国人民和政府为了反对霸权主义、维护亚洲和世界的和平稳定，几乎莫不对我们寄予极大期望。每一个中国人都为祖国的日见强盛而感到自豪。我们如果尽快结束目前的分裂局面，把力量合到一起，则所能贡献于人类前途者，自更不可限量。早日实现祖国统一，不仅是全中国人民包括台湾同胞的共同心愿，也是全世界一切爱好和平的人民和国家的共同希望。

今天，实现中国的统一，是人心所向，大势所趋。世界上普遍承认只有一个中国，承认中华人民共和国政府是中国唯一合法的政府。最近中日和平友好条约的签定，和中美两国关系正常化的实现，更可见潮流所至，实非任何人所得而阻止。目前祖国安定团结，形势比以往任何时候都好。在大陆上的各族人民，正在为实现四个现代化的伟大目标而同心戮力。我们殷切期望台湾早日归回祖国，共同发展建国大业。我们的国家领导人已经表示决心，一定要考虑现实情况，完成祖国统一大业，在解决统一问题时尊重台湾现状和台湾各界人士的意见，采取合情合理的政策和办法，不使台湾人民蒙受损失。台湾各界人士也纷纷抒发怀乡思旧之情，诉述"认同回归"之愿，提出种种建议，热烈盼望早日回到祖国的怀抱。时至今日，种种条件都对统一有利，可谓万事俱备，任何人都不应当拂逆民族的意志，违背历史的潮流。

我们寄希望于一千七百万台湾人民，也寄希望于台湾当局。台湾当局一贯坚持一个中国的立场，反对台湾独立。这就是我们共同的立场，合作的基础。我们一贯主张爱国一家。统一祖国，人人有责。希望台湾当局以民族利益为重，对实现祖国统一的事业作出宝贵的贡献。

中国政府已经命令人民解放军从今天起停止对金门等岛屿的炮击。台湾海峡目前仍然存在着双方的军事对峙，这只能制造人为的紧张。我们认为，首先应当通过中华人民共和国政府和台湾当局之间的商谈结束这种军事对峙状态，以便为双方的任何一种范围的交往接触创造必要的前提和安全的环境。

由于长期隔绝，大陆和台湾的同胞互不了解，对于双方造成各种不便。远居海外的许多侨胞都能回国观光，与家人团聚。为什么近在咫尺的大陆和台湾的同胞却不能自由来往呢？我们认为这种藩篱没有理由继续存在。我们希望双方尽快实现通航通邮，以利双方同胞直接接触，互通讯息，探亲访友，旅游参观，进行学术文化体育工艺观摩。

台湾和祖国大陆，在经济上本来是一个整体。这些年来，经济联系不幸中断。现在，祖国的建设正在蓬勃发展，我们也希望台湾的经济日趋繁荣。我们相互之间完全应当发展贸易，互通有无，进行经济交流。这是相互的需要，对任何一方都有利而无害。

亲爱的台湾同胞：

我们伟大祖国的美好前途，既属于我们，也属于你们。统一祖国，是历史赋于我们这一代人的神圣使命。时代在前进，形势在发展。我们早一天完成这一使命，就可以早一天共同创造我国空前未有的光辉灿烂的历史，而与各先进强国并驾齐驱，共谋世界的和平、繁荣和进步。让我们携起手来，为这一光荣目标共同奋斗！

1981年9月大陸全國人大委員長葉劍英提出對臺九點方案（葉九條），建議國共合作、對等談判、統一後臺灣高度自治、保持現行制度不變等（郭立民編，1992：412-414）。這是「**一國兩制**」內涵的雛形。1982年12月全國人大通過的《憲法》，在第31條爲「特別行政區」取得法源基礎。其後，鄧小平進一步闡述「一國兩制」構想，要求臺灣接受（郭立民編，1992：535-537）。

一國兩制

係指一個國家內部實施兩種不同制度，是由中共領導人鄧小平提出的對臺統一構想，後先在香港、澳門實施，法源依據爲1982年大陸《憲法》第31條。對臺內涵是一個中國：中央政府在北京，取消中華民國國號，降爲地方政府，與中共形成地方與中央關係；兩制並存：大陸實行社會主義制度，臺灣實行資本主義制度；高度自治：臺灣成爲具有高度自治權的特別行政區。我國民眾認爲這是中共對臺招降政策，普遍不接受一國兩制。

　　對於中共的統戰攻勢，我政府除聲明反對「一國兩制」主張，並以「三民主義統一中國」，以及不妥協、不接觸、不談判的「三不政策」回應。

　　此階段兩岸仍屬隔絕狀態，但軍事對峙氣氛逐年遞減，因此，兩岸開始有少量的間接貿易往來，同時也有一些思鄉民眾經第三地潛返大陸家鄉，並陸續有商人以迂迴方式赴沿海經濟開發特區投資設廠。

　　1986年5月一架華航波音747貨機遭機長王錫爵劫持至廣州白雲機場，震驚國際。該事件意外促成1949年以來首次由兩岸官方在背後主導的公開接觸和談判，開啟共同處理事務性問題的先例，史稱「兩航談判」（宋連生等，2000：187-195）。

　　1986年9月臺灣黨外人士成立民主進步黨（民進黨），當時雖處戒嚴時期，尚有黨禁，但政府並未取締，10月蔣經國發表「時代在變，環境在變，潮流也在變」歷史性談話，顯示臺灣社會的政治氛圍已漸鬆動（李筱峰，1987：237-279）。此後，我政府檢討對大陸的迴避政策，同時華航事件引發國內老兵發起「外省人返鄉運動」。由於民眾漸趨贊成開放兩岸交流，政府終於在1987年7月宣布解除實行近四十年的「戒嚴令」，決定開放國人赴大陸探親。

照片18-3　1987年11月我政府開放民眾赴大陸探親，兩岸關係由衝突對峙朝向交流互動

資料來源：中時新聞網（2019）。

參、從單向交流走向雙向交流（1987-2000）

1987年11月我政府開放民眾赴大陸探親，這項政策不但降低雙方敵意，兩岸關係自此邁入一個新紀元，由衝突對峙朝向交流互動。1988年1月蔣經國逝世，李登輝繼任總統，延續已開啟的交流政策。

為因應雙方交流互動衍生的事務與問題，兩岸政府相繼成立統籌機構。1988年8月我政府先成立任務編組的行政院大陸工作會報，大陸隨即在9月設立國務院臺灣事務辦公室（國臺辦）；我政府又在1990年10月成立國家統一委員會（國統會），11月設立海峽交流基金會（海基會），1991年1月成立行政院大陸委員會（陸委會）；1991年12月大陸成立海峽兩岸關係協會（海協會），作為海基會的對口單位。

1991年3月我政府通過《國家統一綱領》，將統一前的兩岸關係定位為一個中國、兩個地區、兩個對等政治實體，統一進程分為近程（交流互惠）、中程（互信合作）、遠程（協商統一）三個階段。惟中共卻大肆批判，抨擊我方政策是在拖延統一進程（吳安家，1996：34-38、225-227）。1991年4月李登輝宣告終止動員戡亂時期，並廢除《動員戡亂臨時條款》等法律，回應當時野百合學運的訴求，亦表明我方消除兩岸敵對的誠意。1992年7月立法院通過《臺灣地區與大陸地區人民關係條例》（《兩岸人民關係條例》），作為處理兩岸交往的法律依據。

1992年10月海基、海協兩會在香港舉行會談，雙方就「一個中國」論題所提的各項表述方案，均不為對方所接受，其後海協會對海基會提議的「在海峽兩岸共同努力謀求國家統一的過程中，雙方雖均堅持一個中國的原則，但是對於一個中國的含義，認知各有不同」以及「兩岸事務性之商談，應與政治性之議題無關」等項間接表示承認與尊重。這項會談過程與見解，後被歸納為「九二共識」。[4] 基於該次會談的體諒基礎，兩岸關係

---

[4]　「九二共識」旨在概括在1992年香港會談中，就「一個中國」問題及其內涵進行討論所形成的見解，是2000年4月由時任陸委會主委蘇起所提出，目的在同時含括國民黨主張的「一個中國，各自表述」、民進黨的「反對一中」、中共的「一個

才有後續的「辜汪會談」（林中森、丁樹範主編，2012：11-35）。

　　1993年4月海基會董事長辜振甫與海協會會長汪道涵在新加坡舉行「辜汪會談」，簽署四項協議，為兩岸協商創下高潮。此後兩岸政治關係開始走下坡，除兩會談判因主權爭議，互不相讓，還包括：隨著臺灣民主化，社會日益開放，讓臺獨運動有發展空間，基於言論自由的保障，我政府採取容忍態度，但在中共看來，卻變成「臺灣當局對臺獨的縱容」。我國採取務實外交，希望有外交空間，走進國際社會，參與國際組織；[5]但在中共看來，卻變成「製造兩個中國」或「獨臺」（張文生編著，2019：123-147）。兩岸關係在缺乏互信下，風波不斷、摩擦連連，一些性質單純的突發個案如「千島湖事件」，竟然都會演變為兩岸關係緊張的導火線。[6]

　　在兩岸關係低潮之際，中共中央總書記江澤民在1995年1月底，對兩岸關係提出八項看法和主張（江八點）[7]（江澤民，1995），試圖在對臺

中國」等不同立場，以模糊性的概念，讓各方有因立場不同，而有不同的解讀，而解釋都有些許交集，以使兩岸關係解套與發展。

5　1993年，我外交部開始推動「中華民國參與聯合國」活動。同年5月17日，我外交部正式公布「中華民國參與聯合國」手冊；9月19日，組「全國各界支持參與聯合國委員會」宣達團赴紐約。

6　1994年3月31日，大陸3名歹徒在浙江省千島湖劫掠「海瑞」號遊船，24位臺灣遊客和8位大陸船員遇害。由於大陸方面意圖掩飾卸責，刻意封鎖新聞，除拒絕海基會派員探視，並對罹難者家屬採取蠻橫無理的態度，以致原本只是一件偶發的重大刑事案件，因處理過程失當，引發國內朝野同聲譴責。臺灣旅遊業者停止組團赴大陸遊覽，並有多項交流因而中斷，連帶國內民眾支持臺獨的比率一時驟然增長。7月10日，因颱風侵襲本島，停泊宜蘭蘇澳港外住有大陸漁工的海上旅館「上好三號」漁船觸礁，致使因法律所限不准登岸的大陸漁工有多人慘遭滅頂。大陸官方除指控我方做法「不人道」，同時發動傳播媒體強烈抨擊我方處理事件態度，一時之間又為兩岸關係製造了些許矛盾。

7　江八點包括：1.堅持一個中國的原則，堅決反對臺獨和分裂言行；2.反對臺灣進行一中一臺的擴大國際生存空間活動；3.雙方就結束敵對狀態、逐步實現和平統一進行談判；4.針對外力干涉統一和臺獨，不承諾放棄使用武力；5.發展兩岸經濟交流

工作有所突破；這是江澤民主政下，中共對臺政策的指導綱領。李登輝雖對「江八點」予以回應（李六條），但似乎未如中共期待。

「江八點」發表未久，即因美國允許李登輝訪問康乃爾大學，讓兩岸關係陷入更低潮。對陸方，這是我方圖謀在國際社會製造「兩個中國」的行為，因此反應強烈，先是中止兩會會談，並在臺海進行飛彈試射演習，造成第三次臺海危機。惟中共也體認到美國是兩岸關係的關鍵，對美與對臺工作必須有機結合（蘇起，2014：49-84）。

兩岸政治關係緊張，經貿交流卻愈趨密切，臺商赴陸投資的金額與件數激增。大陸頒布《關於對臺灣地區小額貿易的管理辦法》，制定《臺灣同胞投資保護法》。1996年9月李登輝面對臺海危機的衝擊，以及資金、技術、人才不斷流向大陸，提出「戒急用忍」主張（趙春山，2019：53-54），希望降低對大陸市場的依賴。

1997年底，中共突推動與我方的政治談判。這項提議的動力來自：1997年7月香港順利回歸大陸；中共高層人事問題已在十五大獲得解決；在兩岸外交戰中取得優勢，美中關係重回穩定狀態（朱雲漢，2000：221-222）。1998年10月「辜汪會晤」在上海舉行，象徵兩岸關係已有回春跡象。但隨著李登輝在1999年7月以「特殊的國與國關係」（「兩國論」）為兩岸關係定位，兩岸關係已難好轉（陳文壽主編，2006：325；趙春山，2019：54-63）；自此，海基、海協兩會不再接觸協商，中共將對臺工作重心轉為「更寄希望於臺灣人民」。

事實上，在李登輝主政下，臺灣政治民主多元化及菁英本土化加速進行，在野的民進黨社會基礎迅速擴大，成為重要的政治力量；此一發展已為兩岸互動增添變數，新形成的政黨政治格局，無疑直接衝擊兩岸關係的發展。

與合作，加速實現直接三通；6.兩岸同胞共同繼承和發揚中華文化的優秀傳統；7.尊重臺灣同胞當家作主的願望，保護一切正當權益；8.兩岸領導人可互訪，晤面不需借助任何國際場合。

肆、從關係冷淡走向熱絡再到嚴峻（2000年迄今）

此期間歷經三次政黨輪替，由於國民黨、民進黨對於兩岸關係及統獨議題有不同的定位與看法；同時，中共對兩黨態度有別，尤其對訂有臺獨黨綱的民進黨高度不信任，以致2000年之後的兩岸關係，隨著臺灣政局演變，朝向冷淡、緊張、和緩、嚴峻之中邁進。

一、陳水扁總統時期

2000年3月民進黨籍候選人陳水扁藉國民黨分裂，贏得總統大選，遷臺以來長期執政的國民黨淪爲在野黨。5月陳水扁就職時，爲安定民心及應付中共和美國，刻意提出「共同來處理未來『一個中國』的問題」，以及「四不一沒有」：不會宣布獨立，不會更改國號，不會推動兩國論入憲，不會推動改變現狀的統獨公投，也沒有廢除國統綱領與國統會的問題。但中共面對一個主張臺獨的領導人與執政黨，並未給予善意回應，只是採取「聽其言、觀其行」（邵宗海，2001：19，91-96）。

陳水扁任內，海基、海協兩會始終無法往來與復談，兩岸事務性協商只能透過民間組織進行。惟在民眾需求下，兩岸仍然在2001年元旦開通金馬「小三通」；同年8月調整「戒急用忍」政策，讓兩岸經貿「積極開放、有效管理」（2006年3月改爲「積極管理、有效開放」）。2002年8月陳水扁提兩岸「一邊一國」，爲兩岸政治關係埋下變數；同時引起美國不快，迫使其兩岸政策由戰略模糊轉向清晰（趙春山，2019：89-93）。此外，民進黨執政後，進行「去中國化」教育及「臺灣正名」，讓臺灣內部藍綠對立形勢更爲嚴重，中共的疑慮更深。

陳水扁第二任期，在兩岸關係挑戰現狀，將務實外交走向衝撞外交、迷航外交；並在2006年2月宣布終止國統會運作和《國家統一綱領》適用（行政院大陸委員會，2007：26-28）；2007年6月推動「以臺灣之名申請加入聯合國」及舉辦「加入聯合國公投」。上述行動引起中共一再以武力恫嚇，兩岸關係陷入緊張。斯時陳水扁夫婦因涉貪遭到司法調查，反對人

士發起「紅衫軍」反貪腐倒扁運動，國內政情更爲動盪。但對於任內改國號的呼聲，陳水扁聲稱客觀環境做不到，「不能騙自己也不能騙別人」（田世昊，2005），顯示他理性務實的另一面。

陳水扁的對手胡錦濤，雖在2002年11月中共十六屆一中全會當選中央總書記，但直至2004年9月才接任中央軍委主席，全面掌權，在對臺工作展現與江澤民不同作爲。首先讓幾乎破局的2005年春節包機順利雙向直飛，並由全國人大通過《反分裂國家法》，爲臺獨劃出紅線。緊接著，邀請國民黨主席連戰率團赴大陸「破冰」會談，開展政黨交流，化解國共情仇。兩岸關係由此展開新局，中共對臺工作更爲具體，陸續提出臺灣水果輸陸免稅等惠臺措施，希望藉以爭取臺灣民心。

同時，胡錦濤以國家綜合實力爲後盾，在涉臺外交突破「臺灣問題是內政問題，不容外國勢力介入」的框架，向美國提出共管臺海問題，操作經美制臺。由於美國在兩岸扮演維持穩定與和平的重要角色，「九一一事件」後，中共藉臺美中三角互動關係中的有利形勢，透過美國對民進黨政府施壓（邵宗海，2006：661-679）。因此，美國對「終統事件」、「入聯公投」都表達高度關注，不希望重演影響兩岸現狀的政治紛擾。

政治冷、經濟熱，是陳水扁執政期間兩岸關係的特徵，兩岸貿易額及國人赴陸投資金額一再攀升、創紀錄（中共中央臺辦，2019a；2019b）。[8] 兩岸經貿往來日益擴大，主因在於臺海情勢的緩和及臺灣內部產業結構變動的需求。就大陸而言，對臺經貿不僅有助於重建兩岸經濟聯繫，促使臺商帶進大陸經濟發展所需的資金和技術；同時希望增加臺灣對大陸經貿的依存度，爲實現兩岸「三通」，促進統一創造條件。整體以觀，大陸發展兩岸經貿關係的主要目的還是政治利益。

有學者對李、陳總統時期的兩岸關係進行比較，認爲兩人都在執政初

---

[8]　據大陸統計，1999年兩岸雙邊貿易額是234.8億美元，至2007年兩岸貿易額已有1,244.8億美元。2002年是臺商赴陸投資的歷史最高點，項目達到4,852個，吸收臺灣直接投資額39.7億美元。

期釋放善意改善兩岸關係，但也讓兩岸都陷入政治安全困境，同時都出現互信瓦解事件與觸發敵對行為，以及出現敵意螺旋的上升與上下周旋，最後以任期結束、政黨輪替作收（陳明通，2011：11-122）。

二、馬英九總統時期

2008年5月馬英九就任總統，國民黨重新執政，這是兩岸政府重建關係的開始。馬英九提出「和陸，友日，親美」對外戰略，主張在我國憲法架構下，維持「不統、不獨、不武」的臺海現狀；兩岸之間不是國際關係，「互不承認主權，互不否認治權」；以「九二共識、一中各表」作為兩岸制度化協商的基礎，協商先易後難、先經濟後政治；以「活路外交」推動兩岸在國際和解休兵（蕭旭岑，2018：118-142）。

中共對馬英九的主張給予善意回應，首先恢復海基、海協兩會交往，進行事務性協商，同意在不會造成「兩個中國」或「一中一臺」情況下，讓臺灣參與國際組織活動。

2008月12月底，胡錦濤藉《告臺灣同胞書》發表三十週年紀念提出「胡六點」[9]（胡錦濤，2016：186-195），其中建議兩岸結束敵對狀態，達成和平協議。兩岸簽署和平協議，是國民黨的選舉政見，中共順勢提出，惟馬政府對兩岸協商採先經濟後政治，在經濟議題未解決前，暫不會去碰觸。

經由兩會談判，2008年起兩岸全面三通，開放陸客來臺旅遊，2009年6月再開放陸資來臺投資；兩會共舉行十一次高層會談，簽署23項協議（郭瑞華等，2018：198-199）。透過「兩岸外交休兵」、「活路外

---

[9]　胡六點包括：1.恪守一個中國，增進政治互信；2.推進經濟合作，促進共同發展；3.弘揚中華文化，加強精神紐帶；4.加強人員往來，擴大各界交流；5.維護國家主權，協商涉外事務；6.結束敵對狀態，達成和平協議。

交」，我國基本穩住邦交國，[10]同時加入世界衛生組織（WHO）的《國際衛生條例》及世界貿易組織（WTO）的《政府採購協定》，參與世界衛生組織大會（WHA），164個國家（地區）給予我國人民免簽證待遇（蕭旭岑，2018：148-179）。事實上，兩岸關係改善確實有助於我國參與國際組織活動，其他各國更有意願與我往來。

　　2012年11月中共召開十八大，報告除列入「胡六點」內容，也將「九二共識」正式載入；習近平同時接任中共中央總書記及中央軍委主席，開始主導對臺政策。由於習近平在福建、浙江累積豐富的涉臺經驗，被認為是最瞭解臺灣的中共領導人，同時他上臺後展現的領導力、決斷力，明顯超越江澤民、胡錦濤。因此，兩岸官方互動有突破性進展，一是陸委會主委王郁琦與國臺辦主任張志軍的「王張會」，開啟兩岸部長級官員對話；一是2015年11月，馬英九與習近平在新加坡舉行「馬習會」，這是兩岸自1949年分治以來首次現任領導人的會面，象徵兩岸官方互動更上一層樓（蕭旭岑，2018：334-386）。雖然，雙方希望藉此建立制度化慣例，成為爾後兩岸關係發展典範。但因次（2016）年1月，總統及立委選舉，國民黨慘敗，民進黨再次執政，使得這項歷史性會面無以延續。

　　雖然馬英九執政期間，是兩岸關係最緊密階段，卻也引起過度「傾中」疑慮，2014年3月學生和公民團體推動「太陽花學運」（反服貿運動），抗議立法院通過《海峽兩岸服務貿易協議》。這項運動間接導致國民黨在2014年11月九合一地方選舉和2016年1月總統和立委選舉的慘敗。同時，顯示臺灣民眾政治態度的世代差異，臺灣年輕人的「天然獨」取向嚴重衝擊中共統一工作的期待，這也促使中共調整對臺青年工作，強化「三中一青」（中南部、中下階層、中小企業）對臺工作，並在2017年3月調整為「一代一線」（青年一代、基層一線）（郭瑞華等，2018：196-197）。

---

[10]　我非洲友邦甘比亞於2013年主動與我國斷交，但大陸並未立即與其建交，而是直至2016年蔡英文當選總統後，才於同年3月宣布和甘比亞建交。

照片18-4　2014年3月「太陽花學運」（反服貿運動）

資料來源：美國之音（2014）。

三、蔡英文總統時期

　　2016年兩岸又回到停滯、僵持與對立的階段；5月蔡英文在就職演說中表明，尊重1992年香港會談歷史事實，稱會依據《中華民國憲法》、《兩岸人民關係條例》及其他相關法律，處理兩岸事務（總統府新聞，2016）。雖然蔡英文對大陸展現不挑釁態度，但因未對「九二共識」表態，以致中共認為「這是一份沒有完成的答卷」（賴湘茹、鍾寧，2016）。

　　其後，蔡英文多次對兩岸關係提出友善宣示，但因不接受「九二共識」，以及中共對蔡英文及民進黨的不信任，陸方不僅停止國臺辦與陸委會，以及海基、海協兩會的聯繫機制，緊縮兩岸官方交流；限制陸客來臺旅遊人數等。此外，中共運用外交策略限縮我國際活動空間更為突顯，如讓我方無法出席WHA、國際民航組織（ICAO）大會，要求我駐非邦交國代表處改名，挖我七個邦交國，跨國企業、航空公司網站選單不得將臺灣列為國家，須改用「中國臺灣」名稱。中共對臺軍事威脅亦步步進逼，

2016年底以來共軍機艦繞臺演訓逐步常態化，加強對臺的軍事壓力。

　　然而，蔡英文也處在對外關係有利時機，尤其是與美國關係（趙春山，2019：230-236）。2016年12月蔡英文與美國總統當選人川普（Donald J. Trump）進行越洋電話談話，美方也多次發言支持我國，並通過《臺灣旅行法》等涉臺法案。時值美中貿易戰正酣，以及美國印太戰略推出之際，臺灣成爲美方對抗中共的夥伴。2021年1月，拜登（Joe Biden）就任美國總統，延續對我友好政策。

　　中共認知臺灣走向法理臺獨的可能性低，但也不希望其他形式臺獨在臺灣內部「自然發酵」。因此，習近平在中共十九大報告中提「六個任何」：[11]「絕不允許任何人、任何組織、任何政黨、在任何時候、以任何形式、把任何一塊中國領土從中國分裂出去！」（習近平，2017）事實上，臺灣內部一些「去中國化」議題的浮現與討論，已引起中共疑慮，導致大陸內部鷹派揚言武統臺灣的聲浪日漸高漲，因此必須強化反臺獨的力度。

　　2019年1月習近平藉《告臺灣同胞書》發表四十週年紀念會提出對臺「習五條」[12]，拋出探索「兩制」臺灣方案，倡議展開「民主協商」，推動兩岸關係和平發展達成制度性安排（習近平，2019）。顯示習近平企圖建構對臺統一路徑圖，啟動統一進程。然而，習近平這項舉動無疑讓蔡英文及民進黨有了反擊機會，從而穩固國內政治地位。同年6月發生的香港「反送中運動」，不僅讓臺灣民眾看到「一國兩制」的不可行，也成爲民進黨宣傳的利器。

11　習近平係在2016年11月11日紀念孫中山先生誕辰一百五十週年大會講話，首次提出「六個任何」表述；接著，在2017年8月1日「中國人民解放軍建軍九十週年大會」復提。

12　習五條包括：1.攜手推動民族復興，實現和平統一目標；2.探索「兩制」臺灣方案，豐富和平統一實踐；3.堅持一個中國原則，維護和平統一前景；4.深化兩岸融合發展，夯實和平統一基礎；5.實現同胞心靈契合，增進和平統一認同。

　　由於兩岸存在政治分歧，如何建立兩岸認同，是中共的一項挑戰。2018年2月國臺辦等部門發布對臺措施三十一條（鉅亨網，2018）；2019年11月再發布對臺措施二十六條（人民網，2019），內容都是涉及兩岸經濟社會融合等面向，要給臺資企業同等待遇，爲臺灣民眾提供居民待遇。2018年8月，國務院辦公廳公布《港澳臺居民居住證申領發放辦法》，鼓勵在陸長住臺胞申請居住證（王玉燕，2018）。顯示，中共爲塑造兩岸經濟社會「融合發展」，希望以分享大陸經濟成果爲名，強化兩岸人民生活連結，希望臺灣經濟和生活依賴大陸，朝「兩岸經濟一體化」發展。

　　面對中共凌厲的對臺統戰攻勢與滲透，我政府於2019年5月修正《刑法》，讓共諜適用外患罪；修正《國家機密保護法》對涉密人員的出境管制、處罰，有更嚴格的規定；6月修正《國家安全法》，將網路納入國安範疇，提高爲敵發展組織罪的刑責；7月修正《兩岸人民關係條例》，規定兩岸簽署政治協議須經國會雙審議與全國公投，另禁止相關人士參加大陸舉辦的慶典時向其「旗、徽、歌」行禮唱誦等行爲；12月底制定《反滲透法》，防範中共對臺滲透干預。

　　2020年1月以「抗中保臺」爲訴求的民進黨贏得總統和立委選舉，蔡英文更以817萬票連任總統，兩岸關係繼續每下愈況。接著，突如其來的新冠肺炎（COVID-19）疫情蔓延各國，影響全球活動與經濟，阻斷兩岸交流往來，也衝擊兩岸關係；中共強推《香港特別行政區維護國家安全法》，象徵「一國兩制」的失敗，臺灣民眾對大陸更加疏離；同時，臺美中關係易位，美國友臺更甚以往。爲此，中共對臺批判與軍事施壓不斷。面對兩岸危機氛圍日漸高漲，臺灣甚至被外媒稱爲「地球上最危險地區」（The Economist, 2021）。雖然，兩岸官方處於互不信任的冷對抗階段，但經貿交易卻屢創新高，形成政治與經濟相背離現象。

　　隨著各國表態關注臺海的穩定與和平，以及美國強化對臺支持，讓中共對外力介入臺海議題的憂慮與戒心愈來愈深。2022年10月，中共召開二十大，習近平在報告中強調，不承諾放棄使用武力，係針對外部勢力干涉和極少數臺獨分裂分子及其分裂活動（習近平，2022）。在江澤民執

政時期，兩岸關係曾陷谷底，因此在中共十五大、十六大報告中均曾提出「不承諾放棄使用武力」，此次時隔二十年再度提出，顯示當前兩岸關係確實較過去嚴峻。

伍、兩岸關係的癥結

一、中共對臺的敵意作為

中共對臺敵意，主要表現在武力威脅和外交打壓。中共欲統一臺灣，一是武力攻臺，一是和平談判。1979年之前兩岸處於緊張對峙狀態，中共不但曾引發1949年古寧頭戰役、1955年大陳島之役及1958年八二三炮戰等，並在臺海發動數次大規模的空戰及海戰；直至1979年發表《告臺灣同胞書》，才宣布停止對金馬炮轟；1995年6月李登輝訪美後，以迄1996年3月我總統選舉期間，對臺實施文攻武嚇，製造「臺海危機」；2022年8月，中共為表達對時任美國眾議院議長裴洛西（Nancy Pelosi）訪臺的不滿，共軍具針對性的在臺灣周邊海空開展一系列聯合軍演，規模更甚以往，對我威脅更大。

中共雖聲稱以和平方式達成兩岸統一，卻又不願承諾放棄對臺用武，認為如果承諾，和平統一就不可能實現（郭立民編，1992：336）。因此從鄧小平以降，到習近平都表明不能放棄對臺用武。對中共而言，這是為了確保對臺政策的主動權，避免失去政策彈性，因此不可能宣示放棄。

在外交打壓方面，中共堅持「官方從嚴、民間從寬；政治從嚴，經濟從寬」，在國際間推動「四不原則」：要求友我國家不支持臺灣獨立，不支持「兩個中國」或「一中一臺」，不支持我國加入以國家為會員資格的國際組織，不對臺軍售；企圖藉此對國際社會形成宣示效應，定型化「一

個中國」原則。[13] 中共認爲只要臺灣能夠屹立不搖於國際社會，必然不會與其談判，唯有運用優勢地位在國際中孤立、矮化臺灣，才能夠在兩岸關係上取得主動權與操控權。在中共打壓下，至2023年6月我國邦交國只剩13國，在國際組織只能以中華臺北（Chinese Taipei）名稱參加國際奧林匹克委員會（IOC）、亞太經濟合作組織（APEC）、WTO等，[14] 或以中國臺北（Taipei, China）之名參加亞洲開發銀行（ADB）。上述中共對臺打壓作爲，雖讓臺灣爲求生存，有時不得不妥協忍受，但人民心中的怨懟卻日漸累積，也愈來愈遠離中共企盼的統一目標。

二、兩岸主權定位的爭議

　　兩岸關係最大特性就是權力不對等和主權要求（吳玉山，2012：31）。由於中共不願正視中華民國存在的事實，以致主權議題成爲兩岸政治紛爭的核心。中共宣稱「一個中國」原則是對臺政策的基石（國務院新聞辦公室，2000）；然而，在不同時期對「一個中國」內涵有不同表述，在毛、周、鄧時代，始終採用「世界上只有一個中國，中華人民共和國政府是中國的唯一合法政府，臺灣是中國的一部分」，或「臺灣是中華人民共和國的一個省」的三段論法。在中共眼裡，中華民國已被中華人民共和國所取代，其一再突出「一個中國」原則，就是要求我方承認其正統性和中央地位。

　　2000年8月之後，中共改變「一個中國」說法，指稱「世界上只有一個中國，大陸和臺灣同屬一個中國，中國的主權和領土完整不容分割」

---

[13] 惟在國際上，尤其美國再三申明其「一個中國」政策（one China policy）與中共「一個中國」原則（one China principle）截然不同。

[14] 我國加入WTO的正式名稱爲臺澎金馬個別關稅領域（以下簡稱：中華臺北），英文爲Separate Customs Territory of Taiwan, Penghu, Kinmen and Matsu (Chinese Taipei)。

（聯合報，2000）。中共該表述雖有新意，但新三段論的重點擺在「中國的主權和領土完整不容分割」，等於「一個中國」原則的堅持並未放棄，但是該項說法卻有利中共對臺及國際宣傳。

在臺灣，各時期總統對國家定位也有不同看法。在兩蔣時期，我方執著於法統，堅持一個中國，認為中華民國是中國唯一代表和合法政府，中共是叛亂團體，中華人共和國是偽政權，反對「兩個中國」、「臺灣獨立」。到了李登輝時期，則提出「一個中國，兩個對等政治實體」和「特殊的國與國關係」的定位；陳水扁指稱兩岸「一邊一國」；馬英九則明確對兩岸定位：一國兩區、一中各表，中國是指中華民國，兩岸間非國與國關係；蔡英文則直指中華民國是臺灣，或稱中華民國（臺灣）、中華民國臺灣。

在國際上，陸方絕不容許我方以中華民國名義參加聯合國所屬國際組織，必須以中華臺北或地理名稱的身分才能保有在某些國際組織中的席位。在兩岸關係上，陸方始終將我方視為地方政府，兩岸交流交往時，要求所有文件、會議場所及團體名稱等，都不能出現中華民國、國立、中央等字樣，也不能展示我國徽、國旗、唱我國歌，處處否定中華民國的國格。凡是中共認定具有「兩個中國」、「一中一臺」意涵的，均表反對。

三、臺灣民眾認同的轉變

由於兩岸分治帶來的紛擾，以致族群認同（ethnic identity）和國家認同（national identity）成為影響兩岸關係發展的重要變數。依據學者研究，臺灣民眾的認同有三階段變遷：首先是我政府遷臺後，外省與本省族群在文化上的差異，在政治上不平等待遇，產生的省籍對立，以及「二二八事件」的影響；其次是我國退出聯合國引發的外交潰敗，中國法統的定位遭到質疑，政治民主化和本土化運動日漸萌芽，以及後來的臺灣意識／中國意識之爭；第三則是兩岸開啟交流後，認同界限改變為我群／臺灣／我國，與他群／中國／他國的對立，讓認同由臺灣內部民眾之間

族群認同

族群認同係社會認同的一環，代表個人自我意識到與其他群體的區別，代表對所屬群體的主觀認同，認同一旦形成，我群與他群的界限隨之形成，並將構成他的國族想像與認同。

認同意識來源，主要有原生論（primordialism）與建構論（constructivism）之分，原生論強調認同與地域、血緣、種族、宗教、語言及風俗的原生聯繫；建構論主張認同是不同利益及處境的團體的社會、政治與文化資源，係菁英競爭資源及爭取大眾支持時建構的重要象徵，以及在特定情況下，以極大化個人理性抉擇偏好的策略（鄭夙芬，2013：103）。

的意識差異，轉變為臺灣／中華民國，與中國／中華人民共和國對立的國家認同層次（鄭夙芬，2013：103-106）。兩岸交流由單向變成雙向，雙方人民接觸結果，讓大部分國人看到彼此的差異性，益加強化對臺灣的認同。雖然大陸綜合國力上升，但中共專制本質未變，更讓多數臺灣人拒統。同時，中共長期對臺外交打壓與軍事威脅，香港「一國兩制」的失敗，還有臺灣選舉的大量動員，以及民進黨執政期間進行「去中國化」教育及「臺灣正名」，都讓臺灣民眾的國族／國家認同明顯轉變。

國立政治大學選舉研究中心從1992年起透過電話訪問，以臺灣人、中國人及二者都是，作為自我認同測量，觀察臺灣民眾認同態度的變化。調查結果顯示，隨著臺灣政治民主化與本土化／臺灣意識的抬頭，臺灣人認同持續升高、中國人認同漸趨下降，以及二者都是的雙重認同者，由相對穩定轉為向下趨勢。1992年，在自我認同方面，有25.5%自認是「中國人」；17.6%自認是「臺灣人」；46.4%自認為「既是臺灣人也是中國人」。然至2022年底，自認是「臺灣人」已達60.8%，自認為「既是臺灣人也是中國人」是32.9%，自認是「中國人」的僅2.7%（國立政治大學選

舉研究中心，2023a）。[15]

　　至於從1994年以來建立的民眾統獨立場數據來看，主張維持現狀仍占大多數，惟偏向獨立的民眾有漸增趨勢，偏向統一則維持少數甚至下降（國立政治大學選舉研究中心，2023b）。[16]

　　從臺灣二十多年的認同趨勢觀察，以臺灣／中華民國，與中國／中華人民共和國對立的國家認同，漸成社會主流。惟民眾的臺灣人、中國人認同，以及統獨立場的分歧，不僅引發內部政治藍綠對抗、社會撕裂，也影響政府對大陸經濟政策的制定，反映出「經濟成長」與「國家安全」孰先的價值順序衝突（林夏如，2019：46-88）。

　　當前，臺灣內部從國家認同問題，轉向民族／文化認同，社會「反中」情緒進一步激化；與此同時，大陸「反臺」情緒升溫，民間對臺武統的聲浪日漸高漲。雙方敵意螺旋持續上升，兩岸漸從內部矛盾變成敵我矛盾。

陸、結語與前景展望

　　綜上所述，1979年以前的兩岸關係，兩岸意識形態尖銳對立，互相攻訐對方；雙方發生多次軍事衝突；各自堅持「一個中國」，以零和遊戲進行兩岸外交對抗；雙方沒有社會、經貿與文化交流；各自採行不同的政經發展模式。1979年以後的兩岸關係，兩岸交流從無到有，由少而多、單向而雙向、民間而官方；兩岸官方由互不承認而我方不否認對岸，進而雙方有條件互不否認；兩岸有軍事對峙、恫嚇，但無衝突；兩岸外交由對抗走

---

[15] 根據調查數據，2020年，自認是「臺灣人」高達64.3%，為歷年最高；自認為「既是臺灣人也是中國人」是29.9%，自認是「中國人」僅2.6%，均為歷年最低。

[16] 根據2022年調查數據，「偏向維持現狀再決定」與「永遠維持現狀」合計57.2%，「偏向獨立」與「儘快獨立」合計30%，「儘快統一」與「偏向統一」合計7.2%。

向休兵再回到對抗。但中共始終堅持「一個中國」，在國際間推動「四不原則」；大陸經濟發展快速，對區域及全球的影響力日升，臺灣對大陸經貿依賴度日增。

另外從中共對臺政策演變過程觀察，主要繫於對其有利的國際情勢與內部需求，並加入兩岸互動發展變數；未來受到臺灣外交及政經局勢變化影響更大。基本上，中共對臺採取軟與硬／和與戰的兩手政策，軟的部分旨在增進兩岸的「交往與擴大」（engagement and enlargement），加強人員往來與經濟依賴，增進對大陸好感與認同。硬的部分透過外交圍堵與軍事威懾，防止「兩個中國」、「一中一臺」與法理臺獨出現，以及外國勢力介入臺灣問題。當前，中共不希望臺灣問題成為它必須優先面對的議題。

回顧兩岸發展過程，兩岸關係無法穩定的主因，在於兩岸關係定位不清，也就是中共如何看待中華民國的問題（吳安家，2022）。雖然臺灣內部國家認同分歧，但中華民國仍是最大公約數。中共愈否定、打壓中華民國，臺獨就愈有成長空間，以臺灣之名走進國際場合，也勢將成為民意主流。中華民國的地位問題對中共而言，是一個敏感話題，卻也是無法迴避的議題。

此外，美中關係是影響兩岸情勢最重要的變數；同時受到地緣政治影響，臺灣無法在美中對抗下置身事外。不少國人認為美中對抗對臺灣有利，因此應強化與美方合作，對抗大陸。然而，完全倒向美國未必是我國最佳的避險策略。面對我方向美國傾斜，中共擔心美國打臺灣牌，對大陸進行牽制和干擾，因此不能示弱，只會加強對臺外交施壓、軍事威嚇的力度，以增加我軍民的壓力，可能埋下兩岸情勢走向衝突的可能。鑒於臺美中三邊關係的新變局，美國智庫學者建議美國對兩岸政策，由戰略模糊轉向戰略清晰，以嚇阻中共武力犯臺（Haass and Sacks, 2020）。

近年，受到中共升高對臺軍事威脅及俄國入侵烏克蘭的影響，各國擔心中共可能武力侵臺，為此美國加強對臺軍售與協訓，藉以強化臺灣抵禦共軍的軍事能力，讓兩岸關係日益朝向對抗式的螺旋性發展。雖然備戰才

能止戰，惟我國在備戰之餘，仍須尋求避戰解方，透過兩岸交流，進行溝通對話，管控分歧，化解誤解，避免兩岸走向衝突。

關鍵詞：一個中國、一國兩制、交流互動、九二共識、認同

延伸閱讀

1. 包宗和、吳玉山主編，2012，《重新檢視爭辯中的兩岸關係》，臺北：五南。
2. 趙春山，2019，《兩岸逆境——解讀李登輝、陳水扁、馬英九、蔡英文的對治策略》，臺北：遠見天下。
3. 林夏如（Syaru Shirley Lin）著，林添貴、陳方隅譯，2019，《臺灣的中國兩難：臺灣認同下的兩岸經貿困境》，臺北：商周。
4. 吳安家，2022，《臺海兩岸關係定位之爭論：1949-2022臺海風波》，臺北：翰蘆。
5. 習近平，2019，〈為實現民族偉大復興推進祖國和平統一而共同奮鬥——在《告臺灣同胞書》發表四十週年紀念會上的講話（2019年1月2日）〉，《人民日報》，1月3日，第2版。

思考問題

1. 何謂一國兩制？內涵為何？臺灣民眾為何拒絕接受一國兩制？香港一國兩制是否已宣告失敗？習近平提出「探索兩制臺灣方案」的意義為何？我方如何面對因應？
2. 何謂九二共識？內涵為何？兩岸各黨派接受與反對九二共識的理由為何？兩岸如何形成一個新的共識以取代九二共識？
3. 兩岸主權爭議的癥結為何？在大陸國力日強之際，我方如何突破中共設定一個中國框架？國際社會能否接受？

4. 臺灣民眾認同問題如何影響政府對大陸政策，特別是經貿政策的制定？如何應對「經濟成長」與「國家安全」的平衡問題？

參考文獻

一、中文

人民日報，2019，〈關於進一步促進兩岸經濟文化交流合作的若干措施〉，11月5日。

大陸新聞中心，2000，〈大陸官方最新表述，錢其琛：大陸、臺灣同屬一中〉，《聯合報》，8月26日。

中共中央臺辦，2019a，〈歷年兩岸貿易統計表〉，http://www.gwytb.gov.cn/lajm/lajm/201805/t20180524_11958201.htm，查閱時間：2019/9/12。

中共中央臺辦，2019b，〈臺灣企業投資大陸統計表〉，http://www.gwytb.gov.cn/lajm/lajm/201805/t20180525_11958860.htm，查閱時間：2019/9/12。

王玉燕，2018，〈大陸港澳臺居民居住證申領發放辦法通知全文公布〉，聯合新聞網，https://udn.com/news/story/7332/3317742，查閱時間：2019/10/12。

田世昊，2005，〈扁：任內改國號做不到〉，https://news.ltn.com.tw/news/focus/paper/2474，查閱時間：2019/9/30。

朱雲漢，2000，〈北京的對臺政策：江澤民時代兩岸關係的展望〉，田弘茂、朱雲漢編，張鐵志、林葦芸譯，《江澤民的歷史考卷》：212-231，臺北：新新聞文化公司。譯自*China under Jiang Zemin*. 2000.

江澤民，1995，〈為促進祖國統一大業的完成而繼續奮鬥〉，《人民日報》，1月31日。

行政院大陸委員會編，2007，《政府大陸政策重要文件》，臺北：行政院大陸委員會。

吳玉山，2012，〈權力不對稱與兩岸關係研究〉，包宗和、吳玉山主編，《重新檢視爭辯中的兩岸關係》：31-55，臺北：五南。

吳安家，1992，《臺海兩岸關係的回顧與前瞻》，臺北：永業。

吳安家，2022，《臺海兩岸關係定位之爭論：1949-2022臺海風波》，臺北：翰蘆。

宋連生等編著，2000，《對峙五十年》，北京：臺海出版社。

李筱峰，1987，《臺灣民主運動四十年》，臺北：自立晚報社。

林中森、丁樹範主編，2012，《「九二共識」二十週年學術研討會會議實錄》，臺北：海峽交流基金會。

林夏如（Syaru Shirley Lin）著，林添貴、陳方隅譯，2019，《臺灣的中國兩難：臺灣認同下的兩岸經貿困境》，臺北：商周。譯自 *Taiwan's China Dilemma: Contested Identities and Multiple Interests in Taiwan's Cross-Strait Economic Policy.* 2016.

邵宗海，2001，《兩岸關係——陳水扁的大陸政策》，臺北：生智文化。

邵宗海，2006，《兩岸關係》，臺北：五南。

美國之音，2014，〈臺灣學生反「服貿」續佔據立法院大會堂〉，https://www.voacantonese.com/a/ly-occupatin-continues-20140319/1874534.html，查閱時間：2019/9/12。

胡錦濤，2009，〈攜手推動兩岸關係和平發展，同心實現中華民族偉大復興——在《告臺灣同胞書》發表三十週年紀念會上的講話（2008年12月31日）〉，《人民日報》，1月1日。

國立政治大學選舉研究中心，2023a，〈臺灣民眾臺灣人／中國人認同趨勢分布（1992年6月～2022年12月）〉，https://esc.nccu.edu.tw/PageDoc/Detail?fid=7804&id=6960，查閱時間：2023/4/30。

國立政治大學選舉研究中心，2023b，〈臺灣民眾統獨立場趨勢分布（1994年12月～2022年12月）〉，https://esc.nccu.edu.tw/PageDoc/Detail?fid=7805&id=6962，查閱時間：2023/4/30。

國務院臺灣事務辦公室，2000，〈一個中國原則與臺灣問題（2000年
2月21）〉，http://big5.xinhuanet.com/gate/big5/news.xinhuanet.com/
zhengfu/2002-11/14/content_630040.htm，查閱時間：2019/10/15。

張文生編著，2019，《大陸看李登輝對臺灣政治轉型與分離主義的影
響》，新北：崧燁文化。

習近平，2017，〈決勝全面建成小康社會奪取新時代中國特色社會主義
偉大勝利──習近平同志代表第十八屆中央委員會向大會作的報告摘
登〉，《人民日報》，10月19日。

習近平，2019，〈爲實現民族偉大復興推進祖國和平統一而共同奮鬥──
在《告臺灣同胞書》發表四十週年紀念會上的講話（2019年1月2
日）〉，《人民日報》，1月3日。

習近平，2022，〈高舉中國特色社會主義偉大旗幟 爲全面建設社會主義
現代化國家而團結奮鬥──在中國共產黨第二十次全國代表大會上的
報告〉，《人民日報》，10月26日。

郭立民，1992，《中共對臺政策資料選輯（1949-1991）》（上），臺
北：永業。

郭瑞華等，2018，《中國大陸綜覽2018年版》，新北：法務部調查局展望
與探索雜誌社。

陳文壽主編，2006，《臺灣研究論文精選：兩岸關係大事記》（1979-
2005），北京：臺海出版社。

陳君碩，2019，〈1987開放探親兩岸交流破冰〉，中時新聞網，https://
www.chinatimes.com/newspapers/20190812000084-260301?chdtv，查閱時
間：2020/8/11。

陳明通，2011，〈李扁時期臺灣與中國關係的比較──一項政治層面的
「安全困境」分析〉，吳秀玲主編，《兩岸關係六十年》：11-125，臺
北：臺灣大學國家發展研究所兩岸關係研究中心。

陳雲，1983，〈從國家民族的大局出發實現祖國統一〉，http://www.
china.com.cn/chinese/zhuanti/chenyun/879906.htm，查閱時間：
2018/9/10。

楊開煌，2005，《出手——胡政權對臺政策初探》，臺北：海峽學術出版社。

鉅亨網，2018，〈大陸國臺辦31條惠臺措施全文〉，https://news.cnyes.com/news/id/4051032，查閱時間：2019/10/12。

趙春山，2019，《兩岸逆境——解讀李登輝、陳水扁、馬英九、蔡英文的對治策略》，臺北：遠見天下。

劉曉鵬，2013，《種族觀下的聯合國中國代表權——美國、非洲、與臺灣農業援助，1961-1971》，臺北：時英。

鄭夙芬，2013，〈2012年總統選舉中的臺灣認同〉，《問題與研究》，52（4）：101-132。

蕭元愷，2001，《百年之結——美國與中國臺灣地區關係的歷史透視》，北京：人民出版社。

蕭旭岑，2018，《八年執政回憶錄（馬英九口述）》，臺北：遠見天下。

賴湘茹、鍾寧，2016，〈國臺辦不滿意「這是一份沒有完成的答卷」〉，中時電子報，https://www.chinatimes.com/newspapers/20160521000048-260202?chdtv，查閱時間：2019/10/15。

總統府新聞，2000，〈中華民國第十任總統、副總統就職慶祝大會〉，https://www.president.gov.tw/NEWS/6742，查閱時間：2019/9/12。

總統府新聞，2016，〈中華民國第十四任總統蔡英文女士就職演說〉，https://www.president.gov.tw/NEWS/20444，查閱時間：2019/10/15。

蘇起，2014，《兩岸波濤二十年紀實》，臺北：遠見天下。

二、英文

Haass, Richard, and David Sacks. 2020. "American Support for Taiwan Must Be Unambiguous," *Foreign Affairs*, https://www.foreignaffairs.com/articles/united-states/american-support-taiwan-must-be-unambiguous (Accessed on June 18, 2021).

The Economist. 2021. "The most dangerous place on Earth." *The Economist* 439(9243): 7.

國家圖書館出版品預行編目資料

中國大陸概論／王信賢，寇健文，鍾延麟，
蔡文軒，王嘉州，張弘遠，林雅鈴，劉致
賢，曾偉，王韻，王占璽，王毓莉，黃瓊
萩，呂冠頤，張登及，沈明室，郭瑞華著；
王信賢，寇健文主編. ——三版. ——臺北
市：五南圖書出版股份有限公司，2023.08
面；　公分
ISBN 978-626-366-355-8 (平裝)

1.CST: 中國大陸研究 2.CST: 中華人民共和國
628.7　　　　　　　　　　112011780

1PSB

中國大陸概論

主　　編 — 王信賢（5.9）、寇健文

作　　者 — 王信賢、寇健文、鍾延麟、蔡文軒、王嘉州

　　　　　張弘遠、林雅鈴、劉致賢、曾偉峯、王韻

　　　　　王占璽、王毓莉、黃瓊萩、呂冠頤、張登及

　　　　　沈明室、郭瑞華

發 行 人 — 楊榮川

總 經 理 — 楊士清

總 編 輯 — 楊秀麗

副總編輯 — 劉靜芬

責任編輯 — 林佳瑩、吳肇恩

封面設計 — 姚孝慈

出 版 者 — 五南圖書出版股份有限公司

地　　址：106台北市大安區和平東路二段339號4樓

電　　話：(02)2705-5066　　傳　　真：(02)2706-6100

網　　址：https://www.wunan.com.tw

電子郵件：wunan@wunan.com.tw

劃撥帳號：01068953

戶　　名：五南圖書出版股份有限公司

法律顧問　林勝安律師

出版日期　2020 年 9 月初版一刷
　　　　　2021 年 9 月二版一刷
　　　　　2023 年 8 月三版一刷

定　　價　新臺幣550元

經典永恆·名著常在

五十週年的獻禮——經典名著文庫

五南，五十年了，半個世紀，人生旅程的一大半，走過來了。

思索著，邁向百年的未來歷程，能為知識界、文化學術界作些什麼？

在速食文化的生態下，有什麼值得讓人雋永品味的？

歷代經典·當今名著，經過時間的洗禮，千錘百鍊，流傳至今，光芒耀人；

不僅使我們能領悟前人的智慧，同時也增深加廣我們思考的深度與視野。

我們決心投入巨資，有計畫的系統梳選，成立「經典名著文庫」，

希望收入古今中外思想性的、充滿睿智與獨見的經典、名著。

這是一項理想性的、永續性的巨大出版工程。

不在意讀者的眾寡，只考慮它的學術價值，力求完整展現先哲思想的軌跡；

為知識界開啟一片智慧之窗，營造一座百花綻放的世界文明公園，

任君遨遊、取菁吸蜜、嘉惠學子！